本书系国家社会科学基金项目"康德的本体论证明批判及其思想效应研究"(编号:21BZX090)的阶段性成果

Kant and
His Criticism of
Ontological Proof

康德与本体论证明的批判

—— 当代争论中的阐释与辩护

李科政　著

中国社会科学出版社

图书在版编目(CIP)数据

康德与本体论证明的批判：当代争论中的阐释与辩护 / 李科政著 . — 北京：中国社会科学出版社，2022.10
ISBN 978 - 7 - 5227 - 0625 - 2

Ⅰ.①康… Ⅱ.①李… Ⅲ.①康德(Kant, Immanuel 1724 - 1804)—本体论—研究 Ⅳ.①B516.31

中国版本图书馆 CIP 数据核字(2022)第 134733 号

出 版 人	赵剑英
责任编辑	韩国茹
责任校对	谢　静
责任印制	张雪娇

出　　版	中国社会科学出版社
社　　址	北京鼓楼西大街甲 158 号
邮　　编	100720
网　　址	http://www.csspw.cn
发 行 部	010 - 84083685
门 市 部	010 - 84029450
经　　销	新华书店及其他书店
印　　刷	北京君升印刷有限公司
装　　订	廊坊市广阳区广增装订厂
版　　次	2022 年 10 月第 1 版
印　　次	2022 年 10 月第 1 次印刷
开　　本	660×960　1/16
印　　张	29
插　　页	2
字　　数	389 千字
定　　价	178.00 元

凡购买中国社会科学出版社图书，如有质量问题请与本社营销中心联系调换
电话：010 - 84083683
版权所有　侵权必究

目　录

前　言 ·· 1

第一部分　理论背景

第一章　康德的先验理念论 ·· 21
　一　先验理念论的要义 ··· 22
　二　先天知识的实在性 ··· 29
　三　理性的纯粹概念 ·· 35
　四　辩证的理性推理 ·· 41

第二章　康德与理性神学 ·· 49
　一　普遍规定原理 ··· 50
　二　康德的上帝观念 ·· 56
　三　上帝存在的三种证明 ··· 66
　四　康德的依赖性论题 ··· 74

第三章　本体论证明的发展 ·· 84
　一　坎特伯雷的安瑟伦的证明 ······································· 85
　二　笛卡尔的两个证明 ··· 94
　三　莱布尼茨与康德的证明 ·· 104

第二部分　文本阐释

第四章　康德特定路径的批判 ································· 117
　一　康德的五个论据 ····································· 118
　二　"必然存在者"的可疑性 ····························· 125
　三　同一性判断的非必然性 ······························· 136

第五章　康德的第三个论据 ································· 144
　一　最实在的存在者与实在性 ····························· 145
　二　两种谓词的区分 ····································· 157
　三　两种谓词的混淆 ····································· 169

第六章　康德的第四个论据 ································· 181
　一　"Sein"（是）的两种用法 ··························· 182
　二　"Sein"（是）与"Dasein"（存在）的关系 ·········· 190
　三　两个存在论题 ······································· 201
　四　第四个论据的论证目标 ······························· 213

第七章　康德的第五个论据 ································· 224
　一　主观综合的与客观综合的判断 ························· 225
　二　"存在就是被知觉到" ································· 235
　三　纯粹思维的客体 ····································· 245
　四　上帝作为超感官的对象 ······························· 257

第三部分　当代争论

第八章　存在论题的弗雷格式解读 ··························· 269
　一　弗雷格式的存在论题 ································· 269
　二　弗雷格-罗素多义性论题 ····························· 281

三	康德与弗雷格的分歧	294
第九章	存在论题的当代争论	307
一	依据命题类型的解读	307
二	海德格尔式的解读	323
三	舒远招的辩护及其困难	336
四	存在论题的第三种解读	354
第十章	本体论证明的当代辩护	369
一	哈茨霍恩与马尔科姆的辩护	370
二	普兰丁格的辩护	382
三	凯特利、谢弗与伍德的辩护	394
四	J. 威廉·福吉的辩护	404

余　论 ……………………………………………………… 417

参考文献 …………………………………………………… 433

后　记 ……………………………………………………… 443

前　言

毫无疑问，伊曼努尔·康德（Immanuel Kant）对上帝存在的本体论证明的批判是西方哲学史上的一个重要事件。因为，在相当漫长的一段时间内，神学（Theologie）都是哲学研究的重要部分与终极追求。这不仅是说，由于中世纪基督教的特殊地位，基督教神学在哲学研究中长期占据统治地位，被视为"真哲学"；而且，在近代西方纯然作为"世俗智慧"（Weltweisheit）的哲学中，上帝存在的理性证明与以此为基础建立起来的理性神学，也占据相当重要的分量。然而，康德的出现似乎改变了这一切。根据他的说法，把"上帝存在"当作一个事实来加以证明，只有三种途径：本体论的证明（der ontologische Beweis）、宇宙论的证明（der kosmologische Beweis）与物理神学的证明（der physikotheologische Beweis）。而且，后两种证明在根本上依赖于第一种证明。因此，我们只要能证明，本体论证明是不可能的，就可以一劳永逸地拒斥对上帝存在的任何形式的理论证明。很多人相信康德是成功的，也有很多人认为他失败了。关于如何正确地认识、理解与评价康德的证明，本书将在正文中给出一些意见，但这是我们稍后才要关注的话题。目前来说，我们只需要知道，自康德提出他的批判以来，理性神学就逐渐从哲学研究的舞台中心退让出来，并且在极大程度上回归到了信仰领域。当然，我们不能认为这全是康德的功劳。事实上，工业革命以来的社会经济发展本身才是世俗化的根本动力，哲学家个人的理论贡献则不宜过分高估。但是，我们也不能否认，康德的批判为推动这一进程做出了巨大的贡献。

正如马丁·海德格尔（Martin Heidegger）在《现象学之基本问题》（*Die Grundprobleme des Phänomenologie*）中指出的：

> 上帝的存在论证明（本体论证明）已是相当古老了。人们通常将之追溯到坎特伯雷的安瑟伦（Anselm von Canterbury，1033—1109）。安瑟伦在其短论"Proslogium seu alloquium de Dei exisntia①"［关于上帝实有的宣讲或劝说］中提出了这个证明。第三章提出了该证明的真正核心："Proslogium de Dei exisntia"［关于上帝实有的宣讲］在文献中这一证明通常也被称为经院派的上帝证明。这个术语不那么对头，因为正是中世纪的经院哲学家多次反对该证明的逻辑性与说服力。②

海德格尔提到了托马斯·阿奎那（Thomas Aquinas），因为他在《神学大全》《反异教大全》等多部著作中都批评过这种证明。例如，阿奎那在《神学大全》中就说："并不是每个听说过上帝的人都把它理解为一个'不可设想有比之更大者的东西'，因为，有些人相信上帝是一个形体。即使每个人都理解上帝这个名称的意义（一个不可设想有比之更大者的东西），也不能得出结论说，他所理解的这个名称所指的东西，就其现实本性而言存在；而是只能在理智认识中存在。也不能得出结论说它现实地存在，除非事先承认这样一个'不可设想有比之更大者的东西'现实地存在，

---

① 此处的"exisntia"，原文为"existentia"，中译本当系排版错误。
② ［德］海德格尔：《海德格尔文集.现象学之基本问题》，丁耘译，商务印书馆2018年版，第39页。

那些主张'上帝不存在'的人恰恰不承认这一点。"① 然而，尽管阿奎那的反驳不无道理，但海德格尔认为，康德对本体论证明的批判比"托马斯的更彻底、根本得多"②。这是因为，康德提出了一个重要的论据，即"是（存在）显然不是实在的谓词"③。这个被海德格尔称作"康德的存在论题"（Kant's These über das Sein）的论据，既是康德在哲学史最为人称道的贡献之一，也是近年来在学界被讨论最多的话题之一。海德格尔说，凭借这个论题，"他（康德）进攻了该论证的真正中枢神经。因而首次真正撼动了这一证明"④。因此，至少在相当长的一段时期内，康德的批判与其存在论题获得了学界的普遍认可。引用当代学者奥哈德·纳奇多密（Ohad Nachtomy）的话说："康德提出的并不是一种边缘性的或纯然技术的论点。相反，康德对本体论论证的拒斥摧毁了理性神学证明上帝实存（God's existence）的计划。同样，康德对本体论证的拒斥不止对于传统神学来说，而且对于整个传统的世界观来说都是毁灭性的。"⑤ 同时，纳奇多密还谈道："随着弗雷格与罗素将其同化到一种形式逻辑之中，对实存（existence）的这种看法在20世纪已经变得根深蒂固。"⑥ 纳奇多密的这句话说出了一个事实：在当代，康德的

---

① Saint Thomas Aquinas, *Summa Theologiae. Prima Pars* 1 – 49 (*Latin-English Opera Omnia*), Lander: The Aquinas Institute for the Study of Sacred Doctrine, 2012, p. 19 (Iª q. 2 a. 1 ad 2).

② 〔德〕海德格尔：《海德格尔文集. 现象学之基本问题》，丁耘译，商务印书馆2018年版，第39页。

③ 〔德〕康德：《纯粹理性批判：注释本》，李秋零译注，中国人民大学出版社2011年版，第417页（B627）。

④ 〔德〕海德格尔：《海德格尔文集. 现象学之基本问题》，丁耘译，商务印书馆2018年版，第42页。

⑤ Ohad Nachtomy, "Leibniz and Kant on Possibility and Existence", *British Journal for the History of Philosophy*, Vol. 20, No. 5, September 2012, p. 953.

⑥ Ohad Nachtomy, "Leibniz and Kant on Possibility and Existence", *British Journal for the History of Philosophy*, Vol. 20, No. 5, September 2012, p. 954.

康德与本体论证明的批判

存在论题之所以备受关注，在极大程度上要归功于戈特洛布·弗雷格（Gottlob Frege）与伯特兰·罗素（Bertrand Russell）的分析哲学。

当代学者丹尼尔·A. 多姆布罗夫斯基（Daniel A. Dombrowski）说，本体论证明在哲学史上有"三个关键时刻"（three key moments）：（1）11世纪，安瑟伦提出这个证明；（2）18世纪，大卫·休谟（David Hume）与康德对这个证明进行批判；（3）20世纪，以查尔斯·哈茨霍恩（Charles Hartshorne）、诺尔曼·马尔科姆（Norman Malcolm）与约翰·芬德利（John Findlay）为代表的诸多学者对本体论证明进行辩护，以及由此引发的诸多争论。① 在本书的正文（第三部分）中，我们会重点讨论这些辩护（以及其他一些学者的辩护）。但目前来说，有必要指出的是，当代学者对康德的批判及其存在论题的关注与两个学术事件密切相关：（1）弗雷格在《算术基础》（Die Grundlagen der Arithmetik）等著作中提出的存在论题，该论题可以表述为：存在不是一个一阶概念（der Begriff erster Stufe），而只能是一个二阶概念（der Begriff zweiter Stufe）；（2）弗雷格与罗素（以及其他一些学者）对"Sein"（是/存在）的多重意义的区分，即所谓"弗雷格－罗素多义性论题"（Frege-Russell ambiguity thesis）。在许多人看来，弗雷格论题与康德的存在论题是一回事，甚至比康德的论题更为清楚明白。例如，当代学者 C. J. F. 威廉斯（C. J. F. Williams）就认为，弗雷格"为康德在'存在不是一个实在的谓词'这句话中表述含糊（从而辩护得也含糊）的学说赋予了一个清晰的意义"②。还有一些学者相信，康德对存在论题的论证依赖于对"Sein"（是/存在）的不同意义的

---

① Daniel A. Dombrowski, *Rethinking the Ontological Argument: A Neoclassical Theistic Response*, Cambridge: Cambridge University Press, 2006, p. 1.

② C. J. F. Williams, *What is Existence?*, Oxford: Oxford University Press, 1981, p. 29.

区分，这可以看作弗雷格－罗素多义性论题的先驱。例如，当代学者蕾拉·哈帕兰塔（Leila Haaparanta）就相信："弗雷格关于'是'（is）这个词的多义性论题在认识论上为康德哲学所推动，并且其认识论信条（即便不是纯粹康德主义的）至少极大地受到康德哲学的影响。"① 因此，抛开弗雷格与罗素对"是/存在"的看法，我们就很难充分理解当代分析哲学对存在论题与本体论证明的关注，也很难看出其中存在的问题。

然而，正如刚才提到过的，由于弗雷格与罗素的影响，人们往往把康德与弗雷格的存在论题看作一回事，但事实并非如此。必须承认，弗雷格在存在论题上深受康德的影响，也在某种（有待评估的）程度上继承了康德的精神。但是，弗雷格在区分"是/存在"的多种意义的基础上，把作为"有"的"存在"（Dasein）或"实存"（Existenz）理解为一个量词。而且，正如纳奇多密所言："弗雷格与罗素没有把'实存'（existence）概念阐述为一个谓词，而是通过'实存量词'（existential quantifier）来阐述它。这已经成了阐述与（就像蒯因的许多追随者所相信的那样）理解'实存'的意思的标准方式（canonical way）。"② 因此，在上世纪中期，当分析哲学家与逻辑学家纷纷对"是/存在"问题与康德的存在论题表现出强烈的热情时，他们大多也都是基于"弗雷格－罗素多义性论题"，把"存在"或"实存"当作一个量词来加以讨论的。然而，这与康德本人的看法存在不小的差异。首先，康德并不把"存在"或"实存"看作一个量词：在认识论上，康德把它看作一个模态谓词，在实存性判断中表达主词概念的现实性；在本体论（存在论）上，康

---

① Leila Haaparanta, "On Frege's Concept of Being", in Simo Knuuttila & Jaakko Hintikka, eds., *The Logic of Being. Historical Studies*, Dordrecht: D. Reidel Publishing Company, 1986, p. 285.

② Ohad Nachtomy, "Leibniz and Kant on Possibility and Existence", *British Journal for the History of Philosophy*, Vol. 20, No. 5, September 2012, p. 954.

康德与本体论证明的批判

德把"存在"或"实存"看作一个（认识顺序上的）源始的事实①，它不是任何事物的一个属性，而是使任何某个事物本身及其所有属性成为现实的（wirklich）的力量或活动。因此，康德才会说："把实存（Existenz）看作一种特殊的实在性（Realität）是完全错误的；因为实存是所有谓词的谓词，是一切实在性的实在性（denn die Existenz ist ein Prädikat aller Prädikate, Realität aller Realitäten）。"② 其次，康德并不承认一种哪怕雏形的"弗雷格－罗素多义性论题"，也就是说，他并不认为作为系词的"是"（Sein）与实存性判断中的"存在"（Dasein）或"实存"（Existenz）之间存在任何根本上不同的意义；相反，一般的谓述判断中的"是"在任何时候表达的都是"存在"或"实存"。当然，上述两点（特别是第二点）还有待讨论与论证，但我们必须把这项任务放到本书正文中来完成。目前，我们只需要意识到这一点就足够了：如果上述两点成立，那么，康德与弗雷格的存在论题就存在足够大的、系统性的差异。

重要的是，多姆布罗夫斯基所说的"本体论证明的第三个关键

---

① "源始的事实"（die originale Tatsache）并非康德本人的术语，而是本书作者采用的一个术语。在此，"源始的"（original）是一个强调认识顺序的本体论定语，意思是说，我们对于"某个事物存在"的判断或认识的发生，要么是从"这个事物存在"的经验事实中直接产生的，要么是从"其他某个作为其结果的事物存在"的经验事实中推论出来的。也就是说，实存性判断依赖于对"某个事物存在"的经验意识。同时，德文中的"Tatsache"（事实）一词是由"Tat"（行动）与"Sache"（事情）组成的。"Tat"（行动）暗示"某个事物存在"的"存在"是一种现实的活动，这种活动使得该事物"是这个"与"是那个"、"是这样的"与"是那样的"。"Sache"（事情）在康德著作中往往特指独立于我们的认识的、客观存在的事物或事情本身。因此，把"存在"说成是一个"Tatsache"（事实），颇能说明独立于我们的认识的、现实的存在本身是什么，或者说我们用模态谓词"存在"所指的东西是什么。此外，作为模态范畴的"存在"与"现实性"（Wirklichkeit）是一回事，是两个可以互换的概念。德语的"Wirklichkeit"（现实性）是形容词"wirklich"（现实的）的名词形式，后者源自动词"wirken"，意指"干活""工作""起作用""奏效"等，都有"活动"的意思。因此，"现实性"（Wirklichkeit）无非就是"在活动中实现出来的"，"存在"或"实存"也是如此。

② Immanuel Kant, *Kants Gesammelte Schriften. Band* 28/2/2, Preußische Akademie der Wissenschaften, Hrsg., Berlin: Walter de Gruyter, 1972, S. 1258.

时刻",即他(在刚才的引文中)提到的哈茨霍恩、马尔科姆、芬德利以及他没有提到的阿尔温·普兰丁格(Alvin Plantinga)对本体论证明的辩护,也都深受弗雷格与罗素的影响。或者,更好的说法是,他们正是在弗雷格与罗素确立起来的逻辑哲学规范下为本体论证明辩护的。当然,他们辩护的一个重要特点是引入了所谓的"模态逻辑"(modal logic),这是弗雷格与罗素没有认真考虑过的。也就是说,在他们的论证中,引入了"可能性""偶然性"与"必然性"这些模态谓词。尽管如此,他们并没有像康德一样把"存在"或"现实性"本身也当作一个模态谓词来使用,仅凭这一点,我们就可以预见到他们与康德思想存在一些根本性的分歧。

当代分析哲学家与逻辑学家对康德存在论题的兴趣以及他们对本体论证明的辩护也不可避免地引起了康德研究领域的专家们的关注。当然,这些专家们的主要兴趣还是在于如何为康德的论题与批判辩护。这并不是一件小事,因为正如我们前面提到过的,如果康德的说法是正确的,任何形式的理性神学在根本上都依赖于一个本体论的证明,如果存在论题确实攻击了此类证明的"中枢神经",那么,正所谓"牵一发而动全身",这个看似普通的论题的可靠性如果遭到质疑,就会在哲学领域引发一系列连锁反应,危及我们自近代以来取得的诸多哲学成果,甚至彻底改变当代哲学研究的发展方向。这是不是有些危言耸听?其实,多少有一点。因为,动摇一个重要的哲学成果并不容易。但与此同时,为一项重要的哲学成果辩护也并不容易。近几十年来,人们发现,康德的存在论题并不像它看上去那么容易理解。至少说,传统教科书中常见的一些解释,要么会与康德著作中的其他一些说法相冲突,要么就经不起批评者的质疑。对于这种情况,康德本人自然要负一部分责任。因为,我们必须承认,康德并没有像对待他的其他一些观点那样,以足够多的篇幅详细地阐述与论证他的存在论题。最明显的,"逻辑的谓词"(das logische Prädikat)与"实在的谓词"(das reale Prädikat)这两个术语就颇令人头疼——它们很可能是康德本人创造的术语,但他并没有为这两个术语给出足够明确的定义与足够充分的解释。因此,人们对这两个术语有着不同的看法。有的学者认为,两种谓词分别是分析命题与综合命题的谓词;有的学者则相信,"实在的谓词"等同于实在性,或者(更准确地说)是关于一种实在性的概念。这些解释多少都有些道理,但也各自存在明显的问题。近期,国内学者对康德存在论题的关心,使这些分歧与问题更加尖锐地暴露在我们面前。

  我们当然可以像许多学者那样,把所有这些问题推给康德就好。我们可以说,康德自己就没有把存在论题想清楚,那些(看似)自相矛盾的说法恰恰是其思维混乱的表现。我们完全可以放弃康德的论题,接受弗雷格的那个更为清楚的论题,只要它足以应对本体论证明的主张就行了。但是,这绝不是一个合格的学者应有的态度。自 1763 年《证明上帝存在惟一可能的证据》(*Der einzig mögliche Beweisgrund zu einer Demonstration des Daseins Gottes*;以下简称为《证据》)的发表到 1781 年、1787 年两版《纯粹理性批判》的先后出版,再到康德晚年的课堂讲义,在其数十年的学术生涯中,康德对存在论题有所发展、有所改进,但从未放弃过这一主张。因此,如果没有充足的证据,我们不能轻易认为,康德的这个论题是一个不成熟的、没有经过深思熟虑的论题。如果我们对这个论题的理解将引发一些矛盾,那很可能是我们弄错了什么。当然,就像刚才已经说过的,康德本人要为他并不足够充分的阐述负责,我们也并不需要把康德看作一位绝不犯错的神人。无论其学术成就何其不平凡,康德都(和我们每个人一样)只是一个普遍的凡人,也会犯错误。但是,轻易地断定康德的某个观点是错误的,那就是我们的错误。而且,根据康德的著作来澄清他的存在论题,还原出一个更加符合其思想的解释并不是不可能的。举个例子,尽管康德对"逻辑的谓词"与"实在的谓词"的定义与解释并不充分,但是,他在讨论其他一些问题的时候也频频使用"逻辑的/实在的"(logisch/real)这两个概念。因此，通过对比它们在不同场合、不同问题中的意义，我们就不难澄清它们的意义，并将其适用于"逻辑的谓词/实在的谓词"这一区分之中。遗憾的是，似乎没有多少学者认真做过这项工作。

我们最好也不要轻易接受弗雷格的存在论题，更不要把它与康德的论题混为一谈，甚至认为弗雷格的存在论题是更加高明的。把"存在"当作一个量词来使用，这在许多场合中或许都是十分有用的，但却隐含着"无先于有"或"无中生有"的本体论观念。但是，这种观念是有违常识的，也是哲学上站不住脚的。因为，"无"（Nichts）作为特定存在（Dasein）的"无"，是通过对特定存在即"有"的否定而产生的。"无先于有"或"无中生有"的观念只在一个意义上是合理，即并非作为特定存在之否定的"无"，而是作为源始的、无规定的"纯粹的存在"（das reine Sein）本身的"无"，就像黑格尔在《逻辑学》第一篇第一章中所描述的那样。① 在这种情况下，"有"和"无"直接就是一回事，而所谓"无先于有"或"无中生有"也只是说，在"纯粹的有"与"纯粹的无"（das reine Nichts）的"转变"（Werden）中所产生的特定存在（Dasein）。然而，这显然不是弗雷格想要表达的意思。但是，我们不要轻易接受弗雷格的存在论题的另一个甚至更重要的原因是：我们最好不要轻易接受"弗雷格-罗素多义性论题"。把作为系词的"是"（sein）与作为谓词的"存在"（Dasein）或"实存"（Existenz）严格地区分开来，甚至把它们看作毫不相干的，这样做的唯一好处是让我们免于思考"是"与"存在"或"实存"的关系。而且，这对于我们中国人来说显得格外友善，因为在我们的语言（汉语）中，"是"与"存在"或"实存"似乎本来就没有什么关系。但反过来说，这种区分也就遮蔽了"是"与"存在"或"实存"的联系。西方人用系

---

① 参见〔德〕黑格尔《逻辑学Ⅰ》，先刚译，人民出版社2019年版，第61—62页。

康德与本体论证明的批判

词"是"来表达"存在"或"实存",这并不是没有道理的。实际上,即便仅仅作为系词的"是"也唯有通过"存在"或"实存"才是有意义的。换句话说,它们只有使用上的区别,并不真的在意义上有什么根本的区别。对此,我们在正文中会给出详细的解释与论述。目前来说,我们只需要知道,否定了"是"与"存在"或"实存"的联系,无异于否定了哲学研究的终极对象,即那个作为"是"的存在本身。而且,如果我们不能理解这种联系,就很难理解康德哲学中的许多关键问题。

然而,对康德存在论题的澄清——或者更准确地说,通过深入研究康德的文本重新解释这个论题,可以解决现有解释中存在的问题,回应当前存在的一些质疑与批评,还原康德的思想——势必也会改变我们对《纯粹理性批判》中"论上帝存在的本体论证明的不可能性"这一节的整体理解。① 举个例子,如果我们像很多学者那样(例如,海德格尔)仅仅把"实在的谓词"等同于实在性,或者(更准确地说)关于一种实在性的概念,那么,康德对"逻辑的谓词"与"实在的谓词"的区分,似乎就直接地与康德在下文中对于"是(存在)不是实在的谓词"的分析有关,并且被落实到"上帝是(存在)"(Gott ist)或"存在着一个上帝"(es ist ein Gott)与"上帝是全能的"(Gott ist allmächtig)这两个命题的比较之中②,以至于给我们造成一种印象:"是""存在"或"实存"只是一个逻辑的谓词,"全能"(Allmacht)则是一个实在的谓词。如果我们的眼光仅仅停留在《纯粹理性批判》,这个解释似乎是说得通的,但我们一旦注意到康德在《逻辑学》中的一个说法,就会马上暴露出一个问题。在那里,康德说:"综合命题在质料上增加知识,分析命题仅

---

① 参见〔德〕康德《纯粹理性批判:注释本》,李秋零译注,中国人民大学出版社2011年版,第413—419页(B620-630)。

② 参见〔德〕康德《纯粹理性批判:注释本》,李秋零译注,中国人民大学出版社2011年版,第417页(B626-627)。

前 言

仅在形式上增加知识。前者包含着规定（derteminationes），后者仅仅包含逻辑谓词。"① 这句话告诉我们，分析命题的谓词是逻辑的谓词，而不是实在的谓词。那么，由于"上帝是全能的"显然是一个分析命题，把"全能"看作一个实在的谓词就是错误的。而且，既然"是/存在"与"全能"都只是逻辑的谓词，那么，两种谓词的区分就并不直接与康德讨论存在论题的段落有关，而是直接与前面关于"上帝存在"是一个分析命题还是一个综合命题的讨论有关。那种主张"逻辑的谓词"与"实在的谓词"分别是分析命题与综合命题的谓词的解释，自然支持这种看法。但是，这种主张甚至直接地与《纯粹理性批判》中的文本相冲突，因为康德明确说过："每一个实存性命题都是综合的。"② 既然如此，"存在"或"实存"又如何能够是一个逻辑的谓词呢？对于所有这些问题的详细讨论，以及最终给出一个（但愿）令人满意的回答，只能是本书正文中的任务。目前来说，我们只需要知道，存在论题将改变我们对康德的整个批判的理解。

说到这里，读者或许会认为，本书将以康德的存在论题为切入点，顺带讨论康德对本体论证明的批判。遗憾的是，事实并非如此。尽管存在论题如此重要，但我们自始至终所要关心的依旧是康德对本体论证明的批判本身。当代学者多年来对存在论题的关心与争论毋宁只是为我们提供了一个重新审视康德的这个批判的契机，或者说为我们重新审视这个批判提供了必要性。正如前面提到过的，我们无需过分夸大康德的这个批判的历史作用，也大可不必把康德看作一个"不可错的"（unfehlbar）神人。但是，由于这个批判在哲学史中毕竟有着重要的地位，我们也必须严肃地对待它。而且，既然

---

① 〔德〕康德：《康德著作全集：第9卷》，李秋零主编，中国人民大学出版社2010年版，第109页（9：111）。

② 〔德〕康德：《纯粹理性批判：注释本》，李秋零译注，中国人民大学出版社2011年版，第417页（B626）。

康德与本体论证明的批判

我们已经发现,传统教科书对这个批判的解读是不尽如人意的,就更应该为之寻求更好的解释,尽可能充分地还原康德的思想。即便康德的这个批判确实存在什么问题,我们也应该努力把这些问题阐述清楚,以供学界讨论,而不是简单地将其扔在一边不管。这种做法,借用康德的话说,叫作"怠惰的理性"(die faule Vernunft; ignava ratio)①,不是一个严肃的学者应有的态度。而且,当代分析哲学家与逻辑学家对康德存在论题的讨论往往不太在意这个论题与康德的整个批判及其认识批判与作为一个整体的批判哲学的系统性关系。换句话说,他们常常孤立地看待这个论证,仅仅关注康德的批判中貌似直接与之相关的句子与段落。然而,对于康德来说,无论"是(存在)不是实在的谓词"这个论据如何重要,有多么大的杀伤力,它也只是康德对于本体论证明的系统性批判中的一个环节;而康德对本体论证明的批判本身,也只是他对思辨理性的系统性批判的一个环节。这一点非常重要,因为康德那个时代的德国哲学家与我们今天的学者不同,他们并不习惯于就一个个非常具体的问题做出详细的讨论,而是习惯于把一个个的问题置于一个系统性的整体之中。正因为如此,《纯粹理性批判》才会给人一种错觉:对于本体论证明这样一个如此重要的哲学证明,康德竟然只用了14个段落来批判,并且自称一劳永逸地否定了此类证明的可能性;同时,对于存在论题这样一个"攻击中枢神经"的论据,康德竟然只用了两三个段落来加以讨论。反过来说,如果我们抛开批判哲学的整体,孤立地考虑康德对本体论证明的批判与他的存在论题,我们就很难正确地理解康德的思想与意图。

因此,本书将从对康德的先验理念论(der transzendentale Ideal-

---

① 参见〔德〕康德《纯粹理性批判:注释本》,李秋零译注,中国人民大学出版社2011年版,第465页(B717),第508页(B801)。

ismus)① 的一个总体介绍入手,并着重介绍其认识论主张。这个简要的介绍旨在表明,在康德看来,上帝的理念(作为有神论学说的基础)是如何必然地从人类认识能力中产生的,以及尽管如此,其客观实在性为什么从根本上就是不可证明的。这些内容对于理解康德对本体论证明的批判来说十分重要,而不是像艾伦·W. 伍德(Allen W. Wood)所认为的那样,康德在这个批判中仿佛没有使用他的认识论批判成果。② 我们还有必要澄清,康德持有一种什么样的上帝观念,以避免两种错误的倾向:一是把康德的上帝观念与基督教的上帝观念截然区分开来,并以此为后者开脱;二是把康德的上帝观念与自黑格尔以来的理性主义泛神论的上帝观念混为一谈,后者才是一种真正与传统基督教截然不同的上帝。当然,我们还要对本体论证明的发展及其批判史做一个大致的介绍,这是必不可少的。尽管康德对这个证明的批判被认为是最彻底的、最根本的,但他不止使用了"是(存在)不是实在的谓词"这一个论据,而是使用了(包括存在论题在内)五个论据,它们中的一些是直接从过去的哲学家那里继承来的,有些虽然是康德本人的原创思想,但我们依旧可以从前人那里找到其思想萌芽。所有这些内容构成了本书的第一部分"理论背景",它们构成了本书的第二部分"文本阐释"的重要基础。

本书的第二部分旨在阐释康德《纯粹理性批判》中的本体论证明的批判,即前面提到过的"论上帝存在的本体论证明的不可能性"一节。但是,这个阐释是研究性的,而不是通俗性的解说。整个这一节只有 14 个段落,如果只是一个通俗性的解说,并不需要(如我们在下文中向读者呈现出来的那样)四个章节的篇幅。然而,在这

---

① 先验理念论,国内学界也常译作"先验观念论"或"先验唯心论"。
② 参见 Allen W. Wood, *Kant's Rational Theology*, Ithaca:Cornell University Press, 1978, p.123。

康德与本体论证明的批判

个阐述中，我们将重点考察康德的这个批判与哲学史上的传统批判之间的联系，与其整个认识论主张之间的联系，以及与其作为一个整体的批判哲学之间的联系。具体来说：首先，正如前面已经提到过的，我们将把康德的一些论据与前人思想联系起来，以便在使之获得一个更为丰满的理解的同时，揭示出康德对它们的修订与发展。其次，我们将把康德的其他一些论据与其范畴学说、图型学说和普遍规定原理联系起来，以表明康德为这些看似"三言两语"的论据提供了足够充分的论证。再次，我们将把康德在《纯粹理性批判》中的批判与其前批判时期的观点（主要是指《证据》）联系起来，尤其要把《证据》与《纯粹理性批判》中的两个存在论题区分开来，揭示出它们之间的联系与各自不同的论证目标。多年来，人们往往要么认为（例如，海德格尔与 J. 威廉·福吉）这两个论题是一回事，要么认为（例如，赵林与 S. 莫里斯·恩格尔）它们必须依据一种"弗雷格-罗素多义性论题"区分开来。然而，正如前面已经指出过的，康德并不是"弗雷格-罗素多义性论题"的支持者，但两个存在论题也并不因此就是一回事。事实上，《证据》中的那个论题，即"存在根本就不是某一个事物的谓词或者规定性"①，针对的是本体论证明的正面论证，即从一个"最实在的存在者"（das allerrealste Wesen; ens realissimum）的纯然概念中分析出"存在"或"实存"；然而，《纯粹理性批判》中的那个论题，即"'是'（存在）显然不是实在的谓词"②，针对的则是本体论证明的反面论证（一个归谬法），即如果一个最实在的存在者不存在，那么，一个可能的现实存在着的最实在的存在者就比它的纯然概念更大（多出一种实在性）。当然，对于所有这些问题的详细讨论，我们只能放到正

---

① 〔德〕康德：《康德著作全集：第 2 卷》，李秋零主编，中国人民大学出版社 2003 年版，第 78 页（2：72）。

② 〔德〕康德：《纯粹理性批判：注释本》，李秋零译注，中国人民大学出版社 2011 年版，第 417 页（B626）。

文中来完成。目前来说，我们只需要知道，鉴于上述这些问题，我们对康德《纯粹理性批判》中的这个由短短14个段落组成的批判的理解将发生一个结构性的转变，这种转变对于我们反思当代研究中的一些争论来说是十分重要的。

本书的第三个部分关注的是国内外学界围绕康德的存在论题与本体论证明展开的各种争论，所以叫作"当代争论"。这些争论始于上世纪中期，我们在前面已经简要介绍了其渊源。在数十年的争论中，一些问题得到了解决，一些问题虽然还没有完全解决，但至少在争论中有所推进。然而，还有一些问题，如果毕竟不是无法解决的，也至少是十分难以解决的，令人感到泄气。但是，基于我们在本书第二部分对康德的本体论证明批判的重构，也许能够打开一个全新的局面。在本书的第三部分，我们重点关注三个主要的方面。首先，我们将重点关注弗雷格的存在论题与"弗雷格－罗素多义性论题"。我们将把康德与弗雷格的存在论题严格地区分开来，以反对当代流行的那种"以弗雷格解康德"的趋势。康德与弗雷格在"是／存在"问题上的分歧不是细节性的，而是根本性的。同时，尽管弗雷格对"是／存在"的种种看法被认为是更清楚的，但却有着难以克服的局限性。相反，唯有从康德本人的思想出发，许多问题才能得到妥善的解决。其次，我们将重点关注当代学界对于康德存在论题的两种主要解读，指出它们存在的问题，并且尝试给出一种全新的解读方案。事实上，我们在本书的第二部分中就会初步提出这个全新的解读方案，作为重构康德对本体论证明的批判的一个组成部分。但是，在本书的第三部分中，我们将在与原先两种方案的比较中进一步突出其特有优势。而且，这种全新的解读与其说是对其他两种解读的否定，不如说是对它们的扬弃。也就是说，这种解读吸收了前两种解读的优势，能够在克服它们各自缺陷的基础上实现对康德在其各个著作中的那些貌似冲突的说法的统一。最后，我们将重点关注当代学者对本体论证明及其关键论据的辩护。在这个部

康德与本体论证明的批判

分，我们首先关注了以哈茨霍恩、马尔科姆与普兰丁格为代表的所谓"模态论证"。我们将指出，无论这些论证何其复杂，其核心目标无不是要利用对"偶然的存在"与"必然的存在"的区分，证明一个现实存在着的事物以某种方式大于其纯然概念，以维护本体论证明的反面论证或归谬法。同时，我们也将看到，除了模态论证之外，其他一些比较具有代表性的辩护，大多也是从这个角度入手。也就是说，它们要么试图为这个归谬法辩护，要么即便不能正面维护这个归谬法，也试图表明康德对这个归谬法的反驳是不充分的。但是，我们的讨论将证明，所有这些辩护要么（在不同程度上）割裂了康德的批判与其认识论主张之间的关系，要么自身包含着一些错误的推理。

毋庸讳言，本书的目标是要为康德的批判辩护，维护其理性神学批判的成果。但是，隐藏在这项努力背后的立场却并不是要维护康德哲学的权威。正如前面提到过的，康德并不是什么不可错的神人，其批判哲学（作为一个18世纪的哲学体系）也绝不是无懈可击的。如果我们真这样看，那就等于彻底否定了二百余年以来的哲学发展。相反，我们想要维护的是一种真正属于现代的观念，从哲学的高度巩固其思想上的地基。这种观念可以从对康德的那三个体现了"我的理性的全部旨趣"（Alles Interesse meiner Vernunft）问题中的第一个问题的回答中得到解释，这个问题就是："我能够知道什么？"（Was kann ich wissen?）[①] 答案就是：我们所能知道的就是眼前这个现实的世界中的一切。或者用康德的话说："我们的一切知识都处于一切可能经验的整体中。"[②] 我们或许应该记住，康德的理性神

[①] 〔德〕康德：《纯粹理性批判：注释本》，李秋零译注，中国人民大学出版社2011年版，第525页（B833）。其他两个问题是："我应当做什么？"（Was soll ich thun?）"我可以希望什么？"（Was darf ich hoffen?）后来，在《逻辑学》中，康德又提出了第四个问题："人是什么？"（Was ist der Mensch?）参见〔德〕康德《康德著作全集：第9卷》，李秋零主编，中国人民大学出版社2010年版，第24页（9：25）。

[②] 〔德〕康德：《纯粹理性批判：注释本》，李秋零译注，中国人民大学出版社2011年版，第152页（A146/B185）。

学批判旨在将关于上帝的知识（这个形而上学曾经的终极知识）从人类理性知识的王国中清理出去，这项工作的目标无非就是让我们的眼光牢牢盯在现实的大地之上。即便是在其实践哲学中，康德也告诉我们，"一个可以由道德法则规定的意志的必然客体"是"在尘世中造就至善"（die Bewirkung des höchsten Guts in der Welt）①。甚至，他的那个所谓的（更加备受争议的）"纯粹的道德宗教"（die reine moralische Religion）也是为了确保这种尘世的努力不至于沦为徒劳而提出的。当然，就本书的意图而言，我们所要维护的只是这种始终着眼于现实存在的现代观念，使之免于遭受任何对超验存在的不切实际的幻想的攻击，因为这种幻想——正如康德告诉我们的，作为一种"先验幻相"（der transzendentale Schein）——根植于人类理性的本性之中，在任何时代都难以彻底铲除。

---

① 〔德〕康德：《实践理性批判：注释本》，李秋零译注，中国人民大学出版社2010年版，第114页（5：122）。

| 第一部分 |

理论背景

第一章　康德的先验理念论

在本章中，我们将对康德的"先验理念论"（der transzendentale Idealismus；先验观念论/先验唯心论）做一个总体上的介绍。但是，这个介绍有着十分明确的目标，即以尽可能简要但足够清楚的方式告诉读者：根据康德的批判，上帝的理念是如何从理性自身的本性中产生的，以及该理念（与其他两个先验理念）为何缺乏如其他一些同样先验的东西（知性范畴与先验统觉）那样的客观实在性。因此，本章的内容绝不是一个可有可无的、纯然摆设性的介绍，而是一个直接服务于全书的核心意图的介绍。至少说，对于那些对康德的批判哲学并不那么熟悉与精通的读者来说，这样一个介绍或许是必不可少的。具体来说：首先，我们将在第一节中对先验理念论的基本立场与特点做一个概述，以表明"经验性的实在性"如何构成了其他任何先验的东西（它们本身只是理念性的或观念性的）的实在性的根据。其次，我们将在第二节中具体说明，直观的纯粹形式（空间与时间的表象）、知性的纯粹概念（诸范畴）与统觉的综合统一（先验的自我意识）的实在性根据。再次，我们将在第三节中具体说明，康德所说的三个先验理念是如何从理性自身的本性中产生的，以及它们为何缺乏客观实在性，只能是纯粹的理念。最后，我们将在第四节中具体说明，对先验理念的认识如何导致辩证的理性推理，并且最终导致纯粹理性的理想，即证明一个作为"最实在的存在者"的上帝的存在，从认识论的角度来讲就是不可能的。

一　先验理念论的要义

在哲学史研究中，康德最为人津津乐道的贡献之一就是调和了"理性主义"（Rationalismus）与"经验主义"（Empirismus）两种立场。一方面，康德承认"经验性的实在性"（die empirische Realität），坚持"我们的一切知识都以经验开始"①。另一方面，康德反对一切知识都产生自经验，主张人类认识能力先天地提供了一些东西，这些东西虽然只是"理念性的"（ideell；观念性的）——也就是说，它们本身并不单独地作为客体而存在——但却构成了经验得以可能的条件。这也正是康德先验理念论的一个本质性的特点。

简单来说，先验理念论是这样一种立场：首先，"理念论"（Idealismus）一词意味着，认识对象（严格来说）只是我们的意识中的理念（Ideen）或表象（Vorstellungen）②。即便是感性的对象（经验的客体），那些被我们看作外在于我们的客观事物，也是作为意识中的表象出现的。因此，康德常把经验客体称作"显象"（Erscheinungen）或"作为显象的对象"（die Gegenstände als Erscheinungen），因为它们其实是"显现"（erscheinen）在我们的意识中的对象。其次，先天的知识（Erkenntnisse a priori）构成了经验客体的可

---

① 〔德〕康德：《纯粹理性批判：注释本》，李秋零译注，中国人民大学出版社 2011 年版，第 28 页（A1/B1）。

② 柏拉图称作"理念"的东西，康德更愿意称作"表象"，因为在他看来，只有纯粹理性的概念（先验理念）才配得上"Idee"（理念）这个名称。根据他的解释："柏拉图使用理念这一术语，使人清楚地看出，他把它理解为某种不仅绝非借自感官、而且远远超越亚里士多德所探讨的知性概念的东西，因为在经验中永远找不到某种与它相应的东西……柏拉图非常清楚地说明，我们的知识能力所感到的需求，远远高于为了把显象读做经验而仅仅把显象按照综合的统一拼写出来，我们的理性自然而然地跃升为远远超过经验所提供的某个对象每次都能够与其一致的知识，但尽管如此这些知识仍有其实在性，绝不是纯然的幻想。"〔德〕康德：《纯粹理性批判：注释本》，李秋零译注，中国人民大学出版社 2011 年版，第 254—255 页（A313-314/B370-371）。

第一章　康德的先验理念论

能性条件,它们包括直观的纯粹形式、知性的纯粹概念以及统觉的综合统一。所有这些东西本身并不来自经验,而是属于我们(广义的)认识能力的固有本性。但是,如果没有这些先天的知识,我们就根本无法获得任何关于对象的经验。正是在这个意义上,康德把它们称作"先验的"(transzendental),以便与那些彻底"超验的"(transzendent)东西区别开来。引用康德自己的说法:"我把一切不研究对象、而是一般地研究我们关于对象的认识方式——就这种方式是先天地可能的而言——的知识称为先验的。"① 因此,"先验的"一词不仅意味着这些知识在来源上是先天的,同时也意味着它们与对象(认识的对象,即经验客体,或作为显象的对象)的关系。这种关系就是说,正如前面已经提到的,先验的东西本身只是理念性的,它们并不作为客体单独地存在,而是作为经验客体的可能性条件存在。

尽管今天的哲学史教材热衷于使用"理性主义/经验主义"的二分法,并且把康德哲学看作它们之后的第三条道路,但在康德自己的著作中,他更多讨论的是"独断论"(Dogmatismus)与"怀疑论"(Scepticismus)的对立。对于独断论,康德把"莱布尼茨-沃尔夫哲学"(die Leibniz = Wolffische Philosophie)看作其代表,并且把克里斯蒂安·沃尔夫(Christian Wolff)称作"所有独断论哲学家中最伟大的哲学家"②;对于怀疑论,他把大卫·休谟的哲学看作其代表,并且把休谟称作"所有怀疑论者中间最有头脑的怀疑论者"③。康德本人曾经是沃尔夫主义者,但正如他自己所说的,休谟的怀疑论打破了他的独断论迷梦,虽然远不足以说服他,但却促使他走上

---

① 〔德〕康德:《纯粹理性批判:注释本》,李秋零译注,中国人民大学出版社2011年版,第45页(A11-12/B25)。
② 〔德〕康德:《纯粹理性批判:注释本》,李秋零译注,中国人民大学出版社2011年版,第23页(BXXXVI)。
③ 〔德〕康德:《纯粹理性批判:注释本》,李秋零译注,中国人民大学出版社2011年版,第504页(B792)。

康德与本体论证明的批判

了一个完全不同的方向。① 不过，康德并不反对一切形式的"独断的方法"（dogmatisches Verfahren），因为"先天综合判断"（Synthetisches Urteil a priori）——按照康德的说法，所有理论科学都以此类判断为原则——就必须是独断的。相反，他反对的只是"独断论"，即"纯粹理性没有先行批判它自己的能力的独断方法"②。这反映出康德的一个一以贯之的立场：我们必须先行对我们的认识工具，亦即我们的各种认识能力（感性、知性与狭义的理性）加以批判，了解其特有的能力与合法的应用范围。因此，根据康德的观点，独断论者未加批判地使用理性的原则，妄图把知识扩展到完全超乎经验的领域，从而不可避免地导致种种"先验幻相"（der transzendentale Schein）。实际上，在康德看来，所谓的理性神学正是先验幻相的产物。

理性的这种不加批判的独断应用催生了它自己的反面，那就是"怀疑论"。在一定程度上，康德也把怀疑论看作经验论（经验主义）的必然产物。他认同经验论的一些基本立场，例如"一切知识都以经验开始"，以及"真正的思辨知识除了经验的对象之外，在任何地方都不可能遇到别的对象"。③ 然而，如果经验论不满足于限制理性的僭越，让理性"打消认错自己真正规定性的理性的冒失和胆大妄为"④，而是还想要"放肆地否定超出其直观的知识范围之外的东西"⑤，就

---

① 参见〔德〕康德《未来形而上学导论：注释本》，李秋零译注，中国人民大学出版社2013年版，第5页（4：260）。
② 〔德〕康德：《纯粹理性批判：注释本》，李秋零译注，中国人民大学出版社2011年版，第23页（BXXXV）。
③ 〔德〕康德：《纯粹理性批判：注释本》，李秋零译注，中国人民大学出版社2011年版，第351页（B499）。
④ 〔德〕康德：《纯粹理性批判：注释本》，李秋零译注，中国人民大学出版社2011年版，第350页（B498）。
⑤ 〔德〕康德：《纯粹理性批判：注释本》，李秋零译注，中国人民大学出版社2011年版，第351页（B499）。

会陷入怀疑论。因为，正如康德在他的认识论批判中指出的，所谓"经验"（Erfahrungen）从来就不是一些现成的东西，感性直观为我们提供的表象（感性印象）并不直接构成经验客体，而是必须在空间与时间（直观的纯形式）条件下，经由知性的诸范畴（纯粹知性概念）与统觉的综合统一加工而成。因此，在对休谟的批判中，康德一方面肯定其观察的敏锐性，即发现"我们在某类判断中超出了我们关于对象的概念"①，另一方面也批判其怀疑论立场，即"把理性的一切自以为的先天原则都视为想象出来的，并认为它们无非是一种从经验及其规律产生的习惯"②，并且主张"没有经验，我们就没有任何东西能够扩大我们的概念并使我们有权利做出这样一种先天地扩展自身的判断"③。这种错误的根源就在于把经验当作现成的东西，没有意识到知性在构成一个经验中所做出的必不可少的贡献，仅仅把知性当作认识的工具。因此，在康德看来，休谟在没有对知性能力作出全面批判的情况下就"否认知性有先天的扩展自己的任何能力"④，限制了知性，却没有为它设置界限。从这个意义上讲，怀疑论不过是另一种形式的独断论。

然而，无论对独断论还是对怀疑论，康德都没有持全盘否定的态度。实际上，他把独断论与怀疑论看作人类理性发展的两个必经阶段：独断论就像是理性的"童稚时代"⑤，尽管它不加批判地使用

---

① 〔德〕康德：《纯粹理性批判：注释本》，李秋零译注，中国人民大学出版社2011年版，第504页（B792）。

② 〔德〕康德：《纯粹理性批判：注释本》，李秋零译注，中国人民大学出版社2011年版，第504页（B793）。

③ 〔德〕康德：《纯粹理性批判：注释本》，李秋零译注，中国人民大学出版社2011年版，第504—505页（B793）。

④ 〔德〕康德：《纯粹理性批判：注释本》，李秋零译注，中国人民大学出版社2011年版，第505页（B795）。

⑤ 〔德〕康德：《纯粹理性批判：注释本》，李秋零译注，中国人民大学出版社2011年版，第502页（B789）。

康德与本体论证明的批判

理性的原则，在知识的道路上"神气活现地昂首阔步"①，以至于误入各种歧途，但却毕竟表现出了勇于使用理性的决心。怀疑论代表了理性发展的第二个阶段，代表了"由于经验而学乖了的判断力的谨慎"②。这一阶段的意义在于"让理性的所作所为经受检验、需要的话经受责难"③，康德称之为"理性的审查"（die Censur der Vernunft）。但是，正如前文指出过的，这种审查不可避免地导致对理性原则的怀疑，从而让理性认识局限在很小的范围内。所以，他仅仅把怀疑论看作"人类理性的一个歇息地"，一个反思独断论的区域，以便使理性的应用能够走向第三个阶段，即批判的阶段，这个阶段代表了"成熟了的、成年的判断力"④。康德的批判从经验出发，把构成经验的各个要素拆分出来，追溯它们各自的来源，进而明确认识能力各部门（感性、知性与狭义的理性）的功能与原则，为它们的合法应用划定范围、设定界限。根据康德的设想，批判将为数学、自然科学与形而上学提供稳固的基础，并且由此建立起科学的形而上学体系。这个体系将包括两个部分，即"自然形而上学"（die Metaphysik der Natur）与"道德形而上学"（die Metaphysik der Sitten），也可以叫作"理论形而上学"（die theoretische Metaphysik）与"实践形而上学"（die praktische Metaphysik）。遗憾的是，在康德的自然形而上学中，并没有神学的一席之地。

正如前面多次提到的，康德赞同经验论者的一个基本观点：对于人类认识能力来说，经验是唯一实在的东西，"我们的一切知识都

---

① 〔德〕康德：《纯粹理性批判：注释本》，李秋零译注，中国人民大学出版社2011年版，第503页（B791）。

② 〔德〕康德：《纯粹理性批判：注释本》，李秋零译注，中国人民大学出版社2011年版，第502页（B789）。

③ 〔德〕康德：《纯粹理性批判：注释本》，李秋零译注，中国人民大学出版社2011年版，第502页（B788）。

④ 〔德〕康德：《纯粹理性批判：注释本》，李秋零译注，中国人民大学出版社2011年版，第502页（B789）。

第一章　康德的先验理念论

以经验开始"①。而且，理性的应用不能超出可能经验的范围，否则就会陷入种种幻相（Schein）。同时，康德与经验论者的分歧在于：经验客体并非某种现成的、从我们之外被给予我们的东西，而是显现在我们意识之中的客体。说经验客体并非某种现成的东西，这也就是说，它们并不是一些"就其自身而言的事物"（Ding an sich；物自身或自在之物），不是一些独立于我们的认识能力而实存的事物。相反，经验客体虽然被表象为"在我之外的事物"，但它们自始至终就只是存在于我们的意识之中的对象，用康德的话说就是"作为显象的对象"（die Dinge als Erscheinungen）。外在的对象（作为物自身的对象）刺激我们的感官，在我们的意识中产生种种感性印象（如色声香味触），是为"感性的材料"（die data der Sinnlichkeit）或"显象的杂多"（das Mannigfaltige der Erscheinung），它们是真正"后天的"（a posteriori）。然而，正如前文已经指出过的，仅凭这些东西还不足以构成经验，它们还必须经过一些先天的东西的整理加工，后者包括直观的纯形式（空间与时间）、纯粹知性概念（诸范畴）以及统觉的综合统一，它们构成了经验客体得以可能的条件。因此，理性有权把经验的实在性扩展至所有这些构成其可能性条件的先天的东西之上，并且把关于它们的认识当作真正客观的知识来占有。同时，这也就使我们能够大胆地使用理性的原则来扩展我们的认识，而不至于陷入经验论的怀疑之中，只要我们不把这种应用扩展到可能经验的范围之外，妄图去认识那些"超验的东西"。

在康德看来，所有这些先天的东西都只具有一种"经验性的实在性"（die empirische Realität）与一种"先验的理念性"（die transzendentale Idealität；先验的观念性），而不具有一种"先验的实在性"（die transzendentale Realität）。也就是说，它们仅仅作为经验客

---

① 〔德〕康德：《纯粹理性批判：注释本》，李秋零译注，中国人民大学出版社2011年版，第28页（A1/B1）。

27

康德与本体论证明的批判

体的条件而存在。没有任何证据表明，完全超脱经验之外，它们也可以独自以某种方式存在，就像柏拉图的理念那般。我们固然可以在思维中抽掉一切纯然经验性的东西来思维它们，但如此它们也就成了纯然"理念性的"（Ideell；观念性的）。但是，由于它们毕竟构成了经验客体的可能性条件，故而在逻辑上先于经验，并且（在康德看来）构成了形而上学的真正对象。因此，正如本节开头就提到过的，正是在这个意义上，康德的学说被称作一种"先验的"理念论。当然，"理念论"一词则更多地表现出康德与以勒内·笛卡尔（René Descartes）、乔治·贝克莱（George Berkeley）为代表的理念论者的思想联系，尽管康德对他们的学说持批评态度。正如康德所指出的："唯心论（理念论）在于主张除了能思维的存在者之外不存在任何别的东西。"① 笛卡尔认为，外部经验的实在性无法得到充分的证实，其学说被康德称作"怀疑的理念论"（der skeptische Idealismus）②；贝克莱则干脆认为，外部经验无非是纯粹的幻相，其学说被康德称作"独断的理念论"（der dogmatische Idealismus）③，甚至"狂热的理念论"（der schwärmerische Idealismus）④。但是，康德绝不反对外在事物的存在，他只是区分了"作为物自身的对象"（die Gegenstände als Dinge an sich）与"作为显象的对象"（die Gegenstände als Erscheinungen），并且强调：一方面，对于"作为物自身的对象"，我们虽然对它一无所知，但它们作为显象的根据是存在的；另一方面，"作为显象的对象"的存在不以人的意志为转移，其种种性状对于我

---

① 〔德〕康德：《未来形而上学导论：注释本》，李秋零译注，中国人民大学出版社2013年版，第31页（4：388－389）。
② 〔德〕康德：《未来形而上学导论：注释本》，李秋零译注，中国人民大学出版社2013年版，第112页（4：375）。
③ 〔德〕康德：《未来形而上学导论：注释本》，李秋零译注，中国人民大学出版社2013年版，第112页（4：375）。
④ 〔德〕康德：《未来形而上学导论：注释本》，李秋零译注，中国人民大学出版社2013年版，第112页脚注（4：375）。

们（人类存在者）来说不仅是实在的，而且是客观实在的。

所有前面这些论述都暗含一个重要的主题：经验性的实在性是一切先天知识的实在性的标志。反过来说，一切先天的东西也唯有作为经验客体的可能性条件才具有实在性，这也正是康德反对传统理性神学的根本立场：上帝（假如真的以某种方式存在）作为一个完全超验的客体，就人类认识能力而言，根本没有任何证据能够证明其存在。正如康德所言："凡是仅仅出自纯粹知性或者纯粹理性的对事物的知识都无非是纯粹的幻相，惟有在经验中才有真理。"① 接下来，我们将更为详细地解释先天知识的实在性，以便通过一个比较，解释先验理念为何无权分享这种实在性。

二 先天知识的实在性

前文提到，康德坚持"我们的一切知识都以经验开始"②，并且认为这是无可置疑的。但是，他并不因此就同时认为，我们的一切知识"都产生自经验"③。因为，同样正如前面提到过的，经验（即关于对象的知识或认识，它已经是经验知识或经验认识了）本身并不像经验论者所认为的那样是现成的。相反，经验知识（Erfahrungserkenntnis）本身就是"我们通过印象所接受的东西和我们自己的认识能力（通过仅仅由感性印象所诱发）从自己本身提供的东西的一个复合物"④。因此，通过分析经验知识的成分，从中抽掉那些纯然

---

① 〔德〕康德：《未来形而上学导论：注释本》，李秋零译注，中国人民大学出版社2013年版，第111页脚注（4:374）。
② 〔德〕康德：《纯粹理性批判：注释本》，李秋零译注，中国人民大学出版社2011年版，第28页（A1/B1）。
③ 〔德〕康德：《纯粹理性批判：注释本》，李秋零译注，中国人民大学出版社2011年版，第28页（A1/B1）。
④ 〔德〕康德：《纯粹理性批判：注释本》，李秋零译注，中国人民大学出版社2011年版，第28页（A1/B1）。

经验性的东西，我们就能发现一些先天的东西。

因此，康德的分析是从"直观"（Anschauung）开始的。他没有对"直观"做出明确的定义，只是说："无论一种知识以什么方式以及通过什么手段与对象发生关系，它与对象直接发生关系所凭借的、以及一切思维当做手段所追求的，就是直观。"① 但是，"直观"本身并不难理解，从字面就可以通晓其意义。"Anschauung"（直观）来自动词"anschauen"，它是由"an"（在……上/旁，紧挨着）与"schauen"（看）构成，所以是"注视"或"观察"的意思。正如康德所言，"Anschauung"（直观）是"知识与对象直接发生关系"，这意味着一种非间接的认识能力，即所谓的"一望而知"。不过，这种直接的、非间接的认识不限于"看"，而是也被扩展到听、嗅、尝、触等外感官（die äußeren Sinne）的活动，以及对主体内在心理活动的直接感受，即所谓内感官（die inneren Sinne）的活动。甚至，直观也可以扩展到知性（Verstand）或者理智（Intellekt）。例如，中世纪的经院学者就相信，上帝的理智就不是一种间接的认识能力，而是对认识客体的直接把握，这种能力就叫作"理智的直观"（die intellektuelle Anschauung）。然而，遗憾的是，我们人类存在者并没有这样一种直观能力，我们的知性知识"是一种凭借概念（Begriffe）的知识，它不是直观的，而是推论的（diskursiv）"②。也就是说，我们只能通过感性（Sinnlichkeit）来直观对象，即"被对象刺激的方式获得表象"③。感性直观为我们提供了认识对象，尽管只是作为显象的对象（而不是作为物

---

① 〔德〕康德：《纯粹理性批判：注释本》，李秋零译注，中国人民大学出版社2011年版，第52页（A19/B33）。
② 〔德〕康德：《纯粹理性批判：注释本》，李秋零译注，中国人民大学出版社2011年版，第86页（A68/B93）。
③ 〔德〕康德：《纯粹理性批判：注释本》，李秋零译注，中国人民大学出版社2011年版，第52页（A19/B33）。

第一章　康德的先验理念论

自身的对象），但却是我们唯一能够对其有所认识的东西，也是唯一真正实在的东西。

然而，感性直观所提供的对象却并不因此就完全是来源于经验的。因为，通过感觉与对象发生关系而产生的东西仅仅构成作为显象的对象的质料，它们必须依据感性直观自身具有的某些形式才能显现在感觉之中，康德把这些形式称作"纯粹直观"（die reine Anschauung），以区别于直接与感觉相关的"经验性的直观"（die empirische Anschauung）。通过在思维中抽掉经验客体中的一切纯然属于感觉的东西，以及一切属于知性思维的东西，剩下的就是直观的纯粹形式，那就是空间与时间的表象。空间是外感官的形式，"借助于外感官（我们心灵的一种属性），我们把对象表象为外在于我们的，它们全都在空间之中"①。时间则是内感官的形式，"借助于内感官，心灵直观自己本身或者其内在状态"②，"所有一般显象，即感官的所有对象，都处在时间中，并以必然的方式处在时间的各种关系中"③。我们只能观察到处于空间中的事物，以及处于时间中的事件，却永远不能直观到空间与时间本身。因此，空间与时间的表象并不是从经验中获得的。相反，我们对经验事物的一切直观都必须被置于空间之内与时间之中。因此，空间与时间其实是作为显象的对象必须要服从的形式，也是对象能够通过直观被给予我们的条件。正是在这个意义上，空间与时间的表象虽然是在对经验的反思中（后天地）被明确地意识到的，但它们的来源却是先天的。我们有权断言空间与时间的实在性，因为

---

① 〔德〕康德：《纯粹理性批判：注释本》，李秋零译注，中国人民大学出版社2011年版，第54页（A22/B37）。
② 〔德〕康德：《纯粹理性批判：注释本》，李秋零译注，中国人民大学出版社2011年版，第54页（A22/B37）。
③ 〔德〕康德：《纯粹理性批判：注释本》，李秋零译注，中国人民大学出版社2011年版，第62页（A34/B50）。

康德与本体论证明的批判

它们作为经验的可能性条件，其实在性可以从经验自身的实在性中获得支持。如果我们否认这一点，那就很容易陷入经验论的怀疑论，而这很可能是因为没有弄清"条件"与"有条件者"的关系。我们也有权把关于空间与时间的认识当作真正的知识来占有，只要我们仅仅把它们用于可能经验的对象，而不是任何超验客体。

然后，为了使经验得以可能，还需要（狭义的）认识能力的参与。感性直观如果不是被提供给拥有认识能力的主体，那就根本不会有任何经验。正如前文提到过的，经验论之所以不可避免地陷入怀疑论，主要就是忽视了思维本身在经验构成中的作用，仅仅把它看作认识的工具，进而产生对其客观有效性的怀疑。康德指出："经验由直观和判断构成，直观属于感性，而判断则仅仅是知性的事情。"① 直观提供的感性材料需要被知觉，知觉（Wahrnehmung）是经验性的意识（das empirische Bewußtsein）；把感性表象结合在一个意识中就是思维（Denken），它们在一个意识中的结合就是判断（Urteil）②，而"对感性直观的对象进行思维的能力"就是知性。③ 所谓知性（Verstand），简单说来就是"verstehen"（知晓、理解）的能力，英语叫作"understanding"。"知晓"或"理解"不是感受，而是通过概念（Begriffe）来表象对象的能力，并且因此与直观的表象能力构成区别。正如康德所言："知性不能直观任何东西，而感官则不能思维任何东西。"④ 然而，更重要的是："无感性

---

① 〔德〕康德：《未来形而上学导论：注释本》，李秋零译注，中国人民大学出版社2013年版，第46页（4：304）。
② 〔德〕康德：《未来形而上学导论：注释本》，李秋零译注，中国人民大学出版社2013年版，第47页（4：304）。
③ 〔德〕康德：《纯粹理性批判：注释本》，李秋零译注，中国人民大学出版社2011年版，第76页（A51/B75）。
④ 〔德〕康德：《纯粹理性批判：注释本》，李秋零译注，中国人民大学出版社2011年版，第76页（A51/B75）。

第一章　康德的先验理念论

就不会有对象被给予我们，无知性就不会有对象被思维。"① 因此，尽管"经验是通过知觉的结合而形成的知识"②，但如果没有知性的参与，这种结合就是不可能的。正是在这个意义上，康德说："经验是我们的知性在加工感性感知的原始材料时所产生的第一个产品。"③ 如此，也就解答了"认识符合对象"的问题。我们之所以能够凭借思维来认识对象，是因为对象（作为显象的对象）不仅是内在的（但却并不因此是主观的），而且原本就是依据思维的原理而被建构起来的。

知性为了认识对象还需要两样东西：首先，知性必须自己提供一些概念，以便依据这些概念（结合空间与时间的表象）把感性杂多归摄于其下，形成种种经验判断；其次，知性必须能够使一切表象（无论直观还是概念）都成为"我的"（mein），以便在一个意识中把握它们。知性自己为认识对象所提供的概念就是范畴（Kategorien）④，康德也把它们叫作"纯粹的知性概念"（die reinen Verstandesbegriffe）或"知性的纯粹概念"（die reinen Begriffe des Verstandes）⑤。范畴是

---

① 〔德〕康德：《纯粹理性批判：注释本》，李秋零译注，中国人民大学出版社 2011 年版，第 76 页（A51/B75）。

② 〔德〕康德：《纯粹理性批判：注释本》，李秋零译注，中国人民大学出版社 2011 年版，第 122 页（B161）。

③ 〔德〕康德：《纯粹理性批判：注释本》，李秋零译注，中国人民大学出版社 2011 年版，第 32 页脚注（A1）。

④ 康德给出的范畴表中包含 12 组范畴，它们分为四大类：量（Quantität）、质（Qualität）、关系（Relation）与模态（Modalität）。其中，量的范畴是：单一性（Einheit）、复多性（Vielheit）与全体性（Allheit）；质的范畴是：实在性（Realität）、否定性（Negation）与限定性（Limitation）；关系的范畴是：依存性与自存性（Inhärenz und Subsistenz）、因果性与隶属性（Kausalität und Dependenz），以及共联性（Gemeinschaft）；模态的范畴是：可能性/不可能性（Möglichkeit-Unmöglichkeit）、存在/不存在（Dasein-Nichtsein）与必然性/否定性（Nothwendigkeit-Zufälligkeit）。参见〔德〕康德《纯粹理性批判：注释本》，李秋零译注，中国人民大学出版社 2011 年版，第 93 页（A80/B106）。

⑤ 对于我们中国人来说，或者按照汉语的习惯，"知性的纯粹概念"或许更不容易引发误解，尽管它与"纯粹的知性概念"是一回事。因此，在下文中，我们主要使用"知性的纯粹概念"这个术语。

康德与本体论证明的批判

最为抽象的概念，也是思维一切对象都必须要使用的概念。从认识的顺序上讲，类似于对空间与时间的表象的认识，范畴也是通过从经验概念中抽掉一切感性的内容之后剩下来的东西，所以是纯粹的概念（die reinen Begriffe）。但也正因为如此，我们不难发现范畴在来源上是先天的，亦即源自知性能力本身。经验论者会把范畴看作联想的产物，但正如前文提到过的，那是因为他们没有意识到知性对于经验的建构性作用，没有意识到"范畴是惟一能使感性直观的杂多聚集到一个意识中的条件"①。然后，除了必须拥有范畴以外，知性为了思维对象，还必须把对象置于"我思"（ich denke）之中。因为，如果不是我在思维对象，或者对象正在被我思维，那就不可能有任何经验，甚至不可能有关于我自己的经验。所以，康德说："'我思'必须能够伴随我的一切表象。"② 从思维中抽掉一切被思维的内容，包括关于我自己的经验内容（经验性的自我意识），剩下的就是"我思"的纯粹表象，或者纯粹的自我意识（das reine Selbstbewusstsein）。"我思"的这种把一切表象纳入到自身之中的能力，就是康德所谓的"统觉"（Apperzeption）或"先验统觉"（die transzendentale Apperzeption）。先验统觉的这种"源始综合统一"（die ursprünglich = synthetische Einheit）就构成了"一切知性应用的至上原则"（das oberste Princip alles Verstandesgebrauchs）③。也就是说，没有这种能力，知性对任何东西的思维都是不可能的。因此，我们也有权把关于知性范畴与先验统觉的知识当作真正的知识来占有，只要我们仅仅把它们用于可能经验的对象，而不是任何超验客体。

---

① 〔德〕康德：《纯粹理性批判：注释本》，李秋零译注，中国人民大学出版社2011年版，第113页（B143）。
② 〔德〕康德：《纯粹理性批判：注释本》，李秋零译注，中国人民大学出版社2011年版，第107页（B132）。
③ 〔德〕康德：《纯粹理性批判：注释本》，李秋零译注，中国人民大学出版社2011年版，第109页（B136）。

到目前为止，我们的讨论是十分粗疏的，远不足以充分阐明康德的思想。但是，上面这些内容对于本书此节的意图来说应该已经足够了。我们只需要指出，经验性的实在性是我们（作为人类存在者）唯一能够把握的实在性，所有上面这些先天的东西，无论感性的纯粹形式（空间与时间）、知性的纯粹概念还是先验统觉的综合统一，全都只是作为经验得以可能的条件才被证明为具有一种无可置疑的实在性。同时，这个不甚详尽的讨论已经足以同下一节的讨论形成对照。因为，我们即将讨论的"理性的纯粹概念"或"先验理念"并不构成经验得以可能的条件，而这也正是"上帝存在"无法被证明的最为根本的原因。

三　理性的纯粹概念

众所周知，在康德著作中，"理性"（Vernunft）一词有广义和狭义之分。广义的理性就是日常意义上的理性认识能力，狭义的理性则特指"推理"（Schluss）的能力，这是人类认识能力非常重要的一个方面。我们已经知道，知性（Verstand）是对感性直观进行思维的能力，而理性是对知性知识进行思维的能力。知性为经验知识提供了纯粹概念，故而康德把它叫作"规则的能力"（das Vermögen der Regeln）；同样，理性也要为知性知识的推理提供纯粹概念，这些概念为知性知识之杂多提供了"原则的统一性"（die Einheit der Prinzipien），故而康德也把理性叫作"原则的能力"（das Vermögen der Principien）。

康德所说推理其实就是"三段论"（Syllogismus），即从两个相关知性命题（大前提和小前提）的结合中推出第三个知性命题（结论）。首先，根据康德的解释："在每一个理性推理中，我首先通过**知性**想到一个规则（major［大前提］）。其次，我凭借**判断力**把一个知识**归摄**在规则的条件之下（minor［小前提］）。最后，我通过规则的谓词、从而先天地通过**理性**来**规定**我的知识（conclusio[结论]）。"① 举个例子，设命题（1）金属是可以导电的（大前提），以及命题（2）铜是一种金属（小前提），由此得出命题（3）铜是可以导电的（结论）。其中，大前提提供了一个普遍概念（金属），小前提提供了一个可以归摄于这个普遍概念（金属）之下的特殊概念（铜）。于是，这个特殊概念（铜）就依据普遍概念的谓词（可以导电的）得到了规定。因此，康德说："理性推理本身无非是一个凭借将其条件归摄在普遍的规则（大前提）之下而做出的判断。"② 然而，由于大前提本身就是一个知性命题，其主词概念本身就是可以归摄到另一个更为普遍的概念之下的特殊概念。例如，"金属"可以归摄到一般而言的"矿物"之下。因此，理性还要凭借一个上溯推理为这个条件（金属）寻求"条件的条件"（矿物），并持续如此上溯，直至一个"无条件的条件"（die unbedingte Bedingung）或者"无条件者"（das Unbedingte）才肯罢休。所以，正如康德所言，理性在其纯粹应用中的一般原理就是："为知性有条件的知识找到知性的统一得以完成所凭借的无条件者。"③

知性把一切关于对象的知识都表象为"有条件的"（bedingt），并且把这个"有条件者"（das Bedingte）向前追溯的所有种种条件，以及向后前进的所有种种后果，也都表象为"有条件者"——这也正是知性判断的固有本性。当我们宣称认识某物时，总是要说出"某物是什么"（S 是 P），而这（根据排中律）同时也就表明"某物不是它的对立面"（S 是非 P）。从形式逻辑上来讲，所谓"规定"（bestimmen）

---

① 〔德〕康德：《纯粹理性批判：注释本》，李秋零译注，中国人民大学出版社 2011 年版，第 250 页（A304/B360-361）。
② 〔德〕康德：《纯粹理性批判：注释本》，李秋零译注，中国人民大学出版社 2011 年版，第 251 页（A307/B364）。
③ 〔德〕康德：《纯粹理性批判：注释本》，李秋零译注，中国人民大学出版社 2011 年版，第 251 页（A307/B364）。

就是"以排除对立面来设定一个谓词"①。正如黑格尔所言，作为否定性（Negation）的"他在"（Anderssein）是"质的固有规定"②，"并不是一种特定存在（Dasein）之外漠不相关的东西，而是特定存在（Dasein）的固有环节，某物由于它的质而首先是有限的（endlich），其次是可变的（veränderlich）"③。因此，"无条件者"不是知性提供的一个概念，更不是关于任何（作为显象的）对象的概念。相反，"无条件者"的概念是从理性推理中产生的，所以是理性的概念。根据康德的解释："我们事先在大前提中就其全部范围而言在某个条件下思维一个谓词，然后在一个理性推理的结论中把该谓词限制在某个对象上。"④ 也就是说，设想一个使大前提的全部条件序列，亦即"条件的全体性（Universitas）或者总体性"得以可能的条件，这个条件就只能是"无条件者"，因为任何"有条件者"都无法完成这项任务。"所以一个纯粹的理性概念一般而言可以通过无条件者的概念来说明，只要后者包含着有条件者的综合的一个根据。"⑤

因此，理性的原理就是："如果有条件者被给予，则种种条件的整个总和、从而绝对无条件者也被给予，惟有通过后者，前者才是可能的。"⑥ 而且，由于理性推理总是在判断中展开的，所以，有多

---

① 〔德〕康德：《康德著作全集：第1卷》，李秋零主编，中国人民大学出版社2003年版，第371页（1:391）。原义为拉丁文："Determinare est ponere prædicatum cum exclusione opposite."
② 〔德〕黑格尔：《哲学全书. 第一部分. 逻辑学》，梁志学译，人民出版社2017年版，第174页。
③ 〔德〕黑格尔：《哲学全书. 第一部分. 逻辑学》，梁志学译，人民出版社2017年版，第175页。
④ 〔德〕康德：《纯粹理性批判：注释本》，李秋零译注，中国人民大学出版社2011年版，第258页（A322/B378）。
⑤ 〔德〕康德：《纯粹理性批判：注释本》，李秋零译注，中国人民大学出版社2011年版，第259页（A322/B379）。
⑥ 〔德〕康德：《纯粹理性批判：注释本》，李秋零译注，中国人民大学出版社2011年版，第317页（B436）。

少种判断的关系，就有多少种理性推理。判断的关系有三种：定言的（Kategorische）、假言的（Hypothetische）与选言的（Disjunktive）。① 具体而言：1. 定言判断仅仅表达主词和谓词的关系；2. 假言判断是由两个判断组成的，它们表达的是根据和结果的关系，一个前件（antecedens, prius），一个后件（consequence, posterius）；3. 选言判断是包括多个选言支（die Glieder der Disjunktion）或对立支（die Glieder der Entgegensetzung）的判断，它们共处在一个范围之内，"并且每个判断都是惟有通过就整个范围而言对其他判断的限制才产生的"②。因此，理性推理也就依据相同的关系恰好有三种："**定言的、或假言的、或选言的**理性推理。"③在任何定言判断中，由于主词概念可以在另一个判断中充当谓词，由此就可以无限地上溯，直至一个自身不再是谓词的主词（绝对主体）；同样，在任何假言判断中，由于假言条件（前件）可以是另一个假言判断的结论（后件），由此就可以无限地上溯，直至一个自身不再有任何条件的条件（绝对的前件）；同样，在任何选言判断中，由选言支所构成的集合体本身可以是另一个集合体中的选言支，由此就可以无限地上溯，直至一个不再充当其他集合体的选言支的集合体（绝对的集合体）。因此，"无条件者"的概念总共由三个，它们是："**第一**，一个**主体**中**定言**综合的无条件者；**第二**，一个**序列**的各个环节的**假言**综合的无条件者；**第三**，一个**体系**中的各个部分的**选言**综合的无条件者。"④

前文（第一章第一节）中提到过，尽管康德的学说被称作"先

---

① 参见〔德〕康德：《纯粹理性批判：注释本》，李秋零译注，中国人民大学出版社2011年版，第88页（A70/B95）。
② 〔德〕康德：《康德著作全集：第9卷》，李秋零主编，中国人民大学出版社2010年版，第105页（9：107）。
③ 〔德〕康德：《纯粹理性批判：注释本》，李秋零译注，中国人民大学出版社2011年版，第250页（A304/B361）。
④ 〔德〕康德：《纯粹理性批判：注释本》，李秋零译注，中国人民大学出版社2011年版，第259页（A323/B379）。

第一章　康德的先验理念论

验理念论",但他并不把意识中的所有表象都称作"理念"(Idee),而是仅仅把理性推理中的"无条件者"的概念称作"理念",甚至称作"先验理念"(die transzendentalen Ideen)。众所周知,"理念"是一个出自柏拉图的术语。德文的"Idee"(理念)源自古希腊文的"ἰδέα"(idea),后者又源自动词"看"(εἴδω,eido),所以"ἰδέα"(idea)在字面上就是"看到的东西"的意思,柏拉图用它来称呼事物的形式,将其视作更为实在的东西。柏拉图几乎把所有的表象(Vorstellung)都称作"理念"①,但康德认为,只有"纯粹的理性概念"(die reinen Vernunftbegriffe)或"理性的纯粹概念"(die reinen Begriffe der Vernunft)②,亦即"无条件者"的概念,才真正配得上"理念"这个名称。当然,康德相信,这在精神上与柏拉图是一致的,因为柏拉图把"理念"理解为绝非来自感官的与远超知性概念的东西,它们源自最高的理性,但人必须通过"回忆"(这种回忆叫作哲学)才能对其有所认识。③ 无论如何,根据前面的论述,作为"无条件者"的先验理念一共有三类:"其中第一类包含着思维主体的绝对统一,第二类包含着现象的条件序列的绝对统一,第三类包含着一切一般思维对象的条件的绝对统一。"④ 然后,康德指出,三类先验理念分别为三个特殊的学科提供了对象:"思维主

---

① 因此,英国理念论学者 H. J. 帕通(H. J. Paton)用小写开头的"idea"(理念)来翻译德文的"Vorstellung"(表象)。参见:H. J. Paton, *The Categorical Imperative: A Study on Kant's Moral Philosophy*, London: Hutchinson's University Library, 1947, p. 93n; Immanuel Kant, *The Moral Law, or Kant's Groundwork of the Metaphysics of Morals*, translated and analysed by H. J. Paton, London: Hutchinson's University Library, 1948, p. 135.

② 同样,"纯粹的理性概念"与"理性的纯粹概念"是一回事,但对于我们中国人来说,或者按照汉语的习惯,后一个概念比较不容易导致误解。因此,在下文中,我们主要使用"理性的纯粹概念"。

③ 参见〔德〕康德《纯粹理性批判:注释本》,李秋零译注,中国人民大学出版社2011年版,第254页(A313-314/B370-371)。

④ 〔德〕康德:《纯粹理性批判:注释本》,李秋零译注,中国人民大学出版社2011年版,第259页(A323/B379)。

康德与本体论证明的批判

体是心理学的对象，一切显象的总和（世界）是宇宙论的对象，而包含着一切能被思维者的可能性的至上条件的那个物（一切存在者的存在者）则是神学的对象。"① 至此，"上帝"的理念也就终于在本章的论述中正式登场了。但是，对于这个理念的详细讨论，我们暂时放到下一节中来完成。目前，我们只需要知道，在康德看来，这个理念是作为选言推理的先验大前提从我们的理性中产生的。

然而，根据前面这些解释（以及康德在其著作中更为详细的解释），先验理念根本就不是经验知识的可能性条件，它只是知性知识的系统统一性的可能性条件。这意味着，"无条件者"的客观实在性不能像知性范畴与先验统觉那样从经验的实在性出发得到确证。正如前文所言，通过对"有条件者"的否定，理性可以在逻辑上毫无困难地获得"无条件者"的概念，理性推理本身也预设了无条件者。但是，即便如此，我们根本无从得知这个概念是否有一个与之相应的对象（客体）存在。这个道理可以从两个层次来加以解说：首先，经验根本无法向我们提供这样一个无条件者。这不仅是说，我们在现实的经验中从未遇到过（并且预期将来也难以遇到）一个无条件的对象；更重要的是，经验知识依据知性范畴被建构出来的方式，先天地决定了它们只能是有条件的。其次，我们当然可以把无条件者设想为超出可能经验的范围之外的一些对象（客体），而且，这实际上就是各种形式的理性神学的想法。但是，由于知性能力唯有在经验知识中才有其普遍有效性的标志，我们根本没有任何根据可以把知性应用扩展到这样一些超验的对象那里，并且宣称自己获得了任何关于它们的知识。因此，作为"种种条件之系统统一性"的条件，先验理念本身就构成了一个知性认识的界限：我们可以在有条

---

① 〔德〕康德：《纯粹理性批判：注释本》，李秋零译注，中国人民大学出版社2011年版，第265页（A334/B391）。

件者的序列中无限地扩展我们的知识，但我们之所以能够这样做，是因为这个序列中的每个环节都只是可能经验的对象，所以知性能力应用于它们之上是合法的。然而，"无条件者"本身是否有一个现实的对象（客体），这完全超出了知性应用的界限，根本就不是人类理性所能回答的问题，这也从根本上决定了任何对一个诸如"上帝"这样的超验对象（客体）的理论证明都是不可能的。

康德认为："除了关于可能经验的对象的知识之外，我们不可能有任何先天知识。"① 知性范畴与先验统觉虽然本身不是经验性的，但毕竟是经验知识的建构性的（konstitutiv）原理，从而并非与经验无关的东西。在这个方面，康德比经验主义怀疑论走得更远。但是，先验理念对于经验知识来说并非建构性的，它们只是范导性的（regulativ）原理，本身并不构成任何知识的对象。在这个方面，康德比理性主义的独断论更为谨慎。

四　辩证的理性推理

康德指出，把三个先验理念当作知性可以认识的对象来加以研究就产生了传统形而上学中的三个重要部分，它们分别是：1. 先验的灵魂说（transzendentale Seelenlehre）或理性心理学（psychologia rationalis）；2. 先验的宇宙学（transzendentale Weltwissenschaft）或理性宇宙论（cosmologia rationalis）；3. 先验的上帝知识（transzendentale Gotteserkenntnis）或先验神学（theologia transcendentalis）。② 然而，由于前面已经指出过的原因，这些学说根本就是建立在虚妄的基础之上的。每个先验理念是否有一个与之相应的对象（客体），不

---

① 〔德〕康德：《纯粹理性批判：注释本》，李秋零译注，中国人民大学出版社2011年版，第124页（/B166）。

② 参见〔德〕康德《纯粹理性批判：注释本》，李秋零译注，中国人民大学出版社2011年版，第264页（A334－335/B391－392）。

康德与本体论证明的批判

是人类知性所能知晓的，即便它们真的存在，知性也无法按照认识可能经验的对象的方式来说出它们是什么，这也正是康德对传统形而上学的根本批判。

正如前文所言，三个先验理念是从理性推理中产生的。然而，如果我们不满足于仅仅把它们看作理念，而且还想对它们（的客体）有所认识，那么，"我们凭借它们从我们认识的某种东西推论到我们毕竟没有任何概念的某种别的东西"①，由此产生的只能是一些"辩证的理性推理"（die dialektischen Vernunftschlüsse）。所谓的"辩证法"（Dialektik），通俗地说，就是以求得真理为目的的辩论，其基本形式是：针对一个既有命题（正论），提出一个揭示其谬误的反驳命题（反论），并最终获得一个经过修正的命题（合论）；这三个命题共同组成了一个"正论 - 反论 - 合论"（These-Antithese-Synthese）的三段式结构。在柏拉图的著作中，苏格拉底通过使用辩证法，迫使对手不断修正自己的观点，也由此迫使他不断地接近真理，这被称作"助产术"（Hebammenkunst）。因此，辩证法揭示出了理性推理中的"幻相"（Schein）。康德所谓的"幻相"，并不是什么神秘的东西，它是指因错误的理性推理产生的错误判断，给人一种知性得到了扩展的错觉。所以，康德把"一般的辩证法"（die Dialektik überhaupt）称为"幻相的逻辑"（die Logik des Scheins）或"逻辑的幻相"（der logische Schein）②。在此基础上，康德进一步提出了"先验的幻相"（die transzendentalen Schein）的概念，它特指我们在认识先验理念的企图中所必然产生的错误推理，也就是前面所说的"辩证的理性推理"。正如康德所言，这种幻相"违背批判的一切警告，引导我们完全超出范畴的经验性应用，并用**纯粹知性**的一种扩展的

---

① 〔德〕康德：《纯粹理性批判：注释本》，李秋零译注，中国人民大学出版社 2011 年版，第 267 页（A339/B397）。

② 参见〔德〕康德《纯粹理性批判：注释本》，李秋零译注，中国人民大学出版社 2011 年版，第 244 页（A293/B349），第 246 页（B353）。

错觉来拖累我们"①。

正如前文所言，认识先验理念的尝试将导致辩证的理性推理。先验理念一共有三个，按照前面已经介绍过的，它们分别是：1. 定言推理的无条件者，一个"完备的主体的理念"；2. 假言推理的无条件者，一个"完备的条件序列的理念"；3. 选言推理的无条件者，"可能者的一个完备总和的理念"。②把这三个无条件者的理念当作对象来加以认识，想要以此获得关于它们的知识，这首先就是把它们当作了三个可能的实体。先验理念的实体化就产生了三个重要的形而上学对象，它们是：1."灵魂"（Seele）；2."世界"（Welt）或"宇宙"（Kosmos）；3."上帝"（Gott）。然后，对这三个实体化的理念的认识就导致了三种辩证的理性推理。首先，为了对"灵魂"有所认识，仅仅依据知性范畴，就推出了"灵魂是单一的"（量上的单一性）、"灵魂是单纯的"（质上的单纯性）、"灵魂是实体"（关系上的自存性），以及"灵魂存在"（模态上的实存性）等结论。③当然，作为定言推理的先验大前提，"灵魂"首先是作为"绝对的主体"出现的，并且因此首先依据关系范畴被表象为"实体"。因此，在康德看来，所有上述结论都依赖于一个基本的谬误推理：

大前提：只能被思维为主体的东西也只仅仅作为主体实存，因而也就是实体。

小前提：一个能思维的存在者仅仅作为这样的存在者来看，

---

① 〔德〕康德：《纯粹理性批判：注释本》，李秋零译注，中国人民大学出版社 2011 年版，第 245 页（A295/B352）。

② 参见〔德〕康德《未来形而上学导论：注释本》，李秋零译注，中国人民大学出版社 2013 年版，第 70—71 页（4：330）。

③ 参见〔德〕康德《纯粹理性批判：注释本》，李秋零译注，中国人民大学出版社 2011 年版，第 270 页（A344/B401）。

只能被思维为主体。

  结　论：因此，它也仅仅作为这样的存在者，亦即作为实体而实存。①

这个推理还可以再简化一下，只要我们不至于因此而忽视每个命题的应有含义：

大前提：主体（主词）是实体。
小前提：能思维的存在者是主体。
结　论：能思维的存在者是实体。

然而，康德指出，这个推理的谬误在于，小前提中的主词概念不能被归摄到大前提中的主词概念之下。"小前提中谈到的存在者，则只是相对于思维和意识的统一性、却不同时在与它作为思维的客体被给予所凭借的直观的关系中把自己视为主体。"② 换句话说，这个推理的结论是"per sophisma figura dictionis"（通过言说式的诡辩）。因此，康德把所有前面这些关于灵魂的推理都称作"先验的谬误推理"（die transzendentalen Paralogismen）。

其次，把"世界"或"宇宙"的理念（完备的条件序列的理念）同知性范畴相结合，就产生了四个宇宙论的先验理念，它们是：1. "一切显象的被给予的整体之组合的绝对完备性"（量上的完备性）；2. "显象中一个被给予的整体之**分割**的绝对完备性"（质上的完备性）；3. "一个一般显象之**产生**的绝对完备性"（关系上的完备性）；4. "显象中可变化者之**存在的依赖性**的绝对完备性"（模态上

---

① 参见〔德〕康德《纯粹理性批判：注释本》，李秋零译注，中国人民大学出版社2011年版，第274页（B410-411）。
② 〔德〕康德：《纯粹理性批判：注释本》，李秋零译注，中国人民大学出版社2011年版，第274—275页（B411）。

的完备性）。① 由此出发，就推出了四个独断论的结论：1. 世界在时间上有一个开端，在空间上有一个界限，如此才满足第 1 个宇宙论理念的要求；2. 世界之中有单纯的东西，它们是构成一切复合东西的条件，也是"整体之分割"的终点，如此才满足第 2 个宇宙论理念的要求；3. 有一个自由的原因，也就是说，它自身再没有其他原因，只充当其他事物的原因，如此才能满足第 3 个宇宙论理念的要求；4. 有一个绝对必然的存在者，它是一切偶然的存在者的终极根据，如此才能满足第 4 个宇宙论理念的要求。② 然而，这些独断论的结论不可避免地会遭遇到它们的怀疑论反面，如果我们把它们看作正论（Thesen），那么相应的怀疑论反面就构成了四个反论（Antithesen）：1. 世界在时间上没有开端，在空间上没有界限；2. 世界之中没有单纯的东西，事物可以无限分割；3. 没有一个自由的原因，一切都按照自然法则发生；4. 没有一个绝对必然的存在者。③ 这四组命题中的每一组都是彼此冲突的与不可兼容的，但冲突双方都可以貌似合理地得到证明，以至于我们无法对它们做出恰当的判决，康德把这种辩证的理性推理称作"纯粹理性的二论背反"（die Antinomie der reinen Vernunft）。导致这种二论背反的根本原因就在于："这些理念根本不允许在任何一种可能的经验中有一个一致的对象被给予它们，就连理性与普遍的经验规律一致地思维它们也不允许。"④ 因此，当我们试图认识这些理念时，亦即把知性能力应用于它们之上时，我们就逾越了知性应用的合法界限，从而不可避免

---

① 〔德〕康德：《纯粹理性批判：注释本》，李秋零译注，中国人民大学出版社 2011 年版，第 320 页（B443）。

② 参见〔德〕康德《纯粹理性批判：注释本》，李秋零译注，中国人民大学出版社 2011 年版，第 325—346 页（B454 – 489）。

③ 参见〔德〕康德《纯粹理性批判：注释本》，李秋零译注，中国人民大学出版社 2011 年版，第 325—346 页（B454 – 489）。

④ 〔德〕康德：《纯粹理性批判：注释本》，李秋零译注，中国人民大学出版社 2011 年版，第 346—347 页（B490）。

康德与本体论证明的批判

地陷入幻相。

最后,康德把为认识"上帝"而进行的辩证的理性推理称作"纯粹理性的理想"(das Ideal der reinen Vernunft),这也正是本节关注的重点。在《纯粹理性批判》中,"理想"(Ideal)一词有特定的意义,并且必须在"理念"的基础上加以理解。正如前文所言,康德并不把任何概念都叫作"理念",唯有理性的纯粹概念才配得上这个名称。理性的理念绝非来自经验,也不是经验知识的可能性条件;它们也不是知性的概念,甚至不是知性应用的可能性条件。理念只是知性知识的系统统一性的条件,它们是理性推理的产物,也是理性推理的先验大前提。"理念包含着任何可能的经验性知识都达不到的某种完备性,而理性在这里只想要一种系统的统一性,它试图使经验性上可能的统一性接近系统的统一性,但却永远不能完全达到它。"① 在康德看来,知性范畴固然是作为显象的经验客体的可能性条件,但它们不是什么单独实存的客体,只能作为显象的条件而实存,是理念性的(观念性的)东西。在这个意义上,知性范畴比经验知识更加远离客观实在性。同样,理念也不是什么单独实存的客体,它们作为知性知识的系统统一性的条件,比知性范畴更加远离客观实在性。因为,知性范畴毕竟作为显象的可能性条件而实存,但理念却找不到任何能够表现它们的显象。然而,康德所谓的"理想"则是比理念还要远离客观实在性的概念,它们被理解为具体的、作为一个个体的理念;"也就是说,是一个个别的、惟有通过理念才能被规定或者已经被规定的事物"②。一言以蔽之,所谓"理想"就是在思维中被实体化了的理念。

从选言推理的无条件者的理念到"上帝"需要一个过程,尽管

---

① 〔德〕康德:《纯粹理性批判:注释本》,李秋零译注,中国人民大学出版社 2011 年版,第 400—401 页(B595-596)。
② 〔德〕康德:《纯粹理性批判:注释本》,李秋零译注,中国人民大学出版社 2011 年版,第 401 页(B596)。

第一章 康德的先验理念论

这往往需要细腻的反思才能被察觉到。正如前文指出过的，为保证选言推理的可能性，理性提供了一个不再充当其他集合体的选言支的集合体，这个集合体就是"一切可能性的总和"的理念。当我们不仅以逻辑的方式而且以先验的方式来看待这个总和时——也就是说，我们不仅把它当作一个纯然逻辑上可能的概念，而且也要考虑其可能的质料——它就成了"一切实在性的总和"的理念，或者用康德的话说，成了"一个实在性的大全（omnitudo realitatis）的理念"①。然后，当我们试图把这个理念当作一个对象来加以认识时，我们就先行把它实体化了，亦即把它当作了一个可能的实体，哪怕此时我们尚未证明它是否同时也是现实的（亦即确乎存在）。那么，一个可能的实体的概念，"通过对实在性的这种全部占有"②，就成了一个"ens realissimum"（最实在的存在者）的概念。至此，我们也才真正有了"上帝"的概念。然后，从这个"最实在的存在者"的概念出发，依据知性的范畴，就得出了"上帝是唯一的""上帝是单纯的""上帝是极其充足的""上帝是永恒存在的"与"上帝是全知全能的"等一系列判断。至此，我们就不必再详细介绍这些推理的过程。因为，现在很容易就可以看出，前面所描述的整个过程及其详细的推理，构成了形而上学的上帝论或思辨的理性神学（康德本人也把它叫作"先验的神学"）的全部故事。我们只要了解了故事的全貌，就不难揭示其谬误。

无论如何，把"一切可能性的总和"的理念实体化为上帝，并试图对其有所认识，这样做已经超出了人类认识能力的界限。正如康德所言，对于这个理念，"理性只是把它作为一切实在性的概念奠定为事物的普遍规定的基础的，并没有要求所有这些实在性都是客

---

① 〔德〕康德：《纯粹理性批判：注释本》，李秋零译注，中国人民大学出版社2011年版，第405页（B604）。
② 〔德〕康德：《纯粹理性批判：注释本》，李秋零译注，中国人民大学出版社2011年版，第405页（B604）。

康德与本体论证明的批判

观地被给予的,而且甚至构成一个事物"①。对此,我们在下文关于"普遍规定原理"的讨论中还会继续深入。目前来说,我们只需要明确,所谓的"上帝"乃是通过这样一个纯然的理念而被规定的,所以它只能是纯粹理性的一个理想。

---

① 〔德〕康德:《纯粹理性批判:注释本》,李秋零译注,中国人民大学出版社2011年版,第407页(B608)。

第二章　康德与理性神学

在本章中，我们关注的是康德对于思辨的理性神学（die sepkulative rationale Theologie）的一些根本看法。所谓"思辨的理性神学"，即传统上所说的"自然神学"（die natürliche Theologie；theologia naturalis），特指那种基于理性的命题、凭借理性的"自然之光"（lumen naturae）建立起来的形而上学的（哲学的）有神论学说；有别于那种基于启示的命题、凭借神圣的"信仰之光"（lumen fidei）建立起来的宗教的（神学的）有神论学说，即所谓"启示神学"（Offenbarungstheologie；theologia revelata）。同时，思辨的理性神学也不同于康德自己的"道德的宗教学说"（die moralische Religionslehre），后者的基础是建立在道德法则之上的实践信念（der praktische Glaube），但这不是本书所要关注的话题。思辨的理性神学的基础是一个形而上学的上帝观念及其理性证明，康德对于这些问题的看法才是本章的主题。具体来说：首先，我们将在第一节中以康德的"普遍规定原理"为切入点，进一步解释康德的"最实在的存在者"的概念，以及它为何被康德看作最适合于上帝的概念。其次，我们将在第二节中更为具体地讨论康德的上帝观念，即一个基督教式的有知性、有意志的人格上帝，以及他如何拒斥了最极端的自然神论的与斯宾诺莎式的泛神论的上帝观念。再次，我们将在第三节中讨论康德对于三种上帝存在证明的区分、每种证明的特点以及康德如此区分它们的理由。最后，我们将在第四节中讨论康德的"依赖性论题"，这也是对三种上帝存在证明之间关系的一个澄清，有助于我们理解康德的批判策略。

一 普遍规定原理

正如前文所言，在康德看来，上帝观念的起源不在别的任何地方，就在理性自身的本性之中。理性为了终止选言推理的无限上溯，提供了一个无条件者的概念，一个"所有可能性的总体"的理念，作为任何选言推理的先验大前提。把这个理念思维成一个单一的对象，亦即把它实体化为一个"最实在的存在者"，就成了传统形而上学中的上帝理念。然而，要深入把握上帝观念的这种起源，还必须引入康德著名的"普遍规定原理"（der Grundsatz der durchgängigen Bestimmung）[1]，这也正是本节的主题。

普遍规定原理是这样的："在事物所有可能的谓词中间，如果把这些谓词与它们的对立面进行比较，就必然有一个谓词属于该事物。"[2] 表面上看来，这似乎不过就是排中律（der Satz des ausschließenden Dritten：排除第三者定理），拉丁语叫作"principium exclusi medii inter duo contradictoria"（排除两个矛盾者之中间者原则）。按照现代逻辑学教材的解释，排中律就是说，"每个陈述要么为真、要么为假"[3]，没有第三种可能性，用逻辑符号表述就是："每个采取'$p \vee \sim p$'形式的陈述都必定为真，每个这样的陈述都是

---

[1] 此处"普遍的"是指"durchgängig"，强调"全面的""无一例外的"或"无所遗漏的"，而非"allgemein"（普遍的/一般的）。因此，邓公晓芒先生把"der Grundsatz der durchgängigen Bestimmung"译作"通盘规定性的原理"，这无疑是一个很好的译法。

[2] 〔德〕康德：《纯粹理性批判：注释本》，李秋零译注，中国人民大学出版社2011年版，第402页（B600）。

[3] Irving M. Copi, Carl Cohen and Kenneth McMahon, eds., *Introduction to Logic: Pearson New International Edition*, 14th Edition, Harlow: Pearson Education Limited, 2014, p. 352.

重言式（tautology）。"① 由于每个陈述（命题/判断）都由主词和谓词构成，那么其真假就在于：主词要么与一个谓词肯定地相关联（S是P），要么就与它否定地相关联（S不是P/S是非P）。因此，按照亚里士多德的总结，排中律就是："每个谓项（谓词）的肯定或否定必有一真。"② 按照康德的说法，排中律就是："在每一对相互对立的被给予的谓词中总有一个属于该实存的东西。"③ 此外，选言推理也确实与排中律密切相关，并且事实上就是依据排中律的推理。正如康德所言，选言推理的原则就是："从对矛盾对立面的一个的否定到对另一个的肯定、从对一个的肯定到对另一个的否定的推理有效。"④ 因此，作为一个被用于解释选言推理之先验大前提的原理，普遍规定原理与排中律有着明显的亲缘性，这一点也不奇怪。然而，普遍规定原理与排中律毕竟不是一回事，它们之间有着重要的区别。

具体来说，排中律是从逻辑的角度考虑两个对立的谓词与主词的关系，普遍规定原理则是从质料的角度考虑所有可能的谓词与主词的关系。排中律本身并不关心主词与谓词所指的内容（客体/对象）到底是什么，只是依据任何两个对立谓词（"P"和"非P"）的逻辑关系，得出它们中只能有一个属于主词概念（S要么是P、要么是非P）。普遍规定原理当然也不关心任意一组特定的

---

① Irving M. Copi, Carl Cohen and Kenneth McMahon, eds., *Introduction to Logic: Pearson New International Edition*, 14th Edition, Harlow: Pearson Education Limited, 2014, p. 352.

② 〔古希腊〕亚里士多德：《亚里士多德全集：第1卷》，苗力田主编，中国人民大学出版社1990年版，第269页（77a）。

③ 〔德〕康德：《纯粹理性批判：注释本》，李秋零译注，中国人民大学出版社2011年版，第403页（B601）。

④ 〔德〕康德：《康德著作全集：第9卷》，李秋零主编，中国人民大学出版社2010年版，第130页（9：130）。原文为拉丁文："A contradictorie oppositorum negatione unius ad affirmationem alterius, a positione unius ad negationem alterius valed consequential."

对立谓词的内容，但它关心所有可能的对立谓词与主词的实在的关系，而不仅仅是纯然逻辑的关系。也就是说，对于任何某一主词来说，只要它是一个可能的事物（实体）的概念，那么，在所有可能的对立谓词中的每一组特定的对立谓词中都必须有一个谓词属于该主词，而这意味着，这个谓词（以及其他所有对立组中的一个谓词）所指的无论何种内容（客体）都作为特征（偶性）实在地属于这个事物（实体），无论该事物是一个现实的事物，还是一个纯然可能的事物。① 因此，正如康德所言："普遍的规定的原则涉及内容，而不仅仅涉及逻辑形式。"② 由此出发，就可以先天地断言说："凡是实存的东西都是普遍地被规定的。"③ 而且，这构成了我们认识任何事物的一个前提，而我们认识它们的具体过程，也就可以被解释为尽可能地多地揭示出那些属于该事物的谓词（特征），而这要么是通过经验观察、要么是通过理性推理来进行的。

因此，普遍规定原理"不仅仅是把种种谓词之间以逻辑的方式加以比较，而且是把事物本身与所有可能的谓词的总和以先验的方式加以比较"④。也就是说，这个原理预设了一个"所有可能的谓词的总和"作为普遍规定的先验大前提。而且，由于我们在认识任何事物时都必须预设这个事物是被普遍规定了的，这个先验大前提也就同时被预设了，无论认识的主体是否对此怀有清醒的认识。然而，这个理念目前来说还只是一个理念，尽管我们必须通过它来设想一

---

① 在后一种情况中，事物虽然不是现实的，亦即不具有客观实在性，但却至少意味着，只要它是现实的，它就会拥有所有这些谓词所指的特征。
② 〔德〕康德：《纯粹理性批判：注释本》，李秋零译注，中国人民大学出版社2011年版，第403页（B600）。
③ 〔德〕康德：《纯粹理性批判：注释本》，李秋零译注，中国人民大学出版社2011年版，第403页（B601）。
④ 〔德〕康德：《纯粹理性批判：注释本》，李秋零译注，中国人民大学出版社2011年版，第403页（B601）。

切事物（实体）与其种种特征（偶性）的实在关系，但它自身还只是一个纯然的逻辑设定，在内容方面尚未得到规定，或者用康德的话说，"在可能构成该总和的种种谓词方面本身还是未被规定的"①。因此，当我们试图把这个"所有可能的谓词的总和"当作一个对象来加以思维时，就必须要考虑它能够包含哪些谓词，因为所有可能的谓词并不都是能够共存的。为此，首先必须要考虑种种肯定的谓词（P_1，P_2，P_3，P_4，P_5，P_6，P_7……P_∞）与种种否定的谓词（非P_1，非P_2，非P_3，非P_4，非P_5，非P_6，非P_7……非P_∞）的关系。其中，前一类谓词表达的是一种"存在"（Sein），后一类谓词表达的是一种纯然的"不存在"（Nichts）②；表达一种存在的谓词就是一种实在性（肯定性），表达一种不存在的谓词是一种否定性。然后，正如康德所指出的："除非以相反的肯定为基础，没有人能够确定地设想一种否定。"③ 也就是说，如果不是先行认识了一种实在性（P），就根本不会有对与之相对的否定性（非P）的认识。因此，"种种给否定的一切概念都是派生的，而实在性则包含着一切事物的可能性和普遍规定的材料，可以说是包含着其质料或者先验内容"④。至此，"所有可能的谓词的总和"就过渡到了"所有可能的实在性的总和"。

接下来，按照上一章中介绍过的方式，从这个"实在性的大全"（omnitudo realitatis）的实体化思维中，"一个物自身（Ding an sich）的概念也被表象为普遍被规定的"，那就是"最实在的存在者"（en-

---

① 〔德〕康德：《纯粹理性批判：注释本》，李秋零译注，中国人民大学出版社2011年版，第403页（B601）。
② 因为，说"S是P"，意味着"S以P的方式存在"与"P依附于S的存在而存在"；同理，说"S是非P"，意味着"S不以P的方式存在"与"P不依附于S存在"。
③ 〔德〕康德：《纯粹理性批判：注释本》，李秋零译注，中国人民大学出版社2011年版，第404页（B602）。
④ 〔德〕康德：《纯粹理性批判：注释本》，李秋零译注，中国人民大学出版社2011年版，第404—405页（B602）。

tis realissimi）的先验理想，亦即形而上学的上帝。因此，通过普遍规定原理，康德也就解释了上帝观念在理性中的起源。遗憾的是，正如艾伦·伍德所言："然而，康德在这个问题上的推理，其理性主义设定，使之难以受到其读者、特别是其英语读者的欢迎。"[①] 而且，他还具体提到了诺曼·康浦·斯密（Norman Kemp Smith）、彼得·F. 斯特劳森（Peter F. Srawson）与乔纳森·班尼特（Jonathan Bennett）的批评。其中，斯特劳瑟只是在简要介绍了康德的论述之后表示："对于这种观点，即一个最实在的存在者按照这种方式自然而然地产生，很难感到任何同情。"[②] 然而，这主要就是一种情感立场的表达，并没有什么可回应的价值。班尼特也认为，"这是一个难以令人信服的故事"[③]，但他多少提到了一些有必要澄清的问题，尽管并没有深入下去。例如，从班尼特对康德思想的重述来看，他似乎过于急躁了，以至于没有意识到从"所有可能性的总和"到"最实在的存在者"的两次过渡，并且因此忽视了：1. 从"一切可能性的总和"到"一切实在性的总和"的过渡是为了克服种种可能性的共存问题，以及解释前者自身在逻辑上的可能性。而且，"一切可能性的总和"在逻辑上的可能性本身又（依据充足理由律）构成了使一切选言推理得以可能的一个实在的、而非纯然逻辑的根据（理由）；2. 从"一切实在性的总和"到"最实在的存在者"的过渡则是为了克服种种实在性的共存问题，以及解释前者自身实在的、而非纯然逻辑的可能性，这也正是康德的批评者们时常忽视的一个要点。

[①] Allen W. Wood, *Kant's Rational Theology*, Ithaca: Cornell University Press, 1978, p. 27。

[②] Peter F. Strawson, *The Bounds of Sense: An Essay on Kant's Critique of Pure Reason*, London: Routledge, 1990, p. 222。当然，根据斯特劳森在其他地方的观点与论述，我们不难概括出一个相对系统的批评，但这毕竟并非本节的目标。

[③] Jonathan Bennett, *Kant's Dialectic*, Cambridge: Cambridge University Press, 1974, p. 286。

班尼特还指出:"这涉及'对一个个别的事物的完备描述或规定'的概念,与选言命题没有足够多的关系——因为,无疑有很多选言并不包含互补的谓词对(complementary pairs of predicates)。"① 这句话其实包含两个问题:首先,在前半句话中,"一个个别的事物"到底是泛指"任何一个个别的事物"还是特指"最实在的存在者"并不太清楚,但无论指什么都与选言推理密切相关。正如前文所言,选言推理的先验大前提是"一切可能性的总和"的理念,对任何"一个个别的事物的完备描述或规定"都必须依据排中律从"所有可能的谓词"中选取属于它的选言支,并排除与之对立的选言支。同时,对"最实在的存在者的完备描述或规定"也不例外,而且还必须直接从选言推理的先验大前提出发,尽管这种推理本身被康德看作辩证的。其次,后半句话则涉及斯密和 F. E. 英格兰(F. E. England)对康德提出的一个质疑,即除了逻辑上相互对立的谓词以外,肯定的谓词(实在性)之间也存在不可共存的问题。斯密指出:"种种纯正的实在性之间也可能彼此否定。"② 英格兰也认为:"种种实在性之间存在实在的对立,它们无法全部一起实存于上帝之中,充当其谓词或规定。"③ 然而,这种质疑忽视了从"一切实在性的总和"到"最实在的存在者"的过渡,并且忽视了这种过渡的必要性。正如前文所言,这种过渡正是为了解释"一切实在性的总和"自身实在的、而非纯然逻辑的可能性,以解决因把这个总和理解为单纯的聚合或集合所导致的问题。班尼特、斯密与英格兰都没有严肃地意识到这个问题,所以才会提出这样一种质疑,并且对

---

① Jonathan Bennett, *Kant's Dialectic*, Cambridge: Cambridge University Press, 1974, p. 286.

② Norman Kemp Smith, *A Commentary to Kant's 'Critique of Pure Reason'*, Basingstoke: Palgrave Macmillan Ltd, 2003, p. 524。

③ F. E. England, *Kant's Conception of God*, New York: Humanities Press, 1968, p. 120.

从"一切可能性的总和"到"最实在的存在者"的过渡感到困惑不已。

最后，两个要点有必要加以强调。首先，在康德看来，唯有"最实在的存在者"才是真正适合于上帝的概念，从这个概念中可以派生出一个形而上学的上帝所需要的各种性质。例如，"单纯的""独一的""永恒存在的"与"全知全能的"等。其次，康德本人并不赞同从"一切可能性的总和"到"最实在的存在者"的整个论证，他只是以此来揭示上帝观念在理性中的起源。然而，有一点很重要：尽管康德把这种推理看作理性越界的表现，但他承认这种越界的倾向对于理性来说是自然而然的。先验幻相能够被揭露，却不会终止，因为它们根源于我们理性中的一些伪装成客观原理的主观原理。

二　康德的上帝观念

关于康德的上帝观念，还有一些需要明确的地方。我们当然必须把康德的上帝观念归于"一神论的"（monotheistisch），这是形而上学的上帝论与亚伯拉罕诸教（Abrahamitische Religionen）共同持有的观念，并且区别于一种"多神论的"（polytheistisch）观念。然而，康德的上帝观念不仅毕竟与宗教的一神论的（尤其是基督教的一神论的）观念有别——因为，此种上帝观念包含很多出自宗教典籍的并且因此被看作"启示"（Offenbarung）的所谓知识——而且也与同时代的其他一些哲学的一神论（der philosophische Monotheismus）的观念不同。对于哲学的一神论，康德主要面对的是两种竞争性的上帝观念，即"最极端的自然神论"（der extremste Deismus）的与"斯宾诺莎式的泛神论"（der spinozäische Pantheismus）的上帝观念。

康德把他本人所持有的上帝观念称作"有神论的"（theistisch）。在汉语语境中，"有神论"（Theismus）一词（至少在字面上）是一个与"无神论"(Atheismus)相对立的概念,但在西方语言中情况却较为复杂。有神论起初确实是作为无神论的对立面出现的,而且,前者被承认包含了一神论(Monotheismus)、多神论(Polytheismus)与泛神论(Pantheismus)等多种形态。① 然而,在基督教化的大背景下,"有神论"时常被当作"基督教式的一神论"(der christliche Monotheismus)的同义词来使用。因为,在17世纪的许多西方学者眼中,唯有基督教的上帝才是真正有神论的上帝。作为最早在与无神论的比较中系统讨论有神论的学者,拉尔夫·卡德沃思(Ralph Cudworth)就明显地表现出了上述这种倾向。他说:"两种最为对立的观点,关于那个永恒以来自我实存的或者非受造的,并且是所有其他受造事物的原因的东西:一种观点,它无非只是无知觉的事物,所有事物中最不完善的;另一种观点,它是某种最完善的,并且因此在意识上有理智的东西。主张后一种观点的,就是严格而恰当意义上的有神论者;主张前一种观点的,就是无神论者。"② 可以看出,卡德沃思对有神论者(从而也就是对有神论)的解释预设了一神论的基本立场,从而排除了多神论的可能性;同时,无论是在他本人的著作中,还是在当时的思想环境中,泛神论都没有生存的余地。③ 因此,表面上看,有神论是一个非常宽泛的概念,但在17—18世纪欧洲思想界的实践中,有神论往往特指基督教式的(亚伯拉罕诸式的)上帝观念。因此,康德所谓的有神论的上帝,正是在这种狭义上而言的。

自然神论(Deismus)的出现使得情况变得更为复杂。严格说来,历史上那些被称作自然神论的学说并没有什么统一的上帝观念。

---

① 我们从它们的构词上也可以看出,所有这几种观念的名称都包含了"Theismus"(有神论)。

② Ralph Cudworth, *The True Intellectual System of the Universe*, Vol. 1, London: Printed for Thomas Tegg, 1845, p. 284.

③ 实际上,在那个时代,泛神论者常常被斥责为无神论者。

康德与本体论证明的批判

甚至，正如罗杰·D. 伦德（Roger D. Lund）所言，自然神论这个概念本身一直都缺乏"明确的意义"①。从同时代人对自然神论者的描述来看，他们的身份定位似乎主要是基于一种反对基督教启示、建立自然宗教信仰的世俗化立场。加尔文宗的神学家皮埃尔·维勒特（Pierre Viret）说，自然神论者是指"那些声称信仰作为天与地的创造者的上帝，却拒斥耶稣基督和他的信理的人"②。著名的反自然神论斗士，伍斯特主教爱德华·斯蒂林弗利特（Edward Stillingfleet）说，自然神论者是"承认上帝的存在与经世，却对经书和基督的宗教表现出惨淡的敬重的人"③。因此，自然神论是以反对基督教启示的姿态出现的，甚至"Deismus"（自然神论）和"Deist"（自然神论者）这两个名称，也是自诩为正统的"Theist"（有神论者）的基督教卫道士强加给他们的。例如，约翰·托兰德（John Toland），作为一位公认的自然神论，他终其一生都否认自己是个自然神论者。事实上，在那个时代的许多人眼中，康德本人恐怕就是典型的自然神论者。对于上帝的神圣启示，康德持一种他所谓的"纯粹的理性主义者"（der reine Rationalist）的立场：他既不独断地肯定神圣启示的现实性，也不无根据地否定其可能性，而是对其现实性持不可知的态度。但是，他十分坚定地主张，神圣启示对于真正的（建立在理性上的）宗教来说不是必需的。④尽管很多人都怀疑康德这种

---

① Roger D. Lund, "Introduction", in Roger D. Lund ed., *The Margins of Orthodoxy: Heterodox Writing and Cultural Response, 1660–1750*, Cambridge: Cambridge University Press, 1995, p. 5.

② Allen W. Wood, "Kant's Deism", in Philip J. Ross and Michael Wreen, eds., *Kant's Philosophy of Religious Reconsidered*, Bloomington: Idiana University Press, 1991, pp. 1–2.

③ Edward Stillingfleet, "A Letter to a Deist (1677)", in Edward Stillingfleet, *Origines Sacrae: or a Rational Account of the Grounds of Natural and Revealed Religion*, Oxford: Oxford University Press, 1836, pp. 1–2.

④ 参见〔德〕康德《纯然理性界限内的宗教：注释本》，李秋零译注，中国人民大学出版社2011年版，第141页（6: 154–155）。

态度的真诚性①，但不可否认的是，这种不可知的态度符合其批判哲学的一贯立场。

然而，在康德眼中，自然神论者是这样一个形象："理神论者（自然神论者）承认我们充其量能够通过纯然的理性认识一个元始存在者的存在，但我们关于它的概念却纯然是先验的，也就是说，只是作为关于一个具有所有的实在性的存在者的概念，但人们却不能更精确地规定这些现实性。"② 但是，这个解释必须在与有神论者的比较中才是足够清楚的。康德接着说："有神论者则主张，理性有能力按照与自然的类比更精确地规定对象，即规定为一个通过知性和自由而在自身中包含着所有其他事物的始基的存在者。"③ 也就是说，自然神论者止步于一个最实在的存在者的现实存在，不再讨论他是否是一个像我们一样有知性、有意志的存在者，亦即是否是一

---

① 例如，伍德就认为："'纯粹的理性主义者'似乎难以与其名称相配。因为，它明显采取'上帝给了我们某些超自然的诫命'的立场，却否认我们在道德上必须要履行它们。这无疑不能是康德所怀有的立场。康德提到纯粹的理性主义者，其唯一意图似乎就是为了缓和他对纯粹的超自然主义的拒斥的一个修辞。"Allen W. Wood，"Kant's Deism"，in Philip J. Ross and Michael Wreen，eds.，*Kant's Philosophy of Religious Reconsidered*，Bloomington：Indiana University Press，1991，p. 11. 伍德在此暗示了《纯然理性界限内的宗教》一书曲折的出版过程，以及康德因此书的缘故所遭受的政治压力。弗里德里希·威廉二世（Friedrich Wilhelm II；又译"腓特烈·威廉二世"）统治下的普鲁士当局斥责康德"滥用了自己的哲学，歪曲并贬低了圣经和基督教的许多主要教义和基本教义"，并且因此"犯有玩忽一个青年导师的职守和违背国君最高意图的罪过"。为此，康德曾在1794年10月间致信国王作出辩解，并承诺说："我将绝对保证完全放弃一切有关宗教题目的公开学术活动，无论是有关自然宗教，还是启示宗教，无论是在讲演中，还是在作品中都是一样。"〔德〕康德：《康德书信百封》，李秋零译，上海人民出版社2019年版，第259页（11：527），第261页（11：530）。然而，所有这些事实都并不能作为证据来支持伍德的判断。关于康德的这种"纯粹的理性主义者"的立场，对其真诚性的一个辩护，可参见李科政《康德与自然神论：当代争论背景下的反思与辨析》，载《哲学评论》第24辑，岳麓书社2019年版，第136—149页。

② 〔德〕康德：《纯粹理性批判：注释本》，李秋零译注，中国人民大学出版社2011年版，第435页（B659）。

③ 〔德〕康德：《纯粹理性批判：注释本》，李秋零译注，中国人民大学出版社2011年版，第435页（B659）。

康德与本体论证明的批判

个人格（person）。相反，有神论者要求上帝是一个人格，他以自己的智慧和意愿创造了宇宙万物，而且，他的行为是有目的的。所以，康德说："理神论者（自然神论者）相信一个上帝，而有神论者则相信一个活的上帝。"① 很难说康德为什么会对自然神论者怀有这样一种印象，这或许是因为他对自然神论中的形形色色的学说了解得并不太多。但是，我们几乎可以断定，康德眼中自然神论者的原型就是休谟的《自然宗教对话录》（以下简称《对话录》）中的怀疑主义者菲洛，而菲洛的立场也经常被认为代表了休谟本人的立场。

在这本《对话录》中，菲洛相信必定有一个上帝存在，因为"没有事物无因而存在的；而这个宇宙（无论宇宙是什么）的原始因我们称之为'神'。"② 但是，他既反对设计论的有神论者克里安提斯，也无法与道德论的有神论者第美亚达成共识。因为，在菲洛看来，我们除了知道上帝存在之外，根本就无法获知他的任何性质。菲洛大概不反对凡人用"智慧、思想、设计、知识"来赞美上帝，但强调这仅仅是赞美。相反，他强调："不要以为我们的观念和他（上帝）的完善性有任何的相应，或者以为他的属性与人类的属性有任何的类似。他无限地高超于我们有限的观点与理解之上。"③ 也就是说，菲洛反对我们可以根据理性推出"上帝是全知的""上帝是全能的"，甚至"上帝是道德上善的"这样的结论，其根本理由在于，所有此类推理都属于"神人同形同性论"（Anthropomorphismus），即毫无根据地预设了人与上帝具有相同的性质，并通过类比推理把人的特殊性质转移给上帝。显然，这种态度与康德对自

---

① 〔德〕康德：《纯粹理性批判：注释本》，李秋零译注，中国人民大学出版社2011年版，第436页（B661）。
② 〔英〕休谟：《自然宗教对话录》，陈修斋、曹棉之译，商务印书馆2002年版，第17页。
③ 〔英〕休谟：《自然宗教对话录》，陈修斋、曹棉之译，商务印书馆2002年版，第18页。

第二章 康德与理性神学

然神论者的描述是十分接近的。然而,康德与菲洛(也就是休谟本人)的分歧不仅在于,前者否定任何从思辨理性出发的上帝存在证明的可能性,并且因此(在理论哲学中)对"上帝存在"持不可知的态度,这一点是广为人所熟知的;他们的分歧还在于,康德虽然认为上帝存在不可证明,但却赞同在合理程度上对上帝的性质作出类比推理,而这一点恰恰是被很多人所忽视的,并且也不太容易理解。

康德确实认为,通过思辨理性证明上帝是不可能的,但这并不意味着,上帝本身是不可设想的。严格说来,无法证明其现实性与设想其可能性是两回事。然而,在设想其可能性的方面,对于康德来说,传统的理性神学过于大胆了,但菲洛式的自然神论也过于谨慎了。康德在"纯粹理性的理想"的最后部分,即"论人类理性的自然辩证法的终极意图"中的一些讨论,可以看作对菲洛的直接回复。在此,我们只简单说几点。首先,康德认为,我们应当承认存在"某种与世界有别的东西按照普遍的规律包含着世界秩序及其联系的根据"[①],不必在这个问题上持怀疑态度。只是说,对于这个根据"是否是一个实体""是否具有最大的实在性"和"是否是绝对必然的"等问题,我们无从回答。因为,对此类问题的回答在任何时候都涉及对范畴的使用,但我们只能确知范畴在经验世界中的应用,无权将其用于思维一个超验的客体。其次,康德认为,我们可以按照神人同形同性论的方式来思维上帝,"但只是作为理念中的对象,而不是实在性中的对象"[②]。也就是说,这里仅仅涉及对一个范导性理念的思维,而不是对其可能的客体提出知识要求。更重要的是,对一个范导性理念的思维并不涉及对上帝存在的证明,也不与

---

① 〔德〕康德:《纯粹理性批判:注释本》,李秋零译注,中国人民大学出版社2011年版,第468页(B723)。

② 〔德〕康德:《纯粹理性批判:注释本》,李秋零译注,中国人民大学出版社2011年版,第469页(B724)。

康德与本体论证明的批判

上帝的知识有关,而是为了解释世界中的"系统统一性、秩序和合目的性"①。为此,我们不仅需要一个可能的原因,而且,为了充足解释的缘故,还必须设想一个"至上的理智……它按照智慧的意图而是世界的创造者"②。

可能的质疑是:这是否违背了康德自己为理性设定的界限,不合法地把我们的知识扩展到经验领域之外了?康德自己的回答是:"绝对没有。"③ 他的理由是:"因为我们只是预设了一个某物,关于它就自身而言是什么(一个纯然先验的对象),我们根本没有任何概念;但是,在与我们研究自然时必须预设的世界大厦的系统的、合目的的秩序的关系中,我们只是按照与一个理智(一个经验性的概念)的**类比**来思维那个不为我们所知的存在者,也就是说,就以那个存在者为根据的种种目的和完善性而言,恰恰把按照我们理性的条件能够包含着这样一种系统统一性的根据的那些属性赋予它。"④ 这里有两个要点:首先,把世界的根据设想为一个有神论的上帝,只是为了解释自然中的合目的现象,而且主要是服务于使自然现象可理解,并以此弥补机械论因果性在解释力上的不足。其次,也是最为重要的,这是一种类比思维。关于类比,康德在《判断力批判》中说:"对于两个不同类的事物,人们正好可以在它们不同类这一点上对它们中的一个按照与另一个的类比来进行思维。"⑤

---

① 〔德〕康德:《纯粹理性批判:注释本》,李秋零译注,中国人民大学出版社2011年版,第469页(B725)。
② 〔德〕康德:《纯粹理性批判:注释本》,李秋零译注,中国人民大学出版社2011年版,第469页(B725)。
③ 〔德〕康德:《纯粹理性批判:注释本》,李秋零译注,中国人民大学出版社2011年版,第469页(B725)。
④ 〔德〕康德:《纯粹理性批判:注释本》,李秋零译注,中国人民大学出版社2011年版,第469页(B726)。
⑤ 〔德〕康德:《判断力批判:注释本》,李秋零译注,中国人民大学出版社2010年版,第279页(5:464)。

第二章 康德与理性神学

而且，康德还具体谈到"人类与工艺产品的因果关系"和"上帝与世界的因果关系"的类比。① 这一类比依据的是"根据与后果（原因与结果）之间的关系的同一性"②，我们只要注意，不要把类比中的一方的特殊性质转移给另一方，那么，通过一方来解释或理解另一方就是合法的。因此，我们在设想自然中的合目的现象与至上的世界原因之间的关系时，完全可以把后者设想为一个知性的存在者，但不能把人类知性的特殊性状转移给上帝，也不能误以为对上帝的知性有了某种实质性的认识，获得了某种客观上有效的知识。

我们还可以从另一个角度来理解康德的意思。通过类比来理解上帝，这在哲学史上并不是没有渊源的。对于很多中世纪的学者来说，《圣经》中对上帝的情感性描述就是一种类比。因为，在他们看来，上帝是纯理智，并没有情感。坎特伯雷的安瑟伦就曾说："我们真切地体验到你（上帝）的仁慈作用，但你自己却没有经历这种情感。"③ 托马斯·阿奎那也认为，人只是借助自己的情感来理解上帝的行动。例如，说上帝是仁慈的，这"依据的是效果，而不是依据激情"④；说上帝会后悔，这"依据的是与我们的相似之处……依据的是行动上的相似性"⑤。当然，安瑟伦与阿奎那毕竟肯定上帝拥有

---

① 〔德〕康德：《判断力批判：注释本》，李秋零译注，中国人民大学出版社 2010 年版，第 279—280 页（5：464 - 465）。

② 〔德〕康德：《判断力批判：注释本》，李秋零译注，中国人民大学出版社 2010 年版，第 279 页脚注（5：464n）。

③ 〔意〕安瑟伦：《信仰寻求理解：安瑟伦著作选集》，溥林译，中国人民大学出版社 2005 年版，第 216 页。

④ Saint Thomas Aquinas, *Summa Theologiae. Prima Pars 1 - 49 (Latin-English Opera Omnia)*, Lander: The Aquinas Institute for the Study of Sacred Doctrine, 2012, p. 238 (I^a q. 21 a. 3 co.).

⑤ Saint Thomas Aquinas, *Summa Theologiae. Prima Pars 1 - 49 (Latin-English Opera Omnia)*, Lander: The Aquinas Institute for the Study of Sacred Doctrine, 2012, p. 219 (I^a q. 19 a. 7 ad 1).

康德与本体论证明的批判

知性。但是，康德把这种方法扩展到了上帝的知性之上。也就是说，在他看来，上帝的知性也必须按照相同的方法来思维和理解。类比就是类比，不能扩展知识。但是，通过类比，我们毕竟能够把握根据与后果之间的一种实在关系，并且能够把它应用于解释自然事物中的现象，扩展自然科学的研究。就此而言，类比好过纯然的悬置，聊胜于无。因此，如果我们把休谟《对话录》中的克里安提斯看作独断的理性主义者，把菲洛看作怀疑的经验主义者，那么，康德的观点就代表了一种批判的中间立场，而这与批判哲学的精神是相符的。

我们还要简单考虑一下斯宾诺莎式的泛神论上帝。对于巴鲁赫·斯宾诺莎（Baruch Spinoza）来说，上帝是唯一的实体。"除了神（上帝）以外，不能有任何实体，也不能设想任何实体。"① 而且，"一切存在的东西，都存在于神（上帝）之内，没有神就不能有任何东西存在，也不能有任何东西被认识"②。这意味着，通常被我们看作实体的自然万物，成了上帝这个唯一实体中的诸多偶性。因此，斯宾诺莎说："特殊的事物只不过是神（上帝）的属性的分殊，也就是以某种一定的方式表示神的属性的样式。"③ 康德对斯宾诺莎式的泛神论的概括是非常准确的，这种学说"使世界整体……成为依存于一个惟一的**单纯实体**的许多规定的一个总和"④。康德当然不赞同这种上帝观念，这首先是因为斯宾诺莎的推理中存在许多独断的理性主义谬误，其次是因为这等于是把上帝仅仅理解为"一个实在性的大全的理念"，看作"一切实在性的集合"。也就是说，在康德的上帝观念和斯宾诺莎式的泛神论上帝之间还缺乏一个关键

---

① 〔荷兰〕斯宾诺莎：《伦理学》，贺麟译，商务印书馆1983年版，第14页。
② 〔荷兰〕斯宾诺莎：《伦理学》，贺麟译，商务印书馆1983年版，第15页。
③ 〔荷兰〕斯宾诺莎：《伦理学》，贺麟译，商务印书馆1983年版，第27页。
④ 〔德〕康德：《判断力批判：注释本》，李秋零译注，中国人民大学出版社2010年版，第238页（5：421）。

的步骤，即从"一切实在性的集合"的理念到"最实在的存在者"的理念。对于康德来说，停留在"一切实在性的集合"是不够的，即便仅仅对于一个范导性理念来说也是不够的。对于这一点，我们甚至都无需援引康德批判时期的观点来加以反驳，因为这甚至都涉及不到两种上帝中哪一个可以得到证明的问题（当然，在康德看来，哪一个都无法得到证明），而是仅仅涉及它们中的哪一个可以合乎逻辑地被设想的问题。

康德在《证据》中指出："任何多个实体构成的复合物都不可能是一个绝对必然的存在者。"① 因为，如果我们把一个复合物设想为绝对必然的存在者时，马上就会遭遇如何解释其必然性的问题。那么，就会有三种可能性：首先，复合物是由多个部分组成的，假如只有其中一个部分是绝对必然的，那么，其他部分就必须被看作这个部分的结果；其次，假如其中的多个部分或所有部分都是绝对必然的，那么，就会与绝对必然的存在者的唯一性相矛盾，而反对绝对必然存在者的唯一性又会导致另一个矛盾，即绝对必然的存在者并非一切可能性的根据；最后，假如这个复合物的每个部分都是偶然的，只有它们的组合才是绝对必然的，那么，绝对必然的东西是从偶然的东西的组合中产生的，而这显然是荒谬的。② 因此，可以看出，仅仅从逻辑的可能性来看，斯宾诺莎式的泛神论上帝也是不可能的。还有一个我们在前面已经谈到过的问题，即所有实在性（肯定的谓词）在同一个实体中共存本身就是不可能的，因为实在性与实在性之间也存在冲突。而且，正是为了克服这个困难，才需要从"一切实在性的总和"过渡到"最实在的存在者"，以便设想一切实在性的可能性。因此，对于康德来说，斯宾诺莎式的泛神论上

---

① 〔德〕康德：《康德著作全集：第2卷》，李秋零主编，中国人民大学出版社2003年版，第91页（2：84）。
② 〔德〕康德：《康德著作全集：第2卷》，李秋零主编，中国人民大学出版社2003年版，第91页（2：84）。

帝是不可能的。

对于康德来说，尽管上帝的存在是不可证明的，上帝的性质也是不可知的，但我们必须为了解释世界的缘故，把它设想为一个"最实在的存在者"，设想为一个有神论的上帝，即一个有知性、有意志的上帝。这样一个上帝的理念，虽然仅仅是一个理念，但却在理论哲学中拥有一种范导性的作用。但是，更重要的是，在康德的道德宗教中，需要这样一个上帝来克服实践理性的二论背反，即通过其全能实现"至善"或"德福一致"。① 当然，这个话题已经超出本书的主题了。但是，明确康德持有何种上帝观念，这对于我们理解他对理性神学的批判来说仍然是十分重要的。

三 上帝存在的三种证明

任何神学都以宣称"上帝确乎存在"为基础：这个判断要么是一个神圣启示，要么是一个理性判断；以前者为基础建立起来的是启示神学，以后者为基础建立起来的是理性神学。根据康德的划分，上帝存在的证明要么是思辨的或理论的（spekulativ oder theoretisch），要么是实践的或道德的（praktisch oder moralisch）。前者把"上帝存在"当作一个理论命题来加以证明，并由此建立起思辨的或理论的理性神学；后者把"上帝存在"当作道德意志的必然客体（即至善或德福一致）得以可能的条件，进而从道德法则的客观实在性中推出对"上帝存在"的实践信念的合理性。在此，我们只关心思辨的或理论的理性神学。

既然思辨的或理论的理性神学以"上帝存在"的理性证明为基础，那么，对这种神学的一个彻底的批判，就无需事无巨细地

---

① 参见〔德〕康德《实践理性批判：注释本》，李秋零译注，中国人民大学出版社2010年版，第116—123页（5：124-132）。

关心其所有内容，而是集中火力攻击上帝存在的证明就够了。因为，倘若理性根本无法证明上帝存在，那么，即便这并不能同时证明上帝不存在，也足以推翻任何理性神学的全部内容，把它关于上帝的一切知识都宣布为非法的。所以，康德几乎在他的所有著作中都没有过多地与传统理性神学的其他内容相纠缠，而是集中关注上帝存在的证明。当然，在对传统理性神学的批判中，康德实际上采取了两种路径，我们可以把它们称作"一般路径"和"特定路径"。具体来说：首先，"一般路径"就是认识论批判的路径。对此，我们前面其实已经说得很多了。康德通过批判的考察发现，人类的认识能力只能合法地应用于可能经验的领域。上帝，作为"一切可能性的源始根据"和"最实在的存在者"，根本就不是一个可能经验的对象。因此，仅仅从这个一般的认识论主张出发，关于"上帝存在"的知识就是不可能的。其次，"特定路径"就是针对性地批判传统的理性神学中上帝存在证明的具体方案，指出其论证中存在的问题，解释它们何以是不可能的。在本书中，我们重点关注的就是这种特定路径的批判。当然，特定路径的批判不可避免地依赖于一般路径的批判，但后一种批判并不能完全代替前一种批判。

在哲学史上，思辨理性的上帝证明的具体方案多如牛毛，把它们逐一罗列出来并加以批判是不可能的。但是，各种形形色色的方案总会有一些共通之处作为其论证的核心要义。从这个角度出发，所有思辨的上帝存在证明无非就是两大类，即所谓"先天的"（a priori）与"后天的"（a posteriori）。对此，中世纪的经院学者就已经有了清楚的认识。例如，托马斯·阿奎那在讨论"上帝存在能否被证明"时就指出："人们称为证明的有两种：一种是通过原因，被称作'因何缘由'（propter quid）的证明，这是全然通过在先者。另一种是通过结果，被称作'因为'（quia）的证明，这是通过对于我们来说在先者，因为结果对于我们来说比它的原因更为明显，所以

康德与本体论证明的批判

从结果出发来认识原因。"① 其中,第一种证明,就是从原因证明原因,"原因"是"在先者",所以是从"在先者"本身出发来证明它的存在。这种证明说的就是坎特伯雷的安瑟伦的证明,即从"上帝"的概念中分析出他的"存在",而不诉诸我们后天地加以认识的东西,此即为"先天的证明"。第二种证明,就是从结果证明原因,"结果"是"对于我们来说在先者",因为我们总是先认识到结果,再从对结果的追问中认识到原因。这种证明说的是阿奎那自己提出的"五路"(Quinque viae),以及其他可能的"后天的证明"。同样,在康德看来,上帝存在的证明也无非就是这两大类。但是,他更多使用的不是"先天的"与"后天的"这组术语,而是"本体论的"(ontologisch)和"宇宙论的"(kosmologisch)这组术语。

在很多人看来,"先天的证明"就是"本体论的证明",反之亦然;"后天的证明"就是"宇宙论的证明",反之亦然。这种观点不能说是错的,但有些偏颇,也没有对"本体论的"和"宇宙论的"这两个术语做出恰当的解释。实际上,在康德那里,上帝证明的类型是依据被证明的"上帝"属于何种理念来区分的:如果证明中的"上帝"是一个本体论的(存在论的)理念,那么,这个证明就是本体论的;相反,如果证明中的"上帝"是一个宇宙论的理念,那么,这个证明就是宇宙论的。正如前文(第一章第三节)指出过的,选言推理的先验大前提是一个绝对的集合体,一个不再充当其他集合体的选言支的集合体,这样一个集合体先验地来看就是"一切实在性的总和",其实体化的理念就是"最实在的存在者",这就是一个本体论的(存在论的)理念。因为,"最实在的存在者"构成了

---

① Saint Thomas Aquinas, *Summa Theologiae. Prima Pars 1 – 49* (*Latin-English Opera Omnia*), Lander: The Aquinas Institute for the Study of Sacred Doctrine, 2012, p. 20 (Iªq. 2 a. 2 co).

"一切能被思维者的可能性的至上条件"①,并且在这个意义上可以叫作"一切存在者的存在者"(das Wesen aller Wesen; ens entium)②,一个本体论上的(存在论上的)上帝。但是,一个宇宙论的上帝是与之略有不同的。同样正如前文(第一章第三节)指出过的,假言推理的先验前提是一个"完备的条件序列的理念",先验地来看就是"一切显象的总和"(der Inbegriff aller Erscheinungen)③,其实体化的理念就是"世界"或"宇宙"。在宇宙论的序列中,处于整个序列的最顶端的"无条件者",作为一切有条件的终极条件,就是宇宙论的上帝。这样一个上帝还可以被更为具体地设想为"一个自身没有原因的原因"(一个自由因),"一个自身不受动的动者"(一个源始的动力因),等等。当然,本体论的上帝和宇宙论的上帝(作为两个理念)指称的是同一个可能的客体。换句话说,如果真的有一个上帝存在,那么,他就既是那个本体论的上帝,也是那个宇宙论的上帝。不过,本体论的上帝和宇宙论的上帝却毕竟是理解上帝的两种不同的方式,从而是同一个上帝的两个内容上有所不同的概念(理念)。

根据康德的区分,如果我们想要证明的是一个本体论的上帝,那么,这种证明就是本体论的;如果我们想要证明的是一个宇宙论的上帝,那么,这种证明就是宇宙论的。有了这个区分,我们就能够理解,为什么康德在《证据》中把一个"后天的"证明称作"本体论的"证明。在那里,康德在"上帝存在的所有可能证据"中划分出了两大类、四小种,具体可见下表:④

---

① 〔德〕康德:《纯粹理性批判:注释本》,李秋零译注,中国人民大学出版社2011年版,第265页(A334/B391)。
② 〔德〕康德:《纯粹理性批判:注释本》,李秋零译注,中国人民大学出版社2011年版,第265页(A334/B391)。
③ 〔德〕康德:《纯粹理性批判:注释本》,李秋零译注,中国人民大学出版社2011年版,第265页(A334/B391)。
④ 〔德〕康德:《康德著作全集:第2卷》,李秋零主编,中国人民大学出版社2003年版,第161页(2:155-156)。

上帝存在的所有可能证据	
A 从单纯可能者的知性概念获得的证据	B 从实存者的经验概念获得的证据
A1 从作为一个根据的可能者推论到作为一个结果的上帝存在	B1 从我们经验到其存在的东西推论到一个第一因、一个非依赖性的原因的实存，但借助解析这一概念推论到这一原因的神圣属性
A2 从作为一个结果的可能者推论到作为一个根据的神性实存	B2 从经验教导的东西直接推论，既推论到它的存在，又推论到它的属性

根据康德的说法，基于上表中的 A 类证据的证明就是本体论的，基于 B 类证据的证明就是宇宙论的。

先来看看 A 类证据：首先，基于 A1 的证明就是传统的本体论证明。在《证据》中，康德把此类证据称作"笛卡尔学派的证据"（der Cartesianische Beweisgrund）；在《纯粹理性批判》中，康德也把传统版本的本体论证明称作"笛卡尔学派的证明"（der Cartesianische Beweis）。因此，很多人都认为，康德对本体论证明的批判仅仅适用于笛卡尔的证明，尽管这无论如何都是错误的。康德确实把笛卡尔的证明当作一个范本，但他对 A1 的考察是一般化的，对基于 A1 的本体论证明的批判也是一般化的，适用于任何形式的此类证明。对此，我们在后文中会给出更为具体的解释。其次，A2 是前批判时期的康德本人提出的"证明上帝存在的唯一可能的证据"。此种证据是从任何事物的（实在的）可能性推出一个"绝对必然的存在者"的现实性（存在），而前者本身其实是由任何某个事物的现实性所保证的。因此，基于 A2 的证明说到底是一个后天的证明。但是，由于在这个证明中，康德想要证明的是一个本体论的上帝，并且利用的也是任何事物与上帝的本体论上的关系，所以，康德把它说成是一个本体论的证明。然而，在《纯粹理性批判》中，康德彻底放弃了这个证明，转而集中讨论本体论证明的传统版本。因为，在那个时候，康德已经对所谓的"依赖性论题"（Dependency Thesis）有了更深刻的认识，进而意识到了这个基于 A2 的本体论证明无非就是从宇宙论证明到所谓的"笛卡尔学派的证明"的一个跨越。

再来看看 B 类证据。康德把基于 B 类证据的证明称作"宇宙论的"（kosmologisch），他的理由是："如果推论应当从关于实存着的事物的经验教导我们的东西上升到同样的真理，那么，证明就只能通过在世界上的事物中感知到的属性和世界整体的偶然秩序被导向最高的存在以及性质。"① 在此，"关于实存着的事物的经验"就是"显象"（Erscheinung），而一切显象的总和就是"世界"（Welt），大致相当于拉丁文的"mundus"或"universus"，以及希腊文的"κόσμος"（cosmos）。因此，宇宙论（Kosmologie）就是关于世界的知识，但更为具体地说，是关于现象世界或物理宇宙的一般原理的知识，尤其是宇宙之起源和结构的知识。这种从经验知识出发的证明，也就是"从结果证明原因"，从"对于我们来说在先者"出发的"后天的证明"，而 B1 和 B2 则代表了两种具体的方法。首先，B1 是一般地从"结果的存在推论到原因的存在"，在对原因的追溯中达到一个"自因的原因"，它被理解为一个机械论的因果系列中的最初起点，这也正是它与 B2 的根本区别。其次，B2 则是依赖于一种特殊的经验观察，通过注意到遍存于世界之中的"伟大、秩序与合目的的安排"②，在一个目的论的因果系列中追溯到一个有神论的创造者。因此，正如康德所指出，为了达到一个有神论的上帝（一个有知性、有意志的创造者），基于 B1 的证明还需要对机械论意义上的"第一因"做出进一步的解析，基于 B2 的证明则可以直接推出上帝的存在及其属性。

---

① 〔德〕康德：《康德著作全集：第 2 卷》，李秋零主编，中国人民大学出版社 2003 年版，第 164—165 页（2：160）。

② 〔德〕康德：《康德著作全集：第 2 卷》，李秋零主编，中国人民大学出版社 2003 年版，第 164 页（2：159）。

康德与本体论证明的批判

在《纯粹理性批判》中，康德对上帝存在的证明的划分作了些调整，但并没有实质性的改变。在那里，基于 A1 的证明依旧被称作"本体论的证明"，基于 A2 的证明则被完全放弃了；同时，"宇宙论的证明"这一名称成了专属于基于 B1 的证明的名称，而基于 B2 的证明则被称作"物理神学的证明"（der physiko-theologische Beweis）。康德说：

> 人们在这方面所能够选择的所有道路，要么是从确定的经验和由这种经验所认识的我们感官世界的特殊性状开始，并根据因果律由它一直上升到世界之外的最高原因；要么经验性地以不确定的经验为基础，也就是说以某一种存在为基础；最后，要么抽掉一切经验，完全先天地从纯然的概念推论到一个最高原因的存在。第一种证明是自然神学的证明（物理神学的证明），第二种证明是宇宙论的证明，第三种证明是本体论的证明，没有更多的证明方式，也不可能有更多的证明方式。①

于是，就有了上帝存在的三种证明：本体论的证明、宇宙论的证明和物理神学的证明。当然，从前面的分析可以看出，康德的这一调整并没有从实质上改变他原来的划分，他只是适当地削减了"宇宙论的证明"的意义，并提出了一个"物理神学的证明"与之相区分，但这两种证明仍然都属于"后天的证明"，属于从结果出发论证原因的证明。

根据康德在《纯粹理性批判》中的解释：首先，这个狭义的宇宙论证明，其论证起点是"不确定的经验"（die unbestimmte Erfahrung），亦即并非关于任何确定事物及其种种特殊性状的经验，而是

---

① 〔德〕康德：《纯粹理性批判：注释本》，李秋零译注，中国人民大学出版社 2011 年版，第 413 页（B618 - 619）。

任何可能事物的一般经验。所以，宇宙论证明是这样的："如果某种东西实存着，那就必定也有一个绝对必然的存在者实存着。现在，至少我自己实存着，所以一个绝对必然的存在者实存着。"① 在此，大前提完全不考虑"某种东西"（作为一个可能的经验）到底是什么，仅仅把它表象为一个"其实存依赖于另一个事物的实存的东西"，表象为一个有条件者；同样，小前提中虽然出现了一个确定的经验"我自己"，但"我自己"的任何特殊性状与整个论证并无直接的关系，而是仅仅作为"某种东西"的一个实例。其次，物理神学的论证起点是"确定的经验（die bestimmte Erfahrung）和由这种经验所认识的我们感官世界的特殊性状"②。也就是说，它首先要求对某个特定现象的经验观察，这种观察属于一种近代物理学意义上的物理学研究。正是通过这种物理的观察，我们发现，整个自然世界"为我们展现出杂多性、秩序、合目的性和美的一个如此巨大的舞台"③。大至行星运行的轨迹，小至生物器官的结构，都表现出一种合目的的秩序，以至于"如果人们不假定某种东西在这个无限的偶然者之外独自原初地和独立地自存着，保持着它，并且作为它的起源的原因同时保证着它的存续，整个万有就必然会沉沦入无的深渊"④。

至此，狭义的宇宙论证明与物理神学证明的区别也就大致交代清楚了，它们与本体论证明的差异也就毋庸赘言了。当然，本节的讨论是比较简要的，更为详细的解释最好放到后面的章节中来完成。

---

① 〔德〕康德：《纯粹理性批判：注释本》，李秋零译注，中国人民大学出版社2011年版，第420页（B632）。
② 〔德〕康德：《纯粹理性批判：注释本》，李秋零译注，中国人民大学出版社2011年版，第413页（B618）。
③ 〔德〕康德：《纯粹理性批判：注释本》，李秋零译注，中国人民大学出版社2011年版，第430页（B650）。
④ 〔德〕康德：《纯粹理性批判：注释本》，李秋零译注，中国人民大学出版社2011年版，第430页（B650）。

目前来说，我们只需要知道：康德并不打算卷入到同形形色色的具体证明方案的纠缠之中，他只想从根本上攻击三种基本的证明思路。而且，由于"依赖性论题"的引入，康德的实际方案将更加简单。他将主要的进攻火力对准了本体论证明，再向他的读者们揭示出另外两种证明对本体论证明的依赖。

四　康德的依赖性论题

当代学者所说的"依赖性论题"（Dependency Thesis），也常被简称为 DT，是指康德提出的一个著名的主张，即宇宙论证明与物理神学证明在根本上依赖于一个从概念出发的本体论证明。也就是说，这两种"后天的"证明并不能如其自以为的那般从经验性的存在推出作为一个宇宙论理念的上帝的存在，相反，它们各自的推理中都隐含着一些跳跃性的环节，这些环节将使它们最初诉诸经验的做法成为多余的，并且最终（在暗中）通过一个本体论的证明获得它们所需要的结论。因此，如果上帝存在的本体论证明是不可能的，那么，宇宙论证明与物理神学证明就也是不可能的。

早在《证据》时期，康德就初步发现了 DT，但仅仅是初步。例如，康德在批评前面提到的 B1（即《纯粹理性批判》中狭义的宇宙论证明）时指出：

> 我承认，直到"如果有某物存在，就也实存着某种不依赖其他任何事物的东西"这一命题，一切都是合规则地推理的，因而我承认，某一个或者多个不再是另一事物结果的事物的存在，是显然已得到很好证明的。如今，命题的第二步，即这一非依赖性的事物是绝对必然的，可靠性就少得多，因为它必须是借助还一直受到攻击的充足理由律得出的；不过直到这里，我仍毫不犹豫地认可一切。据此，有某种东西以绝对必然的方

第二章 康德与理性神学

式实存。从绝对必然的本质的这一概念出发，应当推导出它最高的完善性和统一性的属性。但在此作为基础的绝对必然性的概念可以像第一章中指明的那样，以两种方式取得。在第一种方式中，由于它被我们称之为逻辑的必然性，就必须指明：在那个事物中可以发现所有的完善性或者实在性，从而那个存在者独一无二地就存在而言是绝对必然的，它的诸般谓词都是真正肯定性的，它的对立面则是自相矛盾的。而由于从所有实在性在一个实在者中的这同一种无一例外的结合应当推论出它是一个惟一的存在者，所以显而易见，对必然者概念的解析将建立在这样一些根据之上，按照这些根据我也必然能够作出相反的推理：所有的实在性存在于其中的东西，以必然的方式存在。现在，不仅这一推理方式按照上一节是不可能的，而且尤其值得注意的是，按照这样的方式，证明根本不是建立在未被使用而完全作为前提条件的经验概念之上，而是完全与笛卡尔学派的证明一样，仅仅从人们自以为于其中可以在谓词的同一或者冲突里面发现一个存在者的存在的概念出发的。①

这段引文与康德在《纯粹理性批判》中对（狭义的）宇宙论证明的批判大致上差不多，他在那里同样是首先在宇宙论证明的推理中区分了两个环节：1. 从偶然存在者的存在推出一个绝对必然的存在者的存在；2. 把绝对必然的存在者置换成一个最实在的存在者。②其中，第2个环节就是把一个宇宙论的上帝理念置换成一个本体论的上帝理念，而后者不需要诉诸偶然存在者的存在，而是从自身概念中分析地得出其存在。因此，康德说："因此，在所谓的宇宙论证

---

① 〔德〕康德：《康德著作全集：第2卷》，李秋零主编，中国人民大学出版社2003年版，第162—163页（2：157-158）。

② 〔德〕康德：《纯粹理性批判：注释本》，李秋零译注，中国人民大学出版社2011年版，第420—421页（B632-634）。

康德与本体论证明的批判

明中包含着所有证明力的，真正说来只是纯粹从概念出发的本体论证明；所谓的经验是完全多余的，也许只是为了把我们引导到绝对必然性的概念，但却不是为了在某一确定的事物那里阐明这种绝对必然性。"①

对康德的这个批判与 DT 的一个常见的错误理解是：康德完全肯定了第 1 个环节的推理，即承认一个绝对必然的存在者的存在，因此，只要一个宇宙论证明满足于这样一个宇宙论的上帝的存在，康德的批判就失效了。这种主张的代表人物有帕特森·布朗（Patterson Brown）和艾伦·伍德，前者试图据此为托马斯·阿奎那的宇宙论证明辩护，后者则单纯将其视作康德的批判中的漏洞。布朗认为，康德的批判依赖于他对"必然存在者"的特殊定义，即将其理解为"一个其不存在在逻辑上不可能的存在者"②，但阿奎那却仅仅将其理解为"不可生成也不可朽坏的存在者"，并且在这个意义上承认有多种必然存在者，例如天使、人的灵魂与天国中的肉身③。但是，他似乎忘记了阿奎那最终要证明的是一个唯一的"就其自身而言不可生成也不可朽坏的存在者"④，而这个通过"生成"与"朽坏"（作为质料）来思维的概念必须至少在形式上

---

① 〔德〕康德：《纯粹理性批判：注释本》，李秋零译注，中国人民大学出版社 2011 年版，第 422 页（B635）。

② 参见〔德〕康德《康德著作全集：第 2 卷》，李秋零主编，中国人民大学出版社 2003 年版，第 88 页（2：81）；〔德〕康德：《纯粹理性批判：注释本》，李秋零译注，中国人民大学出版社 2011 年版，第 414 页（B620）。

③ Cf., Patterson Brown, "St. Thomas' Doctrine of Necessary Being", *The Philosophical Review*, Vol. 72, No. 1, January, 1964, pp. 79–80.

④ Saint Thomas Aquinas, *Summa Theologiae. Prima Pars 1–49 (Latin-English Opera Omnia)*, Lander: The Aquinas Institute for the Study of Sacred Doctrine, 2012, p. 22 (Iª Q. 2 A. 3. Co). 阿奎那在那里说："然而，从其他事物获得自己的必然性的事物不可能无限地持续，正如前面在讨论动力因的时候已经证明的一般。因此，我们必须设定一个就其自身而言必然的事物，其必然性的原因并非来自别的事物，反而是其他事物的必然性的原因的事物，那也就是大家所谓的'上帝'。"

（逻辑上）符合"以绝对必然的方式存在着"或"其不存在在逻辑上不可能"这一规定。因为，若非如此，无论我们如何从质料上去描述这样一个存在者，无论我们是按照"生成"与"朽坏"的表象来思维它，还是按照其他什么表象来思维它，它都不会是一个绝对必然的存在者。

然而，这一点其实不那么打紧。真正重要的是，布朗之所以能够提出这样一个辩护，是因为他对宇宙论证明本身（准确地说，是康德对宇宙论证明的重构）做了错误的解读，把此类证明的两个环节看作了前后相继的关系。也就是说，根据布朗的理解，宇宙论证明的第2个环节仿佛是在第1个环节完成之后才发生的。实际上，这种解读在当代学界（尤其是英语学界）颇为流行。相比布朗的较为含糊的表述，乔纳森·班尼特（Jonathan Bennett）把对宇宙论证明的这种解读表述得更加清楚："在得出了'有一个必然存在者存在'的结论后，康德的宇宙论论证者接着考虑，这个存在者能够像是个什么。"[①] 同样，艾伦·伍德也相信："出于论证的缘故，他（康德）允许了第1个环节，以便集中处理第2个环节。"[②] 然而，无论如何，这种解读都必须被看作是对康德思想的曲解。因为，根据康德的解释，宇宙论证明的两个环节不应该是前后相继的关系，而是包含与被包含的关系。正如劳伦斯·帕斯特纳克（Lawrence Pasternack）所指出的："甚至第1个环节中也预设了'最实在的存在者'的概念，因为它正是一个'必然存在者'的理念必须借以而被思维的概念。"[③] 也就是说，第2个环节并不是在第1个环节完成

[①] Jonathan Bennett, *Kant's Dialectic*, Cambridge: Cambridge University Press, 1974, p. 250.

[②] Allen W. Wood, *Kant's Rational Theology*, Ithaca: Cornell University Press, 1978, p. 124.

[③] Lawrence Pasternack, "The ens realissimum and Necessary Being in *The Critique of Pure Reason*", *Religious Studies*, Vol. 37, No. 4, December 2001, p. 469.

康德与本体论证明的批判

之后发生的，而是包含在第 1 个环节中的一个隐含条件。事实上，从偶然存在者的现实性（存在）中根本无法推出一个绝对必然的存在者的现实性（现实存在），而是只能推出其可能性（有可能存在）。宇宙论理念的"第四个二论背反"也告诉我们，宇宙论证明的反面，即"没有一个绝对必然的存在者存在"也是可能的。① 因此，当我们自以为在宇宙论证明的第 1 个环节中证明了"有一个绝对必然的存在者存在"时，将这个"绝对必然的存在者"的纯然可能性（有可能存在）转变为现实性（现实存在）的东西，就并不是作为论证前提的偶然存在者的现实性（现实存在），而是包含在这个"绝对必然的存在者"的纯然概念中的"绝对必然的存在"本身。因此，正是由于在暗中使用了第 2 个环节，宇宙论证明的第 1 个环节才得以成立。唯有明白了这一点，我们才能真正明白，为什么本体论证明的破产将直接导致宇宙论证明的破产。②

但是，在《证据》中，康德并没有明确地将 DT 扩展至基于 B2 的宇宙论证明，也就是他后来所说的物理神学的证明。相反，他那时认为："这一证明不仅是可能的，而且也是无论如何值得通过联合起来的努力获得相应的完善性的。"③ 当然，从《证据》到《纯粹理性批判》，康德对物理神学证明的心情一直都是很复杂的。康德从不掩饰对此类证明的好感："一个如此详尽的整体中的伟大统一性使人得出，所有这些事物都只有惟一的一位创造者，尽管在所有这些推论中没有表现出几何学的严格性，但它们却无可争议地包含着如此之多的坚定性，以至它们不会让任何一个有理性者按照自然的健康

---

① 〔德〕康德：《纯粹理性批判：注释本》，李秋零译注，中国人民大学出版社 2011 年版，第 341—345 页（B480 - 489）。

② 本节此处的讨论是十分简要的，更为详细的分析与论证，参见李科政《上帝实存的宇宙论证明中的依赖性论题》，《宗教学研究》2020 年第 3 期。

③ 〔德〕康德：《康德著作全集：第 2 卷》，李秋零主编，中国人民大学出版社 2003 年版，第 164 页（2：159）。

知性所遵循的规则对此有片刻怀疑。"① 同样，在《纯粹理性批判》中，康德也说："这种证明在任何时候都值得尊重地提及。它是最古老、最明晰、最适合通常的人类理性的证明。它激励着自然的研究，一如它本身从这种研究获得存在，并由此一直获得新的力量。它把目的和意图引向我们的观察未能自行揭示它们的地方，并且通过一种其原则在自然之外的特殊统一性来扩展我们的自然知识。但是，这种知识又反作用于其原因，也就是说，反作用于诱发的理念，并且增强对一个最高的创造者的信仰，使之一直成为一种不可抗拒的确信。"② 当然，康德对物理神学证明的这种好感有一个重要的背景，那就是牛顿物理学在 17—18 世纪的成功。康德本人非常敬重牛顿的学说，他在 1755 年还曾写过一篇名为《一般自然史与天体理论：或根据牛顿定理试论整个世界大厦的状态和力学起源》的论文。③ 而且，在他早期其他一些形而上学与物理学著作中，也经常出现"牛顿"和牛顿的学说。

尽管牛顿物理学本身主要是机械论的学说，但却在整体上为人们描绘了一幅目的论的宇宙情景：世间万物尽管纷繁复杂、变化万千，但全都依据一些简单的、秩序性的原则系统地结合在一起，表现出了一种伟大的合目的性。因此，人们自然而然地认为，如果没有一个神圣的智慧来设计好这一切，整个宇宙中的这种合目的性的秩序就是不可能的。事实上，牛顿本人也说过这样的话："太阳、行星和彗星的这个精致的结构不可能发生，除非通过一个理智的和有权能的存在（ens）的设计和主宰。"④ 当然，这种设计论的思想由

---

① 〔德〕康德：《康德著作全集：第2卷》，李秋零主编，中国人民大学出版社 2003 年版，第 164 页（2：159）。
② 〔德〕康德：《纯粹理性批判：注释本》，李秋零译注，中国人民大学出版社 2011 年版，第 430—431 页（B651－652）。
③ 参见〔德〕康德《康德著作全集：第1卷》，李秋零主编，中国人民大学出版社 2003 年版，第 215—342 页（1：215－368）。
④ 〔英〕牛顿：《自然哲学的数学原理》，赵振江译，商务印书馆 2006 年版，第 648 页。

康德与本体论证明的批判

来已久，我们从柏拉图、亚里士多德、西塞罗与盖伦的著作中，从以托马斯·阿奎那为代表的经院学者的著作中都可以读到它。因此，康德才会说："这种宇宙论的证明与人的理性一样古老。"① 但是，牛顿毕竟从世俗智慧的角度为设计论输入了全新的生命力，使得这种基于现代物理学的设计论思想在17—18世纪风靡一时。然而，尽管这种氛围不可避免地影响了康德，使他对这种设计论的思想与物理神学证明怀有好感，但他在理智上始终保持比较谨慎的态度。首先，只要能用机械论解释的，他绝不轻易使用目的论来解释。例如，在《证据》中，康德就曾以地球形状的形成为例，反对使用物理神学的解释。② 其次，对于自然中的一些难以用机械论给出充分解释的现象，尤其是生物自组织现象，康德认为援引目的论的解释是必要的，但他也坚持认为，目的论的原则"只是对于我们来说主观地有效，不是对于这类事物的可能性来说客观地有效"③。因此，我们看到，康德在《证据》中不仅对当时流行的种种物理神学的证明提出了一系列的批评④，而且，尽管他毕竟承认此类证明的可能性，但最终也认为："尽管有所有这些卓越性，这种证明方式却始终不能具有数学的确定性和精确性。"⑤

当然，对于本节的意图来说，真正重要的是：康德在《证据》时期还没有充分意识到，至少还没有明确地指出，DT同样适用于物

---

① 〔德〕康德：《康德著作全集：第2卷》，李秋零主编，中国人民大学出版社2003年版，第165页（2：160）。
② 参见〔德〕康德《康德著作全集：第2卷》，李秋零主编，中国人民大学出版社2003年版，第126页（2：120）。
③ 〔德〕康德：《判断力批判：注释本》，李秋零译注，中国人民大学出版社2010年版，第231页（5：413）。
④ 参见〔德〕康德《康德著作全集：第2卷》，李秋零主编，中国人民大学出版社2003年版，第123—129页（2：117 – 123）。
⑤ 〔德〕康德：《康德著作全集：第2卷》，李秋零主编，中国人民大学出版社2003年版，第165页（2：160）。

第二章　康德与理性神学

理神学证明。但是,他确实已经意识到,物理神学所要求的"上帝"还不是理性神学所要求的"上帝"。"人们将在任何时候都只能推论到呈现给我们的那个整体的一个伟大得无法理解的创造者(Urheber),但却不能推论到所有可能存在者中最完善的存在者的存在。"① 其实,完全相同的意思,康德在《纯粹理性批判》中说得更清楚些:"这种证明所能够阐明的,至多是一个总是受他所加工的材料的适用性限制的世界建筑师(Weltbaumeister),而不是一切都要服从其理念的一个世界创造者(Weltschöpfer);这远远不足以实现人们所关注的那个伟大的意图,即证明一个极为充足的元始存在者(ein allgenugsames Urwesen)。"② 也就是说,物理神学证明中的"上帝"类似于柏拉图的《蒂迈欧篇》中的"得穆革"(δημιουργός;demiourgos)。古希腊文中的"δημιουργός"(得穆革)由"δήμιος"(demios;人民的/公众的)和"ουργός"(ourgos;工人)组成,合起来就是"为人民/公众工作的人",通俗地讲就是"工匠""技术工人"或"手工艺人"。无论如何,柏拉图所说的"得穆革"(工匠),康德在《纯粹理性批判》中所说的"建筑师",在《证据》中所说的"创造者",其实都是一个意思。物理神学证明中的"上帝"是依据同"人与人工产品"的类比关系推论出来的,这样一个"上帝"不足以解释物质材料的来源,他还不是一个理性神学所要求的、作为无论有形无形的天地万物的创造者的上帝。然而,更重要的是,在《纯粹理性批判》中,康德充分意识到,这种类比推理只能为这样一个仅仅作为"世界的建筑师"的上帝提供纯然的可能性(有可能存在),不足以推出其现实性(现实存在)。因此,当我们通过物理神学证明宣称"上帝存在"时,我们其实暗中再次援引了DT。

---

① 〔德〕康德:《康德著作全集:第2卷》,李秋零主编,中国人民大学出版社2003年版,第165页(2:160)。

② 〔德〕康德:《纯粹理性批判:注释本》,李秋零译注,中国人民大学出版社2011年版,第432—433页(B655)。

康德与本体论证明的批判

康德在《纯粹理性批判》中说：

> 在人们达到对世界创造者的智慧、权能等等的伟大的惊赞并且不能再继续前进之后，人们就突然离开通过经验性证明根据进行的论证，前进到一开始就从世界的秩序与合目的性推论出来的世界的偶然性。惟有从这种偶然性出发，人们才仅仅通过先验的概念前进到一个绝对必然的东西的存在，并从第一因的绝对必然性的概念前进到那个存在者的完全被规定或者进行规定的概念，亦即一个无所不包的实在性的概念。因此，自然神学的证明（物理神学证明）在其行动中卡壳了，在这种困境中突然跃进到宇宙论的证明，而既然宇宙论的证明是一种隐蔽的本体论证明，所以自然神学的证明（物理神学证明）虽然一开始否认与纯粹理性有任何亲缘性，并且把一切都归诸从经验出发的显而易见的证明，但实际上却是通过纯粹理性来实现它自己的意图的。[①]

因此，无论（狭义的）宇宙论证明还是物理神学证明都没有从偶然存在者的现实性（存在）推出上帝的现实性（存在），而是暗中凭借一个从概念出发的本体论证明，从作为"最实在的存在者"的本体论的上帝概念中直接推出了其现实性（存在）。因此，如果本体论证明是不可能的，那么，思辨理性的一切上帝存在证明就都是不可能的，进而任何基于思辨理性的理性神学也就是不可能的。至此，我们发现，康德的 DT 在其整个批判策略中扮演了至关重要的作用，使之有权把批判的火力集中在本体论证明之上。而且，DT 经历了一个发展过程，康德并不是从一开始就意识到，DT 普遍适用于任

---

① 〔德〕康德：《纯粹理性批判：注释本》，李秋零译注，中国人民大学出版社 2011 年版，第 433—434 页（B627）。

何形式的后天证明，而是逐渐意识到这一点的。在本节中，我们没有讨论 A2，它曾经被康德称作"证明上帝存在惟一可能的证据"，但最终却被康德放弃了。事实上，我们有理由认为，正是由于康德对 DT 的认识不断加深，使他在后来认识到，基于 A2 的证明同样依赖于他所谓的"笛卡尔学派的证明"。不过，这个话题，我们要放到下一章来讨论了。

第三章　本体论证明的发展

本章是对本体论证明发展史的一个批判性阐述，涉及此类证明从坎特伯雷的安瑟伦、笛卡尔、莱布尼茨一直到康德的发展。为了避免一种教科书式的罗列，除了尽可能清楚地分析每个版本的论证之要义外，还要把它们置于与其批评者的对话中，以揭示出本体论证明作为一个辩证发展过程的历史。从本章的论述中可以看出，每个版本的证明既不是对以往方案的单纯重复，也不是一些各自独立的证明，而是表现为一个在批判中不断修正与发展的过程。而且，从每个版本所遭遇到的批评中，也可以看出本体论证明在其发展的每个阶段得到修订和改善的理由与必要性。在本章中，我们试图把所有这些批评与康德本人的批判结合起来加以考虑，以便能更好地看出它们之间的联系，同时也是为了以哲学史的眼光对康德的批判做出恰如其分的评价（在有的方面，他的批判被过分高估了；在另外一些方面，又被过分低估了）。具体来说：首先，我们将在第一节中讨论安瑟伦的经典证明以及高尼罗对它的批评。在后文的讨论中，我们也可以看出康德如何继承了高尼罗的思想。其次，我们将在第二节中讨论笛卡尔在《第一哲学沉思集》中提出的两个本体论证明，以及托马斯·霍布斯（Thomas Hobbes）与皮埃尔·伽森狄（Pierre Gassendi）对它们的批评。同样，在后文的讨论中，我们将揭示出康德如何继承了霍布斯与伽森狄的思想。最后，我们将在第三节中讨论莱布尼茨与前批判时期的康德提出的本体论证明，并且对批判时期的康德为何彻底放弃了此类证明做一个解释。所有这些讨论将为本书第二部分的讨论，即关于康德

第三章 本体论证明的发展

对本体论证明的具体批判的讨论，提供一个重要的理论基础，以便能恰当地评估康德在这个方面的贡献。

一 坎特伯雷的安瑟伦的证明

考察本体论证明的发展史必须从坎特伯雷的安瑟伦开始，即便这种证明并不完全都是安瑟伦的原创，但他至少是公认的、有据可查的第一位以哲学的语言清楚阐明这种证明的学者。因此，多姆布罗夫斯基说，安瑟伦的证明是本体论证明在哲学史上的第一个"关键时刻"。① 安瑟伦的证明出现在其《宣讲或谈话：论上帝的存在》（*Proslogion seu Alloquium De Dei Existentia*，一般简称为 *Proslogion*，即《宣讲》）的第 2 章中。这个论证是这样的：

> 我们相信你就是**那无法设想有比之更大的存在者**（aliquid quo nihil maius cogitari posit）。或者仅仅因为愚顽之人在心里说：没有上帝（dixit insipiens in corde suo：nonest Deus），难道就根本没有这样性质的存在者了么？……甚至愚人也会确信**那无法设想有比之更大的存在者**至少存在于理性中，因为，当他听说这个存在者的时候，他能够理解；凡为他所理解的，定存在于他的理性中。然而可以肯定的是，**那无法设想有比之更大的存在者**不能仅仅存在于理性中。因为，假如它仅仅存在于理性中，那么就还可以设想一种比他更伟大的东西，它既存在于理性中，还实际地存在着。所以，如果**那无法设想有比之更大的存在者**仅仅存在于理性中，那么，**那无法设想有比之更大的存在者**自身就成了那可以设想有比之更大的存在者了，但这显然是不可

---

① Daniel A. Dombrowski, *Rethinking the Ontological Argument: A Neoclassical Theistic Response*, Cambridge: Cambridge University Press, 2006, p. 1.

能的。因此，**那无法设想有比之更大的存在者**无疑既存在于理性中（in intellectu），也存在于现实中（in re）。①

表面上看，安瑟伦的这个证明只是一个"归谬法"（Reductio ad absurdum），正如包括阿尔温·普兰丁格在内的许多当代学者反复强调的那样②。也就是说，其论证效力依赖于一个形式逻辑的同一性矛盾：如果"那无法设想有比之更大的存在者"根本就不存在，那么，这个可设想的存在者就与自己的概念相矛盾，它就不是它自己。因为，另一个可设想的、在其他所有方面都与它完全一样的、但却现实存在着的存在者，将拥有比它更多的东西——这个更多的东西就是"存在"。因此，要么这个"那无法设想有比之更大的存在者"必然存在着，要么刚才提到的这个"另一个现实存在着的存在者"才真正是"那无法设想有比之更大的存在者"。无论哪种情况都意味着，"那无法设想有比之更大的存在者"是一个现实存在着的存在者。有趣的是，正因为安瑟伦的这个证明是一个归谬法，在普兰丁格等人看来，它与康德所设想的本体论证明并不完全一致，进而认为康德的批判并不适用于安瑟伦的证明。然而，事实并非如此。我们将在后文（第六章第四节）中指出，康德的存在论题，即"是（存在）不是一个实在的谓词"的命题，正是专门针对这个归谬法提出的。同时，我们还会（在第十章第三、四节中）指出，作为一个归谬法，其论证效力在任何时候都是有限的，它必须服务于一个从概念出发的分析证明，一个正面的证明。因此，对于安瑟伦的这

---

① 〔意〕安瑟伦：《信仰寻求理解：安瑟伦著作选集》，溥林译，中国人民大学出版社 2005 年版，第 205—206 页。

② Cf., Alvin Plantinga, "Kant's Objection to the Ontological Argument", *The Journal of Philosophy*, Vol. 63, No. 19, October 1966, p. 537; Alvin Plantinga, *The Nature of Necessity*, Oxford: Clarendon Press, 1974, p. 198; Alvin Plantinga, *God, Freedom and Evil*, Grand Rapids: Wm. B. Eerdmans Publishing Co., 1977, p. 87.

个证明，我们有必要澄清两个重要的问题。

首先，正如康德所揭示出来的，安瑟伦的这个论证（以及后世几乎任何形式的本体论证明）预设了"存在"（Dasein）或"实存"（Existenz）是一个谓词。"谓词"（Prädikat）首先是一个逻辑学术语，其次才是一个形而上学术语。谓词是判断（Urteil）的两个要件之一，另一个要件是"主词"（Subjekt），它们由系词"是"（sein）连接起来，构成一个"S 是 P"（S ist P）的命题（Satz）。一般来说，判断或命题构成了"知识"或"认识"（Erkenntnisse）的基本形式。然而，如果我们所要讨论的不仅仅是判断或命题的形式，而是也要考虑它们的质料，那么，一个"S 是 P"的判断（如果它是一个真命题）表达的就不仅是概念"S"与概念"P"之间的（逻辑的）关系，而是概念"S"所指的一个可能的客体与概念"P"所指的一个可能的客体之间的（实在的）关系。其中，概念"S"（作为主词概念）所指的可能客体就是一个可能的、现实存在着的事物，亦即一个实体（Substanz）；概念"P"（作为谓词概念）所指的可能客体就是一个可能的、现实存在着的事物所拥有的某个特征（Merkmal）、性质（Charakter）、性状（Beschaffenheit）或属性（Eigenschaft），亦即一种偶性（Akzidens）；系词"是"（ist）则被用于表示两个可能客体之间的关系，即"某个事物拥有某个特征"或"某个实体拥有某种偶性"。现在，回到安瑟伦的证明。尽管这个证明表面上看起来主要是一个归谬法，但整个论证依赖于把"存在"或"实存"当作一个谓词来使用。也就是说，"存在"或"实存"被理解为事物的某种特征、性质、性状或属性，被理解为一个实体的某种偶性，就像"绿色的""长方形的"与"坚硬的"这些谓词一样。因此，"那无法设想有比之更大的存在者"如果不存在，那它就缺少一个特征、缺少一种偶性，并由此构成了概念上的自相矛盾。

其次，在这个论证中，"存在于理性中"和"存在于现实中"这样的说法具有一定的误导性，它们仿佛只是处于两个不同地方的存在，

康德与本体论证明的批判

又或者只是两种不同形式的存在。然而，事实并非如此。"存在"就是"存在"，就是 Dasein（存在）或者 Existenz（实存），就是现实的存在。说"某个事物存在"就是说"一个事物现实地存在着"（ein Ding existiert wirklich）。实际上，"现实的存在"（das wirkliche Dasein）或"现实的实存"（die wirkliche Existenz）这种说法只具有修辞意义，"存在"或"实存"无不是现实的，也没有任何非现实的存在，或者说"非现实的存在"根本就不存在。因此，所谓的"存在于理性中"或"思想中的存在"无非就是设想某物现实地存在着，或者说在思维中假定某物现实地存在着，并且在这种设想或假定中来思维它。因此，"存在于理性中"和"存在于现实中"（或者"思想中的存在"和"现实中的存在"）说的都是现实的存在，只不过前者是在思维中的设想或者假定，后者则是对现实状况的描述。实际上，我们在思维任何事物的时候都必须假定它存在，亦即把它当作一个仿佛现实存在着的事物来思维，即便我们对此没有清楚的意识。而且，我们经常都会思维一些并不真正存在的事物，我们在思维中对它做出各种判断，这些判断之所以有可能是正确的，正是基于我们对其存在的假定。例如，我们假定有一个铁球，并且假定它有多大的体积，进而计算出它的重量。这个判断之所以正确，是因为"假定的存在"从一开始就是"假定的现实存在"，而这从一开始就是对现实中的可能状况的描述。

因此，安瑟伦的这个证明（与后世的任何版本的本体论证明一样）归根结底还是依赖于把"那无法设想有比之更大的存在者"设想为一个分析地包含"存在"或"实存"的概念，并且把"存在"当作一个谓词，亦即将其理解为"一种实在的质"（eine reale Qualität），就像"绿色的""长方形的"与"坚硬的"这些谓词一样。现在，澄清了上述两个问题，我们就能更好地理解高尼罗（Gaunilo）对安瑟伦的批评。作为基督徒，高尼罗对安瑟伦的《宣讲》赞赏有加，但唯独拒斥安瑟伦的上帝存在证明，并为了反驳这一证明写出了著名的《为愚人辩》（pro insipiente）。对于这个反驳，人们更为津津乐道的是高尼罗的海岛比喻。这个比喻大致是说：如果有人告诉你大海中有一个无可比拟的美丽海岛，你就不能认为它只存在于你的理性中，而是也存在于现实中。① 这个比喻在多大程度上能够质疑安瑟伦的证明无疑是存在争议的，但事实上，高尼罗的反驳要点并不在此。高尼罗在《为愚人辩》中为反驳安瑟伦的论证提出了一些非常重要的理由，它们比较集中地反映在如下这个段落之中：

> 那个人（指安瑟伦）说，那比一切都更大的东西必然存在于现实中，否则，它将不是那比一切都更大的东西。但是，说这话的人没有充分留意到他在对谁说话。因为我尚未承认，我甚至否认或怀疑那个东西比任何真实的东西更大；我也不同意这样一个东西存在，与那个东西（如果必须说它也存在），即仅仅因有一个语词，心灵就努力试着为它自己设想一个它完全不认识的东西有何不同。那人所依据的理由是那东西比一切都更大，但是，如果我至今尚否认和怀疑这一点，甚至认为它存在于我的理性中和思想中还不如那让人怀疑的东西，那他又如何根据这个前提向我证明它真实存在着呢？事实上，他应该首先向我证明那比一切都更大的东西确实真正存在于某处，然后从它比一切都更大这一点出发，从而最终毫无疑问地得出它也存在于它自身中的结论。②

尽管高尼罗的论述听起来有些绕口，但其基本理路是非常清楚的，其中有三个主要论据是值得我们关注的。首先，安瑟伦所说的这个"无法设想有比之更大的存在者"并不真的可设想，也谈不上

---

① 参见〔意〕安瑟伦《信仰寻求理解：安瑟伦著作选集》，溥林译，中国人民大学出版社2005年版，第249页。

② 〔意〕安瑟伦：《信仰寻求理解：安瑟伦著作选集》，溥林译，中国人民大学出版社2005年版，第248—249页。

康德与本体论证明的批判

可理解,并且因此根本谈不上"存在于我的理性中"。正如前文中指出的,所谓的"存在于我的理性中"无非就是在思想中设想或假定某个事物现实地存在着,这样做的前提是这个事物确实能够被设想。安瑟伦的这个"无法设想有比之更大的存在者"只是一个逻辑上可思维的概念,他利用的是"大"和"小"的比较概念,但这都是些抽象的概念。当我们利用"大"和"小"、"较大"和"较小"以及"最大"和"最小"的概念来思维任何东西时,除非我们知道被思维的东西具体来说是什么,否则我们就并没有真的在思维什么。因此,高尼罗则指出:"对于这样一个东西,当我听见有人讲到它时,无论我用我所知的种(ex specie),还是属(ex genere),我都不能设想它,或者让它存在于我的理性中。"① 换句话说,我们思维任何东西都不仅要借助语词(概念),更要借助语词(概念)所指称的东西。例如,当我们设想"这朵花是红色的"的,我们其实是把一个可能的事物置于"花"的概念之下,把一种可能的属性置于"红色"的概念之下,通过把两个概念结合起来,我们思维了一个实体与一种偶性的关系。而且,"红色"这种偶性必须通过视觉的直观来获得其实在内容,我们可以设想一位天生的失明者,当他说出"这朵花是红色的"这句话时,他并不真正知道"红色"到底是什么。因此,在安瑟伦的例子中,通过"无法设想有比之更大的"或"比一切东西都大"这种描述,他根本就没有为我们提供任何可思维的对象,"即不是通过实际或真正存在于思想中的东西而设想它"②。对此,安瑟伦的态度是要坚持这种逻辑描述的可思维性,他说:"凡被理解的东西必然意味着存在于理性中。正如一个被设想的东西,因观念(cogitatione)而被设想(cogitatur);而一个因观念而被设想出来的

---

① 〔意〕安瑟伦:《信仰寻求理解:安瑟伦著作选集》,溥林译,中国人民大学出版社2005年版,第247页。
② 〔意〕安瑟伦:《信仰寻求理解:安瑟伦著作选集》,溥林译,中国人民大学出版社2005年版,第248页。

东西，正因为它被设想，所以它存在于观念中。同样，被理解的东西，因理性（intellectu）而被理解（intelligitur）；而一个因理性而被理解的东西，正因为它被理解，所以它存在于理性中。"① 但严格说来，这个回应（以及由此发展出来的后续论证）只不过是在坚持一种立场。不过，高尼罗的这个质疑并不是无法回应的。在下文中，我们将谈到笛卡尔和莱布尼茨的证明，他们对"上帝"概念的描述就比安瑟伦的描述更加丰满，使之获得某种（至少貌似）可思维的内容。

其次，高尼罗认为，"无法设想有比之更大的存在者"无论是"存在于理性中"还是"存在于现实中"都没有什么不同。也就是说，它作为一个纯然的概念与作为一个现实的对象，根本就不存在哪个比哪个更大的问题。为了把情况说得更清楚些，我们姑且把"无法设想有比之更大的存在者"设为 A，进而区分出"概念 A"与"对象 A"。前者是思想中的一个纯然概念，后者是一个现实存在着的事物。因此，高尼罗的意思其实就是说："概念 A"与"对象 A"是同一个 A，前者不比后者少一点，后者也不比前者多一点。因此，说"对象 A"比"概念 A"更大是荒谬的。对此，康德也曾举出过一个著名的例子来加以说明，即"一百个现实的塔勒所包含的丝毫不多于一百个可能的塔勒"②。当然，我们必须承认，纯然的"概念 A"不是现实的，也就是说它不存在；"对象 A"则是现实的，也就是说它确实存在着。正如康德所言："在我的财产状况中，一百个现实的塔勒就比它们的纯然概念（也就是说，它们的可能性的概念）有更多的内容。"③ 也就是说，我"有"或者"没有"这些钱的区别确实还是很大的，但这

---

① 〔意〕安瑟伦：《信仰寻求理解：安瑟伦著作选集》，溥林译，中国人民大学出版社 2005 年版，第 254 页。

② 〔德〕康德：《纯粹理性批判：注释本》，李秋零译注，中国人民大学出版社 2011 年版，第 417 页（B627）。

③ 〔德〕康德：《纯粹理性批判：注释本》，李秋零译注，中国人民大学出版社 2011 年版，第 417—418 页（B627）。

康德与本体论证明的批判

其实已经是另一回事了。即便存在着这种财产状况上的区别,"这所设想的一百个塔勒本身并没有得到丝毫的增益"①。此处的道理在于:两个事物在大小上的比较,要么涉及量上的比较,要么涉及质上的比较。这两种比较都要么涉及两个现实的事物,要么涉及两个可能事物的概念。而且,即便在后一种情况下,我们对两个概念的比较,其实也预设了对其现实性的假定。也就是说,无论有意无意,我们已经把它们假定为存在着的,然后再对它们做出比较,以考察它们如果发生在现实中,将会出现何种情形。但是,相同事物的概念及其客体之间,根本就不存在量和质上的差异,从而也就不存在大小比较的问题。此外,我们还有必要指出的是,高尼罗的这个论据其实已经隐含着一个重要的观点,即"存在根本就不是一个谓词",亦即不是一种肯定的质,并且因此不是一个能够在量上或质上对主词的概念(实在的谓词)的内容有所添加的东西。当然,高尼罗本人并未清楚地说出这一点,这个命题在康德的《证据》中才得到了最为清楚的表述。②

最后,高尼罗指出,如果我们根本不承认"那个无法设想有比之更大的存在者"存在,那么,安瑟伦的论证就毫无用处。因为,他的论证依据的是分析命题的固有特点:分析命题全都是先天命题,所有那些分析地包含在主词概念中的谓词概念都以必然的方式与主词概念结合在一起。这就意味着,假如主词概念确有一个与之相应的客体,亦即一个与之相应的事物,那么,所有分析地包含在主词概念中的谓词概念的客体,亦即一些与之相应的特征,也都必然地依附于这个事物存在,或者说这个事物必然地拥有这些特征。安瑟伦的论证预设了"存在"是一个谓词,并由此提出,假如"那个无

---

① 〔德〕康德:《纯粹理性批判:注释本》,李秋零译注,中国人民大学出版社2011年版,第418页(B627)。

② 参见〔德〕康德《康德著作全集:第2卷》,李秋零主编,中国人民大学出版社2003年版,第78—80页(2:72-73)。

第三章 本体论证明的发展

法设想有比之更大的存在者"不存在,就会与自己的概念相冲突,因为这个概念分析地包含了"存在"。然而,高尼罗的回应指出,安瑟伦的这个论证实际上只是从主词概念假定的存在中推出了谓词概念的假定存在,即便我们姑且承认"存在"是一个谓词,也不能改变这一点。正如前文中已经指出过,所谓的"存在于理性中"或"存在于思维中"无非就是在思维中假定某个事物存在,而且,我们在思维任何事物时都已经在思维中假定了它的存在,无论我们是否对此怀有清醒的认识。既然如此,从某个事物的概念中分析出它的存在自然是毫无困难的,但"它的存在"不会因为这种分析就从原先的假定存在转变为现实存在。对此,康德的认识更加清醒,他说:"如果我把主词与谓词一起取消,就不产生任何矛盾;因为不再有能够与之发生矛盾的任何东西了。"① 在这个问题上,我们完全有理由认为,康德直接或间接地继承了高尼罗的观点,尽管他并没有满足于此,而是在此基础上进一步指出,本体论证明如何混淆"逻辑的谓词"和"实在的谓词"。当然,对于这个问题,我们必须放到后文(第五章第三节)中再来讨论了。

总的来说,安瑟伦的证明与后来各种版本的证明并没有什么不同,它包括两个方面:其一,正面的或积极的论证,即从"上帝"(被描述为"那个无法设想有比之更大的存在者")的概念分析出它的"存在"或"实存";其二,反面的或消极的论证,即声称假如上帝不存在,"上帝"的概念就会与自身矛盾。两个方面结合起来才构成完整的论证。因此,对本体论证明的批判也应当包括这两个方面,高尼罗的批评就是如此。而且,我们现在有必要把高尼罗的上述三个论据牢记于心,因为在后文(第四章)中,当我们在分析康德的批判时,它们将以更加精炼的形态重新登场。

---

① 〔德〕康德:《纯粹理性批判:注释本》,李秋零译注,中国人民大学出版社2011年版,第415页(B626)。

二 笛卡尔的两个证明

在本体论证明的发展史上，第二个值得我们关注的人当属勒内·笛卡尔。当然，在安瑟伦之后，许多经院学者都曾为改进与发展这种证明付出了大量的努力。但是，笛卡尔的证明代表了新时代的思想势力的崛起，代表着独立于宗教势力的世俗智慧。而且，笛卡尔也没有简单重复安瑟伦的证明，而是为其提供了一些实质性的修正与发展。或许正是由于笛卡尔在这个方面的贡献，正如前文（第二章第三节）中提到过的，康德甚至把本体论证明称作"笛卡尔学派的证明"。但也正因为如此，在许多学者看来，康德的批判只是针对笛卡尔的证明，并不适用于其他版本的证明。

当然，康德确实格外关注笛卡尔的思想，并且经常在自己的著作中提到他。康德高度肯定笛卡尔对于思辨哲学的贡献，"因为他通过提出真理的标准（das Kriterium der Wahrheit），对赋予思维以清晰性做出了很多贡献，他认为真理的标准就是知识的清楚和自明（die Klarheit und Evidenz der Erkenntnis）"[①]。同时，康德对笛卡尔的学说也持批判态度，将其称作"疑问式的理念论"（der problematische Idealismus）、"怀疑的理念论"（der skeptische Idealismus）与"经验性的理念论"（der empirische Idealismus）[②]：前两个名称强调笛卡尔与"独断的理念论"（der dogmatische Idealismus）（指贝克莱的学说）的差异，因为笛卡尔并不直接地把心灵（意识）中的种种理念（idea）看作实在的，而是抱着怀疑一切的态度，先要找到一个无可置疑的确定知识，然后再由此

[①] 〔德〕康德：《康德著作全集：第9卷》，李秋零主编，中国人民大学出版社2010年版，第31页（9：32）。

[②] 参见〔德〕康德《纯粹理性批判：注释本》，李秋零译注，中国人民大学出版社2011年版，第200页（B274）；《未来形而上学导论：注释版》，李秋零译注，中国人民大学出版社2013年版，第36页（4：293），第112页（4：375）。

第三章 本体论证明的发展

出发推导出其他理念的实在性；第三个名称则强调笛卡尔与"神秘主义的、狂想的唯心论"（der mystische und schwärmerische Idealismus）（还是指贝克莱的学说）的差异，也暗含康德对其确定性原理"cogito ergo sum"（我思故我在）的批判，因为它"仅仅把一个经验性断定宣布为无可怀疑的，这就是'我在'（Ich bin）"[①]。尤其是，在康德看来，从"'我思'必须能够伴随我的一切表象"这个事实出发[②]，只能达到"纯粹统觉"（die reine Apperzeption）或"先验的自我意识"（das transzendentale Selbstbewusstsein），而不是一个独立自存的实体（eine selbstständige Substanz），亦即"灵魂"（Seele）。当然，康德也格外关注笛卡尔版本的本体论证明。早在1755年的《形而上学认识各首要原则的新说明》（*Principiorum Primorum Cognitionis Metaphysicae Nova Dilucidatio*）中，康德就曾专题性地讨论过笛卡尔的证明，并且说他"在这件事上误入歧途"了[③]；在1763年的《证据》中，康德对本体论证明的批判也主要就是针对"笛卡尔学派"，并且明确提出了"存在根本不是谓词，因而也不是完善性的谓词，所以从一个包含着诸多不同谓词的任何结合、以便构成某一个可能事物的概念说明出发，决不能推论到这个事物的存在，因而也不能推论到上帝的存在"[④]。然而，无论如何，本节的目标并不是阐明康德的观点，而是要介绍笛卡尔的证明以及托马斯·霍布斯和皮埃尔·伽森狄对其证明的批判。

在《第一哲学沉思集》中，笛卡尔先后提供了两个版本的本体

[①]〔德〕康德：《纯粹理性批判：注释本》，李秋零译注，中国人民大学出版社2011年版，第200页（B274）。

[②]〔德〕康德：《纯粹理性批判：注释本》，李秋零译注，中国人民大学出版社2011年版，第107页（B132）。

[③]〔德〕康德：《康德著作全集：第1卷》，李秋零主编，中国人民大学出版社2003年版，第377页（1：396）。

[④]〔德〕康德：《康德著作全集：第2卷》，李秋零主编，中国人民大学出版社2003年版，第161—162页（2：157）。

康德与本体论证明的批判

论证明,它们分别出现在《第三个沉思》和《第五个沉思》中。正如康德多次指出的,"笛卡尔学派的证明"试图从上帝的纯然概念中分析出他的存在,或者说是从上帝的纯然可能性中分析出他的现实性。因此,对上帝概念的恰当描述是本体论证明的第一步。在《第三个沉思》中,笛卡尔把上帝定义为"无限的实体";在《第五个沉思》中,他把上帝定义为"最完善的存在者"。因此,我们可以把第一个证明称作"无限实体证明",把第二个证明称作"最完善者证明"。现在,我们首先来看看无限实体证明。

在《第三个沉思》中,笛卡尔的描述是:"用上帝这个名称,我是指一个无限的、永恒的、常住不变的、不依存于别的东西的、至上明智的、无所不能的、以及我自己和其他一切东西(假如真的有东西存在的话)由之而被创造和产生的实体说的。"① 因此,在内容上,笛卡尔的上帝概念比安瑟伦的上帝概念更为明确,因为他把上帝描述为"无限的实体"(la substance infinie),即一个在自身中包含了所有可能的实在性的概念,这与康德所说的"最实在的存在者"其实是一回事。正如前文(第一章第四节,第二章第一节)中指出过的,康德认为,上帝的理念是一个实体化了的"全部实在性的总和"的概念,它构成了一切选言推理的先验大前提,任何现实事物(作为有限实体)自身的全部规定都可以看作对这个先验大前提中的一个选言支的分有,或者用康德的话说,通过这个先验大前提而被普遍地规定。然后,笛卡尔动用他的真理标准指出:"这个观念(理念)也是非常清楚、非常明白的,因为凡是我的精神清楚明白地领会为实在和真实的,并且本身含有什么完满性的东西,都完全包含在这个观念(理念)里边了。"② 正是基于这种"清楚"和

---

① 〔法〕笛卡尔:《第一哲学沉思集:反驳和答辩》,庞景仁译,商务印书馆1986年版,第45—46页。

② 〔法〕笛卡尔:《第一哲学沉思集:反驳和答辩》,庞景仁译,商务印书馆1986年版,第47页。

第三章 本体论证明的发展

"自明",笛卡尔断言,从这个"无限的实体"概念的可能性中"必然得出上帝存在这一结论"①。为了支持这个论证,笛卡尔还讨论了很多东西。例如,我们心中的这个无限实体的理念必须来自无限实体本身,而不是从我们自身产生的,因为我们只是有限的实体。再如,无限的概念以某种方式先于有限的概念。笛卡尔说:"我明显地看到在无限的实体里边比在一个有限的实体里边具有更多的实在性,因此我以某种方式在我心里首先有的是无限的概念而不是有限的概念,也就是说,首先有的是上帝的概念而不是我自己的概念。"② 然而,严格来说,这种本体论的理念提供的只是一种外在的支撑,虽然它恰好就是此类证明被称为"本体论的"(ontologisch)的原因,但真正使这个论证有效的东西,其实是笛卡尔没有言明的,即把"存在"看作一种特殊的实在性的观点。也就是说,"存在"被看作了一种必须作为内容包含在无限实体的概念之中的东西。因此,这个证明归根结底就是从康德所说的"最实在的存在者"的概念中分析出了它的"存在"。

在霍布斯对这个证明的反驳中,至少有两个论据是值得我们注意的。首先,霍布斯有一个与高尼罗类似的观点,即我们根本就没有任何关于上帝的理念。在他看来,任何理念(观念)都是从经验中获得的,没有经验就没有理念(观念)。为此,霍布斯举了一个例子,即盲人没有"火焰"的观念。然而,倘若仅仅如此,那还只是立场之争。更何况,笛卡尔的上帝概念已经不只是一个纯然逻辑上可设想的概念,而是涉及了质料的可能性,亦即从"拥有无限的实在性"的角度加以描述。但是,霍布斯的反驳不止于此,他还指出,上帝(无限的实体)的理念是从推论中获得的。也就是说,我们是通过对"有限的实体"的否定,获得了"无限的实体"的概念。显

---

① 〔法〕笛卡尔:《第一哲学沉思集:反驳和答辩》,庞景仁译,商务印书馆1986年版,第46页。
② 〔法〕笛卡尔:《第一哲学沉思集:反驳和答辩》,庞景仁译,商务印书馆1986年版,第46页。

康德与本体论证明的批判

然,这与笛卡尔的观点完全是对立的,因为他认为:"我不应该想象我不是通过一个真正的观念,而仅仅是通过对有限的东西的否定来领会无限的。"① 而且,正如前面提到过的,笛卡尔的理由是:无限的实体拥有比有限的实体更多的实在性。那么,我们应该如何看待这种对立呢?其实,康德对于本体论理念的解释就是最好的答案。一方面,在认识的顺序上,无限实体的理念是后于有限实体的理念产生的。正如前文(第一章第四节)中已经指出过的,无限实体(或"最实在的存在者")是一个实体化了的"一切实在性的总和"的理念,后者是选言推理的"无条件者",是理性为了终止选言推理的无限上溯而提出的一个纯粹概念。因此,在认识上,我们总是先认识到有限实体,进而再从对有限实体的存在根据的追溯中,逐步发现无限实体的理念。但是,另一方面,在存在顺序上,无限实体(如果它真的存在)的存在先于有限实体的存在。因此,套用康德的两个术语,我们可以说:有限实体是无限实体的"认识根据"(ratio cognoscendi),无限实体是有限实体的"存在根据"(ratio essendi)。② 当然,这仅仅是帮助我们理解两种实体关系的一个比喻。按照康德的观点,我们通过有限实体的存在只能认识到无限实体的可能性,无论是通过两种实体的存在关系还是通过无限实体的概念本身,这种可能性都不能转化为现实性(存在)。无论如何,霍布斯还指出:"无限这个名称并不给我们提供上帝的无限性观念,它只提供我们自己的止境和界限。"③ 显然,这个观点已经非常接近康德的一个看法,即先验理念对于知性的应用来说只是范导性的,而非建构性的,

---

① 〔法〕笛卡尔:《第一哲学沉思集:反驳和答辩》,庞景仁译,商务印书馆1986年版,第46页。

② 参见〔德〕康德《实践理性批判:注释本》,李秋零译注,中国人民大学出版社2010年版,第2页(5:4n)。康德在那里说的是"道德法则"与"自由"的关系。

③ 〔法〕笛卡尔:《第一哲学沉思集:反驳和答辩》,庞景仁译,商务印书馆1986年版,第187页。

第三章 本体论证明的发展

它们"与其说是被用来把知性扩展到新的对象上,倒不如说是被用来给理性设置界限"①。

其次,霍布斯指出,客观实在性(存在)不存在多少之分。笛卡尔在证明中表示,实体的观念相比偶性的观念拥有更多的客观实在性,上帝作为"无限的实体"比其他一切"有限的实体"拥有更多的客观实在性。② 在此,"客观实在性"意指某物作为一个客体的实在性,即其现实存在,不同于作为肯定性谓词同义词的实在性。对此,本书稍后(第五章第一节)对此还会再做详细的解释。无论如何,笛卡尔的意思是说:实体的存在多于偶性的存在,无限实体的存在多于有限实体的存在。对此,霍布斯提出了质疑:"(客观的)实在性能有更多和更少吗?或者,如果他(笛卡尔)认为一个东西比另外一个东西更是东西,那么请他考虑一下,怎么可能用在做证明所要求的、他在谈到别的东西时多次用过的全部清楚分明性来解释呢?"③ 当然,笛卡尔的意思其实是说:一方面,实体的存在表现为"自存性"(Subsistanz),即不依附于另一个实体的自我持存,偶性的存在则表现为"依附性"(Inhärenz),即依附于一个实体而存在。因此,实体的存在似乎多于偶性的存在。另一方面,有限的实体虽然是自我持存的,但却处于生成与消亡之中,其生成依附于另一个有限的实体,无限的实体则不仅是自我持存的,而且是不生不灭的。因此,无限实体的存在似乎多于有限实存的存在。然而,这种比较毋宁仅仅涉及"如何存在"的问题,而不涉及"存在与否"的问题,故而真正说来并不涉及"存在"在量上的比较。在

---

① 〔德〕康德:《纯粹理性批判:注释本》,李秋零译注,中国人民大学出版社 2011 年版,第 413—414 页(B620)。

② 参见〔法〕笛卡尔《第一哲学沉思集:反驳和答辩》,庞景仁译,商务印书馆 1986 年版,第 186 页。

③ 〔法〕笛卡尔:《第一哲学沉思集:反驳和答辩》,庞景仁译,商务印书馆 1986 年版,第 186 页。

康德与本体论证明的批判

"实体以此种方式存在"与"偶性以彼种方式存在"的比较中,"存在"并没有量上的区别,真正的区别只是两个判断中的主词概念("实体"与"偶性")在质上的区别;同样,在"有限实体以此种方式存在"与"无限实体以彼种方式存在"的比较中,"存在"也没有量上的区别,真正的区别只是"有限实体"与"无限实体"在质上的区别。笛卡尔证明实际上是把"存在"当作了一个谓词,把它看作了一种(作为偶性的同义词的)"实在性",也就是看作了一种质的规定,然后才会由此出发,把上述差异理解为相同质在程度上的量差。

现在,我们再来看看《第五个沉思》中的证明,即"最完善者证明"。其实,这个证明与"无限实体证明"没有本质上的区别,笛卡尔只不过是利用了"完善性"(完满性)的概念,把上帝定义为"一个至上完满的存在体"(最完善的存在者)①,并由此得出"上帝必然存在"的结论。正是由于他使用了"完善性"的概念,并且提出了一个"上帝的存在和本质不可分离"的观点,以至于在一些当代学者看来,康德的批判并不适用于笛卡尔的这个"最完善者证明",但这不过是一种毫无意义的狡辩。② 尽管"完善性"这个概念可以从多个角

---

① 〔法〕笛卡尔:《第一哲学沉思集:反驳和答辩》,庞景仁译,商务印书馆1986年版,第69页。

② 例如,新加坡学者塞西莉亚·魏(Cecilia Wee)指出,康德的批判并不适用于笛卡尔的"最完善者证明"。因为,即便"存在"或"实存"不是一个谓词,也可以是一种完善性。Cecilia Wee, "Descartes's Ontological Proof of God's Existence", *British Journal for History of Philosophy*, Vol. 20, No. 1, January 2012, pp. 23 – 40. 但是,这个辩护恐怕很难站得住脚。因为,"完善性"是一个比较性的概念,也就是说,只有在不同的事物的比较中,我们才能说一个是较完善性,另一个是较不完善。但是,任何完善性的比较都依赖于实在性,它要么是两个(或两个以上)的事物所拥有的种种实在性的量上的比较,要么就同类实在性在质上的量化比较,即所谓的程度上的比较。因此,脱离实在性来讨论完善性是一种语言游戏,没有任何实在的意义。对塞西莉亚·魏的反驳,可参见李科政《康德的实存问题与本体论批判——反驳当代几种典型的质疑》,《北京社会科学》2018年第4期。事实上,康德在《纯粹理性批判》中就曾指出,"完善性"的概念并不能对先验范畴表有所补充,因为它不过就是量化的质,"人们可以把这称为质的完备性(总体性)"。〔德〕康德:《纯粹理性批判:注释本》,李秋零译注,中国人民大学出版社2011年版,第98页(B114)。

第三章 本体论证明的发展

度去理解，但从《第五个沉思》中的内容来说，笛卡尔主要是在"实在性的数量"的意义上使用这个概念，进而也常把它当作"实在性"的同义词来使用。因此，在这个证明中，"存在"或"实存"仍是被当作一种实在性，或者更准确地说，被当作关于一种实在性的概念，亦即被当作一个谓词来使用。所以，其本质依旧是从"最完善的存在者"的概念中分析出了他的"存在"或"实存"。当然，这个证明的一个特点是，笛卡尔引入了关于"上帝的真实本质"的观点，并强调"最完善的存在者"是一个"其本质与存在不可分离的存在者"。为了解释这一点，笛卡尔援引了"一个三角形的真实本质"的例子。他解释说，即便根本没有一个现实的三角形存在，"毕竟这个形状的某一种确定性质或形式或本质还是有的，它是不变的、永恒的，不是我凭空捏造的"①，例如"它的三角之和等于二直角，最大的角对最大的边，以及诸如此类的东西"②。然后，笛卡尔表示，"上帝"与"存在"的关系犹如"三角形"与"它的三角之和等于二直角"的关系，"存在"分析地属于"上帝"的真实本质，犹如"三角之和等于二直角"分析地属于"三角形"的真实本质。笛卡尔还指出，除了上帝以外，我们在设想其他任何事物时都可以同时设想它不存在。也就是说，这些事物的本质与存在是可分离的。但是，我们在设想上帝时不能同时设想它不存在，上帝的本质与其存在是不可分离的，"这和一个直线三角形的本质不能同它的三角之和等于二直角分开，或一座山的观念不能同一个谷的观念分开一样"③。然而，尽管看起来很有些道理，但稍微仔细分析一下就不难发现，这个所谓的

---

① 〔法〕笛卡尔：《第一哲学沉思集：反驳和答辩》，庞景仁译，商务印书馆1986年版，第68页。
② 〔法〕笛卡尔：《第一哲学沉思集：反驳和答辩》，庞景仁译，商务印书馆1986年版，第68页。
③ 〔法〕笛卡尔：《第一哲学沉思集：反驳和答辩》，庞景仁译，商务印书馆1986年版，第70页。

康德与本体论证明的批判

论据不过就是把本体论证明倒过来又说了一遍而已。

相比笛卡尔的这个经常被当代学者过分高估的论证本身，伽森狄对它提出的批评可能更加值得我们注意。首先，伽森狄一针见血地指出，笛卡尔在"上帝"和"三角形"中做了一个错误的比较。"你不是拿存在来比存在，或拿特性来比特性，而是拿存在来比特性。因此，似乎应该说，要么，和（比如说）三角形的三角之和等于二直角之不能同三角形的本质分开一样，上帝的全能也不能同上帝的本质分开；要么，和三角形的存在之不能同三角形的本质分开一样，上帝的存在也不能同上帝的本质分开。"① 其实，这个错误比较的关键就在于，"存在"并不是一种完善性（完满性）。伽森狄指出："实在说来，不管你在上帝里边观察存在也罢，或者是在别的事物上观察它也罢，它并不是一个完满性，而仅仅是一种形式，或一种现实，没有它就不能有完满性。"② 这也就是说，"存在"不是事物所具有的一种特征，不是实体的一个偶性。相反，任何事物都必须先行存在，它的种种特征才会存在；或者说，任何实体都必须先行存在，它的种种偶性才会是现实的。也就是说，"存在"是使一切事物及其种种特征、一切实体及其种种偶性得以存在的那个"是"本身。因此，伽森狄说："不存在的东西既没有完满性，也没有不完满性；而存在的东西，它除去存在性之外还有许多完满性，它并不把存在当作特殊的完满性，不把它当作完满性之一，而仅仅把它当作一种形式或一种现实，有了它，事物本身和它的一些完满性就存在，没有它，就既没有事物，也没有它的那些完满性。"③ 这种对于

---

① 〔法〕笛卡尔：《第一哲学沉思集：反驳和答辩》，庞景仁译，商务印书馆1986年版，第326页。

② 〔法〕笛卡尔：《第一哲学沉思集：反驳和答辩》，庞景仁译，商务印书馆1986年版，第327页。

③ 〔法〕笛卡尔：《第一哲学沉思集：反驳和答辩》，庞景仁译，商务印书馆1986年版，第327页。

第三章 本体论证明的发展

"存在"的看法与康德的观点已经非常接近了，而且，康德在《证据》中提出的存在论题（还不是《纯粹理性批判》中的存在论题），即"存在根本不是某一个事物的谓词或者规定性"[1]，已经隐含于其中了。

其次，如果仅此而已，笛卡尔当然可以回应说："存在"对于其他事物来说不是一种完善性，但对于"上帝"这个最完善的存在者来说就是一种必不可少的完善性。事实上，当他说"上帝的存在与本质不可分离"时，他要表达的就是这个意思。然而，伽森狄指出，没有任何事物的本质与存在可以分离。我们当然可以在思维中设想某个事物的本质却不同时设想其存在，但这仅仅是在思维中。以笛卡尔的三角形为例，"本身真正具有那些特点的是那些物质的三角形，而不是那个理想的、共相的三角形"[2]，是理智在现实的事物中认识到了三角形的种种特点，"然后把它们给了那个理想的、共相的三角形"[3]。反之，假如从来就没有什么三角形的东西，也就根本不会有什么三角形的本质。当然，这个经验论的分析很难从康德的先验理念论中获得共鸣，但它至少揭示出一个事实，即"存在与本质的分离"只能是思维中的一个设想。正如前文早已指出过的，对任何并不现实存在的事物的思维，不过就是先行在思维中假定某物存在，然后再考察其本质。因此，设想上帝的存在与其本质分离并没有什么困难。而且，同样正如前文指出过的，从上帝的本质中分析出来的一种先行假定的存在无法转化为现实的存在。因此，伽森狄向笛卡尔指出："虽然你说过在一个至上完满的存在体的观念里，存

---

[1] 〔德〕康德：《康德著作全集：第2卷》，李秋零主编，中国人民大学出版社2003年版，第78页（2：72）。

[2] 〔法〕笛卡尔：《第一哲学沉思集：反驳和答辩》，庞景仁译，商务印书馆1986年版，第324—325页。

[3] 〔法〕笛卡尔：《第一哲学沉思集：反驳和答辩》，庞景仁译，商务印书馆1986年版，第325页。

在性和其他一切完满性是都包括在内的，但你是没有证据地肯定了成问题的东西，是把结果当成前提了。"① 这句话非常重要，因为这其实就是康德在《纯粹理性批判》中所指出的"对逻辑的谓词与实在的谓词的混淆"②。对此，我们在后文（第五章第三节）中还会做出更为详细的解释。

三　莱布尼茨与康德的证明

莱布尼茨在《单子论》中提出的本体论证明并不复杂，与所有的本体论证明一样，他首先给出定义："上帝是绝对完满的（完善的），因为上帝的完满性（完善性）不是任何别的东西，而是全部数量的积极实在性（la grandeur de la realitè positive prise précisément），它排除了有限制的事物所具有的那种限制或边界。"③ 可以看出，与笛卡尔一样，莱布尼茨的定义也不仅仅是一个逻辑上的定义，而是包含对"上帝"的质料内容的要求，即"全部数量的积极实在性（肯定的实在性）"。因此，当莱布尼茨强调"上帝存在是可能的"时，他的意思不仅是说"上帝"与"存在"这两个概念的结合在逻辑上不会矛盾，而且也是说"最实在的存在者"与"存在"这种实在性在质料上的结合是可能的。

但是，莱布尼茨的论证中包含一个重要的方面，即对于"一般事物的存在"与"上帝的存在"的区分，这在客观上也是为了回应前面提到过的一些挑战。正如前文所言，伽森狄指出：一方面，没

---

① 〔法〕笛卡尔：《第一哲学沉思集：反驳和答辩》，庞景仁译，商务印书馆1986年版，第327页。

② 〔德〕康德：《纯粹理性批判：注释本》，李秋零译注，中国人民大学出版社2011年版，第416—417页（B625－626）。

③ 〔德〕莱布尼茨：《莱布尼茨后期形而上学文集》，段德智、陈修斋译，商务印书馆2019年版，第283页。

第三章 本体论证明的发展

有任何现实的事物的本质与其存在相分离；另一方面，我们在思想中可以设想任何事物的本质与存在的分离，即便上帝也不例外。因此，莱布尼茨试图表明，上帝的本质即包含存在，它们是不可分离的。但是，他并不满足于像安瑟伦和笛卡尔那样纯然从逻辑上来说明这一点，而是提出了一些重要的新想法。在《单子论》中，莱布尼茨提出了著名的"充足理由律"（principium rationis sufficientis），作为"矛盾律"（principium contradictionis）的补充。他说："凭借这项原则，我们认为，倘若没有一个为什么是这样而不是那样的充足理由，就没有任何一个事实能够是真实的或实在的，也没有任何一个命题能够是真的，尽管这些理由在大多数情况下我们都认识不到。"① 对于这个充足理由律，康德明确将其列为逻辑真理性的两大标准之一。在他看来，一种知识的逻辑的可能性（die logische Möglichkeit）是通过矛盾律来规定的；但是，其逻辑的现实性（die logische Wirklichkeit）则是通过充足理由律来规定。② 也就是说，任何知识都必须同时满足"逻辑上无矛盾"和"逻辑上有根据"这两个要求。对于莱布尼茨来说，他借助充足理由律想要指出的是：上帝的本质即便在思想中也不可与其存在分离，否则思想就是缺乏一贯性的。

根据莱布尼茨的原则，任何事物的可能性都需要充足的理由，亦即依赖于某个作为根据的事物的存在。因为，"任何一件事物如果没有一个原因，或没有至少一个确定的理由，它就永远不可能产生。也就是说，任何一件事物如果没有它之所以存在而不是非存在，是这样存在而不是那样存在的先验的理由，就永远不可能产生出

---

① 〔德〕莱布尼茨：《莱布尼茨后期形而上学文集》，段德智、陈修斋译，商务印书馆2019年版，第275—276页。

② 〔德〕康德：《康德著作全集：第9卷》，李秋零主编，中国人民大学出版社2010年版，第49—50页（9：51）。

来"①。因此，我们固然可以思维某物的本质与其存在的分离，即仅仅按照可能性来思维它，但即便如此，我们也预设了某种作为其根据的某物的存在——即便不是最直接的根据，也必须是更为遥远的根据，否则这个某物就不仅不存在，而且根本不可能。正是在这个意义上，莱布尼茨说："所有的实在都必定建立在某种存在的事物之上"②；"倘若在本质中或可能性中，或者其实是说在永恒真理中存在有实在性的话，则这种实在性便必定是建立在某个存在的和现实的事物这一基础之上，从而也就必定是建立在必然存在者存在这一基础之上"③；"所以，万物的终极理由必定存在于一个必然实体里面……我们称作上帝的即是这一必然实体"④。正如莱布尼茨本人也承认的，这其实是一种后天（a posteriori）的证明，即从偶然存在者的可能性中推出作为其"终极的或充足的理由"的必然存在者。但是，这个后天的证明却提供了一个本体论的概念。也就是说，根据这种方式获得的必然存在者被表象为"本质即包含存在的"，这一点构成了上帝与其他任何事物的一个根本差异：如果我们设想上帝不存在，就不仅会取消一切事物的现实性（存在），还会取消它们的可能性。所以，莱布尼茨说："只有上帝（或这一必然存在者）才享有这种特权，这就是：只要它是可能的，他就必定存在（il faut qu'il existe, s'il est possible）……仅仅由这一点我们便足以先天（á priori）认识上帝的存在了。"⑤

因此，在莱布尼茨的这个本体论证明中，如果说有什么新的东

---

① 〔德〕莱布尼茨：《神正论》，段德智译，商务印书馆2016年版，第217页。
② 〔德〕莱布尼茨：《神正论》，段德智译，商务印书馆2016年版，第370页。
③ 〔德〕莱布尼茨：《莱布尼茨后期形而上学文集》，段德智、陈修斋译，商务印书馆2019年版，第285页。
④ 〔德〕莱布尼茨：《莱布尼茨后期形而上学文集》，段德智、陈修斋译，商务印书馆2019年版，第280—281页。
⑤ 〔德〕莱布尼茨：《莱布尼茨后期形而上学文集》，段德智、陈修斋译，商务印书馆2019年版，第286页。

第三章　本体论证明的发展

西,那就是他根据充足理由律,通过一个后天证明回应了伽森狄的质疑,以表明在必然存在者(上帝)那里,本质与存在是不可分离的,并且由此使得从概念出发的先天证明合法化。有趣的是,这一点对前批判时期的康德产生了重要的影响,以至于他在明确提出了"存在根本不是某一个事物的谓词或者规定性"[①],并据此否定了"笛卡尔学派的证明"的可能性之后,还依旧坚持一种后天的本体论证明的有效性,并将其视作"证明上帝存在惟一可能的证据",直到《纯粹理性批判》中才将其彻底抛弃。正如前文(第二章第三节)中指出过的,尽管很多人都认为,本体论证明都是先天的,只有宇宙论证明与物理神学证明才是后天的,但其实这并不完全符合康德的术语。对于康德来说,"本体论的证明"是指那种把一个本体论的(即一个"最实在的存在者"的理念)而非宇宙论的上帝理念当作证明对象的证明。在《证据》中,康德就试图通过一个后天的证明为一个本体论的上帝理念提供辩护,其基本思路正是源自莱布尼茨的充足理由律。在那里,康德借助于笛卡尔与莱布尼茨都很喜欢的"三角形"的例子,区分了两种意义上的"可能性"(Möglichkeiten):

> 一个有四个角的三角形是绝对不可能的。但尽管如此,一个三角形和某种四个角的东西一样本来就是某物。这种不可能性仅仅建立在一个可设想的东西和另一个可设想的东西的逻辑关系(logische Beziehungen)之上,因为只不过一个不能是另一个的标志(Merkmal;特征)罢了。同样,在每一种可能性之中,也都必须把被设想的某物与在该物中同时被设想的东西同矛盾律的一致区分开来。有一个直角的三角形本来就是可能的。无论是三角形还是直角,都是这一可能的事物中的材料或者质

[①] 〔德〕康德:《康德著作全集:第2卷》,李秋零主编,中国人民大学出版社2003年版,第78页(2:72)。

康德与本体论证明的批判

料性的东西（die Data oder das Materiale in diesem Möglichen），但二者按照矛盾律的一致却是可能性的形式上的东西（das Formale der Möglichkeit）。我将把后者也称之为可能性中的逻辑的东西（das Logische in der Möglichkeit），因为按照真实性规则把谓词与其主体进行比较，无非是一种逻辑关系（eine logische Beziehung）罢了；某物，或者处于这种一致之中的东西，有时叫做可能性的实在的东西（das Reale der Möglichkeit）。①

作为"模态范畴"（die modale Kategorie）或"模态谓词"（das modale Prädikat），"可能性"（Möglichkeit）以及与之相对立的"不可能性"（Unmöglichkeit）在任何时候表达的都是"存在"或"实存"的模态（Modal）或样态。在判断中，"可能性"作为"是可能的"（ist möglich）被用于规定一个主词概念，表示这个主词概念所指的客体"有可能存在"；同样，"不可能性"作为"是不可能的"（ist unmöglich）或"不是可能的"（ist nicht möglich）被用于规定一个主词概念，表示这个主词概念所指的客体"不可能存在"。但是，其具体意义要根据主词概念是什么来加以确定。简单来说，两种可能性的区别是：首先，"逻辑的可能性"（die logische Möglichkeit）涉及判断中的主词概念与谓词概念之间的一种关系，即两个概念（纯然的概念）是否能够依据矛盾律结合在一起。因此，逻辑的可能性就是这种结合关系是否有可能存在。在任何"S 是 P"的判断中，主词概念"S"与谓词概念"P"的结合都意味着：假如"S"存在，那么，"P"就存在，并且"S"以"P"的方式存在着，"P"（作为偶性）则依附于"S"（作为实体）存在。逻辑的可能性仅仅涉及主词概念"S"和谓词概念"P"相结合的可能性。在康德的例子中，

---

① 〔德〕康德：《康德著作全集：第 2 卷》，李秋零主编，中国人民大学出版社 2003 年版，第 84—85 页（2：77-78）。

"一个有四个角的三角形是绝对不可能的"这个模态判断，其实是对"某个三角形是有四个角的"这个判断本身的判断——被规定的主词概念本身是一个判断，并且涉及两个概念（"三角形"与"四个角"）相结合的关系。由于"三角形"（作为实体）与"四个角"（作为偶性）的结合是矛盾的，所以，这种相结合的关系就是不可能的，即这种结合不可能存在。有一个"三角形"是可能的，但它不会以"有四个角"的方式存在；有"四个角"存在也是可能的，但它不可能作为一个三角形的四个角存在，而是只能作为四边形、五边形、六边形的四个角存在。其次，"实在的可能性"（die reale Möglichkeit）不涉及判断中的两个概念之间相结合的关系，而是仅仅涉及两个概念本身的存在。例如，在刚才那个"某个三角形是有四个角的"的判断中，尽管主词概念与谓词概念的结合在逻辑上是不可能的，但无论"三角形"还是"四个角"本身都是可能的，这说的是它们各自存在的可能性，即"有一个三角形"或"一个三角形存在着"是可能的，"有四个角"或"四个角存在着"也是可能的，尽管后者不会依附于前者而存在。通过"实在的可能性"这个概念，康德想要告诉我们的是，判断的可能性不仅依赖于主词概念与谓词概念相结合的关系的可能性（逻辑的可能性），也依赖于两个概念自身的可能性（实在的可能性）。反过来说，假如"三角形"与"四个角"本身是不可能的，也就是说，根本就不可能有一个三角形存在，也不可能有一个四个角存在，那么，就根本谈不上两个概念相结合的关系的可能性。

在区分了两种可能性之后，康德指出：

> 由以上论述可以清楚地看出，不仅当可以发现一种作为不可能性的逻辑上的东西的内在矛盾的时候，而且当不存在质料的东西，不存在材料可以设想的时候，可能性都不复存在。因为在这种情况下，没有任何可设想的东西被给定；但所有可能

的东西却都是某种可以被设想的东西,并且具有符合矛盾律的逻辑关系。①

这一段不难理解,结合我们前面的分析:判断的可能性不仅依赖于主词概念与谓词概念相结合的关系的可能性,还依赖于两个概念本身的可能性,即它们是某种可能存在的东西。在任何判断中,我们都可以设想主词概念与谓词概念并不存在,但这仅仅是对其现实性的否定,而不是对其可能性的否定。然而,由此出发,康德在《证据》中认为,为了任何事物的可能性起见,我们不能否认一切事物的现实性。因为:

> 如果所有的存在都被取消,那么,也就没有任何东西被绝对设定(so ist nichts schlechthin gesetzt),根本没有任何东西是给定的,没有任何质料的东西成为某种可设想的东西,一切可能性都完全不复存在。虽然在对一切实存的否定中并不包含任何内在的矛盾,这是因为,由于为此会要求必须设定并同时取消某种东西,而这里却在任何地方都没有设定任何东西,所以当然不能说这种取消包含着一种内在矛盾。然而,有某种可能性但却根本没有任何现实的东西,这却是自相矛盾的。因为如果没有任何东西存在,也就没有任何在此可设想的东西是给定的,如果人们尽管如此还期望某种东西是可能的,就会陷入逻辑冲突。②

在这个段落中,"被绝对设定"(ist schlechthin gesetzt)就是"S

---

① 〔德〕康德:《康德著作全集:第2卷》,李秋零主编,中国人民大学出版社2003年版,第85页(2:78)。
② 〔德〕康德:《康德著作全集:第2卷》,李秋零主编,中国人民大学出版社2003年版,第85页(2:78)。

第三章 本体论证明的发展

存在"的实存性判断,相对于"在与另一事物的关系中被设定"①,即"S是P"的谓述判断。因此,"没有任何东西被绝对设定"就是根本没有任何东西存在。按照逻辑的可能性,"根本没有任何东西存在"这个判断是可能的,因为"一切事物"与"不存在"的结合没有任何逻辑上的矛盾。然而,康德认为,按照实在可能性,这个事态是不可能的。因为,"一切事物都不存在"这个判断要求主词概念"一切事物"本身的可能性,尽管并不要求其现实性,但对一切事物的现实性的否定与一切事物的可能性相冲突。因此,康德说:"被用来从根本上取消一切可能性的东西,是绝对不可能的……如果一切存在都被否定,那么所有的可能性就都被取消了。因此,绝对不可能根本没有任何东西实存。"② 于是,他得出结论:

> 一切可能性都以某种现实的东西为前提条件,所有可设想的东西都在这种现实的东西中并通过它被给定。因此,有某种现实性,其取消本身将会从根本上取消一切内在的可能性。这种其取消或否定擯除了一切可能性的东西,就是绝对必然的。因此,某种东西是以绝对必然的方式实存着的。③

在这个基础上,康德继续推出了关于这个"绝对必然的存在者"的一系列属性,包括"必然的存在者是唯一的"(das nothwendige Wesen ist einig),"必然的存在者是单纯的"(das nothwendige Wesen ist einfach),"必然的存在者是不变的和永恒的"(das nothwendige

---

① 参见〔德〕康德《康德著作全集:第2卷》,李秋零主编,中国人民大学出版社2003年版,第80页(2:73)。
② 〔德〕康德:《康德著作全集:第2卷》,李秋零主编,中国人民大学出版社2003年版,第86页(2:79)。
③ 〔德〕康德:《康德著作全集:第2卷》,李秋零主编,中国人民大学出版社2003年版,第90页(2:83)。

康德与本体论证明的批判

Wesen ist unveränderlich und ewig),"必然的存在者包含着最高的实在性"(das nothwendige Wesen enthält die höchste Realität.),"必然的存在者是一种精神"(das nothwendige Wesen ist ein Geist.),进而推出"必然的存在者是一个上帝"(das nothwendige Wesen ist ein Gott)[①],即一个有知性、有意志的人格存在者。结合前两章的内容,我们很容易发现,批判时期的康德绝不会赞同这一系列的推理。因为,这些推理就是那种典型的、把知性范畴与逻辑原则应用于一个超验客体,亦即一个"绝对必然的存在者"的理念的"辩证的理性推理"。当我们按照知性范畴与逻辑原则来思维这个"绝对必然的存在者",并且把"唯一的""单纯的""不变的和永恒的"等谓词添加给它时,我们就已经把它当作一个可能经验的对象来处理了——或者说,我们是在按照思维一个经验客体的方式来思维一个超验客体而不自知。批判时期的康德认识到,知性的范畴与逻辑的原则唯有在经验客体那里才有其应用的标志;至于那些超验客体,根本没有任何证据表明,它们也服从于经验客体所要服从的那些原则。

当然,就本节的意图而言,我们重点要关心的仅仅是康德对这个"绝对必然的存在者"的证明。在这个证明中,有两个要点是值得反复强调的。首先,正如莱布尼茨所说,这是一个依据充足理由律的后天证明。康德的这个证明其实依赖于一个事实,即"毕竟有一些事物现实地存在着",这个事实与"取消一切事物的可能性"相冲突。进而,为了确保一切事物的可能性,并且尤其是指实在的可能性,就需要一个绝对必然的存在者。因此,正如莱布尼茨所指出的,这其实是一个后天的证明。其次,正如前文指出过的,康德这个基于实在的可能性的"绝对必然的存在者"其实是一个本体论的理念。尽管康德把这个"绝对必然的存在者"描述为"一个其不

---

① 参见〔德〕康德《康德著作全集:第2卷》,李秋零主编,中国人民大学出版社2003年版,第91—97页(2:83-89)。

第三章 本体论证明的发展

存在不可能的存在者",但这个定义依据的是实在的可能性,而非逻辑的可能性。也就是说,康德考虑的并不是"绝对必然的存在者"(作为主词概念)与"存在"(作为谓词概念)相结合的逻辑关系,而是这个存在者与"一切事物的可能性"之间的质料的关系。"一切事物"本身作为可能的东西,作为有可能存在的东西,必须从一个绝对必然的存在者的现实性(存在)获得其质料的依据。因此,康德说:"由于在必然的存在者中肯定可以发现一切可能性的材料,或者是作为它的规定性,或者是作为借助作为第一实在根据的它而被给定的结果,所以可以看出,所有的实在性都以这样或那样的方式通过它而被把握……这样一个存在者就是一切可能的东西中最实在的东西,因为甚至所有其他的存在者也都只有通过它才是可能的。"① 正是由于这个基于实在的可能性的"绝对必然的存在者"是一个本体论的理念,是一个"最实在的存在者",康德才把他的这个后天的证明称作"本体论的",而不是"宇宙论的"。

然而,众所周知,在《纯粹理性批判》(以及康德晚年的形而上学、宗教哲学的课堂讲义)中,康德完全放弃了这个基于 A2 的本体论证明。康德本人并没有明确说过他为什么要放弃这个证明,但其理由并不难揣测。正如前文(第二章第五节)指出的,从《证据》到《纯粹理性批判》,康德对于 DT 的认识有所发展。一开始,他仅仅意识到了基于 B1 的宇宙论证明对于"笛卡尔学派的证明"(基于 A1 的本体论证明)的依赖性;但是,在《纯粹理性批判》中,康德进一步意识到了基于 B2 的宇宙论证明(即物理神学的证明)对本体论证明的依赖性。当然,这种扩展与康德在批判时期的认识论发展有着密切的关联。因为,康德在那时候意识到,无论是宇宙论的理念还是本体论的理念,作为理性推理所预设的"无条件

---

① 〔德〕康德:《康德著作全集:第 2 卷》,李秋零主编,中国人民大学出版社 2003 年版,第 92—93 页(2:85)。

者"的理念，既不是经验客体（作为显象的对象）的可能性条件，也不能按照我们思维经验客体的方式来加以思维。因此，对于先验理念的判断，在任何时候都只是纯然可能的。从毕竟有一些事物存在，从而不可能没有任何事物存在，再依据实在的可能性，推出一个作为"最实在的存在者"的"绝对必然的存在者"的存在，作为一切事物的可能性的保障，这种推理在任何时候都只是提出了一种可能性。在这个推理中，"绝对必然的存在者"的现实性（存在）并不真正是从"毕竟有一些事物存在"中获得的，也不是从"不可能没有任何事物存在"中获得的，而是从其概念自身获得的，从"最实在的存在者"包含一切实在性，而一切实在性中包含"存在"或"实存"中获得的。因此，康德这个后天的本体论证明（基于A2的证明），其论证效力真正说来依赖于一个"笛卡尔学派的证明"。

| 第二部分 |

文本阐释

第四章　康德特定路径的批判

正如前文（第二章第三节）中指出过的，康德在对传统理性神学的批判中采取了两种路径，它们是"一般路径"和"特定路径"。其中，"一般路径"就是认识论批判的路径，即通过对人类认识能力的批判，将其有效应用范围限制在可能经验的领域，这就从根本上决定了关于上帝这样的超验客体的知识是不可能的。"特定路径"则是针对传统理性神学为了证明上帝存在提出的一些具体方案，包括本体论的证明、宇宙论的证明与物理神学的证明，康德在《纯粹理性批判》中对它们逐一提出了具体的批评，以表明所有这些证明都是不可能的。本章（以及后面三章）关注的正是康德"特定路径"的批判，但我们的注意力将仅仅集中在他对本体论证明的批判之上。正如前文（第二章第五节）中指出过的，在上帝存在的三种证明中，本体论证明是最为根本的，因为其他两种证明（宇宙论的证明与物理神学的证明）都暗中依赖于一个本体论的证明。因此，否定本体论证明的可能性也就同时否定了上帝存在的所有理性证明的可能性，进而否定了理性神学的可能性。在本章中，我们首先将在第一节中对于康德的这个批判做一个总体的分析，揭示出它的"两个角度""三个方面"与"五个主要论据"。其次，我们将在第二节中对康德的第一个论据（论据1："必然存在者"的可疑性）做一个简要的讨论，并揭示出它与高尼罗、霍布斯的思想之间的联系。再次，我们还要在第三节中对康德的第二个论据（论据2：同一性判断的非必然性）做一个简要的讨论，并揭示出它与高尼罗、伽森狄的思想之间的联系。

康德与本体论证明的批判

一 康德的五个论据

康德对本体论证明的"特定路径"的批判集中在《纯粹理性批判》第二编"先验辩证论"的第三卷"纯粹理性的理想"的第四章,其标题直白而充分地表明了康德的意图:论上帝存在的本体论证明的不可能性(Von der Unmöglichkeit eines ontologischen Beweises vom Dasein Gottes)。① 关于这个批判(或者其核心内容),我们可以从《证据》中找到它的一些关键论据的雏形,可以从《波利茨版哲学的宗教学说》(*Philosophische Religionslehre nach Pölitz*,以下简称《波利茨》)与《鲍姆巴赫版沃尔克曼自然神学》(*Natürliche Theologie Volckmann nach Baumbach*,以下简称《沃尔克曼4》)② 看到一个比较完整的复述,可以从康德晚年的关于形而上学与理性神学的其他一些课堂讲义中找到一些重要的线索。当然,无论如何,对这个批判的理解都必须立足于《纯粹理性批判》的文本本身。

---

① 〔德〕康德:《纯粹理性批判:注释本》,李秋零译注,中国人民大学出版社2011年版,第413—49页(B620/B630)。
② 《波利茨》(*Pölitz*)是德国哲学家卡尔·海因里希·路德维希·波利茨(Karl Heinrich Ludwig Pölitz, 1772 – 1838)收藏并编辑出版的一部课堂讲义。他声称,这部讲义是从康德的学生与同事弗里德里希·特奥多尔·林克(Friedrich Theodor Rink, 1770 – 1811)的遗产中购得。康德生前曾授权林克编辑其课堂讲义,并出版了《自然地理学》(*Physische Geographie*, 1802)与《教育学》(*Pödagogik*, 1803)。如果波利茨所言属实,那么,这部讲义在一定程度上或许可以看作康德本人的著作。《沃尔克曼4》(*Volckmann* 4)是康德的学生约翰·威廉·沃尔克曼(Johann Wilhelm Volckmann, 1766 – 1836)记录的讲义笔记,内容是康德在1783 – 1784年冬季学期关于"自然神学"的课程内容。科学院版《康德全集》收录了四套"沃尔克曼笔记",《自然神学讲义》是其中的第四套,故常称作《沃尔克曼4》。但是,我们如今看到的是鲁道夫·鲍姆巴赫(Rudolf Baumbach, 1892 –)的抄本,因为原稿已经遗失。这两份文献均收录于科学院版《康德全集》第28卷(第2册第2分册)。Cf., Immanuel Kant, *Kants Gesammelte Schriften. Band 28/2/2*, Preußische Akademie der Wissenschaften, Hrsg., Berlin: Walter de Gruyter, 1972, S. 989 – 1126, S. 1127 – 1226.

第四章 康德特定路径的批判

有趣的是，康德的这个批判只有短短数页，共计 14 个段落，篇幅实在是不长。我们当然承认，言简意赅在许多时候都是一个优点，因为哲学著作经常由于内容上的冗长遭到读者的厌弃，康德本人在这个方面就时常为人所诟病。而且，尽管相对简短，这个批判绝不缺乏设计布局上的精巧性与逻辑论证上的缜密性。但或许也正是由于简短，尽管这个批判发表至今已有二百余年，却屡屡为人所误解。我们必须承认这个证明在哲学史上的效应，因为正如本书开头提到过的，理性神学曾经是形而上学中最为重要的一个部分，但自从康德提出了这个批判以后，它似乎很快就丧失了昔日的地位。同时，我们在本书开头还提到过，二战结束以来，西方学者频频对康德的这个批判提出质疑，而本书的一个目标就是要回应这些质疑，尽管我们必须把这项任务放到本书第三部分来完成。但是，我们在此处可以预先指出：许多针对康德的质疑与批评都是基于一些不难澄清的误解，而且，从这些误解中可以看出，有的学者（当然不是全部）对于康德的这个批判中到底有几个论据、每个论据针对的是本体论证明中的哪个方面，以及各个论据之间的关系这些问题并不十分清楚。最近几年，国内学界也对康德的这个批判表现出了极大的兴趣，并且产生了一系列激烈的争论，这也是本书的写作机缘之一。然而，从目前的争论情况，以及各大学术期刊上发表的论文成果中，我们可以发现许多与当代国外学界相似的问题。因此，对康德的这个简短的批判做一个足够深入系统的阐述，把康德的论证思路与设计布局解析清楚，澄清他所使用的每个论据及其论证目标，并且把这些论据同它们在哲学史上的思想源头、同康德的批判哲学的其他思想结合起来理解，似乎就不是一件多余的事情。

康德的这个简短的批判包括"两个角度""三个方面"与"五个主要论据"。"两个角度"是指：第 1 个角度，分析本体论证明所使用的主要论证手段，指出它们在论证上的错误，以表明本体论的证明是不成立的；第 2 个角度，康德从认识论立场出发，主要是从

康德与本体论证明的批判

人类认识能力的局限性与实存性判断的适用性角度出发，彻底否定本体论证明的可能性。其中，第 2 个角度可以看作"一般路径"在批判本体论证明的"特殊路径"中的具体应用，原则上来说是康德的批判中最强有力的部分，因为其背后的理论支撑是《纯粹理性批判》前半部分的整个论述。然而，在这个"特定路径"的批判中，康德把从这个角度出发的论证高度精练了，以至于遭到了一部分学者的忽视。然后，"三个方面"是通过把第 1 个角度进一步划分为两个部分而形成的，这一划分的依据是本体论证明自身的论证策略。其实，本体论证明包括正反两个方面：1. 正面论证的部分，即从"上帝"的概念出发，依据分析判断作为同一性判断的特点，主张"上帝"的概念分析地包含着"存在"的概念，或者说以必然的方式与"存在"结合在一起；2. 反面论证的部分，即一个归谬法，以表明假如上帝不存在，就会导致概念自身的矛盾。因此，康德的这个批判的三个方面就是：

1. **对本体论证明的正面论证的攻击；**
2. **对本体论证明的反面论证的攻击；**
3. **对本体论证明的认识论攻击。**

在这个批判中，康德一共提出了"五个主要论据"，我们可以根据这些论据，把康德对这 14 个自然段的批判划分为五个主要部分，见下表：

本体论证明的批判		
壹	第 1—2 段（B620 – 621）	**论据 1**：上帝或"绝对必然的存在者"是一个纯粹的理性概念，只能在逻辑上被思维，没有实在的内容
贰	第 3—6 段（B621 – 624）	**论据 2**：在分析判断中，取消谓词、保留主词会导致矛盾，但把主词连同谓词一并取消不会导致矛盾

续表

		本体论证明的批判
叁	第 7—8 段 （B624 - 626）	**论据 3**：从分析判断假定的同一性中不能得出实然的结论。分析判断的谓词是逻辑的谓词，不能增加主词概念的内容；综合判断的谓词是实在的谓词，虽然能够为主词概念增加内容，却不能从主词概念中分析出来
肆	第 9—11 段 （B626 - 629）	**论据 4**："是（存在）"不是实在的谓词，实存性判断虽然是综合的，却不能增加主词概念的内容。因此，本体论证明的归谬法是不成立的
伍	第 12—14 段 （B629 - 630）	**论据 5**：人类认识能力由于自身限制，只能以知觉为依据做出实存性判断，对于那些可能的超验客体，我们缺乏判断其存在与否的依据

这种段落划分不是绝对的，只是依据康德的五个论据做出的一个大致的划分。也就是说，依据其他一些可能的标准，我们完全可以做出不同的划分。而且，这 14 个段落之间的区别也并不是那么泾渭分明。例如，第 9 段是一个承上启下的段落，其内容介于第三个论据（论据 3）和第四个论据（论据 4）之间，因为它包含了对第三个部分（叁）论证的一个关键性总结，即本体论证明混淆了"逻辑的谓词"和"实在的谓词"。因此，我们如果把第 9 段划分给第三个部分（叁），其实也没什么问题。但是，康德在第 9 段中对"实在的谓词"做了一个比较明确的定义，这个定义当然是对第三个论据（论据 3）中的"混淆"做出进一步的说明，但其更为重要的作用是要引发第 10 段中关于"是（存在）不是一个实在的谓词"的讨论。与很多学者所认为的不同，第四个论据（论据 4）并不是要继续关于"两种谓词的混淆"的讨论，"上帝存在"与"上帝是全能的"这两个命题的比较关系也并不对应于两种谓词的混淆。相反，第四个论据（论据 4）针对的是本体论证明中的归谬法，这是康德的批判中最常遭到忽视的一个部分，也是本章必须重点澄清的一个部分。因此，我们把第 9 段划分到第四个部分（肆）。再如，第 11 段的最后提到了"事物

的纯然概念"和"现实的事物本身"的区别,即作为实存性判断之依据的知觉,这个部分既服务于第四个论据(论据4),也服务于引出第五个论据(论据5)。但由于这个段落的主要内容依旧属于第四个论据(论据4),所以我们依旧把它划归到第四个部分(肆)。最后,第14段其实是一个总结性的段落,如果把它单独划分成一个部分也是完全可以的。但是,由于它没有再提出新的论据,并且内容也较少,所以我们没有特意把它当作一个部分来处理,也不是本章讨论的重点。

康德的"五个主要论据"服务于他的"三个方面"的论证意图。其中,第一个论据(论据1)和第五个论据(论据5)服务于对本体论证明的认识论攻击,但前者只是浅尝辄止,只是提出了一个比较基础性的观点,并且与哲学史上的一些经典论点(尤其是高尼罗与霍布斯的观点)相呼应;后者则是从人类认识能力的局限性出发,依据知觉(Wahrnehmung)对于实存性判断的必需性,从根本上否定本体论证明的可能性。从第二个论据(论据2)到第四个论据(论据4)针对的是本体论证明的论证方案。其中,第三个论据(论据3)是对其正面论证的攻击,第二个论据(论据2)和第四个论据(论据4)是对其反面论证的攻击。因此,康德的全部五个主要论据构成了一个环形结构:他从一个基础性的认识论攻击开始,过渡到对本体论证明的论证攻击,在先后攻击了其正面论证、反面论证之后,再回归到一个更为充分的认识论批判。如下图所示:

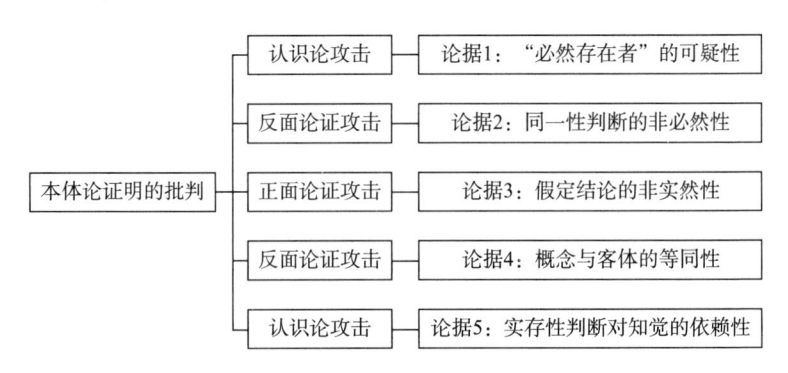

本体论证明的批判
- 认识论攻击 — 论据1:"必然存在者"的可疑性
- 反面论证攻击 — 论据2:同一性判断的非必然性
- 正面论证攻击 — 论据3:假定结论的非实然性
- 反面论证攻击 — 论据4:概念与客体的等同性
- 认识论攻击 — 论据5:实存性判断对知觉的依赖性

第四章　康德特定路径的批判

　　从上图中可以看出，康德的五个主要论据构成了一个环环相扣、层层推进的整体，事先熟悉一下其整体结构无疑有助于我们更好地理解康德的批判。在此，我们强调每个主要论据各自的论证意图，这对于我们正确理解康德的意思来说是至关重要的。事实上，许多针对康德的质疑和批评都隐含着对其论证意图的混淆，最常见的情况就是混淆第三个论据（论据3）和第四个论据（论据4），把它们看作一个整体，服务于同一个论证意图。因此，本章的一个重要任务就是澄清这一误解，把它们区别开来加以分析讨论。同时，尽管五个主要论据是相对独立的，但它们同时也是相互关联的，我们当然必须对每个论据做出单独的分析讨论，但却绝不能忽视它们之间的关联，否则也可能会导致对康德思想的误解。

　　最后，五个主要论据的排序不是任意的，而是呈现出一个明显的推进过程。前两个论据（可以说）针对的是传统版本的本体论证明，并且吸收了前人的批判成果，这一点对照上一章的分析就很容易看出。第一个论据（论据1）是"绝对必然的存在者"这一概念的可疑性，即我们通过这个概念是否真的有在思维什么客体（对象），这是高尼罗与霍布斯都曾提出过的质疑。第二个论据（论据2）针对的是本体论证明的反面论证，即借助分析判断中主词概念与谓词概念的同一性，断言取消谓词将使主词概念陷入矛盾，以证明两者相结合的必然性。然而，康德指出，尽管同一性判断的结论从表面上看是必然的，但这种"判断的无条件的必然性"（die unbedingte Notwendigkeit der Urteile）或"判断的绝对必然性"（die absolute Notwendigkeit der Urteile）事实上依赖于"事物的绝对必然性"（die absolute Notwendigkeit der Sachen）。也就是说，如果主词概念根本就不存在，这个判断的必然性就没有实在的意义，这其实是高尼罗与伽森狄都曾指出过的一个问题。第三个论据（论据3）（可以说）针对的是一个修订版的本体论证明，它引入了"最实在的存在者"的概念，并且把它与其他一切可能存在者区分开来，亦即将其

康德与本体论证明的批判

视作一个"存在与本质不可分离"的存在者。为了深入揭示出此类证明在论证上的谬误，康德甚至暂时做出了一个让步，即在姑且承认"存在"是一种实在性（但这毕竟是他根本不同意的）的前提下，指出它混淆了"逻辑的谓词"和"实在的谓词"，从假定的判断中得出了实然的结论。第四个论据（论据4）（这一点至关重要）针对的也是本体论证明的反面论证，即一个"假如最实在的存在者不存在，它就不是一个最实在的存在者"的归谬法。因此，康德顺着第三个论据（论据3）中提出的对两种谓词的区分，进一步提出了"是（存在）不是一个实在的谓词"的观点，也就是说著名的"存在论题"。康德使用这个存在论题的意图是要表明，"事物的纯然概念"与"现实的事物本身"在内容上没有区别，根本不存在谁比谁更多、谁比谁更大的问题，所以本体论证明的归谬法是不成立的。最后，第五个论据（论据5）回到康德的认识论立场，其理论背景是整个《纯粹理性批判》前半部分的内容。顺着"事物的纯然概念"与"现实的事物本身"的区别，康德提出，对于人类存在者来说，由于只拥有一种感性的直观——也就是说，思维的对象只能由感官来给予，一切实存性判断都依赖于事物"能够被知觉到"这一事实——因此，由于上帝或最实在的存在者根本就不是一个可能经验的对象，我们也就无从得知他是否存在。

接下来，我们将简要讨论一下康德的前两个论据，它们理解起来相对不那么困难，与之相关的争论也比较少。但是，为了使这两个论据的效力和意图都显得更为清晰，我们将在讨论中尽量把它们与批判哲学中的其他相关内容结合起来，并且突出它们与哲学史上的经典论述之间的联系。然后，我们将第三个论据（论据3）（假定结论的非实然性）、第四个论据（论据4）（概念与其客体的同一性）和第五个论据（论据5）（实存性判断对知觉的依赖性）各自单作一章来讨论，因为它们全都是当代学界中争论较多、争议较大的话题，其中涉及太多有待澄清的问题。

二 "必然存在者"的可疑性

简单来说，康德用来批判本体论证明的第一个论据（论据1）就是："绝对必然的存在者"（das absolut notwendige Wesen）的概念是可疑的，通过这个概念，我们或许并没有真的在思维什么东西。康德对于"绝对必然的存在者"的定义是非常清楚的，他在《证据》中说："某种东西的对立面自身是不可能的，这种东西就是绝对必然的。"① 把某个东西说成是绝对必然的，就等于说它的存在是绝对必然的：这个东西不存在是不可能的，或者说它不可能不存在。康德在《纯粹理性批判》中也说，"绝对必然的存在者"就是"其不存在不可能的某种事物"②。然而，这只是一个纯然逻辑上的定义。现实中的一切事物的存在都是偶然的，"绝对必然的存在者"的概念是通过对"偶然性"的否定获得的。所以，康德说它"是一个纯粹的理性概念"③。这意味着，"绝对必然的存在者"既不是一个经验概念，也不是一个知性概念，而是理性在推论中获得的一个理性概念。

严格说来，"绝对必然的存在者"是为了使一个宇宙论的理念得以可能而提出的。正如前文（第一章第三节）中提到过的，理性的纯粹概念（或先验理念）并不是经验知识的可能性条件，而是知性知识的系统统一性的条件。理性通过"无条件者"的概念来终止理性推理的无限回溯，这个"无条件者"的概念本身是通过否定作为

---

① 〔德〕康德：《康德著作全集：第2卷》，李秋零主编，中国人民大学出版社2003年版，第88页（2：81）。
② 〔德〕康德：《纯粹理性批判：注释本》，李秋零译注，中国人民大学出版社2011年版，第414页（B620）。
③ 〔德〕康德：《纯粹理性批判：注释本》，李秋零译注，中国人民大学出版社2011年版，第413页（B620）。

康德与本体论证明的批判

各个推理环节的"有条件者"而产生的。其中，假言推理的无条件者就是一个"完备的条件序列的理念"①，或者说是"一般被给予的显象的条件序列之绝对总体性的先验概念"②，亦即"世界"（Welt）或"宇宙"（Kosmos）的理念。把这个理念当作一个对象来加以认识，亦即把它设想为一个实体（把这个理念置于实体的范畴之下），再依据模态范畴来思维其"显象中可变化者之存在的依赖性的绝对完备性（模态上的完备性）"，就产生了对"一个绝对必然的存在者"的需要，以便使这种绝对完备性得以可能。然而，在现实中，没有任何东西的存在被表象为绝对必然的。当我们说任何某物的存在是必然的，这预设了另外一个某物的存在使之成为必然的——也就是说，前一个某物的必然性是有条件的。同时，这个另外一个某物的必然性也被表象为通过第三个某物的存在使之成为必然的。因此，"绝对必然的存在者"或者"某个无条件必然的事物"并不真的是通过对有条件者的必然性序列的回溯达到的，而是为了完成这个序列，使之呈现为一种系统的统一性，通过否定"有条件的必然性"而产生的——它是理性自身的产物，不是经验的可能性条件，仅仅是这种系统统一性的条件。因此，与知性的范畴、统觉的综合统一性不同，"绝对必然的存在者"的客观实在性并不能作为经验的可能性条件而被证明。同时，纯粹理性的第四个二论背反也告诉我们，它甚至不能通过推理被证明，因为两个相反的与不能同时成立的判断——"有一个绝对必然的存在者（正论）"与"没有一个绝对必然存在者"（反论）——它们都可以建立起看似完善的论证，就其自身而言没有任何矛盾，但却既不能从经验中得到证实，也不能为自己找到更多的理性根据。

---

① 〔德〕康德：《未来形而上学导论：注释本》，李秋零译注，中国人民大学出版社2013年版，第70页（4：330）。

② 〔德〕康德：《纯粹理性批判：注释本》，李秋零译注，中国人民大学出版社2011年版，第268页（A340/B398）。

第四章　康德特定路径的批判

因此，康德在这个批判的开头就指出：

> 一个绝对必然的存在者的概念是一个纯粹的理性概念，也就是说，是一个纯然的理念，它的客观实在性凭借理性需要它还远远没有得到证明，它也只是对某一种尽管无法达到的完备性提供了指示，而且真正说来，与其说是被用来把知性扩展到新的对象上，倒不如说是被用来给理性设置界限。①

康德的意思是说，"绝对必然的存在者"或"无条件必然的存在者"的理念是"用来给理性设置界限"的。通过这个理念，必然性的条件序列就可以被理解为一个完成了的系统统一体。然后，我们就可以依据知性的规则进行推理，从一个条件回溯到另一个条件，并由此不断地扩展我们的知识。正是在这个意义上，康德说先验理念是一些范导性的原理（die regulativen Grundsätze）。但是，知性的认识却不能因此扩展到这个"绝对必然的存在者"上，因为它并不是这个必然性的条件序列中的一个环节。通过这样一个先验理念，知性并没有认识到一个新的事物的存在。因此，先验理念不是经验的可能条件，甚至也不是知性知识的可能性条件。正是在这个意义上，康德说先验理念不是一种建构性的原理（die konstruktiven Grundsätze）。

虽然说"绝对必然的存在者"是一个宇宙论的理念，但它真正说来并不能通过宇宙论的方法被证明。其实，刚才的讨论已经揭示出了这个问题。首先，表面上看，"绝对必然的存在者"是从"偶然的存在者"出发，通过回溯到使之成为必然的条件，进而回溯到使这个条件成为必然的条件，如此层层上溯，最终抵达的一个概念。但事实上，这个概念根本就不能在回溯中自然地抵达，而是为了结

---

① 〔德〕康德：《纯粹理性批判：注释本》，李秋零译注，中国人民大学出版社 2011 年版，第 413—414 页（B620）。

康德与本体论证明的批判

束无限的回溯，实现有条件者的系统统一，通过否定"有条件者"而构设出来的一个概念。尽管这个概念似乎使得整个依据必然性的有条件者的序列得以可能，但这既不是经验的可能性条件，也不是知性知识的可能性条件。由于这个概念被设想成"无条件者"，它也根本不能作为一个可能的感官对象被给予，因为感官中被给予的对象在任何时候都表象为有条件的。其次，正如刚才所指出的，如果有人（就像佛教的世界观所主张的那般）宁愿接受无限回溯，从而坚持"根本就没有一个绝对必然的存在者"，这个观点在理性上同样能够找到看似合理的依据①，并且与坚持"有一个绝对必然的存在者"的主张形成一个难以解决的二论背反。因此，这个"绝对必然的存在者"最终是从自己的概念出发，通过其"绝对必然的存在者"与"其不存在不可能"的定义，按照本体论的方式被证明的。这其实就是前文（第二章第五节）中提到过的 DT，康德早在《证据》中就指出，宇宙论证明"根本不是建立在未被使用而完全作为前提条件的经验概念之上，而是完全与笛卡尔学派的证明一样，仅仅从人们自以为于其中可以在谓词的同一或者冲突里面发现一个本质的存在的概念出发的"②。而且，同样正如前文（第三章第三节）中指出过的，正是由于康德在批判时期对 DT 的认识有所深化，他才进一步将其扩展至物理神学的证明，以及他本人在《证据》中提出的那种后天的本体论证明。在《纯粹理性批判》中，康德提出：

> 在所谓的宇宙论证明中包含着所有证明力的，真正说来只是纯粹从概念出发的本体论证明；所谓的经验是完全多余的，

---

① 参见〔德〕康德《纯粹理性批判：注释本》，李秋零译注，中国人民大学出版社 2011 年版，第 341—345 页（B481-489）。

② 〔德〕康德：《康德著作全集：第 2 卷》，李秋零主编，中国人民大学出版社 2003 年版，第 136 页（2：158）。

第四章 康德特定路径的批判

也许只是为了把我们引导到绝对必然性的概念,但却不是为了在某一确定的事物那里阐明这种绝对必然性。因为一旦我们以此为目的,我们就必须立即离开所有的经验,并在所有的概念中间寻找,看它们中间的哪一个包含着一个绝对必然的存在者的可能性的条件。但是,只要以这样的方式看出了这样一个存在者的可能性,则它的存在也就被阐明了;因为这就等于是说:在所有可能的事物中只有一个事物具有绝对的必然性,也就是说,这个存在者是绝对必然地存在的。①

引文中的意思是说,"绝对必然的存在者"作为一个纯然逻辑上的概念,最终只能通过(在暗中)被替换成一个"最实在的存在者"来加以设想,进而通过把"存在"设想为一种实在性,从这个"最实在的存在者"中分析地加以证明。关于这个"最实在的存在者",我们暂且放到后面再来讨论,因为它其实并不与康德的第一个论据(论据1)直接相关。目前来说,康德真正想要指出的其实是这样一个问题:尽管通过一个宇宙论的推理获得一个"绝对必然的存在者"的概念对于我们来说是自然而然的,对于知性知识的系统统一性来说是也是必要的,对于扩展我们的知识来说是有益的,但是,"我们对于这样一种必然性形成一个概念所具有的一切知性条件却完全与我们相悖"②。也就是说,我们(人类存在者)所拥有的知性能力的特殊限制,决定了我们没法思维这样一种必然性。所以,康德才会在后面(第2段)说:"因为凭借'无条件的'这个词把知性为了某种东西视为必然的而在任何时候都需要的一切条件抛弃掉,这还远远没有使我理解,我在这种情况下通过一个无条件必然

---

① 〔德〕康德:《纯粹理性批判:注释本》,李秋零译注,中国人民大学出版社2011年版,第422页(B635 – 636)。

② 〔德〕康德:《纯粹理性批判:注释本》,李秋零译注,中国人民大学出版社2011年版,第414页(B620)。

的东西的概念是还在思维着某种东西,还是也许根本不思维任何东西。"① 对于这一点,我们有必要结合康德的认识论立场,尤其是康德关于思维与直观的关系来加以理解。

在批判哲学的术语中,"思维"(Denken)是一个与"直观"(Anschauung)相对的概念,正如"知性"(Verstand)是一个与"感性"(Sinnlichkeit)相对的概念。但是,"思维/直观"这组概念与"知性/感性"略微不同,尽管它们经常被混为一谈。严格来说,"思维"和"直观"是把握对象的两种方式,而"知性"和"感性"是人类存在者的两种能力(Vermögen/Fähigkeit)②。思维是指那种通过"概念"(Begriffe)来把握对象的方式,直观则是指那种直接地把握对象的方式。因此,康德也常常把"概念"和"直观"当作对立术语来使用,因为"概念"在康德的文本中常常并不仅仅意指"某个对象的概念",而是也表示"通过概念来把握对象"的认识方式本身。对于人类存在者来说,"思维"是通过知性把握对象的方式,"直观"是通过感性把握对象的方式。康德说:"我们的知识产生自心灵的两个基本来源,其中第一个是接受表象的能力(印象的感受性),第二个是通过这些表象认识一个对象的能力(概念的自发性);通过前者,一个对象被给予我们,通过后者,该对象在与那个(仅仅作为心灵的规定的)表象的关系中被思维。"③

首先,"接受表象"(die Vorstellungen zu empfangen)的能力即

---

① 〔德〕康德:《纯粹理性批判:注释本》,李秋零译注,中国人民大学出版社 2011 年版,第 414 页(B621)。

② 严格来说,按照康德的术语,只有"认识能力"(Erkenntnisvermögen)和"欲求能力"(Begehrungsvermögen)才叫作"Vermögen"(能力)。因此,知性是一种"Vermögen",感性则只能叫作"Fähigkeit"(能力/机能)。区别在于,虽然"Vermögen"也需要他者的激发,但却是一种主动活动(Handeln)的能力;相反,"Fähigkeit"只能在他者的影响下受动(Leiden)。

③ 〔德〕康德:《纯粹理性批判:注释本》,李秋零译注,中国人民大学出版社 2011 年版,第 76 页(A50/B74)。

第四章 康德特定路径的批判

"印象的感受性"（die Receptivität der Eindrücke），康德还进一步将其明确为"我们心灵在以某种方式受到刺激时接受表象的这种**感受性**"①，也就是"感性"（Sinnlichkeit）。简单来说，就是通过外感官和内感官获得感性印象的能力，这些感性印象构成了经验性知识（经验）的质料。当然，由于"直观"是指认识方式，"感性"是指认识能力，所以"直观"并不必须就是"感性的"。例如，对于中世纪的学者来说，由于上帝被认为是没有感性的纯理智，所以上帝的直观不是感性的，而是直接以其理智（知性）直观对象，不受感官的限制。对于这种"理智直观"（die intellektuelle Anschauung）或"知性的直观"（die Anschauung des Verstandes），康德并不排除它在逻辑上的可能性，但也强调它毕竟不是我们人类存在者所拥有的直观能力。"作为理智直观它看来只属于元始存在者（Urwesen），而绝不属于一个无论就其存在来说还是就其直观（在与被给予的客体的关系中规定其存在的直观）来说都不独立的存在者。"② 其次，"通过这些表象来认识一个对象"（durch diese Vorstellungen einen Gegenstand zu erkennen）的能力即"概念的自发性"（die Spontaneität der Begriffe），康德还进一步将其明确为"自己产生表象"（Vorstellungen selbst hervorzubringen）的能力或"知识的自发性"（die Spontaneität des Erkenntnisses）③，也就是"知性"（Verstand）。一般来说，"知性"就是"知道某物是什么"的能力，所以又被称作"理解力"。感性直观为我们提供的是零散的表象（感性印象），知性则把它们置于一个个的概念之下，把感性的表象当作材料（质料）来充实（图

---

① 〔德〕康德：《纯粹理性批判：注释本》，李秋零译注，中国人民大学出版社2011年版，第76页（A51/B75）。
② 〔德〕康德：《纯粹理性批判：注释本》，李秋零译注，中国人民大学出版社2011年版，第73—74页（B72）。
③ 〔德〕康德：《纯粹理性批判：注释本》，李秋零译注，中国人民大学出版社2011年版，第76页（A51/B75）。

型化的)范畴,把其中一些(作为偶性)结合起来置于同一个事物(作为实体)的概念之下,把另外一些(作为偶性)区分出来再置于另外一些事物(作为实体)的概念之下,由此才有了经验性的知识(经验)。因此,康德强调:

> 无感性就不会有对象被给予我们,无知性就不会有对象被思维。思想无内容则空,直观无概念则盲(Gedanken ohne Inhalt sind leer, Anschauungen ohne Begriffe sind blind)。因此,使其概念成为感性的(即把直观中的对象赋予概念)和使其直观成为知性的(即将它们置于概念之下),是同样必要的。这两种能力或者性能也不能互换其功能。知性不能直观任何东西,而感官则不能思维任何东西。只有从它们的相互结合中才能产生出知识。①

其实,在理性的推理中也是如此。尽管知性在这种应用中并不直接面对感官的对象,但却至少必须把被思维的对象思维成"能够在感官中被给予的",以便合法地把图型化的范畴应用于这个可能的对象之上。然而,"绝对必然的存在者"或"无条件必然的存在者"哪怕仅仅"能够"是一个感官中被给予的对象吗?当然不能!因为,感官的对象在任何时候都是作为"有条件者"被给予的。在理性的推理中,条件序列中的每个环节(每个条件)作为知性应用的对象,也被预设为"能够在感官中被给予的",从而是"有条件的"——也就是说,它们全都只能是"有条件的条件"。因此,那个使条件序列得以可能的"无条件者"本身根本就不是条件序列中的一个环节——它不是一个可能的经验对象,也因此根本就不是知性的合

---

① 〔德〕康德:《纯粹理性批判:注释本》,李秋零译注,中国人民大学出版社2011年版,第76页(A51/B75)。

第四章 康德特定路径的批判

法应用对象。

此外，正如康德在"纯粹知性概念的图型法"中指出的，由于知性范畴与经验直观在性质上的差异，想要把前者应用于后者，就还需要一个能够起到过渡作用的中介，也就是图型化的范畴。① 正如康德所指出的，"图型"（Schemata）是想象力的先验产物，它们是知性范畴在直观形式中的呈现。"必然性"（Notwendigkeit）的概念属于模态范畴，想要把它当作谓词应用于一个可能的对象（作为主词概念），就要使之与直观的条件相一致。于是，必然性的图型就成了"一个对象在一切时间中的存在"（das Dasein eines Gegenstandes zu aller Zeit）②。因此，把任何事物判断为必然的，其实都是把这一图型化的范畴作为谓词添加到这个事物的概念（作为主词概念）之上。例如，我们说"一切变化都有其原因"这个判断是必然的，这其实说的是"一切变化"和"其原因"之间的关系是必然的，即这种关系在一切时间中都存在。因此，只要一个现象能够被归摄在"变化"这个概念之下，那么，其原因的存在也就得到了规定。由于"必然性"是一个模态范畴，当我们说"某个事物/事件是必然的"时，这其实就是说"某个事物/事件的存在是必然的"或者"某个事物/事件必然存在"，但这个判断依赖于一个"使之成为必然的条件"的存在。在经验中，没有任何事物/事件在一切时间中永恒存在，但我们可以断言说：在一切时间内，只要使之成为必然的条件存在，这个事物/事件就必然存在。也就是说，必然性判断依赖于一个作为其条件的第三项。因此，康德才会说，"一般经验性思维的公设"（die Postulate des empirischen Denkens überhaupt）中的"必然性的公设"（das Postulat der Notwendigkeit）是："凡是其与现实的东西

---

① 参见〔德〕康德《纯粹理性批判：注释本》，李秋零译注，中国人民大学出版社2011年版，第147—148页（A137—139/B176-178）。

② 〔德〕康德：《纯粹理性批判：注释本》，李秋零译注，中国人民大学出版社2011年版，第151页（A145/B184）。

的关联被按照经验的普遍条件规定的，就是必然的（必然实存的）。"① 其中，事物"与现实的东西的关联"就是作为其实存依据的知觉（Wahrnehmung）②，而"经验的普遍条件"（die allgemeinen Bedingungen der Erfahrung）则是在任何时候都作为其存在之条件的经验。或者换个说法，在一切时间中，只要作为条件的经验被给予了，事物的存在也就被给予了。

因此，在知性能够合法地予以思维的领域（一切可能经验的对象）中，任何对象都被预设为由于一个条件而是必然的，即只拥有一种有条件的必然性。对于一个"绝对必然的存在者"，即其存在拥有一种无条件的必然性的事物，并不真的是知性能够思维的。因此，当康德说"我们对于这样一种必然性形成一个概念所具有的一切知性条件却完全与我们相悖"时③，他想要表达的正是这个意思。

最后，康德的第一个论据（论据1）（尽管拥有更加系统完善的认识论根据）其实是高尼罗与霍布斯都曾提到过的一个问题，尽管他们针对的具体概念有所区别。高尼罗针对的是安瑟伦的上帝概念，即"那无法设想有比之更大的存在者"。正如前文（第三章第一节）中指出过的，高尼罗非常怀疑这个概念是否真的可设想，或者说，我们通过这个概念是否真的在思维什么东西。因为，严格说来，在这个概念中，我们只是依据"大"与"小"的抽象概念在思维一个可能的对象。然而，在任何时候，依据大小概念的思维都是在比较中思维某个东西，并且把这个事物思维成"即便再大也不是最大的"或"即便再小也不是最小的"。当我们在思维某物 A 时，我们就已经同时把它思维成"比某物 B 更大的"与"比某物 C 更小的"，即

---

① 〔德〕康德：《纯粹理性批判：注释本》，李秋零译注，中国人民大学出版社2011年版，第196页（A218/B266）。

② 对此，本章第4节将作更详细的阐释。

③ 〔德〕康德：《纯粹理性批判：注释本》，李秋零译注，中国人民大学出版社2011年版，第414页（B620）。

第四章　康德特定路径的批判

便我们对此没有明确的意识。因为，唯有在这样的思维下，这个某物 A 才是被规定了的，是可理解的。而且，唯有如此，尽管我们只是在使用"大"与"小"的抽象概念，但却适用于对经验现象中的任何对象的思维，而这样才真的是在思维某个可能的东西。然而，我们在思维"无法设想有比之更大的东西"或"比一切东西都大的东西"时，我们虽然可以理解这两句话是什么意思，但却不是按照上述那种比较的方式来进行的，也并不真的适用于现实中的任何可能的东西。与之相应，霍布斯针对的是笛卡尔的"无限实体"概念。这个概念包含了比"绝对必然的存在者"与"那无法设想有比之更大的存在者"更多的内容，因为它毕竟被描述为"拥有无限的实在性"，亦即拥有无限多的肯定谓词。然而，尽管如此，正如前文（第三章第二节）中指出过的，这个"无限实体"的概念实际上是通过对"有限的实体"之"有限性"的否定而获得的。那么，同样的道理，"有限的实体"这个概念适用于我们对现实中许多对象的思维，但"无限的实体"却并不适用于现实中的任何可能的事物。因此，尽管我们当然可以理解这个概念的意思，但很难说我们通过它真的在思维什么东西。

　　表面上看来，"绝对必然的存在者"的概念同安瑟伦、笛卡尔与莱布尼茨使用的概念不太一样，但它们在本质上其实是一回事。因为，无论他们如何描述这个概念，其最终目的都是要表明，这个概念所指的客体（对象）是一个"绝对必然的存在者"，其不存在是不可能的。在安瑟伦来看，"那无法设想有比之更大的存在者"之所以必然存在，是因为它如果不存在就与自身的概念相冲突，因为在那种情况下，还可以设想一个由于存在而"比之更大的存在者"。同样，在笛卡尔与莱布尼茨的论证中也是如此，尽管他们为自己的上帝概念赋予了更多的内容（从而使得他们的论证具有更多的迷惑性）。无论是笛卡尔的"无限的实体"与"最完善的存在者"还是莱布尼茨的"最实在的存在者"与"本质与存在不可分离的存在者"，无论他们为了证明这个概念的现实性增加了多少步骤，最终都是要表明它就是一个"绝对必然的存在者",设想其不存在将导致概念的自相矛盾。然而,康德的第二个论据(论据2)就是要指出,这种概念的自相矛盾没有任何实在的意义。

三 同一性判断的非必然性

从第二个论据(论据2)开始,康德具体针对本体论证明的论证作了批判。正如前文指出过的,本体论证明的论证其实包括两个方面:1.正面论证:通过一个分析判断,从上帝的概念中直接推出其存在;2.反面论证:通过一个归谬法,指出如果上帝不存在,那么上帝的概念就与自身相矛盾。康德的第二个论据(论据2)和第四个论据(论据4)针对的都是本体论证明的反面论证,即从上帝的概念中取消"存在"或"实存"会导致矛盾。其中,第二个论据(论据2)是一个比较基础的论据,高尼罗在反驳安瑟伦的证明时,伽森狄在反驳笛卡尔的证明时,都曾提到过这一论据。因此,康德只是更为简练明确地指出了这一点,但也提供了比较可靠的论证。第四个论据(论据4)是康德的原创思想,但其论证意图却经常遭到曲解。无论如何,本节先集中讨论第二个论据(论据2)。

根据康德的说法,本体论证明是"抽掉一切经验,完全先天地从纯然的概念推论到一个最高原因的存在"的证明。[①] 因此,无论是直接从上帝的概念中分析出他的存在,还是(像康德在《证据》中所做的那样)先从一个后天的推理中获得一个"绝对必然的存在者"的概念,再从其绝对必然性中推出它的存在,归根结底,都是把"存在"看作必然地包含在"上帝"概念中的一种实在性,进而把"上帝存在"看作一个分析判断,依据分析判断的必然性要求结

---

① 〔德〕康德:《纯粹理性批判:注释本》,李秋零译注,中国人民大学出版社2011年版,第413页(B618-619)。

第四章 康德特定路径的批判

论的实然性。至于说，在其他方面如何进一步描述"上帝"，其实是无关紧要的。例如，安瑟伦的"那个无法设想有比之更大的存在者"的概念，他利用了"大"和"小"的比较概念，但其目的是要表明，假如这个概念不是现实的（其客体根本不存在），那么它就不够大，而这就反过来表明，这个概念以必然的方式与"存在"结合在一起，是一个绝对必然的存在者。同样，笛卡尔的"最完善的存在者"的概念也是如此，他利用了"完善性"的概念，并且预设了不同程度的完善性的序列，但其目的是要表明，假如这个"最完善的存在者"不是现实的（其客体根本不存在），那么它就不够完善，而这同样反过来表明，这个概念的现实性（存在）是必然的。因此，上帝作为一个绝对必然的存在者，其存在根本无须从自身的概念以外去寻求，而是可以直接通过一个分析判断来加以证明。

我们知道，知识的基本单位是判断。在判断中，我们通过系词"是"（sein）把一个主词概念和一个谓词概念结合起来，形成一个"S 是 P"（S ist P）的命题，并由此说出了主词是什么，这就是最基本的知识。单个的概念并不构成知识，例如，当我们思维"竹子"这个概念时，我们其实是通过全部那些包含在这个名叫"竹子"的主词概念之中的谓词来思维它的。我们知道，"竹子是绿色的""竹子是细长的""竹子是分节的"以及"竹子的表面是坚硬的"，等等。没有这些判断，我们就根本不知道"竹子"是什么。正如康德所指出的，判断可以分为两类：1. 分析的（analytisch），即"谓词 B 属于主词 A，作为（以隐蔽的方式）包含在概念 A 中的某种东西"①，这种判断是借助同一性来思维主词和谓词的关系的判断。因此，分析判断"也可以称为**解释**判断（Erläuterungsurteile）"②，因为

---

① 〔德〕康德：《纯粹理性批判：注释本》，李秋零译注，中国人民大学出版社 2011 年版，第 35 页（A6/B10）。

② 〔德〕康德：《纯粹理性批判：注释本》，李秋零译注，中国人民大学出版社 2011 年版，第 35 页（A7/B11）。

康德与本体论证明的批判

在这种判断中，谓词概念并未增加主词概念的内容，通过这个判断，我们只是澄清了原本就包含在主词概念中的东西。例如，我们刚才提到的"竹子是绿色的"就是一个分析判断。因为，尽管我们为了对"竹子"形成概念，必须有关于"竹子"的经验，这些经验以综合的方式把（所有我们经验到的）竹子的种种特征（作为谓词）添加到"竹子"的概念之中，但只要我们已经拥有了"竹子"的概念，我们就毕竟可以分析地说出"竹子是绿色的"①，而且这个判断必然为真。因此，分析判断毕竟是先天的（a priori）。
2. 综合的（synthetisch），即"B虽然与概念A有关联，但却完全在它之外"②，这种判断并不借助同一性来思维主词和谓词的关系，而是依赖于对主词概念之客体（一个现实对象）的经验，把某个原本并不包含在主词概念中的谓词概念，以综合的方式添加给主词概念。因此，综合判断"也可以称为**扩展**判断（Erweiterungsurteile）"③，因为谓词概念对主词概念的内容有所增添。例如，我们看到一根特殊的竹子，在它身上发现了红色的斑纹（也许是由于某种疾病），我们由此就可以说："这根竹子是有红色的斑纹的。"一般来说，综合判断是后天的（a posteriori），如果我们姑且不考虑作为各种知识之基础的先天综合判断——因为它们与本章中所讨论的问题无关。

分析判断是一种"同一性判断"（das identische Urteil）——也就是说，在任何一个"S是P"的分析判断中，由于谓词P包含在主

---

① 当然，严格说来，竹子也可能是黄色的，甚至是紫色的。因此，"竹子是绿色的"似乎仅仅意味着"大多数竹子是绿色的"或"我们迄今所知的大多数竹子都是绿色的"。但是，本节的目的不是对这样一个特定的判断做出细致完善的逻辑分析，相反，使用这个判断的惟一目的只是以更加直观的方式来解释分析判断与综合判断的区别。因此，请容许我们姑且假定"所有的竹子都是绿色的"，并且在这个假定的基础上继续我们的讨论。

② 〔德〕康德：《纯粹理性批判：注释本》，李秋零译注，中国人民大学出版社2011年版，第35页（A6/B10）。

③ 〔德〕康德：《纯粹理性批判：注释本》，李秋零译注，中国人民大学出版社2011年版，第35页（A7/B11）。

词 S 的概念之中，所以，主词概念和谓词概念具有同一性。德文的"同一性"（Identität）一词是由形容词"ident"（同一的）加上表示性质的后缀"-tät"构成的，这个"ident"（同一的）又源自拉丁语的"idem"，后者的字面意思是"相同的"。所以，"同一性"（Identität）无非就是说两者是相同的。那么，说主词概念和谓词概念具有同一性，其实就是说谓词概念与主词概念（或者主词概念中的某个部分）是相同的。例如，在"竹子是绿色的"这一判断中，由于"绿色的"这一性质原本就包含在主词"竹子"的概念之中，因此，谓词概念"绿色的"就只是表达了与主词概念中的一个部分完全相同的东西。所以，我们说"竹子是绿色的"是一个同一性判断——只要我们确切地知道"竹子"是什么，我们就可以通过把那些原本就包含在这个概念中的谓词分析出来，形成一个个同一性判断。相反，在"这根竹子有红色的斑纹"这一判断中，"有红色的斑纹"这一性质并不包含在主词"竹子"的概念之中，所以它不是一个同一性判断。更重要的是，同一性判断具有一种无条件的必然性，因为它只是对主词概念中已有内容的重复，所以，它在逻辑学上又被称作"同义反复"（Tautologie）或者"重言式"或者"恒真式"。分析判断（作为同一性判断）就是一种同义反复，"竹子是绿色的"和"竹子是竹子"的区别仅仅在于：前一个判断是对主词概念的部分重复，后一个判断是对主词概念的完全重复。因此，分析判断没有真值条件，它无条件地或必然地为真。本体论证明正是利用了分析判断的这种同一性特点，通过把"上帝"设想为一个"绝对必然的存在者"——无论是通过使用"大"和"小"的比较概念、"完善性序列"的概念还是直接地通过一个宇宙论的推理来获得它——本体论证明将"存在"解释为分析地包含在"上帝"的概念之中的一个概念（一种实在性）。于是，"上帝存在"就成了一个分析命题，成了一个同一性判断，并且借助同一性判断特有的无条件的必然性，成为一个必然为真的判断。

康德与本体论证明的批判

笛卡尔在《第五个沉思》中依据"真实不变的本性"的证明，其实也无非就是一个依据"同一性判断的无条件的必然性"的证明。在此，我们有必要再次提到他的"三角形"的例子，因为在康德看来，笛卡尔用这个例子来类比上帝存在的证明是极具误导性的。

> 当我想到一个三角形时，即使在我的思维以外也许世界上根本没有什么地方存在这样一个形状，也许从来没有过，可是毕竟这个形状的某一确定的性质或本质还是有的，它是不变的、永恒的，不是我凭空捏造的，也决不取决于我的精神，就像我们能够从推证出这个三角形的各种特性这件事所表现的那样（比如它的三角之和等于二直角，最大的角对最大的边，以及诸如此类的东西，这些东西，尽管在我从前第一次想到一个三角形时我绝对没有想到过），那么现在我认识得非常清楚、非常明白，不管我愿不愿意，它们都是三角形之内的东西，因而不能说这是我凭空捏造的。①

这个段落想要告诉我们的是：诸如"三角之和等于二直角"和"最大的角对最大的边"等性质分析地包含在"三角形"的概念之中，我们在想到"三角形"时也许不会第一时间同时也意识到它的这些性质，但当我们说出"三角形的三角之和等于二直角"和"三角形的最大的角对最大的边"时，这些判断是必然为真的，或者说是无条件地必然为真的，因为它们是同一性判断。据此，笛卡尔想要指出的是："上帝存在"的判断也是一个同一性判断，与刚才提到的这两个关于三角形的判断一样。笛卡尔认为："领会一个上帝（也就是说，领会一个至上完满的存在体）而他竟缺少存在性（也就

---

① 〔法〕笛卡尔：《第一哲学沉思集：反驳和答辩》，庞景仁译，商务印书馆1986年版，第68页。

第四章　康德特定路径的批判

说，他竟缺少某种完满性），这和领会一座山而没有谷是同样不妥当的。"① 而且，我们还可以补充说，这和领会一个三角形而没有三个角一样是自相矛盾的。然而，无论这些例子看起来多么有道理，康德敏锐地指出，笛卡尔混淆了判断与事物及其存在本身。

> 一切预先给予的实例都无一例外地仅仅取自**判断**（Urteile），而不是取自**事物**及其存在（Dinge und deren Dasein）。但判断无条件的必然性（die unbedingte Notwendigkeit der Urteile）却不是事物的绝对必然性（die absolute Notwendigkeit der Sachen）。因为判断的绝对必然性（die absolute Notwendigkeit der Urteile）只不过是事物或者判断中的谓词的有条件的必然性罢了。②

在这段引文中，"判断无条件的必然性"和"判断的绝对必然性"是一回事。"无条件的"（unbedingt）与"绝对的"（absolut）并没有太大的区别：前者强调的是此种必然性不以其他任何东西为条件，后者强调的是此种必然性不依赖于同其他任何东西的关系。然而，"判断"仅仅是我们的认识能力去认识"事物"的活动。在（肯定的）判断中，我们用一个主词概念指称被判断的事物，用一个谓词概念指称一种性质，通过系词"是"把它们结合起来，表示两者之间的肯定关系。假如这个判断是正确的，那么，主词概念与谓词概念在这个判断中的结合就正确地表达了事物及其性质的关系。但至关重要的是，这种关系并不是依据判断才发生的，相反，判断的正确性依赖于事物及其性质的关系本身。正如前文指出过的，分析判断是同一性判断，所以具有一种无条件的或绝对的必然性，但这种

---

① 〔法〕笛卡尔：《第一哲学沉思集：反驳和答辩》，庞景仁译，商务印书馆1986年版，第70页。
② 〔德〕康德：《纯粹理性批判：注释本》，李秋零译注，中国人民大学出版社2011年版，第414页（B621）。

康德与本体论证明的批判

必然性在任何时候都以主词概念的客体（事物）可能存在为前提。也就是说，作为一个分析判断，"三角形的三角之和等于二直角"在任何时候都以"假定有一个三角形存在"为前提，而这个判断则表示：假如有一个三角形，那么，这个三角形的三角之和等于二直角。但是，主词概念"三角形"的存在本身却并不因为这个判断的必然性而成为现实的。相反，一个三角形（作为一个事物）的存在在任何时候都不是绝对必然的，而是唯有以其他某个东西为条件或者依赖于它与其他某个事物的关系才是必然的。因此，正如康德所言："设定一个三角形但却取消它的三个角，这是矛盾的；但把三角形与它的三个角一起取消，这却不是矛盾。"① 也就是说，如果根本就没有一个三角形存在，那么，"三角形的三角之和等于二直角"这一性质也就根本不存在，或者说它虽然是一种可思维的性质，但却毕竟不是一个现实存在着的性质。

因此，基于对"判断的必然性"和"事物的必然性"的区分，康德的第二个论据（论据2）就是说："如果我在一个同一判断中取消谓词而保留主词，就产生出一种矛盾，所以我说：那个谓词以必然的方式属于这个主词。但如果我把主词与谓词一起取消，就不会产生任何矛盾；因为不再有能够与之发生矛盾的任何东西了。"② 那么，我们把这个原理应用于关于上帝的判断中，例如，"上帝是全能的"（Gott ist allmächtig）。其中，谓词"全能的"（allmächtig）分析地包含在主词"上帝"（Gott）中，所以它是一个分析判断，并且在判断上无条件地必然为真。同时，如果我们保留"上帝"却取消"全能"，即说"上帝不是全能的"，这个判断就会与主词概念相矛盾，无疑是错误的。因此，"上帝是全能的"这个判断确实是正确的。然

---

① 〔德〕康德：《纯粹理性批判：注释本》，李秋零译注，中国人民大学出版社2011年版，第415页（B622）。

② 〔德〕康德：《纯粹理性批判：注释本》，李秋零译注，中国人民大学出版社2011年版，第415页（B622）。

而，这个正确的判断仅仅意味着：假如有一个上帝，那么他就是全能的。反过来说，假如根本就没有一个上帝，那么这个"全能"的性质也就不存在。同样，如果我们把"上帝存在"（Gott ist）看作一个分析判断，即主张"存在"分析地包含在"上帝"的概念中，我们当然可以说这是一个无条件必然为真的判断。同时，如果我们保留"上帝"却取消"存在"，说"有一个上帝，但他不存在"，这当然是自相矛盾的。因此，"上帝存在"作为一个分析判断看似是正确的。然而，这个判断仅仅意味着：假如有一个上帝，那么他就存在。反过来说，假如根本就没有一个上帝，那么这个"存在"也就根本不存在。由此可以看出，分析判断或同一性判断的必然性仅仅属于判断的无条件的必然性，它在任何时候都依赖于对主词概念所指客体（事物）的存在假定，并且在这个意义上依赖于事物的有条件的必然性。然而，从假定的前提中只能得出一个或然的而非实然的结论，这一点又与康德的第三个论据（论据3）有关。在那里，康德指责本体论证明的支持者混淆了"逻辑的谓词"和"实在的谓词"，其实质就是把分析判断的假定结论混淆为实然结论了，但这种实然结论只属于综合判断。

现在，如果我们回忆一下前面两章的内容就不难发现，这其实是高尼罗与伽森狄都曾谈到过的一个问题。高尼罗在批评安瑟伦的证明时指出，如果我们根本不承认"那个无法设想有比之更大的存在者"存在，安瑟伦的证明就是无效的。同样，伽森狄在批评笛卡尔的证明时也指出，笛卡尔的证明是把结论当作前提——也就是说，为了证明上帝存在，他先行假定了上帝存在，进而假装从概念中解析出了存在。因此，严格说来，康德的第二个论据（论据2）与高尼罗、伽森狄的观点并没有太大的区别，他只是十分明确地提出了"判断的必然性"和"事物的必然性"的区分以及前者对后者的依赖性，但这已经是重大的贡献了。然而，相比康德的第三个论据（论据3），第二个论据（论据2）的原创性是非常有限的，前者代表着康德的一个原创性的洞识，尽管它在当代研究中经常遭到误解。

第五章　康德的第三个论据

从本章开始,我们将把康德的第三个论据(论据3)、第四个论据(论据4)和第五个论据(论据5)单独拿出来,分别用一个专门的章节加以讨论。这样做首先是因为,与前两个论据相比,这三个论据代表了康德更具原创性的观点;其次是因为,或者正是由于更具原创性,它们遭到了太多的曲解。尽管《纯粹理性批判》出版至今已由二百余年,但时至今日,国内外学界对于如何理解这三个论据依旧存在重大的分歧。这些分歧很容易使人怀疑康德的批判成果,并且为本体论证明的当代辩护者提供机会。对于康德的第三个论据(论据3),很多人都相信,它只是第二个论据(论据2)的一个延伸,并没有太多特殊的地方。但事实并非如此,与许多学者所认为的不同,康德在第9段提出的关于"逻辑的谓词"和"实在的谓词"的区分与第三个论据(论据3)而不是第四个论据(论据4)直接相关。实际上,如何区分"逻辑的谓词"与"实在的谓词"本身就是一个令国内外学者都感到头疼的问题。因此,对第三个论据(论据3)的正确理解必须涉及对两种谓词之区分的澄清。当然,所有这些都必须从"最实在的存在者"与"实在性"的关系入手,而康德对"实在性"这个术语的使用本身就值得澄清一番。因此,在本章中,我们将在第一节中首先完成对"实在性"概念的澄清工作。其次,我们将在第二节中提出一个全新的关于"逻辑的谓词"与"实在的谓词"的区分标准。最后,我们将在第三节中着眼于两种谓词的混淆,揭示出康德的第三个论据(论据3)之要义。

第五章　康德的第三个论据

一　最实在的存在者与实在性

在上一章中，我们其实主要是在讨论"绝对必然的存在者"。而且，我们在前文（第四章第二节）中也明确指出过，"绝对必然的存在者"主要是一个宇宙论的理念，而不是一个本体论的理念。对于康德来说，宇宙论的上帝理念并不是最适合的、最充分的上帝概念，因为这个概念缺乏一些使我们能够把上帝设想为一个有知性、有意志的人格神的内涵。在康德看来，更适合的、更充分的概念是本体论的理念，即一个"最实在的存在者"（das allerrealeste Wesen; ens realissimum）的概念，因为这个概念将所有可能的实在性集于一身，显得格外丰满充实。同时，正如前文（第三章第二节）中指出过的，"绝对必然的存在者"的存在并不能以宇宙论的方式被证明，而是暗中从其存在的绝对必然性的概念出发被证明的，亦即以本体论的方式被证明的。然而，康德指出，判断的绝对必然性依赖于事物本身的有条件的必然性。因此，从概念出发的本体论证明只能提供一个或然的结论，而不是一个实然的结论。

接下来，康德要面对的是一种升级版的本体论证明，即那种以"最实在的存在者"为核心的证明，这种证明更能代表笛卡尔与莱布尼茨的想法，甚至也更能代表康德本人在《证据》时期的想法。康德在第 7 段开头指出：

> 针对所有这些一般的推论（没有任何人能够拒绝这些推论），你们通过一个实例来诘难我，你们把它当做一个经由事实的证明来提出：毕竟有一个、而且只有这一个概念，其对象的不存在或者取消是自相矛盾的；而这就是最实在的存在者的概念。①

---

① 〔德〕康德：《纯粹理性批判：注释本》，李秋零译注，中国人民大学出版社 2011 年版，第 416 页（B625）。

康德与本体论证明的批判

这个"最实在的存在者"的概念就相当于笛卡尔的"无限实体"和"最完善的存在者"。正如前文(第三章第二节)中指出过的,笛卡尔明确地把"无限的实体"解释为拥有最多实在性的实体。至于"最完善的存在者",由于"完善性"(Vollkommenheit)要么是指单个实在性的程度(量化的质),要么就是指"质的完备性(总体性)"(die qualitative Vollständigkeit [Totalität])①,所以与"最实在的存在者"并没有本质的区别。同样,"最实在的存在者"也是莱布尼茨使用的概念,莱布尼茨更为明确地说过:"上帝是绝对完满的(完善的),因为上帝的完满性(完善性)不是别的东西,而是全部数量的积极的实在性。"② 因此,"无限实体""最完善的存在者"与"最实在的存在者"其实都是一回事。笛卡尔与莱布尼茨使用这样一个概念是想表明:任何其他事物的本质与存在都是可分的,这意味着,我们可以无矛盾地思维它们不存在;但是,唯独"最实在的存在者",由于它包含了所有可能的实在性,而"存在"也是一种实在性,因而"最实在的存在者"必须被思维成一个本质与存在不可分的存在者,我们不能无矛盾地思维它不存在。因此,提出这样一个概念其实也是为了回应那些主张"设想任何事物不存在都不会导致矛盾"的批评者,也就是康德的第二个论据(论据2)。而且,倘若这些批判者也承认"存在"是一种实在性,那么,这个回应就是有效的。

因此,康德的第三个论据(论据3)是在第二个论据(论据2)的基础上提出的。它不是对第二个论据(论据2)的简单重复,而是从一个全新的、原创性的角度来考虑问题。但是,在上一章(第

---

① 参见〔德〕康德《纯粹理性批判:注释本》,李秋零译注,中国人民大学出版社2011年版,第98页(B115)。

② 〔德〕莱布尼茨:《莱布尼茨后期形而上学文集》,段德智、陈修斋译,商务印书馆2019年版,第283页。

第五章 康德的第三个论据

四章第三节）中，为了更好地解释第二个论据（论据2），我们已经提到了第三个论据（论据3）中的关键信息。第三个论据（论据3）简单说来是这样的：如果"最实在的存在者（上帝）存在着"是一个分析命题，那么，作为结论的"存在"就是从主词"最实在的存在者"的概念中分析出来的，但正如我们在讨论第二个论据（论据2）时就已经指出的，分析判断在任何时候都以对主词概念的假定的现实性（存在）为前提，所以，看似无条件必然的判断其实仅仅表明：假如有一个最实在的存在者，那么它就必然存在着。也就是说，从这个无条件必然的判断中，我们得到的只是一个或然的结论，而不是一个实然的结论，因为从假定的前提中得出的结论也只是假定的，从一个假定的事物中分析出来的实在性不会成为现实的。相反，如果"最实在的存在者存在着"是一个综合命题，其结论虽然必须被看作实然的，但却不能从对主词概念的分析中直接得出，而且，在这种情况下，取消谓词"存在"也不会与主词概念矛盾。因此，本体论证明在论证上的一个问题就是：它错误地把一个分析命题中的谓词当作综合命题中的谓词来使用了，把一个或然的结论当作实然的结论来看待了，这也正是康德所谓的"混淆了逻辑的谓词与实在的谓词"①。

当然，这只是一个初步的解释，以便向读者明确我们的理解。然而，彻底澄清康德的第三个论据（论据3）并不是一件容易的事情，否则它也不会引发那么多的误解和争论。这项工作首先涉及对"实在性"（Realität）以及"逻辑的/实在的"（logisch/real）等术语的澄清，我们必须努力从康德的文本出发，按照康德本人的想法去理解这些概念，以免陷入一些貌似有理、实则离题的诡辩。但是，在本节中，我们先集中处理"实在性"的问题，把"逻辑的/实在

---

① 参见〔德〕康德《纯粹理性批判：注释本》，李秋零译注，中国人民大学出版社2011年版，第417页（B626）。

的"的问题放到下一节再来考虑。无论如何，对"最实在的存在者"的理解离不开对"实在性"概念的澄清。我们曾在前文（第一章第二节）中指出，"最实在的存在者"其实并不直接就是"一切实在性的总和"或"一个实在性的大全"这样的集合概念，而是把这个集合概念实体化为一个单一的对象来加以思维——也就是说，把它置于"实体"（Substanz）的概念之下，将其思维成一个独立自存的存在者。尽管如此，"最实在的存在者"毕竟是一个以"一切实在性的总和"的概念、进而以"实在性"概念为基础构建出来的理念。问题在于，在康德的著作中，"实在性"一词很容易被误解，人们经常要么错误地把它等同于"现实性"（Wirklichkeit），要么错误地把它等同于"可能性"（Möglichkeit），但"现实性"和"可能性"其实都是模态范畴，并不直接与"实在性"相关。实际上，对于康德来说，"实在性"是质的范畴，并且是"肯定的质"（die positive Qualität），它在使用上与"可不可能"或"现不现实"（存不存在）这样的谓词根本就不是一回事，因为它表达的其实是谓述判断中的"是什么"，并时常代表其中的那个"什么"。所以，康德才会说："实在性是**某物**（Etwas），否定性是**无**（Nichts）。"① 然而，为了澄清这些问题，我们先从"实在性"的词源说起。

从词源上讲，德文的"Realität"直接来自拉丁文的"realitas"（实在性/真实性），它是由"realis"（实在的/真实的）和后缀"-tas"构成，表示某物是"实在的/真实的"；而"realis"（实在的/真实的）又是由"res"（事物/事情）和后缀"-alis"（把名词形容词化）构成的。由此可以看出，"实在性"在根本上与"事物"或"事情"相关。因此，无论过去还是现在，在日常语境中，"real"（实在的/真实的）通常都是一个与"imaginär"（想象的）或"fik-

---

① 〔德〕康德：《纯粹理性批判：注释本》，李秋零译注，中国人民大学出版社2011年版，第242页（A291/B347）。

tiv"（虚构的）相对立的概念，后者往往也被称作"unreal"（非实在的/不真实的）。因为，"real"（实在的/真实的）表达了思想（认识）与某个可能的事实的关系，而"irreal"没有表达出这种关系。从这个意义上讲，"Realität/ Unrealität"（实在性/非实在性）就等于德文的"Wahrheit/Unwahrheit"（真性/非真性），它们表达的是认识是否与事实相符（是不是真的/实在的）：与事实相符的就是"real"（实在的）或"wahr"（真的），与事实不相符的就是"unreal"（非实在的）或"unwahr"（假的）。因此，在康德那里，"实在性"作为一个范畴，是一个与"否定性"（Negation）相对立的概念。当我们说"某物具有实在性"，这其实就是说"某物是真的/实在的"。至此，我们已经可以初步看出"实在性"与"可能性"和"现实性"（存在）的区别："真"和"假"不同于"可能"和"不可能"，也不同于"有"（存在）和"无"（不存在）。因此，当我们直接把"实在性"当作一个谓词来谓述（prädizieren）或者规定（bestimmen）某物（无论它是一个实体还是一种偶性），并且说"某物是实在的"或"某物具有实在性"时，我们其实都是在作一个真假判断。但是，要真正理解这一点，我们最好还是再讨论一下判断。

判断是知识的基本单位，一般由三个部分构成：一个主词概念"S"，一个谓词概念"P"以及一个系词"sein"（是）。系词"sein"（是）把主词概念"S"和谓词概念"P"以肯定的方式联结起来，就是一个"S 是 P"（S ist P）的判断。如果这个判断为真，即真实陈述了一个事实，那么，我们就可以说"它是实在的"或"它具有实在性"。相反，如果这个"S 是 P"的判断为假，我们就可以说"它不是实在的"或"它不具有实在性"。然而，我们可以注意到，在康德的著作中，他更多地把"实在性"一词用于事物，即讨论"某个事物的实在性"。例如，他在《纯粹理性批判》中讨论了"时间与空间"的主观实在性，"纯粹知性概念（范畴）"的客观实在性。在《道德形而上学的奠基》（*Grundlegung zur Metaphysik der Sit-*

康德与本体论证明的批判

ten)和《实践理性批判》(*Kritik der praktischen Vernunft*)中,康德还重点讨论了"自由""不朽"和"上帝"的客观实在性。① 那么,如何理解"实在性"的这种用法呢?其实,所有此类用法都暗指一个实存性判断为真。也就是说,诸如"时间和空间具有实在性""纯粹知识概念(范畴)具有实在性""自由具有实在性""灵魂不朽具有实在性"以及"上帝具有实在性",其实说的是"时间和空间(作为主体的表象能力)存在""纯粹知性概念(范畴)(作为客体的建构性成分)存在""自由(作为每个理性存在者的意志的一种属性)存在""不朽(作为每个理性存在者的灵魂的一种属性)存在"以及"上帝(作为使'德福一致'得以可能的条件)存在"等实存性判断是真的/实在的。它们表示,所有这些实存性判断中的主词概念(无论它意指一个实体还是一种偶性)都有一个与之相应的现实客体,而"存在"(Dasein/Existenz)(作为这些判断中的谓词)表达的正是主词概念的"现实性"(Wirklichkeit)。所以,仅仅在这个意义上,我们才说"实在性"与"现实性"(存在)是一回事,而不是说它们是同一个范畴的两个不同名称。

然而,"实在性"作为一个范畴的意义又稍有些不同。对此,我们最好从什么是"范畴"(Kategorie)说起。通俗地讲,"范畴"就是谓词的类。德语的"Kategorie"(范畴)直接来自拉丁文的"categoria"(范畴),后者是对古希腊文"κατηγορία"(kategoria)的转写。古希腊文的"κατηγορία"(kategoria)由动词"κατηγορέω"

---

① 在理论哲学中,"主观的实在性"指作为主体的表象能力而是真的/实在的,"客观的实在性"意指作为客体(或客体的建构性成分)而是真的/实在的;在实践哲学中,准则的主观实在性是指作为对于单个理性行动者来说主观上有效的,法则的客观实在性则是指对于所有可能的理性行动者来说在客观上有效。但是,自由、不朽和上帝的客观实在性则具有与理论哲学中相同的意义,只不过,自由作为每个理性存在者的意志的一种属性(即它是它自己的原因)而是真的/实在的,不朽作为每个理性存在者的灵魂的一种属性(即在无限绵延的时间中持存)而是真的/实在的,上帝则作为一个在理论上无法证明但在实践上可以相信的客体而是真的/实在的。

第五章 康德的第三个论据

（kategoreo）和后缀"-ία"（-ia）构成，动词"κατηγορέω"（kategoreo）就是"说出某人/某物"的意思，亦即"谓述某人/某物"的意思，所以"κατηγορία"（kategoria）就是"用来说出某人/某物（主词）是什么的东西"，也就是"谓词"。亚里士多德的《范畴篇》其实就是在讨论各种类型的谓词，并且区分出了谓词的十个种类，即"实体"、"数量"（量）、"性质"（质）、"关系"、"何地"、"何时"、"所处"、"所有"、"动作"和"承受"①。后来，拉丁学者一方面保留了"categoria"（范畴）这个拉丁转写，作为谓词的类概念使用，另一方面使用了一个拉丁语意译"praedicatum"（谓词），作为一般意义上的谓词来使用。拉丁语的"praedicatum"（谓词）源于动词"praedicare"（谓述），后者也是"说出"或"宣布"的意思，所以"praedicatum"（谓词）就是"用来说出某人/某物（主词）是什么的东西"，在构词上同古希腊文的"κατηγορία"（kategoria）非常相似。德语中的"Prädikat"（谓词）就直接来自拉丁语的"praedicare"（谓述），德文的"Kategorie"（范畴）的用法也与拉丁文的"categoria"（范畴）一致，说到底就是谓词的类。实际上，即便康德也承认，从认识顺序上讲，各个范畴是通过对种种谓词的抽象获得的。也就是说，从种种谓词中抽掉它们特殊的差异，直到不再剩下什么经验性的内容，只剩下一个个纯粹的概念，那就

---

① 〔古希腊〕亚里士多德：《亚里士多德全集：第1卷》，苗力田主编，中国人民大学出版社1990年版，第5页（1b25）。对于亚里士多德的工作，康德是这样评价的："搜寻这些基本概念，曾是亚里士多德的一项工作，这项工作是值得一位敏锐的人士去做的。但是，由于亚里士多德没有任何原则，所以他像偶然遇到它们那样把它们捡拾起来，最初搞到了十个，他称之为范畴（陈述词）。后来，他认为自己还搜寻到了五个，他用后陈述词的名义把它们附加上去。不过，他的范畴表始终还是有欠缺的。此外，也有一些纯粹感性的样式存在于其中（quando, ubi, situs〔何时、何地、状态〕，以及 prius, simul〔在先、同时〕)，还有一个经验性的样式（motus〔运动〕)，它们都根本不属于知性的这一基本名册，或者还有派生的概念也一起被算进源始的概念之中了（actio, passio〔行动、承受〕)，而基本概念中的一些则完全阙如。"〔德〕康德：《纯粹理性批判：注释本》，李秋零译注，中国人民大学出版社2011年版，第94页（A81/B107）。

康德与本体论证明的批判

是范畴。但是，康德也强调，正因为如此，各个范畴本身根本就不是从经验中产生的，而是纯粹知性的概念，是知性用来表象对象的基本概念。因此，从存在顺序上讲，"范畴就是先天地给显象、从而给作为一切显象之总和的自然（natura materialiter spectata［从质料方面看的自然］）规定规律的概念"①，它们是经验得以可能的条件，"从而也先天地适用于知识的一切对象"②。

"实在性"属于"质"（Qualität）的范畴，它是任何"肯定的质"（die positiven Qualitäten）的共名。德文的"Qualität"（质）直接来自拉丁文的"qualitas"（质），并且对应于希腊文的"ποιότης"（poiotes），其本义就是"属性"或"性质"，相当于德文的"Eigenschaft"（属性）或"Beschaffenheit"（性状）。③ 正如康德所指出的，质的范畴包括三个：实在性、否定性（Negation）和限制性（Limitation）。其中，"否定性"可以看作任何"否定的质"（die negativen Qualitäten）的共名；"限制性"则是"与否定性相结合的实在性"④。

---

① 〔德〕康德：《纯粹理性批判：注释本》，李秋零译注，中国人民大学出版社2011年版，第123页（B163）。

② 〔德〕康德：《纯粹理性批判：注释本》，李秋零译注，中国人民大学出版社2011年版，第122页（B161）。

③ 康德在1759年的《试对乐观主义作若干考察》（*Versuch einiger Betrachtungen über den Optimismus*）中说："实在性与实在性相互之间仅仅是通过二者中的某一个相联系的否定、阙如、界限而区别开来，也就是说，不是就其性质（qualitate）、而是就其大小（gradu）来说的。"在同一页，康德还评论莱茵哈德（Reinhard）说："然而，他在这一思想上的失误是，似乎具有同等程度的实在性，却可以在其性质（qualitate）上彼此不同。"〔德〕康德：《康德著作全集：第2卷》，李秋零主编，中国人民大学出版社2003年版，第34页（2：31）。这两句话中的"性质"都是德文的"Beschffenheit"（性状），而"qualitate"是拉丁文"qualitas"的变格形式。康德在《逻辑学》中说："无结果的命题必须与无意义的命题区别开来，后者之所以在理解上是空洞，乃是因为它们涉及的是对所谓隐秘的属性（qualitates occultae）的规定。"〔德〕康德：《康德著作全集：第9卷》，李秋零主编，中国人民大学出版社2010年版，第110页（9：111）。在这句话中，"隐秘的属性"是"die verborgenen Eigenschaften"。

④ 〔德〕康德：《纯粹理性批判：注释本》，李秋零译注，中国人民大学出版社2011年版，第96页（B111）。

第五章　康德的第三个论据

在此，我们重点只在与"否定性"的比较中讨论"实在性"。从判断的角度来看，"实在性"与"否定性"的对立其实就是"是什么"和"不是什么"的对立。也就是说，在一个"S 是 P"判断中，作为一个肯定判断，谓词"P"表达的就是一种实在性；同时，在一个"S 是非 P"的判断中，作为一个否定判断，谓词"非P"表达的就是一种否定性。如果我们关心的是判断，那么"S 是非 P"等于"S 不是 P"，表示主词概念"S"是除了谓词概念"P"以外的别的什么东西。但是，如果我们关心的是谓词"P"，而且，如果我们并不仅仅从形式逻辑的角度来看待它（即完全不考虑其实在的内容①），那么，谓词"P"就应当指称一种实在的属性或性状，而"非 P"则是这种属性或性状的阙如。而且，鉴于其特殊的认识论立场，康德甚至更为明确地指出："实在性在纯粹知性概念中是与一般感觉相应的东西，因而是其概念自身表明某种（在时间中的）存在的东西；否定性则是其概念表明一种（在时间中的）不存在的东西。"② 康德还说："在经验性直观中与感觉相应的东西，就是实在性（realitas phaenomenon［作为现象的实在性］），而与感觉的阙如相应的东西，则是等于零的否定性。"③ 因此，说到底，作为质的范畴，"实在性"就是指任何实在的（真实的）性质或性状，"否定性"则是与之相对的阙如。而且，一旦明白了作为范畴的"实在性"无非就是"实在的某物"（das reale Etwas），也就不难理解它是如何从"真的/实在的"（real）这一意义中派生出

---

① 仅仅从形式逻辑的角度考虑，我们可以把任何东西置于谓词"P"的概念之下，例如"冷的"。如此一来，"非 P"就成了"不冷的"，即"至少有些温度的（有些热量的）"。但是，严格说来，"冷"是指"缺乏热"。也就是说，其反义词"热"才是一种实在的（真的）属性。

② 〔德〕康德：《纯粹理性批判：注释本》，李秋零译注，中国人民大学出版社 2011 年版，第 150 页（A143/182）。

③ 〔德〕康德：《纯粹理性批判：注释本》，李秋零译注，中国人民大学出版社 2011 年版，第 165 页（A168/209-210）。

康德与本体论证明的批判

来的。

任何谓述判断都预设了主词概念与谓词概念的存在。也就是说，在任何一个"S是P"的判断中，如果这个判断本身为真（是实在的），那么，系词"是"的功能就是肯定主词概念"S"与谓词概念"P"之间相结合的关系，或者说肯定这种相结合的关系是"真的/实在的"。如果我们不止考虑判断中的这种关系，而是也要考虑与这种关系相关的事物/事情（Sache），那么，"S是P"表达的就是：假如有一个"S"（主词概念的客体，一个实体）存在，那么，这个"S"就作为"P"（谓词概念的客体，一种属性或形状）或者以"P"的方式存在着；反过来说，"P"依附于"S"存在。此外，正如前文（第三章第三节）中提到过的，根据康德对"逻辑的可能性"与"实在的可能性"的区分，这个"S是P"的判断之为真，不仅依赖于两个概念依据矛盾律的结合，还依赖于"S"与"P"本身是某种可能的东西。也就是说，"S是可能的"或"S的存在是可能的"，"P是可能的"或"P的存在是可能的"，这些判断都是"真的/实在的"，并且意味着："S"是一个有可能存在着的"某物"（Etwas），"P"也是一个有可能存在着的"某物"。仅仅凭借这种存在的可能性，"S"和"P"就是"实在的某物"（das reale Etwas），哪怕它们并不因此马上就是现实的（存在着的），但却不是什么虚构出来的东西。因此，正如前面已经提到过的，根据康德的定义："实在性是**某物**（Etwas），否定性是**无**（Nichts）。"① 由此，我们也就可以看出，作为模态范畴的"可能性"（Möglichkeit）与作为质的范畴的"实在性"（Realität）之间的区别。"可能性"与"实在性"不是一回事，但任何某物的（存在的）可能性使之"是一个实在的东西"。当康德按照"可能性"来思维一切实在性的总和，即把它说

---

① 〔德〕康德：《纯粹理性批判：注释本》，李秋零译注，中国人民大学出版社2011年版，第242页（A291/B347）。

成是"一切可能性的总和"（der Inbegriff aller Möglichkeiten）时①，"可能性"也并不是范畴（即"是可能的"）本身，而是任何适用于该范畴的某物，即任何"可能的某物"（das mögliche Etwas）。因此，康德把"全部的可能性"（die gesamte Möglichkeit）与"一般事物的所有谓词之总和"（der Inbegriff aller Prädikate der Dinge überhaupt）看作可互换的术语。②

无论如何，"最实在的存在者"作为"一个实在性的大全（omnitudo realitatis）的理念"③，其实就是一个自身内包含了所有可能的属性或性质的存在者的概念。"因为在它的规定中，发现了所有可能的对立谓词中的一种谓词，即绝对属于存在的谓词。"④ 但是，正如前文（第二章第二节）中提到过的，"最实在的存在者"并不是所有可能的实在性的单纯集合，即一个斯宾诺莎式的泛神论的上帝，因为这种集合本身是不可能的，一种实在性与另一种实在性之间也会构成真正的否定。相反，"最实在的存在者"被设想为"所有可能的实在性"的实在根据，被设想成一个单一的存在者，亦即被置于"实体"的范畴之下来思维。此外，这个"最实在的存在者"概念也不同于"绝对必然的存在者"概念，前者是一个本体论的理念，后者是一个宇宙论的理念。"绝对必然的存在者"的概念是假言推理的先验大前提，是在对一般经验的条件序列的追溯中达到的，并且（在宇宙论者的眼中）是从一般经验的现实性出发中被证明的——尽管康德认为，事实上并非如此。然而，"最实在的存在者"的概念是

---

① 〔德〕康德：《纯粹理性批判：注释本》，李秋零译注，中国人民大学出版社2011年版，第403页（B601）。

② 〔德〕康德：《纯粹理性批判：注释本》，李秋零译注，中国人民大学出版社2011年版，第403页（B600）。

③ 〔德〕康德：《纯粹理性批判：注释本》，李秋零译注，中国人民大学出版社2011年版，第405页（B604）。

④ 〔德〕康德：《纯粹理性批判：注释本》，李秋零译注，中国人民大学出版社2011年版，第405页（B604）。

康德与本体论证明的批判

选言推理的先验大前提，其概念中包含了所有可能的选言支。"因此，这个存在者是一个先验的**理想**，它是在一切实存的东西那里必然被发现的普遍规定的基础，构成其可能性的至上的和完备的质料条件，一般对象的一切思维在其内容上都必须回溯到这个条件。"①

至此，我们已经可以看出，尽管"最实在的存在者"被设想为分析地包含了所有可能的实在性，但在所有可能的实在性中不应该包含"存在"（Dasein）或"实存"（Existenz）。因为，"存在"或"实存"不是一种实在性。正是在这个意义上，康德在《证据》中提出："存在（Dasein）根本不是某一个事物的谓词或者规定性。"②这句话中的"谓词"是指狭义的谓词，即某种属性或性状的概念，而"规定性"（Determination）则相当于德文的"Bestimmung"（规定）③，但更准确地说是黑格尔所谓的"Bestimmtheit"（规定性）。表面上看，在一个"某物存在"（es gibt ein Etwas）或"某物实存"（ein Etwas existiert）的实存性判断中，"存在"或"实存"似乎是一个谓词。但事实上，这个判断根本就不是描述一个事物拥有何种特定的属性或性状，而是在描述一个纯然的概念拥有一个与之相应的现实客体。根据康德的范畴学说，"存在"或"实存"属于模态范畴，它表达的只是概念与客体（对象）的关系，而不是实体与偶性的关系。然而，这一点并非康德在其第三个论据（论据3）所要关注的问题。相反，康德在此做了一个让步，即姑且承认"存在"或"实存"是一种实在性。我们一旦接受这个让步，那么，既然"存在"或"实存"是一种实在性，"最实在的存在者"似乎就应该分析

---

① 〔德〕康德：《纯粹理性批判：注释本》，李秋零译注，中国人民大学出版社2011年版，第405页（B604）。
② 〔德〕康德：《康德著作全集：第2卷》，李秋零主编，中国人民大学出版社2003年版，第78页（2：72）。
③ 康德通常在两种意义上使用"Bestimmung"（规定），一是作为认识活动（判断）的"规定"（bestimmen）的名称，二是作为"谓词"的同义词的"规定性"。黑格尔则有所区分，他把前者称作"Bestimmung"（规定），把后者称作"Bestimmtheit"（规定性）。

地包含"存在"或"实存",而"有一个最实在的存在者"(es gibt ein realste Wesen)或"最实在的存在者存在着"(das realste Wesen existiert)就应该是一个必然为真的判断。

在第 8 段中,康德真正想要指出的是,即便我们做出这一让步,本体论证明也依旧不成立,因为它犯了一个非常重要的错误,即混淆了"逻辑的谓词"(das logische Prädikat)与"实在的谓词"(das reale Prädikat)。也就是说,本体论证明把一个分析判断中的逻辑谓词,当作一个综合判断中的实在谓词来使用了,从而误以为自己能够证明上帝的存在。然而,想要真正弄清这个混淆到底是怎么回事,就还必须要澄清两种谓词的区别,而这恰恰是一个充满争议的话题。下一节中,我们将讨论"逻辑的谓词"和"实在的谓词"的区分,但这个讨论只是初步的和预备性的。因为,关于两种谓词的区分,当代学者有一些不同的意见,并且存在较大的分歧与争论。因此,一个完备的讨论必须涉及对不同意见的批判,但我们只能把它们放到本书的第三部分来完成。

二 两种谓词的区分

对于理解康德的第三个论据(论据 3)来说,"逻辑的谓词"与"实在的谓词"这一区分是至关重要的。然而,遗憾的是,康德对于两种谓词的定义与解释并不十分清楚,以至于时至今日,国内外学者对于如何区分它们还存在较大的分歧。还有相当一部分学者认为,这一区分直接与康德的第四个论据(论据 4)而不是第三个论据(论据 3)有关,因为"逻辑的谓词"和"实在的谓词"这两个术语出现在引出第四个论据(论据 4)的第 9 段,并且似乎与第 10 段中关于"上帝存在"和"上帝是全能的"这两个命题的比较有关。但是,这种观点本身就是由对两种谓词之区分的错误理解导致的。

关于两种谓词的区分,学界有两种主要的解读。第一种解读认为，两种谓词是依据判断类型来区分："逻辑的谓词"是分析命题的谓词，"实在的谓词"是综合命题的谓词。持这种观点的学者通常会援引《逻辑学》中的一个说法："综合命题在质料上增加知识，分析命题仅仅在形式上增加知识。前者包含着规定（determinationes），后者仅仅包含逻辑谓词。"① 显然，这句话中的"规定"（Bestimmungen）指的是"规定性"（Bestimmtheit），并且与《纯粹理性批判》中关于"实在的谓词"的定义相呼应，康德在那里说："规定是一个添加（hinzukommen）在主词的概念之上并扩大（vergrößern）了这个概念的谓词。因此，它必须不是已包含在主词的概念之中的。"② 因此，两种谓词的区别似乎就在于："实在的谓词"为主词概念增添了内容，"逻辑的谓词"则没有。进而，由于（一般来说）综合命题增添主词概念的内容，分析命题不增添主词概念的内容，所以"实在的谓词"似乎就是综合命题的谓词，"逻辑的谓词"似乎就是分析命题的谓词。但是，这种解读会遭遇到一个十分明显的问题，即康德一方面主张"存在不是一个实在的谓词"③，另一方面却主张"每一个实存性命题都是综合的"④。也就是说，"存在"或"实存"只能是综合命题的谓词，那么，它又如何是一个逻辑的谓词呢？相对地，另一种解读认为，"逻辑的谓词"是指依据形式逻辑能够无矛盾地与主词概念相结合的谓词，"实在的谓词"则是指一种实在性，即关于一种属性或性状的概念。这种解读可以很好地解释为什么实存性命题中的"存在"或"实存"不是一个实在的谓词，因

---

① 〔德〕康德：《康德著作全集：第9卷》，李秋零主编，中国人民大学出版社2010年版，第109页（9：111）。
② 〔德〕康德：《纯粹理性批判：注释本》，李秋零译注，中国人民大学出版社2011年版，第417页（B626）。
③ 〔德〕康德：《纯粹理性批判：注释本》，李秋零译注，中国人民大学出版社2011年版，第417页（B626）。
④ 〔德〕康德：《纯粹理性批判：注释本》，李秋零译注，中国人民大学出版社2011年版，第417页（B626）。

第五章　康德的第三个论据

为它压根就不是一种实在性。但是，这种解读显然又与《逻辑学》中的说法相冲突。因此，持这种观点的学者往往不得不以某种方式否定《逻辑学》中的区分，或者将其解释为康德的某种不成熟的观点，或者干脆承认康德的思想缺乏一贯性。此外，这种解读使人倾向于认为，"逻辑的谓词"与"实在的谓词"的区分与康德的第四个论据（论据4）而不是第三个论据（论据3）有关。也就是说，两种谓词的区分可以具体落实到第10段中的"上帝存在"与"上帝是全能的"这两个命题的比较之上。

无论如何，上述两种解读都从不同的方面误解了康德的意思，尽管它们多少也包含着一些真正的洞识。第一种解读把两种谓词与两种判断联系起来，这本身没有什么问题。但是，它错误地把"后果"当作了"根据"。根据康德的解释，说分析命题的谓词是逻辑的谓词、综合命题的谓词是实在的谓词，这无疑是正确的。但是，我们没有理由反过来说，逻辑的谓词就是分析命题的谓词，实在的谓词就是综合命题的谓词。也就是说，这种解读错误地把两种命题当作区分两种谓词的标准了，而这是典型的倒果为因。两种谓词的区分应当有一个独立的标准，两种命题中的谓词只是恰好符合这一标准。而且，根据判断类型的区分是且仅仅是就《逻辑学》一书的特定语境而言，而《逻辑学》毕竟是一本讲授形式逻辑的课堂讲义，它确实仅仅考虑了典型的谓述判断，没有从先验的视角考虑模态判断的特殊情形。因此，如果严格按照《逻辑学》的区分，我们就无法解释为什么实存性判断（作为综合判断）中的谓词（即"存在"或"实存"）仅仅是一个逻辑的谓词。相对地，第二种解读直接把实在的谓词等同于实在性，进而把康德在《纯粹理性批判》中提出的"是（存在）不是一个实在的谓词"的观点与他早期在《证据》中提出的"存在根本不是一个谓词"的观点看作一回事。这种解读的支持者没有看到，《证据》中的"谓词"只是一个狭义上的谓词，仅仅意指关于一种实在性的概念，也没有看到，《纯粹理性批判》中的观点并不是对《证据》中的观点的简单重复,而是对后者的发展完善。同时,把两种谓词的区分与第四个论据(论据4)联系起来,使人很容易错判这个论据的论证意图,以至于给一种普兰丁格式的质疑留下了余地。然而,鉴于详细地批判上述两种解读并不是一件容易的事情,我们暂且把它们放到本书第九章再来完成。在本节中,我们满足于提出一种新的观点,并为之给出篇幅适宜的论证。

这种新的观点是:对于康德来说,"逻辑的谓词"和"实在的谓词"之间只有一种应用上的区分,而不是一种规定上的区分。换句话说,所有可能的谓词并不依据某种标准而被截然划分到两个阵营中,一些是逻辑的谓词,另一些是实在的谓词。甚至,根据上述第二种解读,两种谓词在规定上也不存在一种递进关系,即首先是一个逻辑的谓词,进而在满足了某种进一步的要求之后就成了实在的谓词。相反,真正说来,在一般情况下,特别是在形式逻辑的考虑中,"逻辑的谓词"和"实在的谓词"只是同一个谓词在判断中的不同应用,或者说它们之间只存在一种功能上的差异。为了更容易地理解这一点,我们可以类比"思辨理性"(die spekulative Vernunft)与"实践理性"(die praktische Vernunft)的区别:严格来说,思辨理性与实践理性并不是两种理性,也根本不存在两种理性,它们只是同一个理性的两种应用。狭义的理性就是推理能力,思辨的理性是谋求"某物是什么"的理论判断的推理,实践的理性是谋求"某人应当做什么"的实践判断的推理。类似地,在一般情况下,"逻辑的谓词"与"实在的谓词"是同一些谓词的两种不同的应用。具体来说:1. "逻辑的谓词"是那种仅仅在形式上谓述或规定了主词概念的谓词。如果在一个判断中,谓词概念仅仅占据了一个谓词的逻辑位置(语法位置),但并没有真正发挥一个谓词应有的功能,即"说出主词概念是什么",或者说是对主词概念的内容有所增添(增加了主词概念的知识),那么,这个谓词就是一个逻辑的谓词。正因如此,在一般情况下,分析命题的谓词才被认定为逻辑的谓

第五章 康德的第三个论据

词；2."实在的谓词"是那种在质料上谓述或规定了主词概念的谓词。如果在一个判断中，谓词概念实实在在地发挥了一个谓词应有的功能，即"说出了主词概念是什么"，或者说是对主词概念的内容有所增添（增加了主词概念的知识），那么，这个谓词就是一个实在的谓词。举个例子，在"竹子是绿色的"这个分析命题中，由于谓词概念"绿色的"分析地包含在主词"竹子"的概念之中，所以，谓词概念"绿色的"真正说来并没有发挥一个谓词应有的功能，或者用康德的话说，"未给主词的概念增添任何东西，而是只通过分析把它分解成它的在它里面已经（虽然是模糊地）思维过的分概念"①。正是在这个意义上，"绿色的"是一个逻辑的谓词。相反，在"这个足球是绿色的"这个综合命题中，由于谓词概念"绿色的"并不分析地包含在主词"足球"的概念之中，我们无法先天地得知"足球是绿色的"，而是只能后天地通过经验的观察得知这一点。所以，谓词概念"绿色的"在此真正发挥了一个谓词应有的功能，即说出了"这个足球是什么"，或者用康德的话说，"给主词的概念增添一个在它里面根本未被思维过、且不能通过对它的任何分析得出的谓词"②。正是在这个意义上，"绿色的"是一个实在的谓词。当然，"存在"或"实存"作为一个谓词的情况比较特殊，根据康德的意思，它只能充当"逻辑的谓词"，不能充当"实在的谓词"。这是因为，"存在"或"实存"根本就不是一个（狭义上的）谓词，而是只能在判断中被当作一个谓词概念来使用（占据一个谓词的逻辑位置或语法位置）。所以，尽管"存在"或"实存"是一个综合命题中的谓词，但却毕竟不能为主词概念增添任何内容（不能增加主词概念的知识），从而只能是一个逻辑的谓词。但是，这个

---

① 〔德〕康德：《纯粹理性批判：注释本》，李秋零译注，中国人民大学出版社2011年版，第35页（A7/B11）。

② 〔德〕康德：《纯粹理性批判：注释本》，李秋零译注，中国人民大学出版社2011年版，第35页（A7/B11）。

问题暂时还不是我们要关注的焦点。

　　需要强调的是，前面提到的两种解读都忽视了"谓词"的本义，而仅仅依据康德著作中的各种说法来理解两种谓词的区别。在康德著作中，"谓词"有狭义和广义之分。在《证据》中，"谓词"是狭义的，即关于一种实在性的概念；在《纯粹理性批判》中，"谓词"更多的是广义的，即无论何种在判断中被用来（无论在形式上还是在质料上）规定主词概念的一个概念，所以才有了"逻辑的谓词"和"实在的谓词"的区分。但是，无论在狭义上还是在广义上，"谓词"都必须在与主词概念的关系中才是谓词。也就是说，任何某个概念都唯有当它在判断中被用来"谓述"（prädizieren）或"规定"（bestimmen）一个主词概念时，它才成其为一个谓词，否则它就只是一个概念。德文中"谓词"（Prädikat）直接源自拉丁文的"praedicatum"（谓词），正如前文（第五章第一节）中提到过的，后者源于动词"praedicare"（谓述），它是"说出"或"宣布"的意思。所以，"praedicatum"（谓词）就是"用来说出某人/某物（主词）是什么的东西"。我们在前文（第四章第三节）中还说过，单个的概念并不是知识，判断才是知识。例如，当我们把"红色的"这个概念添加到任何一个某物的概念之上，并且说"某物是红色的"，我们就通过"红色的"说出了这个"某物"是什么，并由此获得了关于它的知识。否则的话，仅仅通过"某物"这个概念，我们根本不知道它是什么，我们甚至连它是一个独立自存的实体还是一种依附于某个实体而存在的偶性也不知道。在这个例子中，通过"红色的"这个概念来说出"某物"的概念是什么，这一活动从认识的主体与客体的关系上讲就叫作"判断"（urteilen），从两个概念之间的关系上讲就叫作"谓述"（praedico；prädizieren）或"规定"（determino；bestimmen）。"谓述"一词更强调语言关系，即"说出"或"宣布"某物是什么，并且仅仅关心"这个谓词概念"与"这个主词概念"的关系。"规定"一词则更多地强调逻辑关系，根据康德自己的解

第五章 康德的第三个论据

释,"规定就是以排除对立面来设定一个谓词"①,因为它不仅考虑"这个谓词概念"与"这个主词概念"的关系,也考虑"这个谓词的对立面"与"这个主词概念"的关系。换句话说,当我们宣称"某物是红色的",我们就用"红色的"这个谓词"规定"(bestimmen)了主词"某物",并且否定了它与"非红色的"的关系。因此,所有的规定都是限制,把主词概念限制在所有可能的实在性的一个更小的范围内。在这个"某物是红色的"判断中,"红色的"就是谓词。但是,"红色的"这个概念就其自身而言只是一个概念(一种实在性的概念),如果我们没有把它和任何某个事物的概念结合起来加以思维,那么,严格说来,我们就只能说,"红色的"这个概念可以在判断中充当谓词,而不是说它独立于任何某个事物的概念(可能的主词概念)就是一个谓词。因此,一个谓词必须要在判断中发挥一个谓词的功能,无论仅仅在形式上还是同时也在质料上如此。

导致误解(尤其是第二种解读)的另一个原因是对"逻辑的/实在的"这组概念的曲解。实际上,在康德的著作中,"逻辑的/实在的"表达的是"形式的/质料的"的区分。因此,"逻辑的谓词"其实就是"形式的谓词",即那种仅仅在形式上充当一个判断中的谓词,但没有真正说出主词概念是什么,没有对主词概念做出进一步的规定,没有为主词概念的内容增添任何东西的概念;相应地,"实在的谓词"则是"质料的谓词",即那种在质料上充当一个判断中的谓词,真正说出了主词概念是什么,对主词概念做出了进一步的规定,为主词概念的内容增添了新的东西的概念。对于这种依据"形式/质料"的区分,最直接的证据就是康德在《逻辑学》中的说

---

① 〔德〕康德:《康德著作全集:第1卷》,李秋零主编,中国人民大学出版社2003年版,第371页(1:391-392)。原文为拉丁文:"Determinare est ponere prädicatum cum exclusione oppositi."

法:"综合命题在质料上增加知识,分析命题仅仅在形式上增加知识。前者包含着规定(derterminationes),后者仅仅包含逻辑谓词。"① 其实,从这句话中不难看出,综合命题和分析命题并不是区分两种谓词的标准,真正的关键在于:"在质料上增加知识"是"规定"或"实在的谓词"的特点,"仅仅在形式上增加知识"则是"逻辑的谓词"的特点。此外,那种把"逻辑的谓词"理解为在逻辑上可以与主词概念无矛盾地结合的谓词、把"实在的谓词"等同于实在性的观点,实际上受到了康德在《证据》中对"逻辑的可能性"(die logische Möglichkeit)与"实在的可能性"(die reale Möglichkeit)的区分的影响。正如前文(第三章第三节)中提到过的,逻辑的可能性是指判断中的两个概念能够依据矛盾律结合在一起,实在的可能性是指两个概念本身是某种可能存在的东西。但是,把这一区分中关于"逻辑的"的解释(即依据矛盾律的一致)套用到其他地方并不合适,这不仅因为"矛盾律"固然是逻辑原则,但"逻辑的"却并不因此反过来就等于矛盾律,同时也是因为"逻辑的/实在的"这一区分在康德著作中还被用于描述多种不同的问题。例如,除了"逻辑的谓词"与"实在的谓词"、"逻辑的可能性"与"实在的可能性",康德在其著作中至少还提到过"逻辑的对立"与"实在的对立"、"逻辑的应用"与"实在的应用"以及"逻辑的关系"与"实在的关系"。但是,在所有这些例子中,"逻辑的"一词并不全都适用于"依据矛盾律的一致",但却全都适用于"形式的"。具体来说:

例1:"逻辑的对立"(die logische Opposition)与"实在的对立"(die reale Opposition)出现在1763年的《将负值概念引入世俗智慧的尝试》一文中。康德在那里说:"相互对立的东西是:其中一

---

① 〔德〕康德:《康德著作全集:第9卷》,李秋零主编,中国人民大学出版社2010年版,第109页(9:111)。

个取消通过另一个而设定的东西。这种对立是双重的；要么是由于矛盾而是逻辑的（logisch），要么是实际的（real；实在的），即没有矛盾。"① 因此，"逻辑的对立"就是依据矛盾律的对立，"它在于对同一事物同时肯定和否定某种东西"②，而"实在的对立"则不在于矛盾律，而是在于"一个取消了通过另一个而设定的那种东西；但结果却是某种东西（cogitabile）"③。对此，我们可以直接援引康德的例子来予以说明。例如，"在运动中的"（in Bewegung）和"不在运动中的"（nicht in Bewegung）是两个逻辑上对立的谓词，它们可以分别被用于描述一个事物，但却不能同时被用于描述一个事物，否则就会导致矛盾。然而，"朝向 A 运动"和"朝向 A 的反方向运动"却不是逻辑上对立的谓词，但假如两个运动的力相等，并且同时存在于同一个事物上，就会彼此抵消，使该事物处于静止状态，这就是实在的对立。当然，这个例子能够支持"依据矛盾律的一致"的解释，但这不足为奇，因为"逻辑的对立"和"实在的对立"原本就涉及事物的可能性问题。然而，在其他例子中，情况就并不如此了。

例 2："逻辑的应用"（der logische Gebrauch）与"实在的应用"（der reale Gebrauch）最为明确地出现在《纯粹理性批判》中的"先验辩证论"的"论作为先验幻相之所在的纯粹理性"一节。康德在那里谈到了"理性的逻辑应用"与"理性的实在应用"的区分，并且强调这一区分也适用于知性，尽管他在讨论知性时只使用了"逻辑的应用"一词，没有明确使用"实在的应用"一词。根据康德的

---

① 〔德〕康德：《康德著作全集：第 2 卷》，李秋零主编，中国人民大学出版社 2003 年版，第 173 页（2：171）。
② 〔德〕康德：《康德著作全集：第 2 卷》，李秋零主编，中国人民大学出版社 2003 年版，第 173 页（2：171）。
③ 〔德〕康德：《康德著作全集：第 2 卷》，李秋零主编，中国人民大学出版社 2003 年版，第 173 页（2：171）。

康德与本体论证明的批判

解释,"逻辑的应用"即"抽掉知识的一切内容"的一种"纯然形式的"应用,并且具体就是指"间接推理的能力"(die unmittelbare Schlüsse)①;"实在的应用"则是指理性的"自己产生概念的能力",即康德所谓的"原则的能力"(das Vermögen der Prinzipien)②。而且,康德还把"理性的逻辑应用"等同于"作为一种逻辑能力(ein logisches Vermögen)的理性",把"理性的实在应用"等同于"作为一种先验能力(ein transzendentales Vermögen)的理性"③。在这个例子中,"逻辑的"显然不能仅仅解释为"依据矛盾律的",而是必须解释为"逻辑"本身,即抽掉知识的一切内容(质料)的思维的一般形式本身。更重要的是,根据康德的提示,这一区分也适用于知性。与理性一样,"知性的逻辑应用"就是"抽象知识的一切内容"的一种"纯然形式"的应用,也就是"判断的能力"(das Vermögen zu urteilen)④,它包括四个标题、十二个环节⑤。同时,正如"理性的实在应用"即康德所谓的"理性的先验应用",那么相应地,"知性的实在的应用"也就是"知性的先验应用",即通过"纯粹的综

---

① 〔德〕康德:《纯粹理性批判:注释本》,李秋零译注,中国人民大学出版社 2011 年版,第 247 页(A299/B355)。

② 〔德〕康德:《纯粹理性批判:注释本》,李秋零译注,中国人民大学出版社 2011 年版,第 247 页(A299-300/B355-356)。

③ 〔德〕康德:《纯粹理性批判:注释本》,李秋零译注,中国人民大学出版社 2011 年版,第 247 页(A299/B355)。

④ 〔德〕康德:《纯粹理性批判:注释本》,李秋零译注,中国人民大学出版社 2011 年版,第 87 页(A69/B94)。

⑤ 具体来说:1. 判断的量(die Quantität der Urteile):全称判断(allgemeine Urteile)、特称判断(besondere Urteile)和单称判断(einzelne Urteile);2. 判断的质(die Qualität der Urteile):肯定判断(bejahende Urteile)、否定判断(verneinende Urteile)和无限判断(unendliche Urteile);3. 判断的关系(die Relation der Urteile):定言判断(kategorische Urteile)、假言判断(hypothetische Urteile)和选言判断(disjunctive Urteile);4. 判断的模态(die Modalität der Urteile):或然判断(problematische Urteile)、实然判断(assertorische Urteile)和必然判断(apodiktische Urteile)。〔德〕康德:《纯粹理性批判:注释本》,李秋零译注,中国人民大学出版社 2011 年版,第 88 页(A70/B95)。

合"（die reine Synthese）提供"纯粹的知性概念"即"诸范畴"的能力，也就是康德所谓的"规则的能力"（das Vermögen der Regeln）。显然，在知性应用的这一区分中，"逻辑的"更不能仅仅被解释为"依据矛盾律的一致"。

例3："逻辑的关系"（die logische Beziehung）与"实在的关系"（die reale Beziehung）最为明确地出现在1790年《论一个据说一切新的纯粹理性批判都由于一个更早的批判而变得多余的发现》中。康德在那里区分了看待判断中的谓词的两种方式，一是"在与主词概念的纯然逻辑关系中看待它"，二是"在与对象的实在关系中看待它"①。在这里，"关系"特指判断中的主词概念与谓词概念的关系，如果抽掉知识的一切内容，单纯从形式的角度来看待，那就是谓词概念在判断中谓述或规定主词概念这一关系，这也正是康德所谓的"纯然逻辑的关系"。因此，"逻辑的关系"与"依据矛盾律的一致"无关，后者仅仅涉及判断是否为真的问题。相对地，"实在的关系"是主词概念与谓词概念的客体（对象）的关系，即一个事物与一种属性的关系，或者具体来说就是"一个属性属于一个事物"或"一个事物具有一种属性"的关系。因此，"逻辑的关系"只是主词概念与谓词概念的"纯然形式的关系"，"实在的关系"则是事物与属性之间的"质料的关系"。

其实，如果我们意识到，在康德批判时期的著作中，"实在的"常常被替换成"先验的"，"逻辑的/实在的"常常被替换成"逻辑的/先验的"，那么，我们就还能找到更多的例子。但同样的，所有这些例子并不都能支持把"逻辑的"解释为"依据矛盾律的"。因此，还是那句话，"依据矛盾律的"固然是"逻辑的"，但"逻辑的"并不就是"依据矛盾律的"。相反，在"逻辑的/实在的"这组

---

① 〔德〕康德：《康德著作全集：第8卷》，李秋零主编，中国人民大学出版社2010年版，第242页（8：238）。

康德与本体论证明的批判

概念出现的所有场合中，它们都适于按照"形式的/质料的"这一区分来解释。正如前文指出过，一个概念必须当它在判断中被当作一个谓词来使用，亦即被用于谓述或规定一个主词概念时，这个概念才成其为一个谓词。现在，如果我们把这一点与"形式的/逻辑的"这一区分结合起来，就很容易看出："逻辑的谓词"是指那些在判断中被当作一个谓词来使用，但却仅仅在形式上谓述或规定了主词概念的概念；相对地，"实在的谓词"是指那些在质料上谓述或规定了主词概念的概念。说得再简单些："逻辑的谓词"是一些徒具虚名的谓词，它们在判断中没有真正发挥一个谓词应有的功能；相对地，"实在的谓词"则是一些名副其实的谓词，它们在判断中真正发挥了一个谓词应有的功能。正因为如此，康德才会说，"实在的谓词"是"一个事物的规定"（der Bestimmung eines Dinges）①，并且更为明确地说："规定（Bestimmung）是一个添加在主词的概念之上并扩大了这个概念的谓词。因此，它必须不是已经包含在主词的概念之中。"② 从这句话中可以合理地推出，"逻辑的谓词"是指那些没有扩大主词概念的谓词。而且，我们还可以进一步说，那些已然先行包含在主词概念中的谓词都是"逻辑的谓词"，尽管我们不能反过来说，"逻辑的谓词"就是那些已然包含在主词概念中的谓词，因为这是一个明显的"不当换位"（Illicit conversion）谬误，忽视了"逻辑的谓词"的其他可能情形。例如，由于"存在"或"实存"根本就不是一种实在性，无论我们把实存性判断看作分析的还是综合的，它都只是一个"逻辑的谓词"，因为它无论如何也不能扩大主词概念。

然而，我们必须把"存在"或"实存"为什么是一个逻辑的谓

---

① 〔德〕康德：《纯粹理性批判：注释本》，李秋零译注，中国人民大学出版社2011年版，第417页（B626）。

② 〔德〕康德：《纯粹理性批判：注释本》，李秋零译注，中国人民大学出版社2011年版，第417页（B626）。

词放到下一章再来讨论，这既是因为这个问题与康德的第四个论据（论据4）更为密切相关，也是因为在第三个论据（论据3）中，康德从一开始就做出了让步，姑且肯定了"存在"或"实存"也是一种实在性，并且打算在这样一个让步之下，揭示出本体论证明在论证上的一个错误。同时，本节仅仅满足于正面阐明"逻辑的谓词"和"实在的谓词"到底是什么，以便对康德的第三个论据（论据3）做出更准确的解释。但是，如果我们想要证明这种解读是正确的，就必须对前面提到过的两种解读提出更为详细的批判，也要为本节的解读提出更多的辩护。然而，由于篇幅与主题的限制，我们必须把这项任务放到第九章再来完成。

三　两种谓词的混淆

正如前文指出过的，康德为指出从"最实在的存在者"出发的本体论证明在论证上的错误，做出了两个重要的让步。首先，康德"姑且同意"了本体论证明的一个主张，即"毕竟有一个、而且只有这一概念，其对象的不存在或者取消是自相矛盾的；而这就是最实在的存在者"[①]。其次，康德还进一步让步说："如今，在所有的实在性中间也一并包含了存在。因此，存在就蕴涵在一个可能的东西的概念中。"[②] 有了这两个条件，本体论证明的支持者似乎就可以说：一个"最实在的存在者"只要是可能的，那就必然也是现实的，因为这个概念分析地包含着作为一种实在性的"存在"或"实存"。

我们切不可认为，这些让步代表了康德的真实观点，它们只是暂时的，仅仅服务于当前的论证意图。实际上，康德认为，"直截了

[①]〔德〕康德：《纯粹理性批判：注释本》，李秋零译注，中国人民大学出版社2011年版，第416页（B624）。

[②]〔德〕康德：《纯粹理性批判：注释本》，李秋零译注，中国人民大学出版社2011年版，第416页（B624）。

康德与本体论证明的批判

当地通过对实存概念的一种精确规定来使这种苦思冥想的空谈破灭"才是更好的策略①。按照他自己的说法,揭示出"两种谓词之混淆"的必要性主要在于,这种混淆所导致的幻觉"几乎拒斥了一切教诲"②。无论如何,对于第一个让步,康德的态度是足够明确的,他对本体论证明的支持者说:"你们说它(最实在的存在者)具有一切实在性,你们有权利假定这样一个存在者是可能的。"③ 在他们看来,任何人只要承认"这个最实在的存在者"是可能的,那就足够了。因为,他们的目标就是要从概念的可能性中分析地推出其现实性(存在)。但是,这种可能性只是一种逻辑上的可能性。因此,康德马上就说:"我姑且同意这一点,尽管不自相矛盾的概念还远远没有证明该对象的可能性。"④ 我们在前文(第三章第二节)中已经谈到过,康德早在《证据》中就指出,"逻辑的可能性"只要求概念"依据矛盾律的一致"。我们知道,说"最实在的存在者是可能的"就等于是说"最实在的存在者存在着"或"有一个最实在的存在者"的判断有可能为真(是实在的)。因此,从逻辑的可能性来讲,这个判断的确是可能的,因为"最实在的存在者"和"存在"的结合没有逻辑上的矛盾。"只要概念不自相矛盾,它就总是可能的。这是可能性的逻辑标志,而且它的对象也因此与 nihil negativum[否定的无]区别开来。"⑤ 然而,"实在的可能性"还要求主词概念和谓

---

① 〔德〕康德:《纯粹理性批判:注释本》,李秋零译注,中国人民大学出版社2011年版,第417页(B626)。
② 〔德〕康德:《纯粹理性批判:注释本》,李秋零译注,中国人民大学出版社2011年版,第417页(B626)。
③ 〔德〕康德:《纯粹理性批判:注释本》,李秋零译注,中国人民大学出版社2011年版,第416页(B624)。
④ 〔德〕康德:《纯粹理性批判:注释本》,李秋零译注,中国人民大学出版社2011年版,第416页(B624)。
⑤ 〔德〕康德:《纯粹理性批判:注释本》,李秋零译注,中国人民大学出版社2011年版,第416页脚注(B624n)。

第五章 康德的第三个论据

词概念本身是某种"实在的东西"①。但正如前文（第五章第一节）中指出过的，把任何某个东西看作"实在的"或者说它具有"实在性"，这暗示的是关于这个东西的实存性判断的可能性。因此，在"一个直角的三角形存在"或"有一个直角三角形"中，"直角"和"三角形"都是某种"实在的东西"，也就是说，它们都是某种可能存在的东西，这就使得我们不仅可以在形式上（逻辑上）设想它们之结合的可能性，而且还可以在质料上设想它们的结合。在"最实在的存在者存在着"或"有一个最实在的存在者"的判断中，主词概念"最实在的存在者"与谓词概念"存在"或"实存"依据矛盾律的结合是没有困难的，也就是说，这个判断在逻辑上是可能的。但是，如果我们从实在的可能性出发，就必须要考虑"存在"或"实存"本身是否是一个可能存在的"实在之物"或"实在性"。如果"存在"或"实存"根本就不是一种实在性，亦即并非关于某种"实在之物"的概念，那么，这个判断就依旧缺乏一种实在的可能性。因此，康德在脚注中警告我们："不要从概念的可能性（逻辑的可能性）马上推出事物的可能性（实在的可能性）。"② 毫无疑问，康德从没有完全赞同过"最实在的存在者是可能的"：这个存在者确实在逻辑上是可能的，但也"仍然可能是一个空洞的概念"③，通过"最实在的存在者"与"存在"或"实存"，我们并没有在思维两个可能客体之间的关系。因此，在这个段落中，康德纯粹是为了论证的需要才姑且做出了让步，以便揭示出两种谓词的混淆。

至于第二个让步，即允许把"存在"看作一种实在性，康德没

---

① 〔德〕康德：《康德著作全集：第2卷》，李秋零主编，中国人民大学出版社2003年版，第84页（2：78）。

② 〔德〕康德：《纯粹理性批判：注释本》，李秋零译注，中国人民大学出版社2011年版，第416页脚注（B624n）。

③ 〔德〕康德：《纯粹理性批判：注释本》，李秋零译注，中国人民大学出版社2011年版，第416页脚注（B624n）。

康德与本体论证明的批判

有像在第一个让步中那样明确交代自己的真实态度,但他确实也没有必要再强调这一点。因为,对于"存在"或"实存",康德的态度是始终如一的:它根本就不是一种实在性,即本身根本就不是什么"实在的东西";相反,"存在"或"实存"是使任何"实在的东西"获得现实性(成为现实的)的东西。具体来说:首先,正如前文(前言,第二章第一节,第三章第二、三节)中多次提到过的,康德早在《证据》中就明确表示:"存在(Dasein)根本不是某一个事物的谓词或者规定性。"① 而且,这句话中的"谓词"是狭义的谓词,即关于一种实在性或实在的东西的概念,能够被用于谓述或规定一个主词概念,以表明后者(所指的客体)拥有何种特殊的属性或性状。其次,在第8段中,康德刚刚结束了对分析命题的讨论,转入对综合命题的讨论时,他马上就指出:"每一个实存性命题都是综合的。"② 这句话至少间接地否定了"存在"或"实存"是一种实在性,并且暗示正因为如此,它才不能从"最实在的存在者"的概念中被分析出来。再次,在第11段中,康德正面解释了"存在"或"实存"何以不是一种实在性。他说:"当我思维一个事物时,无论我通过什么谓词以及多少谓词来思维它(甚至在普遍的规定中),通过我附加上'该物存在'(dieses Ding ist),也对该物没有丝毫的增益。"③ 因此,当康德说"在所有的实在性中间也一并包含了存在。因此,存在就蕴涵在一个可能的东西的概念中"时④,这无疑仅仅是一个让步。因此,康德根本就不承认"存在"或"实存"是一种

---

① 〔德〕康德:《康德著作全集:第2卷》,李秋零主编,中国人民大学出版社2003年版,第78页(2:72)。
② 〔德〕康德:《纯粹理性批判:注释本》,李秋零译注,中国人民大学出版社2011年版,第417页(B625)。
③ 〔德〕康德:《纯粹理性批判:注释本》,李秋零译注,中国人民大学出版社2011年版,第418页(B628)。
④ 〔德〕康德:《纯粹理性批判:注释本》,李秋零译注,中国人民大学出版社2011年版,第416页(B624)。

第五章　康德的第三个论据

实在性，把它当作一种实在性恰恰是本体论证明的一个错误。但是，为了揭示出本体论证明在论证上的另一个错误，康德在此姑且承认了这一点，正如他姑且承认了"最实在的存在者是可能的"一样。因此，正如前面多次强调过的，康德在此处的目标仅仅是要表明，即便我们承认本体论证明的这两个基本要点，其论证中依旧包含着一个重要的混淆，并且因此是不成立的。这个混淆就是对"逻辑的谓词"和"实在的谓词"的混淆，而且，根据前文（第五章第二节）中对两种谓词的区分，这个混淆可以更为具体地表述为：把一个只能在形式上增加主词概念的知识、从而不能对主词概念的内容有所增添的谓词，错误地当成了一个也能在质料上增加主词概念的知识、从而能够对主词概念的内容有所增添的谓词。

为了揭示出这一混淆，康德提出了一个问题："这个或者那个事物（无论它是什么事物，我都姑且承认它是可能的）实存着；我要说，这个命题是一个分析命题还是一个综合命题呢？"① 从这句话中可以看出，尽管康德的批判针对的是上帝存在的证明，但他对"存在"和"实存"概念的分析却并不仅限于它与"上帝"（Gott）或"最实在的存在者"这两个特殊概念之间的关系。有一种观点认为，康德关于两种谓词的混淆（以及其他一些关于"存在"概念的）讨论都只是针对"上帝"这个特殊的主词而言的——也就是说，这里仅仅是在考虑"上帝存在"是一个分析命题还是一个综合命题，以及这个特定命题中的"存在"究竟是逻辑的谓词还是实在的谓词。但是，我们刚才引用这句话足以表明，康德只是一般地在考虑任何实存性命题到底是分析的还是综合的，以及任何此类命题中的"存在"或"实存"到底是何种谓词，因为他在此处使用的主词概念是"这个或者那个事物"（dieses oder jenes Ding），并且还将其括注为

---

① 〔德〕康德：《纯粹理性批判：注释本》，李秋零译注，中国人民大学出版社2011年版，第416页（B625）。

康德与本体论证明的批判

"无论它是什么事物"(es mag sein, welches es wolle)。现在，顺着康德的问题，我们首先来看看，如果实存性判断是分析命题，情况会如何？

毫无疑问，在无论何种版本的本体论证明中，"上帝存在"都被看作一个分析命题，因为谓词概念"存在"或"实存"被认为是直接从主词概念"上帝"中分析出来的。然而，康德指出，如果任何实存性命题（包括"上帝存在"的命题在内）都是分析的，"则你们通过事物的存在（das Dasein des Dinges）对你们关于该事物的思想（euer Gedanke von dem Ding）没有任何增添"①。其实，这句话的意思非常清楚：如果谓词概念"存在"是从主词概念中分析出来的，而不是以综合的方式额外添加上去的，那么即便"存在"是一种实在性，通过"某个事物存在"这一判断，主词概念"某个事物"在内容上没有增加分毫。也就是说，在这个判断中，谓词概念"存在"并没有真正发挥一个谓词应有的功能，即谓述（prädizieren）或规定（bestimmen）主词概念，增加我们对主词概念的认识。这就不免再次令我们想起康德在《逻辑学》中说过的话，"分析命题仅仅在形式上增加知识"，并且因此"仅仅包含逻辑谓词"②。在假定任何实存性命题都是分析命题的情况下，康德又区分了两种情形。

第一种情形是说："要么你们心中的思想必须是该事物本身。"③很多人或许会觉得，这句话不大好理解，但康德的意思其实不过就是说，在这个判断中，存在着的东西（事物）就只是那个纯然的概念而已。通常我们说"某个事物存在"，其实都只是"某个事物的

---

① 〔德〕康德：《纯粹理性批判：注释本》，李秋零译注，中国人民大学出版社2011年版，第416页（B625）。
② 〔德〕康德：《康德著作全集：第9卷》，李秋零主编，中国人民大学出版社2010年版，第109页（9：111）。
③ 〔德〕康德：《纯粹理性批判：注释本》，李秋零译注，中国人民大学出版社2011年版，第416页（B625）。

第五章　康德的第三个论据

概念有一个与之相应的现实客体"。但在这里,根本就没有"关于事物的思想"与"思想所指的事物"的区分,亦即没有"概念"与"客体"(对象)的区分,我们只是在讨论"关于事物的思想"或者"关于事物的概念",这个"思想"与"概念"就是那个被我们判断为存在着的事物本身(das existierende Ding selbst)。只要我们在心中想到任何一个事物的概念,这个概念就已经存在了,它存在于我们的思想中。因此,我们不难从这个概念中分析出它在我们思想中的存在。但是,这与"概念所指的客体(事物)是否存在"毫无关系:我们的思想中有一个关于事物的概念,这并不能使这个概念所指的客体(对象)成为现实的。而且,正如我们在前文(第三章第一节)中指出过的,说"某个事物存在于我们的思想中"或"我的思想中有一个关于某个事物的概念",这无非就是说,我们在思维中假定某个事物存在,并且把它当作一个现实存在着的事物来思考。因此,存在于思想中的事物(关于事物的概念)的"存在"只是一种假定,我们在思维任何事物时都必须要做这种假定,哪怕我们并没有清楚地意识到这一点。所谓"假定的存在"并不是(就像许多易于被特殊的语言表述所迷惑的人们所认为的那样)某种不同于"现实的存在"的特殊的存在——"存在"就是"现实存在"或者"现实性",即便"假定的存在"也无非就是"假定的现实存在"或"假定的现实性",根本就没有其他什么不同的存在。现在,具体到"上帝存在"的判断中。如果它只能是一个分析判断,那么,这个判断有可能要表达的第一种意思就是:上帝的概念存在于我们的思想中,或者我们的思想中有一个上帝的概念。但仅仅如此的话,我们就什么也没有证明。我们只是在思维中假定了一个上帝存在,然后把它当作一个现实存在着的东西来思维。通过这种思维,我们甚至还想要证实它确实存在,而"确实存在"则意味着,这个概念有一个与之相应的现实客体。遗憾的是,到目前为止,这一点并没有被证明,我们充其量只是把对这个概念的持续思维——即持续地把它

康德与本体论证明的批判

当作一个存在着的东西来思维——混淆为一个事物的现实存在。因此,"上帝存在"的分析判断仅仅表达了我们把上帝思维成什么样的。我们通过把"上帝"思维成一个"实存着的存在者",并且通过一个"上帝存在"的分析判断清楚地讲出这一点,并不能使上帝成为一个现实的存在者。

第二种情形是说:"要么你们把一种存在预设为属于可能性的,在此之后按照这个借口从内在的可能性推出存在,而这无非是一种贫乏的同义反复。"① 这里所谓的"内在的可能性"(die innere Möglichkeit)是指主词概念所指的事物自身的可能性,这是相对于"外在的可能性"(die äußere Möglichkeit)而言的,后者是指通过自身以外的其他某个东西而可能。谈到这个话题,不免再次提到康德在《证据》中的区分,即内在的可能性包括逻辑的可能性与实在的可能性两个方面。正如前面谈论过的,康德实际上仅仅承认"最实在的存在者"在逻辑上是可能的,并不认为其实在的可能性已经被阐明。但是,他毕竟在此做出了让步,姑且承认了这个概念的内在可能性。因此,康德的意思其实是说,如果"某个事物存在"是一个分析判断,而且,它并不只是在说"某个事物的概念存在于我们的思想中",而是要表达"某个事物是一个现实存在着的事物"或"某个事物的概念有一个现实的客体(对象)",那么,这不过就是依据主词概念的可能性,即从"某个事物存在是可能的"中分析出了一个"可能的存在"。作为一个"同义反复"或"恒真式",它当然是一个逻辑上必然为真的判断。然而,康德之所以说它是"贫乏的"(elend),不仅是因为它在逻辑上并没有增加我们对主词概念的认识,而且作为其结论的"存在"自始至终都只是"可能的存在"或"假定的存在",它并不会由于这种逻辑的必然性而转变成

---

① 〔德〕康德:《纯粹理性批判:注释本》,李秋零译注,中国人民大学出版社2011年版,第416页(B625)。

现实的存在。所以，康德强调说："'实在性'这个词在事物的概念中听起来有不同于谓词概念中的实存（Existenz）的韵味，它是于事无补的。"① 因为，正如前文（第五章第一节）中指出的，"实在性"或"实在的东西"作为谓词是在"质"（Qualität）上规定主词概念的东西，它们构成了主词概念的"是什么"；然而，"实存"或"存在"作为谓词并没有在相同的意义上规定主词概念"是什么"，它只是肯定主词概念有一个与之相应的现实对象。当我们按照事物的内在可能性来思维它，并且依据对概念的分析说出它"是什么"时，我们实际上只是在思维中假定了这个事物存在，并且按照"这个事物如果存在将是什么"来进行思维。因此，无论一个事物拥有何种以及多少种实在性（肯定的质），当我们用一个"S 是 P"的分析命题来思维它时，我们所说的不过就是：假如 S 存在，那么，S 是 P_1、P_2、P_3、P_4……如果"存在"或"实存"也是一种实在性，那么，在"上帝存在"或"上帝实存"的分析判断中，我们所说的也不过就是：假如上帝存在或实存着，那么，上帝就存在或实存着。如果我们把这个判断以推理的形式加以表述就是：

大前提：假如有一个上帝，它是一个最实在的存在者。
小前提："存在"或"实存"是一种实在性。
结　论：上帝存在或实存着。

由此可以清楚地看出，这个推理的结论是从一个假定的大前提中推出了一个实然的结论。而且，由于小前提中的"存在"或"实存"是作为一种实在性被包含在主词概念中的，既然主词概念本身是被假定的，那么，作为其内容的所有实在性也都是被假定的。因

---

① 〔德〕康德：《纯粹理性批判：注释本》，李秋零译注，中国人民大学出版社2011年版，第416页（B625）。

康德与本体论证明的批判

此，结论中的谓词"存在"或"实存"依旧是假定的，它并不意味着主词概念有了一个与之相应的现实客体（对象），只是说出了原本就包含在一个纯然假定的事物中的纯然假定的实在性。正因为如此，康德才会说："如果你们也把所有的设定（不论你们设定什么）都称为实在性，你们就已经把该事物连同它所有的谓词都设定在主词的概念中了，并且假定它是现实的，而在谓词中你们只不过是重复它罢了。"① 对此，我们还可以换一个说法，以便看出这里为什么说的是"两种谓词的混淆"。"上帝存在"如果是一个分析判断，"存在"或"实存"就只是一个逻辑的谓词，这意味着它并不能真正发挥一个谓词应有的功能，即增添主词概念的内容。更具体地说，如果"存在"或"实存"是一种实在性，它就是指"某物的概念有一个与之相应的对象"这一性质。然而，通过"上帝存在"或"上帝实存"这样一个分析判断，这一性质不能在质料上被增添给主词概念。因此，既然我们从一开始就只是在思维中假定上帝存在着，并且按照完全相同的方式思维他的种种实在性，那么，从这个假定存在着的上帝的概念中分析出来的"存在"或"实存"就只能是假定的。

接下来，在讨论完分析判断的情形后，康德转而讨论综合判断的情形。但是，他在这里做了一个较强的断言，即"每一个实存性命题都是综合的"②。这其实是一个常识，只是采取了更为理论化的表述。一般来说，任何事物的存在都只能后天地加以判断。当然，常识只能提供一般的情形，不能提供必然性的保障，而许多本体论证明的支持者也正是钻了这个空子，试图把上帝打造成唯一一个先天地包含了自己的"存在"或"实存"的概念。但是，康德在《证

---

① 〔德〕康德：《纯粹理性批判：注释本》，李秋零译注，中国人民大学出版社 2011 年版，第 416—417 页（B625）。
② 〔德〕康德：《纯粹理性批判：注释本》，李秋零译注，中国人民大学出版社 2011 年版，第 417 页（B626）。

据》时期就已经明确提出了"存在根本就不是一个谓词"的观点，如果这个观点是正确的，就可以把"每一个实存性命题都是综合的"从一般性上升到普遍必然性的高度。但是，目前来说，这些考虑还不那么重要。因为，康德已经结束了关于"某个事物存在"的判断都是一个分析判断的可能性的讨论。现在，我们只需要关注任何"某个事物存在"的判断都是一个综合判断的情形。综合判断之为真不在于主词概念本身，而是在于一个别的什么第三项（Drittes）。在任何综合判断中，我们都可以把主词概念叫作"第一项"（Erstes），把谓词概念叫作"第二项"（Zweites）。那么，为了通过系词"是"（Sein）把它们结合起来，我们还需要一个第三项作为根据。一般来说，这个第三项就是通过知觉（Wahrnehmung）的意识，"无论是通过知觉直接地意识到，还是通过把某物与知觉结合起来的推论来意识"[①]。例如，"有一个篮球"或"一个篮球存在"的判断，要么是直接地依据我们对这个篮球的知觉（即我们确实看到了一个篮球）做出的，要么就是依据（例如）我们对白色墙壁上的一块与篮球表面纹路一致的污迹的知觉（即我们确实看到了这样一块污迹）推理出来的。但是，此处的关键在于，一般来说[②]，综合判断中的谓词不同于分析判断中的谓词：综合判断在质料上增加我们对主词概念的知识，因为谓词概念并不分析地包含在主词概念中，而是根据一个理由（第三项）被额外地添加到主词概念之中的，并且正是在这个意义上叫作"实在的谓词"；分析判断只在形式上增加我们对主词概念的知识，因为谓词概念分析地包含在主词概念中，而不是被额外添加进去的，并且正是在这个意义上叫作"逻辑的谓词"。因此，如

---

① 〔德〕康德：《纯粹理性批判：注释本》，李秋零译注，中国人民大学出版社2011年版，第419页（B629）。

② 至少是就典型的谓述判断而言，尽管实存性判断根本就不是谓述判断。但是，由于在此处论证中，康德做出了两个让步，特别是暂时允许了"存在"或"实存"是一种实在性。因此，这个反驳按照谓述判断的情形来讨论是合理的。

果"某个事物存在"是一个综合判断,那么,取消谓词概念"存在"并同时保留主词概念"某个事物"就不会导致任何矛盾。因为,"存在"概念原本就并不包含在"某个事物"的概念之中。"因为这种优势只是分析命题所特有的,分析命题的特性所依据的正是这一点。"①

总结一下:根据康德在第7段中做出的让步,如果"存在"或"实存"是一种实在性,那么,唯有在综合判断中,"存在"或"实存"才真正(在质料上)为主词概念增添了一种性质,即"主词概念有一个与之相应的对象",这一点是分析判断做不到的。因此,即便我们承认"最实在的存在者是可能的",本体论证明也依旧有一个论证上的错误,即误以为一个分析判断中的谓词(逻辑的谓词)具有同一个综合判断中的谓词(实在的谓词)同等的功能。然而,分析判断并不能真正地(在质料上)使"主词概念有一个与之相应的对象"这一性质被添加给主词,从而使主词概念中的"存在"或"实存"摆脱纯然的假定,走向现实。因此,当本体论证明的支持者宣称自己通过一个分析判断证明了"上帝存在"时,他只是错误地把"存在"或"实存"当作一个实在的谓词来使用了,进而把一个分析判断的或然结论当作一个唯有综合判断才拥有的实然结论了。

---

① 〔德〕康德:《纯粹理性批判:注释本》,李秋零译注,中国人民大学出版社2011年版,第417页(B626)。

第六章　康德的第四个论据

本章要讨论的是康德的第四个论据（论据4），即著名的"是（存在）不是实在的谓词"。由于使用了"实在的"这一定语，该项论据常常被误认为与"实在的谓词"和"逻辑的谓词"的混淆有关。但是，正如上一章已经指出的，这一混淆实际是康德的第三个论据（论据3），即在姑且承认"存在"或"实存"是一种实在性的基础之上，揭示出本体论证明在论证上的一个错误。当然，"实在的谓词"这个表述也与第四个论据有关，但其意图并不在于揭示出它与"逻辑的谓词"的混淆，而是旨在反驳本体论证明的消极方面，即其通过一个归谬法来强化自己的论证的企图。实际上，康德在《证据》中的存在论题，即"存在根本就不是一个谓词"，已经否定了"存在"或"实存"作为一种实在性的可能性。人们通常认为，这个论题与《纯粹理性批判》中的存在论题完全是一回事，其实不然。《纯粹理性批判》中的存在论题强调的是："是（存在）"作为一个逻辑的谓词不能在质料上增加主词概念的知识。因此，无论上帝是否存在，一个现实的上帝都不会比它的纯然概念更大。但是，要彻底澄清这些问题，排除错误的解读，必须从对康德著作中的"Sein"（是）与"Dasein"（存在）等概念入手。因此，我们将首先在第一节中澄清"Sein"（是）在谓述判断与实存性判断中的两种用法。其次，我们将在第二节中对康德著作中的"Sein"（是）与"Dasein"（存在）的关系做一个解释，因为在很多学者看来，它们的意义是不同的。再次，我们将在第三节中对康德在《证据》与《纯粹理性批判》中提出的两个存在论题及其论证目标做一个区分。最后，在所有这些讨论的基础上，我们将在第四节中集中解释康德的第四个论据（论据4）的论证目的，为回应当前学界流行的一些误解提供根据。

一 "Sein"（是）的两种用法

"Sein"（是）德文中的系词原形，字面意思就是"是"，相当于英文中的"be"，其第三人称单数变位形式为"ist"。然而，德文中的"Sein"（是）与英文中的"be"除了是系词，也表示"有"或"存在"的意思。在汉语中，我们很难看出"是"与"存在"的联系，但这并不意味着它们之间就没有联系，更不意味着中国人就不能理解这种联系。其实，仅仅通过分析康德关于"Sein"（是）的讨论就足以揭示出这种联系，并且在汉语语境中予以理解。在《证据》和《纯粹理性批判》中，康德都讨论了"Sein"（是）的两种用法：一是被用于设定（setzen）谓词；二是被用于设定主词。德文的"setzen"（设定）的原意是"放置"或"安放"，其名词形式为"Setzung"（设定），它还有一个德式拉丁文的同义词"Position"（肯定），后者源自拉丁文的"positio"，也是"放置"或"安放"的意思。把某物 A 放置在某地 B，它们两者就发生了关系：某地 B 有了某物 A，或者某物 A 在某地 B 存在，这使某地 B"成了"（是）拥有某物 A 的某地 B，也使某物 A"成了"（是）存在于某地 B 的某物 A。[①] 可见，"放置"是一个"zu-sein"（去是）的行动，它造

---

① 其实，"成了"或"成为"（werden）就是现实的"是"或"存在"。因为，"是"唯有在抽象的判断中才纯粹是一个系词。然而，作为现实性的活动本身，任何事物的"是什么"就是要"去是个什么"或"去作为什么而存在"，也就是"成为什么"。黑格尔在《逻辑学》中将这一点解释得非常清楚，"纯粹的存在"（das reine Sein）与"纯粹的无"（das reine Nichts）在其直接的过渡中就是"成为"（Werden），尽管汉译黑格尔著作中通常译作"变易"或"转变"。参见〔德〕黑格尔《逻辑学Ⅰ》，先刚译，人民出版社 2019 年版，第 62 页。

成了某物 A 与某地 B 的一种存在方式，而这又在根本上表达了某物 A 与某地 B 的存在本身。因此，康德说："肯定（Position）或设定（Setzung）的概念是非常简单的，与是（Sein）的概念完全是一回事。"① 系词"Sein"（是）的功能就是"放置"，要么是把一个谓词放置在一个主词上，要么就是仅仅放置一个主词。其中，"放置（设定）一个谓词"的情形是最常见的。

任何形式为"S 是 P"（S ist P）的判断都是一个由三个要件组成的理论命题：主词"S"、谓词"P"和系词"是"（ist）。重要的是，即便我们并不清楚主词"S"与谓词"P"到底意指什么，不知道它们各自的客体是什么，这个命题也绝不是没有意义的，它的三个要件也不是按照任意顺序排列在一起的。因为，我们至少知道：主词"S"意指一个可能的事物（Ding），一个可能的实体（Substanz），一个独立自存的存在者；谓词"P"则意指一个可能的某物（etwas），它是某个事物的一个可能的特征或标志（Merkmal），一种可能的偶性（Akzidenz），必须依附于一个实体而存在。那么，"S 是 P"（S ist P）的判断中，通过系词"是"（ist），我们把一个谓词"P"放置（设定）在主词"S"中，并由此肯定了主词"S"与谓词"P"的关系：谓词"P"是主词"S"的一个谓词。因此，正如康德所言，在"S 是 P"的判断中，"是"（Sein）的逻辑功能就是："以与主词相关的方式设定（setzen）谓词。"② 对此，康德在《证据》中解释得更加清楚：

某种东西（etwas）可以是仅仅在关系中被设定的，或者更准确地说，仅仅被设想为某种东西的关系（respectus logicus ［逻辑关系］），这种东西（etwas）是一个事物的标志（ein Merkmal eines

---

① 〔德〕康德：《康德著作全集：第 2 卷》，李秋零主编，中国人民大学出版社 2003 年版，第 80 页（2：73）。

② 〔德〕康德：《纯粹理性批判：注释本》，李秋零译注，中国人民大学出版社 2011 年版，第 417 页（B627）。

Dings)。这样一来,是(Sein),即这种关系(Beziehung)的设定,不外乎就是一个判断中的联结概念(Verbindungsbegriff)。①

因此,"是"(Sein)在判断中的功能不仅仅是把主词"S"与谓词"P"放在一起,而且是把谓词概念"P"的客体(一个某物)表象为主词概念"S"的客体(一个事物)的特征或标志(Merkmal)。对于任何主词来说,如果我们不知道它所拥有的任何一个谓词,我们也就根本不知道它究竟是什么;如果我们毕竟知道主词是什么,那就一定是通过谓词来说出它是什么。因此,在纯然的思维中,通过系词"是"(ist)把谓词"P"放置(设定)在主词"S"中,亦即通过一个"S是P"(S ist P)的判断,我们就在一个谓词的范围之下来思维主词。② 然而,如果这个判断是正确的,如果我们还要考虑这个判断所描述的事实,那么,它就还意味着:假如有一个"S"(主词概念"S"的客体),那么,"S"就会以"P"(谓词概念"P"的客体)的方式存在,而"P"将依附于"S"而存在。因此,"是"不仅是放置(设定)了一个谓词"P",而且还表达了谓词"P"的存在,以及主词"S"将以何种方式存在。当然,正如康德所言:"所有的谓词与其主体(主词)的关系都绝不表明某种实存的东西(etwas Existirende)。"③ 也就是说,任何"S是P"的判断本身都不能表示谓词"P"

---

① 〔德〕康德:《康德著作全集:第2卷》,李秋零主编,中国人民大学出版社2003年版,第80页(2:73)。

② 参见〔德〕康德《康德著作全集:第9卷》,李秋零主编,中国人民大学出版社2010年版,第101—102页(9:103-104)。康德在那里说:"就质而言,判断要么是肯定的,要么是否定的,要么是无限的。在肯定的判断中,主词在一个谓词的范围之下被思维;在否定的判断中,主词被设定在一个谓词的范围之外;而在无限的判断中,主词被设定在一个概念的范围之内,而这个范围却在另一个概念的范围之外。"

③ 〔德〕康德:《康德著作全集:第2卷》,李秋零主编,中国人民大学出版社2003年版,第81页(2:74)。原文为:"Die Beziehungen aller Prädicate zu ihren Subjecten bezeichnen niemals etwas Existirende."因此,此处所说的"某个实存的东西"(etwas Existirende)指的是某个谓词概念的客体。

第六章 康德的第四个论据

的存在或实存。但是，这个判断的有效性并不依赖于它所描述的事实的现实性，而是只要"主体（主词）在这种情况下必须已经被假定为实存的"就可以了①。从这个意义上，"是"（Sein）就是在假定主词"S"存在（现实性）的情况下表示谓词"P"的存在（现实性）。而且，如果"存在"或"实存"是事物赖以具有现实性的活动，那么，"是"（Sein）这个词所指称的就是这种活动，即便我们正在讨论的依旧只是一种假定的情形。

以上讨论的是"Sein"（是）的第一种用法，即被用于设定谓词。"Sein"（是）的第二种用法，根据康德的解释，是被用于设定主词。"倘若不仅仅是这种关系（Beziehung），而是自在自为的事物本身（die Sache an und für sich selbst）被看做是被设定的，那么，这个是（Sein）也就无异于存在（Dasein）。"② 在此，"自在自为的"（an und für sich）是一个非常重要的表述③，它是相对于"关系"（Beziehung）而言的。德文"an sich"的字面意思是"在自身上的"，表示仅仅就其自身而言被考虑的，而不是在与其他事物的关系中被考虑。例如，康德哲学的两个重要的概念："Ding an sich"（物自身）和"Zweck an sich"（目的自身）。"Ding an sich"（物自身）是一个与"Ding als Erscheinung"（作为显象的物）相对的概念：后者是事物显现在我们意识中的样子，是与我们的意识发生关系的事物；前者则是独立于我们的意识，只在其自身上被考虑的事物。"Zweck an sich"（目的自身）是一个与"der relative Zweck"（相对的目的）相对的概念：后者是基于我们的感性欲望（Begierde）或偏

---

① 〔德〕康德：《康德著作全集：第2卷》，李秋零主编，中国人民大学出版社2003年版，第81页（2：74）。
② 〔德〕康德：《康德著作全集：第2卷》，李秋零主编，中国人民大学出版社2003年版，第80页（2：73）。
③ 但不必对这个"自在自为的"作黑格尔意义上的解读，而是作日常语义上的解读即可。

康德与本体论证明的批判

好（Neigung）而形成的目的①，是在与我们的感性能力的关系中形成的目的，可以充当我们的行动意愿的一个规定根据（Bestimmungsgrund）；前者则是独立于我们的感性能力的目的，就其自身而言就是我们行动的意志的一个规定根据。因此，"Sache an sich"（自在的事物/事情）是相对于"etwas"（某物）而言，因为（仅仅在康德的著作中）"etwas"（通常指谓词所指的客体）总是在与一个"Ding"或"Sache"（事物/事情）（主词所指的客体）的关系中被设定的，而我们现在要讨论的仅仅是这个"Ding"或"Sache"（事物）本身。同样，德文的"für sich"的字面意思是"为了自身的"，也可以说是"为其自身缘故的"，这是一个相对于"für Andere"（为了他者的）的概念。因此，康德在这里所说的这个"die Sache an und für sich selbst"（自在自为的事物本身）指的就是一个在孤立中被考虑的、不在与他者的关系中被考虑的、不是为了他者的缘故被考虑的事物。设定这样一个事物，就是设定主词概念本身。

在《纯粹理性批判》中，康德对"Sein"（是）的第二种用法的解说相对比较简单，他还是以"上帝"为例："现在，如果我把主词（上帝）与它所有的谓词（全能也包括在内）结合起来并且说：上帝存在（Gott ist），或者存在着一个上帝（es ist ein Gott），我并没有为上帝的概念设定一个新谓词，而是仅仅把主词自身连同他的所有谓词，也就是说，把对象设定在与我的概念的关系中。"② 从这句话中可以看出，在这个"Gott ist"（上帝是）的判断中，或者在任何一个"S ist"（S 是）的判断中，系词"ist"（是）的后面没有

---

① 根据康德的解释，感性欲望与偏好其实本质上是一回事，因为"偏好"无非就是"习惯性的欲望"或"经常性的欲望"（die habituelle Begierde）。参见〔德〕康德《纯然理性界限内的宗教：注释本》，李秋零译注，中国人民大学出版社 2011 年版，第 14 页（6：28）；〔德〕康德《道德形而上学：注释本》，李秋零译注，中国人民大学出版社 2013 年版，第 11 页（6：212）。

② 〔德〕康德：《纯粹理性批判：注释本》，李秋零译注，中国人民大学出版社 2011 年版，第 417 页（B627）。

第六章　康德的第四个论据

伴随着任何谓词，所以它并不是在表述主词概念与某个谓词概念的关系，而是对主词概念本身的设定（Setzung）或肯定（Position）。因此，康德把"Gott ist"（上帝是）的判断等同于"es ist ein Gott"（它是一个上帝/存在着一个上帝）的判断。当然，现代汉语中没有这样的表述，即没有系词后面不伴随谓词的情形。因此，我们很难直接从"上帝是"联想到"上帝存在"。但是，正如前文提到过的，汉语中虽没有这种习惯，但这并不代表汉语的"是"就没有"存在"的意思，更不代表我们就不能理解"是"与"存在"的关系。而且，正如前面在讨论"Sein"（是）的第一种用法时就提到过的，在任何"S ist P"（S是P）的判断中，"ist"（是）的功能其实都是在假定主词"S"存在的情况下表达谓词"P"的存在，并且把"P"（谓词概念"P"的客体）视作"S"（主词概念"S"的客体）的具体的存在方式。因此，仅仅在这个层面上，"Sein"（是）就是主词所指的事物赖以具有现实性（存在）的活动，就是"存在"（Dasein）或"实存"（Existenz）本身。那么，在"Gott ist"（上帝是）的判断中，通过"ist"（是），我们在判断中肯定了主词"Gott"（上帝），而肯定主词概念，就是肯定主词概念有一个与之相应的现实客体，亦即肯定了"有一个上帝"。因此，"ist"（是）在这个判断中表达的就是主词概念的"存在"（Dasein）或"实存"（Existenz）。所以，康德才会说，如果通过"Sein"（是）被设定的东西是"自在自为的事物本身（die Sache an und für sich selbst）"，那么，"这个是（Sein）也就无异于存在（Dasein）"①。

在讨论"Sein"（是）的第二种用法时，康德还使用了一个非常关键的表述，即"连同他的所有谓词"（mit allen seinen Prädicaten）②。

---

① 〔德〕康德：《康德著作全集：第2卷》，李秋零主编，中国人民大学出版社2003年版，第80页（2：73）。

② 〔德〕康德：《纯粹理性批判：注释本》，李秋零译注，中国人民大学出版社2011年版，第417页（B627）。

也就是说，尽管在这种用法中被设定或肯定的东西并不是主词与谓词的关系，亦即并非在设定或肯定主词概念是什么，而是仅仅在设定或肯定主词概念本身，但在这种判断中，主词的所有谓词也都一并被设定或肯定了，哪怕我们并不确切地知道它们到底都是些什么。对此，我们可以结合康德的普遍规定原理来理解。正如我们在前文（第二章第一节）中已经讨论过的，康德认为："在事物所有可能的谓词中间，如果把这些谓词与它们的对立面进行比较，就必然有一个谓词属于该事物。"① 而且，这一原理"不仅仅是把种种谓词之间以逻辑的方式加以比较，而且是把事物本身与所有可能的谓词的总和以先验的方式加以比较"②。因此，我们可以说，任何事物都是先天地被普遍规定了的，而这意味着，在无限多的相互对立的谓词中，这个事物都占有着它们中的一个，并且因此也拥有无限多的谓词。同时，我们对一个事物的认识，正是通过说出它所拥有的一个个谓词来实现的。当然，在现实生活中，我们很难穷尽对一个哪怕极其微小的事物的认识，而是只能尽可能多地说出它是什么，但这并不妨碍我们必须把它设想为一个被先天地普遍规定了的事物。因此，当我们通过"Sein"（是）来设定或肯定一个主词概念，亦即断定"某个事物存在"，如果这个判断是正确的，那就同时意味着，这个事物的所有谓词也都存在，无论它们到底是什么。

康德在《证据》中还有一个说法："在存在（Dasein）作为一个谓词出现于普通用语中的所有场合里，与其说它是事物自身的一个谓词，倒不如说它是人们关于该事物的思想的一个谓词。"③ 对此，

---

① 〔德〕康德：《纯粹理性批判：注释本》，李秋零译注，中国人民大学出版社2011年版，第402页（B600）。
② 〔德〕康德：《纯粹理性批判：注释本》，李秋零译注，中国人民大学出版社2011年版，第403页（B601）。
③ 〔德〕康德：《康德著作全集：第2卷》，李秋零主编，中国人民大学出版社2003年版，第79页（2：72）。值得一提的是，康德这个"存在是关于该事物的思想的一个谓词"的说法在当代研究中引发了一些误解，我们把这个问题放到第八章中来处理。

第六章 康德的第四个论据

康德以"独角海兽"和"正六角形"为例作了解释:"说独角海兽(Seeeinhorn)是某种实存着的(existierend)动物,这并不是一个完全正确的表述。正确的表述相反是:某个实存着的(existierend)海洋动物具有我在独角海兽身上所设想的全部谓词。并非正六角形实存(existieren)于大自然中,而是大自然中的某些事物,例如蜂房或水晶,具有在正六角形中所设想的全部谓词。"[①] 由此,我们可以看出:一方面,"存在"(Dasein)或"实存"(Existenz)所表达的并不是主词与谓词的关系,而是主词概念及其客体的关系。例如,"独角海兽实存"(Seeeinhorn existiert)和"正六角形实存"(Sechseck existiert)的判断仅仅意味着"独角海兽"和"正六角形"的概念有一个与之相应的现实客体,它们不是在思想中虚构出来的东西。但另一方面,我们想要知道任何事物是什么,只能通过说出它的一些谓词(特征/偶性)来实现;至少在一般情况下,我们判断"某物存在"或"某物实存",也只能通过在一个现实的事物身上发现了相关谓词(特征/偶性)来实现。因此,在这个意义上,众多谓词现实地共存于一个事物之上就构成了这个事物存在的标志(Merkmal),"存在"(Dasein)或"实存"(Existenz)也正是在这个意义上显得像是一个谓词。当然,需要注意的是,这仅仅是一个标志。由于事物(实体)与特征(偶性)的关系,即自存性与依存性(der Subsistenz und Inhärenz)的关系,特征(偶性)被表象为依附于事物(实体)而存在。因此,事物(实体)的存在及其种种特征(偶性)的存在又构成了根据与后果的(Grund und Konsequenz)关系,或者(非时间性的)原因性与隶属性(der Causalität und Dependenz)的关系。所以,事物的存在同时决定了其所有特征的存在,设定或肯定主词就一并设定或肯定了所

[①] 〔德〕康德:《康德著作全集:第2卷》,李秋零主编,中国人民大学出版社2003年版,第79页(2:73)。

有可能的与之相关的谓词。

最后,"Sein"(是)的第二种用法虽然与它的第一种用法不同,但这只是说它们在判断中发挥不同的功能,而不是说它们是毫无关系的。正如前面提到的,在任何"S 是 P"的判断中,如果主词"S"的存在尚未被确定,这个判断就只是表述了主词概念与谓词概念的关系,它意味着:假如主词"S"存在,谓词"P"就存在,或者主词"S"就以谓词"P"的形式存在。因此,这个判断之所以为真,仅仅是因为它在假定主词存在的情况下说出了主词是什么。唯有依赖于一个"S ist"(S 是/S 存在)的判断,刚才那个"S 是 P"的判断才能获得一种不同的意义,即不止是在描述一个假定的事物,而是在客观描述一个现实的事物。

二 "Sein"(是)与"Dasein"(存在)的关系

正如在上一节中指出的,"Sein"(是)在其两种用法中表达的都是"存在"或"实存":在谓述判断中,"Sein"表达的是主词概念与谓词概念的关系,但这种关系就是存在的关系,即谓词(谓词概念的客体)依附于主词(主词概念的客体)而存在,主词(主词概念的客体)以谓词概念所指的方式存在;在实存性判断中,"Sein"表达的是主词本身的存在,并且由此一并肯定了其所有谓词的存在。因此,我们也可以把第一种用法称作"相对的设定"(die relative Setzung),即在与主词的关系中设定一个谓词;把第二种用法称作"绝对的设定"(die absolute Setzung),即单独地(不在与其他事物的关系中)设定主词。① 然而,由于康德经常使用"Dasein"

---

① 参见〔德〕康德《康德著作全集:第 2 卷》,李秋零主编,中国人民大学出版社 2003 年版,第 80 页(2:73)。康德在那里说,"存在(Dasein)是对一个事物的绝对肯定(absolute Position)",这是指"Sein"(是)的第二种用法;至于第一种用法,他将其描述为"在任何时候都只有与另一事物相关才被设定",这是指设定谓词概念。

（存在）、"Existenz"（实存）及其动词形式"existieren"（实存着）与形容词形式"existierend"（实存着的），我们还有必要讨论一下它们与"Sein"（是）的关系。

德文的"Dasein"（存在）是由"da"（那里）和"sein"（是）组成的，动词"da sein"（dasein）类似于英文的"there be"，可以表示某个事物"在那里"、"那里有"或"存在"。因此，正如黑格尔所言："从词源上看，它指'位于某一个地方的存在（Sein）'。"① 也就是说，"Dasein"（存在）的基本内涵是从"Sein"（是/存在）中获得的。因此，名词"Dasein"（存在）就是指某个事物的现实性（Wirklichkeit），即某个事物"存在着"或"实存着"这一状态；或者从认识的角度来说，这个事物的概念有一个与之相应的现实客体。因此，无论是在日常语言中还是在康德的著作中，"Dasein"（存在）表达的就是系词"Sein"（是）在判断中所要表达的意思；除了"Dasein"（存在）或"dasein"（存在着）在语法上不能作系词之外，它们与"Sein"（是）并没有什么区别。因此，我们可以看到，康德在《证据》中非常明确地说："倘若不仅仅是这种关系，而是自在自为的事物本身被看做是被设定的，那么，这个是（Sein）也就无异于存在（Dasein）。"② 然而，除了"Dasein"（存在）以外，康德还经常使用另一个术语"Existenz"（实存），但它们在康德的著作中完全是一回事，是可互换的术语。"Existenz"（实存）是一个德式拉丁文，它直接源自拉丁文的"existentia"（存在）。同时使用德文、德式拉丁文与拉丁文是康德那个时代的写作特点，这一方面是拉丁文时代遗留下来的习惯，另一方面也是因为拉丁文

---

① 〔德〕黑格尔：《逻辑学Ⅰ》，先刚译，人民出版社2019年版，第90页（5：116）。原文为："etymologisch genommen: Sein an einem gewissen Orte."亦可译作："词源上说：是/存在于某处。"

② 〔德〕康德：《康德著作全集：第2卷》，李秋零主编，中国人民大学出版社2003年版，第80页（2：73）。

康德与本体论证明的批判

长期作为学术规范用语被使用，德文、德式拉丁文与拉丁文的对照使用有助于明确与规范术语的意义。因此，在某种程度上，"Dasein"（存在）的意义其实是通过"Existenz"（实存）或"existentia"（存在）来加以确定的。与"Existenz"（实存）相匹配，康德还经常使用其动词形式"existieren"（实存着）和形容词形式"existierend"（实存着的），但归根结底都是在讨论"Dasein"（存在）。

我们可以从康德在《证据》中关于"存在（Dasein）根本就不是一个谓词"的讨论来印证这一点：

> 然而，上帝的存在（Dasein）必须直接属于他的概念如何被设定的方式。因为在谓词自身中是找不到他的存在（Dasein）的。而且如果不是已经把主体（主词）假定为实存的（existierend），那么，对于任何一个谓词来说，无论它属于一个实存着的（existierend）主体（主词），还是属于一个仅仅可能的主体（主词），主体（主词）都依然是未被规定的。因此，存在（Dasein）本身不能是谓词。如果我说：上帝是一个存在着的（existierend）事物，那么，这似乎是我表述了一个谓词与主体（主词）的关系。然而，在这一表述中还蕴含着一种非正确性。准确地说，应该是某种实存着的事物（Existierende）是上帝，即一个实存的（existierend）事物具有我们借助上帝这一表述所表示的全部谓词。①

从这个段落中，我们可以看出：首先，"Dasein"（存在）属于主词的概念如何被设定的方式（肯定或否定）。也就是说，在"S ist"（S 是/存在）的肯定判断中，主词"S"的概念就拥有"Da-

---

① 〔德〕康德：《康德著作全集：第2卷》，李秋零主编，中国人民大学出版社2003年版，第81页（2:74）。

sein"（存在）；在"S ist nicht"（S 不是/不存在）的判断中，主词"S"的概念就缺乏"Dasein"（存在）。因此，"Dasein"（存在）与"Sein"（是/存在）并没有区别。其次，康德通过使用"existierend"（实存着的）这一术语，通过讨论一个"Existierende"（实存着的事物）来判断"Dasein"（存在）是否是一个谓词，这表明"Existenz"（实存）与"Dasein"（存在）是可互换的概念。

同样，康德在《纯粹理性批判》中的讨论也足以表明"Dasein"（存在）与"Existenz"（实存）是一回事。我们来看两个段落：

> 我问你们：这个或者那个事物……实存着（dieses oder jenes Ding existiert）；我要说，这个命题是一个分析命题还是一个综合命题呢？如果它是前者，则你们通过事物的存在（Dasein）对你们关于该事物的思想没有任何增添；但在这种情况下，要么你们心中的思想必须是该事物本身，要么你们把一种存在（Dasein）预设为属于可能性的，在此之后按照这个借口从内在的可能性推论出存在（Dasein），而这无非是一种贫乏的同义反复。①
>
> ……
>
> 因此，当我思维一个事物时，无论我通过什么谓词以及多少谓词来思维它（甚至在普遍的规定中），通过我附加上"该物**存在**"（dieses Ding ist），也对该物没有丝毫的增益。因为若不然，就会不正好是该物，而是比我在概念中所思维的更多的对象在实存着（existieren），而且我不能说，恰恰是我的概念的对象实存着（existieren）。即使我甚至在一个事物中设想一种实在性之外的所有实在性，也并不由于我说这样一个有缺陷的事

---

① 〔德〕康德：《纯粹理性批判：注释本》，李秋零译注，中国人民大学出版社2011年版，第416页（B625）。

物实存着（existieren），阙如的实在性就补加上去了。相反，它恰恰是带着我思维它时的那种缺陷实存着（existieren），否则就是与我所思维的不同的某物在实存（existieren）了。①

从这两个段落中，我们同样可以看出：首先，"dieses oder jenes Ding existiert"（这个或者那个事物……实存着）中的"existieren"（实存），就是指事物的"Dasein"（存在）。其次，"dieses Ding ist"（该物是/存在）中的"ist"（是）所表达的就是它的"existieren"（实存着）。因此，在康德的著作中，"Sein"（是/存在）、"Dasein"（存在）与"Existenz"（实存）其实并没有什么区别。

其实，这些问题原本并不需要刻意地做出解释，即便在日常德语中，上述三个术语的意思也是十分清楚的。然而，随着黑格尔等后世哲学家对"Sein"（是）和"Dasein"（存在）的区分，也就逐渐成了令人困惑的问题。而且，这个问题还不能简单地以康德与其他哲学家的观点不同来加以解释，这样只会使问题更加复杂。在此，我们只简要讨论一下黑格尔的观点，并且把我们的讨论限制在足以澄清一个问题的程度就足够了，即仅仅指出，黑格尔对"Sein"（存在）和"Dasein"（定在）的区分并不真的能对康德的批判造成致命的影响。至于"Sein"（存在）在黑格尔的更为宏大的世界观体系中的地位，以及他特殊的泛神论的上帝观念，则不是本书所要讨论的问题。

严格说来，即便在黑格尔那里，"Sein"（是/存在）和"Dasein"（存在/定在）也并不真的是两种不同的东西，他毋宁是在以不同的视角来看待"Sein"（是/存在）。因此，如果用不那么黑格尔的话语来说，我们在讨论"存在"或"有"的时候，通常说的都是

---

① 〔德〕康德：《纯粹理性批判：注释本》，李秋零译注，中国人民大学出版社2011年版，第418页（B628）。

任何某个事物的"存在"或"有",甚至当我们说"一切事物的存在"时也是如此,因为"一切事物"不过是全部"任何某个事物"的总和,脱离"任何某个事物"来设想"存在"或"有"是很难的,我们甚至不能在思维中为此给出一个直观的表象。但是,我们毕竟能够以概念的方式来思维一种不与任何事物的表象相结合的"存在"或"有"本身。这种区分的意义在于:首先,按照后一种方式被设想的"存在"或"有",其实构成了按照前一种方式被设想的"存在"或"有"的前提。也就是说,严格说来,我们并不真的能在思维中"无中生有",我们开始设想"有任何某个事物"或"某个事物存在"时,其实都是在做出某种限定或规定,使这个被设想的"某个事物"得到最起码的描述,并与其他可能的事物区分开来。其次,唯有在按照第一种方式来设想"存在"或"有"的时候,"存在"与"不存在"、"有"与"无"才是绝对对立的。也就是说,唯有在确定的概念与其可能客体的关系中,"不存在"或"无"才是有意义的。我们说"没有某个事物"或"某个事物不存在",这意味着某个事物的概念没有一个与之相应的客体。我们可以把任何某个事物设想为经历了一个从生成到毁灭的过程,亦即一个从"不存在"到"存在"再到"不存在"、从"无"到"有"再到"无"的过程,但这全都是在与这个"任何某个事物"的概念的关系中被设想的。如果根本就没有"任何某个事物"的概念,也就没有"存在"与"不存在"、"有"与"无"的对立。对此,我们可以从一种物理学的描述中获得一个类比:万事万物都处于生灭变化之中,但只有特定事物才会生成和毁灭,物质本身只是处于恒常的运动之中,既不增加,也不减少,更没有消失。同理,不在与特定事物的关系中被思维的"Sein"(是/存在)本身,不是一个与"Nichts"(不是/不存在)相对立的概念。

因此,黑格尔说:"存在(Sein)是无规定的直接东西(Unmittelbare)。"① 同时，他又说："定在（Dasein）是已规定的存在（Sein）。"② 也就是说，在黑格尔那里，"Sein"（是/存在）与"Dasein"（存在/定存）分别是"未被规定的存在"（das unbestimmte Sein）与"已被规定的存在"（das bestimmte Sein）。因此，我们不能根据黑格尔对"Sein"（是/存在）和"Dasein"（存在/定在）的区分来指责康德混淆了它们。康德或许没有在不与任何事物发生关系的抽象中考虑过"Sein"（是/存在），仅仅一般地考察了任何事物的"Sein"（是/存在），也就是黑格尔所谓的"Dasein"（存在/定在）。因此，我们确实可以说，康德讨论的只是"Dasein"（存在/定在），特别是"Dasein Gottes"（上帝的存在），并且仅仅在这个意义上理解"Sein"（是/存在）。但是，一方面，即便（正如前面指出过的）在黑格尔的意义上"Sein"（是/存在）与"Dasein"（存在/定在）也并非真正不同的东西，它们毋宁是我们看待"Sein"（是/存在）的两种眼光，或者思维它的两种方式；另一方面，未被规定的"Sein"（是/存在）必须在扬弃中走出自身才能"zu Sein"（去是/去存在），也就是（用黑格尔自己的话说）在与"Nichts"（无）的直接过渡中成为"成为什么"的"成为"（Werden），也就是"变易"或"转变"，并且最终成为被规定了的"Sein"（是/存在）或"Dasein"（存在/定在），否则的话，"Sein"（是/存在）就只是思维中的一个抽象概念，只具有抽象的意义。因此，"Sein"（是/存在）必须在"da sein"（存在着）中成为现实的，进而才能在一个又一个"Daseiendes"（存在着的东西/定在者）的"成为"（即"变易"或"转变"）中作为"否定之否定"而成为"Fürsichsein"（自为存在），"把存在（Sein）和特定存在（Dasein）作为自己的理想环节，包含到自身之内"③。

---

① 〔德〕黑格尔：《逻辑学Ⅰ》，先刚译，人民出版社2019年版，第60页。
② 〔德〕黑格尔：《逻辑学Ⅰ》，先刚译，人民出版社2019年版，第89页。
③ 〔德〕黑格尔：《哲学全书．第一部分．逻辑学》，梁志学译，人民出版社2017年版，第181页。

第六章 康德的第四个论据

因此,"有一个上帝"还是"没有一个上帝"的问题并不能在黑格尔的"Sein"(是/存在)的层面上得到讨论。至少说,一个康德意义上的上帝,一个传统基督教意义上的上帝,也就是一个独立于世界之外的、有知性的与有意志的人格,并不能在黑格尔的"Sein"(是/存在)的层面上得到讨论。那个未被规定的"Sein"(是/存在),"这个无规定的直接东西,实际上是无(Nichts),既不比无更多,也不比无更少"①。由于没有被规定,所以"Sein"(是/存在)什么也不是,并且直接就是"das reine Nichts"(纯粹的无)。同样,纯粹的无是"单纯的自身等同,完满的虚空性,既无规定,也无内容,在其自身之内没有区分……无就是空洞的直观活动或思维活动本身,而这种空洞的直观活动或思维活动就是纯粹存在(das reine Sein)"②。因此,不在与任何事物的关系中被考虑的纯粹的"Sein"(是/存在)和"Nichts"(否/无)不仅不是对立的,而且直接地就是一回事。因此,在这个层面,无所谓"有一个某物"或"没有一个某物"的区分。唯有在"Sein"(是/存在)和"Nichts"(否/无)的"成为""变易"或"转变"中,作为两者的一个已经规定的统一体(die bestimmte Einheit),作为这样一个已规定的东西存在着(da sein),才过渡到了"Dasein"(存在/定在)。

然而,"Dasein"(存在/定在),作为已规定的存在(die bestimmte Sein),"它的规定性是存在着的规定性(seiende Bestimmtheit),即质(Qualität)"③。通俗地说,当"Sein"(是/存在)现实地成为任何某个事物的存在,它就成了已规定的存在,成了"Dasein"(存在)。而且,正如前文已经指出过的,任何事物的"Sein"(是/存在)都是连同其全部谓词一并存在,通过这些谓词来规定(bestim-

---

① 〔德〕黑格尔:《逻辑学Ⅰ》,先刚译,人民出版社2019年版,第61页。
② 〔德〕黑格尔:《逻辑学Ⅰ》,先刚译,人民出版社2019年版,第61页。
③ 〔德〕黑格尔:《逻辑学Ⅰ》,先刚译,人民出版社2019年版,第89页。

men）这个事物，我们才知道它到底是什么，这些谓词也因此构成了该事物的规定性（Bestimmtheit），并且表现为该事物特有的存在方式。然而，正因为如此，"某东西通过它的质（Qualität）与一个他者（Anderes）相对立，是可变化的和有限的"①。也就是说，当任何某个事物（作为这样的事物）存在时，作为一个被规定了的事物，它就与其他并非如此被规定的事物构成了真正的对立。正如前文（第六章第一节）中指出过的，任何一个"S ist"（S 是/存在）的判断都同时肯定了与主词"S"相关的全部谓词的存在；同时，任何一个"S ist P"（S 是 P）的判断都表达了在主词"S"存在的前提下，它将以谓词"P"的形式存在。我们或许不知道谓词"P"具体是什么，也无法穷尽任何一个主词"S"的全部谓词。但我们至少可以断定，"S ist nicht Nicht-P"（S 不是非 P），因为谓词"P"在任何时候都表现为两个对立的谓词中的一个，唯其如此才能被用于规定主词。因此，当我们按照主词"S"的概念去思维它是否有一个与之相应的现实客体（亦即"S 是否存在"）时，"Dasein"（存在/定在）和"Nichtsein"（不存在）才真正对立起来了，并且是绝不相容的或非此即彼的。用黑格尔自己的话说就是："只有从定在（Dasein）开始，才包含着存在（Sein）和无（Nichts）的实在区别，即某东西和一个他者的区别。——人们在表象中看到的，是这个实在的区别，而不是抽象的存在和纯粹的无的区别，不是它们的仅仅位于意谓中的区别。"②说到底，关于"某物存在与否"的讨论真正表达的只是（无论在多大程度上）确定的概念与其客体的关系。因此，"某个事物存在与否"的问题，只能在"Dasein"（存在/定在）的层面上来讨论。

当然，黑格尔的有些批评是非常有意义的。例如，他指责康德把思维有限事物的方式运用于思维上帝。"上帝不同于一百个塔勒和

---

① 〔德〕黑格尔：《逻辑学 I》，先刚译，人民出版社 2019 年版，第 89 页。
② 〔德〕黑格尔：《逻辑学 I》，先刚译，人民出版社 2019 年版，第 67 页。

第六章 康德的第四个论据

其他有限事物。只有按照有限事物的定义，概念才不同于存在，概念和实在性、灵魂和身体才是可分割，而它们因此是随时消失的；反之，按照上帝的抽象定义，他的概念和他的存在是未分割和不可分割的。"① 也就是说，当我们按照"有"或"无"、"存在"或"不存在"的对立来思维上帝的概念时，我们已经在按照一个有限事物的方式来思维它，但上帝本应按照无限的方式来理解。因此，正如黑格尔所言，"上帝的存在"在弗里德里希·海因里希·雅各比（Friedrich Heinrich Jacobi）所谓的"直接知识"（unmittelbares Wissen）中得到了恢复。"这种直接知识所知道的，就是我们观念（Vorstellung [表象]）中的无限、永恒、上帝也是真实存在的（auch ist），即它们的存在的确实性（die Gewissheit ihres Seins）在意识中是与这类观念（Vorstellung [表象]）直接地、不可分离地结合起来的。"② 然而，对上帝的这种理解使之成了一个无规定的抽象物（unbestimmtes Abstraktum）。"关于上帝的直接知识只能告诉我们上帝是存在的（daß Gott ist），而不能告诉我们上帝是什么（was Gott ist）；因为告诉我们上帝是什么，这会是一种认识，并且会导致间接知识（vermitteltes Wissen）。"③

当然，在黑格尔看来，上帝绝不仅仅是一个普遍的抽象物④，而

---

① 〔德〕黑格尔：《逻辑学 I》，先刚译，人民出版社 2019 年版，第 69 页。
② 〔德〕黑格尔：《哲学全书．第一部分．逻辑学》，梁志学译，人民出版社 2017 年版，第 133 页。
③ 〔德〕黑格尔：《哲学全书．第一部分．逻辑学》，梁志学译，人民出版社 2017 年版，第 141 页。
④ 黑格尔说："人们虽然可以设想上帝是一个主体，一种自为的现实（eine Wirklichkeit für sich [为自身的现实性]），远离世界而存在；但这样一种抽象的无限性，这样一种仿佛存在于特殊事物之外的普遍性，也许本身只是一个方面，因而本身只是一种特殊的东西（Besonderes）、有限的东西（Endliches）……上帝作为一种抽象物（Abstraktum），并不是真正的上帝，相反地，只有作为设定自己的他方（Anderes [他者]）、设定世界的活生生的过程（der lebendige Prozeß），就其神圣的形式来看，是上帝之子。只有在与自己的他方的统一中，在精神中（im Geist），上帝才是主体。"〔德〕黑格尔：《自然哲学》，梁志学译，商务印书馆 1980 年版，第 18 页。

康德与本体论证明的批判

是在自然的有限事物的序列中无限展开的、在精神的自我认识与自我实现中回归自身的"Sein"(是/存在)本身,就是自在自为的绝对精神(der absolute Gheist an und für sich)本身①。尽管黑格尔的这幅精神泛神论的图景仿佛在某种程度上拯救了本体论证明,并且为当代一些宗教哲学理论开辟了道路,但无论如何,他所描述的上帝都已经不再是以基督教为代表的一神教信仰与传统形而上学中的上帝。如果说,基督教与传统形而上学以不同的方式来讨论的上帝毕竟还是同一个可能客体——即世界之外的一个神圣的人格存在者,凭借其大能创造了世界和人类,要求人们追求善的生活,并以赏善罚恶的承诺来实施终极的审判——那么,黑格尔的上帝甚至干脆就是另一个可能客体。对于这种类型的上帝观念的讨论,实际上超出了本书的研究范围,并且要求足够丰富与深入的研究。但是,我们至少可以指出,康德对上帝的那种在黑格尔看来极为狭隘的看法,即按照一个有限事物的方式来思维的上帝,毕竟代表了传统的本体论证明中对上帝的设想。同时,"上帝的概念与存在不可分离"的观点也完全服务于从概念出发来论证一个被确切设想的上帝概念的"Dasein"(存在)。因此,无论是通过把"上帝"的名号转移给别的什么形而上学的对象,还是在"直接知识"的层面上确证"概念与存在的不可分离",都脱离了问题原有的轨道。这种脱轨在哲学上当然有着深刻且重要的意义,但却并不旨在也不能捍卫传统的宗教信仰与形而上学有神论,并且很容易使我们对康德的批判成果产生误判。

到目前为止,我们似乎已经离题太远了。对于本节的目标来说,所有上述这些讨论都只服务于一点,即在康德那里,"Sein"(是/存

---

① 黑格尔说:"绝对精神是永恒地在自身内存在着的(in sich seiende)、同样是向自身内回复着的和已回到自身内的(in sich zurückkehrende und zurückgekehrte)同一性。"〔德〕黑格尔:《哲学科学百科全书Ⅲ. 精神哲学》,杨祖陶译,商务印书馆2015年版,第325页。

在)、"Dasein"（存在）与"Existenz"（实存）并没有什么区别，它们都是一回事。所有这三个术语都被用于讨论"某个事物是否存在"或"某个事物的概念是否有一个与之相应的现实客体"的问题，并且具体讨论的是作为一个"最实在的存在者"的上帝的存在问题。而且，这两个小节的漫长讨论最终都服务于澄清康德的第四个论据（论据4），即"Sein（是/存）不是实在的谓词"。

三 两个存在论题

在讨论康德的第四个论据（论据4）即"Sein（是/存在）不是实在的谓词"之前，我们有必要再专门讨论一下"Sein（是/存在）根本就不是一个谓词"的观点。正如前文中多次提到的，这个观点最早是在《证据》中提出的，康德在那里的表述是："存在（Dasein）根本不是某一个事物的谓词（Prädikat）或者规定性（Determination）。"① 对于这两个表述上略有差异的命题，一个常见的错误理解是：它们是一回事。然而，事实并非如此。这两个命题的核心思想固然是一致的，但却既代表了康德思想的深化与发展，也代表了思考相同问题的两种视角。但无论如何，《纯粹理性批判》中的命题须以《证据》中的命题为基础来加以理解。

还有一种可能的错误理解，即认为两个命题的主词是不同的，《证据》中命题的主词是"Dasein"（存在），《纯粹理性批判》中命题的主词是"Sein"（是），进而认为它们讨论的是不同的主体。根据前文（第六章第二节）中的分析，这种理解是完全站不住脚的。对于康德来说，"Sein"（是/存在）和"Dasein"（存在）并没有什么区别，而且，康德自始至终讨论的都是"有没有一个上帝"或

---

① 〔德〕康德：《康德著作全集：第2卷》，李秋零主编，中国人民大学出版社2003年版，第78页（2：72）。

康德与本体论证明的批判

"上帝的概念有没有一个与之相应的现实客体"的问题。因此,主词是"Sein"(是/存在)还是"Dasein"(存在)并不重要。但是,这种错误理解与那种把两个命题看作一回事的错误理解有一个共同之处,就是抹煞了"不是一个谓词"(ist kein Prädikat)与"不是一个实在的谓词"(ist kein reales Prädikat)之间的区别。正如前文(第五章第二节)中已经论证过的,"实在的谓词"是一个相对于"逻辑的谓词"的概念,它们并不是所有谓词中的两个不同部分,而是代表了谓词在判断中规定主词的两种方式,即是否真正发挥了一个谓词概念应有的功能,增添了关于主词概念的知识,说出了主词"是什么"。如果没有,就像在一般的分析判断中那样,那就只是一个逻辑的谓词;如果有,就像在一般的综合判断中那样,那就是一个实在的谓词。因此,《证据》和《纯粹理性批判》中的两个命题是不同的。《证据》中命题没有考虑"逻辑的谓词"和"实在的谓词"的差异,只是一般地考虑了"Sein"(是/存在)或"Dasein"(存在)本身是不是一个谓词。然而,康德在《纯粹理性批判》中指出:"随便什么东西都可以充当逻辑的谓词,甚至主词也可以由自身来谓述;因为逻辑抽掉了一切内容。"① 因此,无论"Sein"(是/存在)或"Dasein"(存在)是不是一个谓词,它都可以在判断中被当作一个谓词来使用。

正如康德提示我们的,这个问题可以通过与主词的比较来加以理解。严格说来,主词只能是关于一个事物(Ding)或一个实体(Substanz)的概念。如果我们并不仅仅是在逻辑的意义上使用"Subjekt"(主词),而是也把它看作某些实在的对象的名称,那么"Subjekt"(主词)就是指实体,并且可以在这个意义上叫作"主体"。所以,康德说,"实体的概念"就是"关于作为主词、但却绝

---

① 〔德〕康德:《纯粹理性批判:注释本》,李秋零译注,中国人民大学出版社2011年版,第417页(B626)。

不能纯然作为谓词能够实存的某物的概念"①。康德还说："如果我把一个物体的概念置于实体的范畴之下，通过实体的范畴就确定了：该物体的经验性直观在经验中必须永远仅仅被视为主词，而绝不被视为纯然的谓词。"② 从这两句话中，我们都可以看出，实体只能是主词，而不是谓词。这一点甚至也符合亚里士多德对实体的定义："实体，在最严格、最原始、最根本的意义上说，既不述说（谓述）一个主体（主词），也不存在于一个主体（主词）之中。"③ 然而，无论是在日常语言中还是在学术语言中，把实体的概念（主词）当作谓词来使用都是十分常见的。康德给我们指出的一个情形是，"甚至主词也可以由自身来谓述"，即那种"S 是 S"的判断。例如，"康德就是康德"和"黑格尔就是黑格尔"。在这两个判断中，主词概念同时被当作谓词来使用，并且被用于谓述或规定主词概念本身。然而，尽管这种语言上的特殊用法时常表现出一种文学上的优美，但却并不能使一个主词真正成为谓词，它只是被当作一个谓词来使用而已。如果我们要追问这种判断的意义，那么，"康德就是康德"这个判断要么是指"康德不是别的任何什么人"，要么是指"康德具有某种一贯性的特征"。在前一种情况下，这个判断意味着，康德这个人（这个实体）与别的任何什么人的概念不相符合，不具有他们所具有的许多特征（谓词）；在后一种情况下，谓词"康德"真正指称的只是某种或某些特征（谓词）。同样，"黑格尔就是黑格尔"的判断也是如此。因此，主词就是主词，不会因为在语言中被当作一个谓词来使用就成了谓词。

---

① 〔德〕康德：《纯粹理性批判：注释本》，李秋零译注，中国人民大学出版社 2011 年版，第 116 页（B149）。

② 〔德〕康德：《纯粹理性批判：注释本》，李秋零译注，中国人民大学出版社 2011 年版，第 105—106（B129）。

③ 〔古希腊〕亚里士多德：《亚里士多德全集：第 1 卷》，苗力田主编，中国人民大学出版社 1990 年版，第 6 页（2a）。

同样，谓词就是谓词。谓词是关于"事物的特征"或"实体的偶性"的概念，康德说："事物自身就是主词，特征就是谓词。"①同时，正如康德在《逻辑学》中说的："我们所有概念都是特征（Merkmal），而一切思维无非是通过特征来表象。"② 实际上，甚至"实体"（作为范畴）也是一个谓词，尽管这个术语被理解为"自存性"（Subsistenz）或"偶性的载体或基底"。只是说，我们用"实体"来指称的东西是一个独立自存的事物本身，而不是种种依附于它而存在的特征。所以，康德说："一切实在东西的基底（das Substrat aller Realen），即属于事物的实存的东西，就是实体（Substanz）。"③ 当我们说"某个事物是一个实体"时，通过在判断中把"实体"添加到"某个事物"之上，我们才把"某个事物"当作一个事物来思维，亦即把它看作一个独立自存的存在者。换句话说，由"实体"一词所表达的"自存性"本身，或者"是独立自存的"这一特征，被我们用来思维或表象一个事物。若非如此，我们也不能知道一个"事物"是什么。但是，当我们把作为主词的"事物"（Ding）和作为谓词的"特征"（Merkmal）区分开来时，我们所讨论的就是那种只能作为一个事物的特征的但本身不是一个事物的东西。也就是说，我们考虑的是那种严格说来只能充当谓词、不能充当主词的东西。在这种情况下，我们讨论的就是所谓的"偶性"（Akzidenz）。由此"偶性"一词所表达的"依存性"（Inhärenz），或者"是依附于一个实体而存在的"这一特征，被我们用来进一步思维或表象一个事物是什么，亦即它除了是一个实体（因而是一个独

---

① 〔德〕康德：《康德著作全集：第2卷》，李秋零主编，中国人民大学出版社2003年版，第52页（2：47）。

② 〔德〕康德：《康德著作全集：第9卷》，李秋零主编，中国人民大学出版社2010年版，第56页（9：58）。

③ 〔德〕康德：《纯粹理性批判：注释本》，李秋零译注，中国人民大学出版社2011年版，第174页（B225）。

立自存的事物）之外，还具有何种偶然的特征。因此，严格意义上的谓词就是种种偶性的概念。

德文中的"Akzidens"（偶性）直接来源于拉丁文的"accidens"（偶性），后者被用来翻译希腊文的"συμβεβηκός"（sumbebekos），其本义是指"一种偶然的属性或性质"。对"συμβεβηκός"（sumbebekos）的研究可以追溯到亚里士多德，他在《论题篇》中区分过四种类型的谓词，分别是：定义（Definition；ὅρον）、特性（Eigentümlichkeit；ἴδιον）、种（Gattung；γένος）和偶性（Akzidens；συμβεβηκός）。① 照此来看，"偶性"似乎只是诸多谓词中的一类，但事实并非如此。根据亚里士多德的说法，所有四类谓词都可以被还原为特性（Eigentümlichkeit；ἴδιον）。"定义"是表现事物本质的特性，"特性"是特指那些没有表现事物本质的特性。② 至于说"种"，那是"在属上相区别的若干东西之本质的范畴"③，这一点可以结合定义来理解。定义是"种加属差"，如果"属差"是表现了事物本质的特性，那么"种"其实也是一样，只是前者强调的是一个特定的"属"的本质，后者则涉及同一个种下的多个属的共同本质。最后，亚里士多德对"偶性"的解释是：

> 偶性是指：它不是上述那些任何一种，即既不是定义和特性，又不是种，但是也属于事物；并且，它可能属于，也可能不属于同一的某个体，例如坐的姿势就可能属于也可能不属于

---

① 参见〔古希腊〕亚里士多德《亚里士多德全集：第1卷》，苗力田主编，中国人民大学出版社1990年版，第356页（101b），第357页（101b）。

② 亚里士多德说："但是，既然在事物的特性中，有的表现本质，有的并不表现本质，那么，就可以把特性区分为上述的两个部分，把表现本质的那个部分称为定义，把剩下的部分按通常所用的术语叫做特性。"〔古希腊〕亚里士多德：《亚里士多德全集：第1卷》，苗力田主编，中国人民大学出版社1990年版，第356页（101b）。

③ 〔古希腊〕亚里士多德：《亚里士多德全集：第1卷》，苗力田主编，中国人民大学出版社1990年版，第358页（102a）。

同一某物。白色也是如此；因为没有什么东西能妨碍同一个事物在此时为白，在彼时为非白。在偶性的这两个定义中，第二个更好一些，因为假如某人要想理解第一个定义，就必须首先说明什么是定义、种和特性；而第二个定义自身就能完全充分地使我们知道该词的意义是什么。也可以把事物放在一起用偶性对它们进行相互比较，因为表述它们的语词是以某种方式从偶性中得到的。例如，"美好的东西和有用的东西哪个更好"，"德性的生活与自我放纵的生活哪个更愉快"，以及其他刚好也是以这种表达方式提出比较的问题。因为在一切这样的场合中，探索的问题都是：两个陈述的语词哪一个更属偶性。从这些显而易见，没有什么能够妨碍偶性成为暂时的和相对的特性。①

因此，我们可以看出，"偶性"是一种"暂时的和相对的特性"，是并不必然属于一个事物的特性。然而，近代学者对"偶性"一词的使用，却并不与亚里士多德相同。这倒不是说，他们在实质上反对亚里士多德的区分，而是从另外一个角度赋予了"偶性"别的内涵，并使之可以涵盖所有类型的谓词。在康德的著作中，"偶性"（Akzidens）在任何时候都是一个与"实体"（Substanz）相对的概念：

> 一个实体（Substanz）的种种规定（Bestimmungen）无非是实体的种种特别实存方式（als besondere Arten derselben zu existieren），它们叫做**偶性**（Akzidenzen）。它们在任何时候都是实在的（real），因为它们涉及实体的存在（否定性只是表示实体中某物不存在的规定）。当人们把一种特殊的存在赋予实体中这

---

① 〔古希腊〕亚里士多德：《亚里士多德全集：第1卷》，苗力田主编，中国人民大学出版社1990年版，第358—359页（102b）。

第六章　康德的第四个论据

种实在的东西（例如作为物质的一种偶性的运动）时，人们就把这种存在称为依存性（Inhärenz），以别于实体的存在，后者人们称之为自存性（Subsistenz）。①

从这个段落中可以看出：首先，"偶性"指的是一个实体的种种规定（Bestimmungen），此处这个"规定"作为名词是"谓词"的同义词，即"以排除对立面的方式添加给主词的谓词"，并且严格说来是指"肯定的谓词"及其所指的客体。因为，康德在此把"规定"或"偶性"称作"实在的东西"（Reale），亦即"实在性"（Realität），并且排除了"否定的谓词"（它们不过是肯定的谓词的反面）。因此，"偶性"在此并不是按照亚里士多德的定义，意指那种偶然地或暂时地属于一个实体的特性，而是泛指所有属于一个实体的特性。其次，康德指出，偶性的存在依赖于实体的存在，所以前者被称为"依存性"（Inhärenz），后者被称为自存性（Subsistenz），因为"偶性离开实体便不存在"②，"偶性必然隶属于某个实体"③。因此，在康德的意义上，"偶性"之"偶"不在于它偶然地属于一个实体，而在于它的存在依赖于一个实体的存在，不在于它依附于实体的特定方式，而在于它的依附性本身。所以，康德的"偶性"可以涵盖《论题篇》中的全部四种谓词，与亚里士多德所谓的"特性"（Eigentümlichkeit；ἴδιον）基本是一回事，无论它们与主词概念相结合的方式是必然的还是偶然的。

因此，《证据》中的命题是这样一个主张："存在"（Dasein）不

---

① 〔德〕康德：《纯粹理性批判：注释本》，李秋零译注，中国人民大学出版社2011年版，第176—177页（A186 – 187/B229 – 230）。
② 〔德〕康德：《康德著作全集：第1卷》，李秋零主编，中国人民大学出版社2003年版，第464—465页（1：482）。
③ 〔德〕康德：《纯粹理性批判：注释本》，李秋零译注，中国人民大学出版社2011年版，第161页脚注（B203n）。

康德与本体论证明的批判

是一种偶性（Akzidens）。也就是说，"存在"（Dasein）不是任何某个实体的一种存在的特殊方式，而是这个实体的存在或现实性本身。"存在"不是任何某个事物的特征，不是一种实在性。一般来说，任何"S ist P"（S 是 P）表达的都是"实体与偶性"的关系。也就是说，它表示主词"S"（作为一个实体）以谓词"P"的方式存在，以及谓词"P"（作为一种偶性）依附于主词"S"而存在。但是，"存在"根本就不是一个谓词。康德从两个角度来证明这个观点，第一个角度是从"概念与客体"的关系来论证：

> 谁能够否认，千百万并不现实存在的（die wirklich nicht dasind）事物按照它们如果实存（existieren）就会包含的谓词是仅仅可能的，在最高本质（das höchste Wesen：最高的存在者）关于它们拥有的表象中，尽管实存（Dasein）并不包含在内，因为最高本质（最高的存在者）是把它们仅仅当做可能的事物来认识的，但却不缺少任何谓词。即使它们实存（existieren），也不可能再多包含一个谓词，因为就一个事物按照其通常的规定性所具有的可能性来说，根本不会缺少任何谓词。即使上帝乐意创造另一系列事物，即创造另一个世界，这个世界也要以所有这些规定性实存（existieren），而不会多出一些虽然它是仅仅可能的，上帝却从它身上认识到的规定性。①

这个段落看起来复杂，其实意思非常简单：一个可能的事物，无论它存在与否，它所拥有的谓词都是一样多的。所以，"存在"根本就不是一个谓词。对此，更为直观的例子就是著名的"一百个塔勒"。康德在《纯粹理性批判》中说：

---

① 〔德〕康德：《康德著作全集：第 2 卷》，李秋零主编，中国人民大学出版社 2003 年版，第 78—79 页（2：72）。

第六章　康德的第四个论据

> 这样，现实的东西所包含的并不多于纯然可能的东西。一百个现实的塔勒所包含的丝毫不多于一百个可能的塔勒。因为既然后者意味着概念，而前者却意味着对象及其肯定自身，所以假如对象所包含的多于概念，我的概念就会不表达整个对象，从而也不是该对象的合适概念。①

这个段落理解起来就更容易了。我们心中所想的"100块钱"的概念与现实中的100块钱必须是完全一样的：它们拥有同样多的谓词。否则，"100块钱"的概念就不是100块钱的概念，但这是十分荒谬的。然而，"100块钱"的概念无论是否有一个与之相应的现实客体，它都是"100块钱"的概念，不会损失任何一种偶性。可见，"存在"根本就不是一种偶性。康德的第二个角度是从判断的形式出发来论证，并且区分了"设定谓词的判断"和"设定主词的判断"，这个我们在前面（第六章第一节）中已经讨论过了。对于"设定谓词的判断"，康德给出的例子正是"上帝是全能的"（Gott ist allmächtig）：

> 如果我说上帝是全能的，所考虑的也只是上帝与全能的这种逻辑关系（logische Beziehung）。因为后者是前者的一个标志（Merkmal），除此之外这里什么也没有设定。至于上帝是否是（ob Gott sei），也就是说，是否被绝对地设定，是否实存（existieren），则根本不包括在内。②

在这个段落中，康德的意思是说："上帝是全能的"（Gott ist allmächtig）这一判断，仅仅表示谓词"全能"（Allmacht）是主词

---

① 〔德〕康德：《纯粹理性批判：注释本》，李秋零译注，中国人民大学出版社2011年版，第417页（B627）。
② 〔德〕康德：《康德著作全集：第2卷》，李秋零主编，中国人民大学出版社2003年版，第80页（2：74）。

康德与本体论证明的批判

"上帝"(Gott)的一个特征(Merkmal)。无论上帝是否存在,它都被设想为具有这一特征。所以,"全能"是一个谓词,它指称一种可能的偶性,即便我们并不知道是否真的有这种大能存在,但我们至少可以思维它,并且断言:只要主词概念"上帝"存在,这个"全能"就存在。然而,除此以外,这个判断再没有说出任何东西。它并没有说出上帝存在与否,判断中的那个"ist"(是)也并不是个谓词。对此,康德在《纯粹理性批判》中说得更清楚:

> 上帝是全能的,这个命题包含着两个概念,它们都有自己的客体:上帝(Gott)和全能(Allmacht);"是"(ist)这个词并不是此外的一个谓词,而仅仅是以与主词相关的方式设定谓词的东西。①

对此,我们在前文(第六章第一节)也已经讲过了。在这个问题上,通过变换语言的表述,并不能改变问题的实质,正如康德所指出的:

> 如果我说:上帝是一个实存着的事物(Gott ist ein existierend Ding),那么,这似乎是我表述了一个谓词与主体的关系。然而,在这一表述中还蕴含着一种非正确性。准确地说,应该是某种实存着的事物是上帝(Etwas Existierendes ist Gott),即一个实存的事物具有我们借助上帝这一表述所表示的全部谓词。这些谓词是与这个主体相联系被设定的,但事物自身连同全部谓词都被无条件地设定了。②

---

① 〔德〕康德:《纯粹理性批判:注释本》,李秋零译注,中国人民大学出版社2011年版,第417页(B626-627)。
② 〔德〕康德:《康德著作全集:第2卷》,李秋零主编,中国人民大学出版社2003年版,第81页(2:74)。

第六章 康德的第四个论据

也就是说,通过在表述上采用一个典型的"S ist P"(S 是 P)的谓述判断,把"上帝"当作主词来使用,把"一个实存着的事物"(ein existierend Ding)当作谓词来使用,似乎就表达了一个主词概念与谓词概念的肯定关系,亦即表达了事物及其特征、实体与偶性的关系。然而,这只是一种语言游戏。正如康德所指出的,这个判断真正表达的不过是"某种实存着的事物是上帝",即某个现实的事物与"上帝"的概念相符。因此,这个伪装的谓述判断在本质上只是一个模态判断,它表达的仅仅是概念与其客体的关系。这个判断在实质上与"Gott ist"(上帝是/存在)或"Gott existiert"(上帝实存)没有任何区别,它们仅仅涉及"Sein"在判断中的第二种用法,即设定主词概念本身。

无论如何,康德从上述两个角度证明了"Sein"(是/存在)或"Dasein"(存在)根本就不是一个谓词,而这就意味着:它不是事物的一个特征(Mermal),不是依附于实体而存在的一种偶性。一言以蔽之,"Sein"(是/存在)或"Dasein"(存在)根本就不是一种实在性。严格说来,这个结论已经足够从根本上否定一切本体论证明的可能性。但是,正如我们从上一个引文中可以看到的,我们的语言具有迷惑性:我们可以把一个非谓述判断表述得像一个谓述判断;同样,我们也可以把一个主词概念当作谓词来使用,正如我们也可以把谓词概念当作主词来用。在语言的游戏中,这没有什么不可能的,并且时常表现出一种文学的美感。例如,在"红色是热情洋溢的"这个判断中,主词概念"红色"显然就不是一个真正的主词,"热情洋溢的"这一性质(偶性)也并不真正属于一个叫作"红色"的实体。这个判断真正想要表达的是:任何某个事物的红色(在普通情况下)会在人的心灵中激发起热情洋溢的感情。同样,正如前面提到过的,康德在《纯粹理性批判》中注意到:"随便什么东西都可以充当逻辑的谓词,甚

康德与本体论证明的批判

至主词也可以由自身来谓述；因为逻辑抽掉了一切内容。"① 同时，无论"Sein"（是/存在）或"Dasein"（存在）是不是一个谓词，它都可以在判断中被当作一个谓词来使用。因此，当康德在《纯粹理性批判》中说"'是'显然不是实在的谓词"时②，他其实是想进一步指出：当我们把"Sein"（是）当作一个谓词来使用时，它根本就不能发挥一个谓词应有的功能，即不能为主词概念增添任何内容。

正如前文（第六章第二节）中已经论证过的，"逻辑的谓词"和"实在的谓词"并不是两种不同的谓词，而是谓词概念在判断中所发挥的不同功能，或者说是谓词概念规定主词概念的两种不同方式。"逻辑的谓词"是仅仅在形式上规定主词概念的谓词，它没有为主词概念增添任何内容，没有增加关于主词概念的知识；"实在的谓词"则是在质料上规定主词概念的谓词，它为主词概念增添了新的内容，增加了关于主词概念的知识。因此，"Sein"（是/存在）或"Dasein"不是实在的谓词，因为在任何一个"某个事物存在"的实存性判断中，它们都不能为主词概念增添任何内容。而且，之所以如此，不是因为实存性判断是分析的，相反，正如康德所言，"每一个实存性命题都是综合的"③；而是因为"Sein"（是/存在）或"Dasein"根本就不是一个谓词（不是关于一种实在性的概念），只是被当作一个谓词来使用而已。因此，"Sein"（是/存在）或"Dasein"即便作为一个综合命题的谓词，也依旧不能发挥一个谓词应有的功能，即说出主词概念到底是什么。

---

① 〔德〕康德：《纯粹理性批判：注释本》，李秋零译注，中国人民大学出版社2011年版，第417页（B626）。

② 〔德〕康德：《纯粹理性批判：注释本》，李秋零译注，中国人民大学出版社2011年版，第417页（B626）。

③ 〔德〕康德：《纯粹理性批判：注释本》，李秋零译注，中国人民大学出版社2011年版，第417页（B626）。

第六章 康德的第四个论据

四　第四个论据的论证目标

正如前文（第六章第三节）中指出的，本体论证明的一个错误在于混淆了"逻辑的谓词"与"实在的谓词"。也就是说，把一个分析命题中的假定结论，当作了一个综合命题中的实然结论。即便"是/存在"是一个谓词，"上帝存在"作为一个分析命题也只能表明：假如上帝存在，那么上帝存在。我们很容易就可以看出，这其实是句废话，假定条件结论就不能通过假定根本得到证明。相反，"上帝存在"如果是一个综合命题，那么，它就不是什么必然判断，设想"上帝不存在"根本就不会与主词概念矛盾。也就是说：假如上帝不存在，那么，即便它（的概念）分析地包含着"存在"，它也依旧不存在。在这种情况下，分析地包含着"存在"的概念只是思维中想象出来的一个概念。

在解释完这个问题之后，康德说了一段话："我虽然希望，如果我没有发现逻辑的谓词与实在的谓词（即一个事物的规定）的混淆中的幻觉几乎拒斥了一切教诲的话，就直截了当地通过对实存概念的一种精确的规定（eine genaue Bestimmung des Begriffs der Existenz）来使这种苦思冥想的空谈破灭。"① 这句话的意思是说，康德的本意是想通过对"实存"（Existenz）亦即"存在"（Dasein）概念做一个精确的规定，以揭示本体论证明为什么是不可能的。但是，由于他发现了我们前面说的那种混淆，所以就先行把它揭示了出来。但是，正如前文（第六章第三节）中提到的，揭示出这一混淆是以两个让步为前提的：1. 允许有一个概念，其客体如果不存在它就是自相矛盾的，也就是一个分析地包含了"存在"的概念，即最实在的存在者；2. 允许把"存在"或"实存"当作一种实在性，承认它是一个谓词。然而，正如上一段中指出的，做出这个让步是为了表明，即便"是/

---

① 〔德〕康德：《纯粹理性批判：注释本》，李秋零译注，中国人民大学出版社2011年版，第417页（B626）。

康德与本体论证明的批判

存在""存在"或"实存"是一个谓词,本体论证明也是不成立的,因为它错误地把一个逻辑的谓词当作实在的谓词来使用了。但是,对于康德来说,"存在"或"实存"根本就不是一个谓词,进而也就不可能是一个实在的谓词。因此,给"是/存在""存在"或"实存"一个精确规定将证明本体论证明是不可能的。而且,这其实并不直接涉及实存性判断到底是分析的还是综合的,因为无论它是综合的还是分析的都不能为主词概念增添任何内容。唯一相关的地方在于,根据康德的分析,当我们在判断中把"存在"或"实存"当作一个谓词来使用时,它只能是一个综合命题中的逻辑的谓词。

康德对"存在"或"实存"概念的精确定义包含消极的(否定的)和积极的(肯定的)两个方面。消极的(否定的)方面是要说出它不是什么,即"'是'(Sein)显然不是实在的谓词,也就是说,不是关于可以加给一个事物的概念的某种东西的一个概念"[①]。这主要是在讨论"Sein"(是/存在)在判断中不能发挥什么作用,并且具体来说就是:当"Sein"(是/存在)被当作一个谓词来使用时,它并不真的能为主词概念增添任何内容,因为它毕竟不是一个(狭义的)谓词。积极的(肯定的)方面是要说出"Sein"(是/存在)是什么,即"它纯然是对一个事物或者某些规定自身的肯定"[②]。这句话如果再拆解一下就是说:1. "Sein"(是)要么是对一个自在的事物本身的肯定(die Position einer Sache an sich selbst),即肯定一个事物本身存在,亦即前文多次提到过的"Sein"(是)的第二种用法。2. "Sein"(是)要么是对某些自在的规定本身的肯定(die Position gewisser Bestimmungen an sich selbst)[③]。

---

① 〔德〕康德:《纯粹理性批判:注释本》,李秋零译注,中国人民大学出版社2011年版,第417页(B626)。

② 〔德〕康德:《纯粹理性批判:注释本》,李秋零译注,中国人民大学出版社2011年版,第417页(B626)。

③ 此处的"规定"(Bestimmungen)显然是作为谓词的同义词的规定,相当于黑格尔所谓的"规定性"(Bestimmtheit),即在判断中通过系词(Sein)被添加到主词概念之上并扩大了主词概念的一种实在性的概念。

第六章 康德的第四个论据

在此，康德使用了"an sich"（就其自身而言/自在的）这个表述，正如前文（第六章第一节）中提到过的，它在此处修饰的是"Sache"（事物/事情）与"Bestimmungen"（种种规定），表示不在与其他事物的关系中来考虑它们。特别是"Sein"（是）对种种规定（谓词）本身的肯定，这无非就是肯定种种规定（谓词）的存在。例如，"红色存在"或"热存在"。当然，规定或谓词（作为关于一种实在性的概念）特定的存在方式决定了它作为偶性在任何时候都只能依附于一个实体存在。因此，这里说的还是"Sein"（是）的第一种用法，即在"S ist P"（S 是 P）的谓述判断中的用法。但是，正如前文（第六章第一节）中已经指出的，任何"S 是 P"的谓述判断其实表达的都是：假如主词"S"存在，那么谓词"P"就存在，并且依附于主词"S"存在。如果这个判断是实然的，那就完全是指：谓词"P"存在，并且作为主词"S"的一个特征（Merkmal）存在。

无论如何，此节最为关键的地方在于，无论是对"Sein"（是）消极的（否定的）定义还是积极的（肯定的）定义，康德的核心思想都是：在任何判断中把"Sein"（是）添加给一个主词概念都并不会对它的内容有所增添，即不会增加关于主词概念的知识。这一点是至关重要的，但却经常被人忽视。当代学者往往过于重视"存在根本不是一个谓词"的观点（《证据》中的存在论题），甚至把它和"是（存在）不是一个实在的谓词"混为一谈，把"实在的谓词"等同于"实在性"[①]，以至于忽视了康德在此节中的核心思想。自始至终，康德想要强调的都是："是/存在""存在"或"实存"不能

[①] 正如前文（第六章第一节）中指出的，"实在性"是所有积极的或肯定的谓词的统称，它们在判断中被用于指出主词具有何种属性。然而，"规定"作为"谓词"的同义词，不仅是任何某种实在性的概念，而且是与主词概念发生关系的实在性的概念，否则就不能叫作"规定"或"规定性"。因此，康德才说："规定是一个添加到主词的概念之上并扩大了这个概念的谓词。"〔德〕康德：《纯粹理性批判：注释本》，李秋零译注，中国人民大学出版社2011年版，第417页（B626）。

康德与本体论证明的批判

扩大主词概念或者增加主词概念的内容。它们之所以不能，固然是因为它们根本就不是一个谓词，但这只是第四个论据的根据或基础，而不是它所要论证的东西——"不能扩大主词概念"才是。这不仅是由于康德在整个第10段中都在具体论证"Sein"（是）在判断中的作用，以及它为什么不是额外增添给主词概念的一个谓词；而且，更重要的是由于这个论证（及其所支持的第四个论据）针对的是本体论证明的论证得以成立的一个重要环节，这个环节是一个归谬法（Reductio ad absurdum）。

归谬法最为明显地出现在安瑟伦的证明中，他用这样一个推理来支持自己的结论："如果那无法设想有比之更大的存在者仅仅存在于理性中，那么，那无法设想有比之更大者自身就成了那可以设想有比之更大的存在者了，但这显然是不可能的。"[①] 我们可以把这个看似复杂的论证解释得再简单一些：设"那无法设想有比之更大的存在者"为"C"，再设"存在"为"E"，那么，仅仅存在于理性中的"那无法设想有比之更大的存在者的概念"就是不包含"E"的"C的概念"即"C^{-E}"。安瑟伦的意思其实就是说："$C^{-E} < C$"，所以"$C^{-E} \neq C$"。这意味着"C的概念"（C^{-E}）如果不同时包含"E"，就会与自身矛盾，所以"C"必须是一个现实的东西，而不只是一个不存在的东西的概念。实际上，任何事情的本体论证明都包含了这一环节。例如，"最实在的存在者"如果只是一个没有现实客体的概念，也就是说它根本不存在，那么，它就不是一个"最实在的存在者"，因为它缺少"存在"或"实存"这一实在性。因此，设想"最实在的存在者"的同时设想它不存在，似乎就与这个概念本身矛盾。总的来说就是："存在"或"实存"似乎给一个纯然的概念增添了什么内容，使它在成为一个现实的事物的同时，也比它

---

① 〔意〕安瑟伦：《信仰寻求理解：安瑟伦著作选集》，溥林译，中国人民大学出版社2005年版，第206页。

第六章 康德的第四个论据

单纯作为一个概念时多出了什么东西。因此,当康德说"是(存在)不是实在的谓词"时,尽管这一命题的基础依旧是"是(存在)根本就不是谓词",但康德真正想要表达的观点是:把"是""存在"或"实存"添加给一个主词概念根本不能增加它的内容。换句话说,一个概念无论是否现实存在,亦即无论是否有一个与之相应的现实客体,它都既不会多一点也不会少一点,它不会与自身矛盾。所以,本体论证明中的这个归谬法根本就不成立的,设想"上帝不存在"也根本不会导致任何矛盾。

因此,我们看到,第 10 段的前半部分,康德其实都是在说,"Sein"(是/存在)"不是关于可以加给一个事物的概念的某种东西的一个概念"①。首先,在"Sein"(是)的第一种用法中,例如在"上帝是全能的"这一判断中,康德说:"这个命题包含着两个概念,它们都有自己的客体:上帝和全能。'是'这个词并不是此外的一个谓词,而是仅仅以与主词相关的方式设定谓词的东西。"② 其次,在"Sein"(是)的第二种用法中,例如在"上帝存在"(Gott-ist)或"存在着一个上帝"(es ist ein Gott)的判断中,康德说:"我并没有为上帝的概念设定一个新谓词,而是仅仅把主词自身连同他的所有谓词,也就是说,把对象设定在与我的概念的关系中。"③这两个例子的根据都在于,"Sein"(是/存在)根本就不是一个(狭义的)谓词,即便在它的第二种用法中,"Sein"(是/存在)只是在语言中被当作一个谓词来使用,并且实际上表达的仅仅是概念与客体(对象)的关系。但是,这两个例子在论证中的目标却并不是要

---

① 〔德〕康德:《纯粹理性批判:注释本》,李秋零译注,中国人民大学出版社 2011 年版,第 417 页(B626)。

② 〔德〕康德:《纯粹理性批判:注释本》,李秋零译注,中国人民大学出版社 2011 年版,第 417 页(B626)。

③ 〔德〕康德:《纯粹理性批判:注释本》,李秋零译注,中国人民大学出版社 2011 年版,第 417 页(B626)。

康德与本体论证明的批判

证明"Sein"(是/存在)不是一个(狭义的)谓词,而是要指出:"Sein"(是)不能为主词概念增加任何内容,不能增加关于主词概念的知识。因此,康德这一段论证的落脚点是:"二者(概念与对象)必须包含的是同一种东西,所以不能因为我把概念的对象思维成绝对被给予的(通过'它存在'这一表述),就有什么东西进一步添加在仅仅表达可能性的概念上去。"① 也就是说,继续借用我们前面的设定,由于"E"根本就不是个谓词,不能为主词概念增加任何内容,所以,如果我们仅仅是比较"C"和"C^{-E}"的内容,那么,"C^{-E}=C",即"C^{-E}"并不比"C"缺少任何内容,"C^{-E}"只是不存在,即并不指称一个现实的"C"。而且,正是基于这样一个论证思路和论证目的,康德才会说:

> 这样,现实的东西所包含的并不多于纯然可能的东西。一百个现实的塔勒所包含的丝毫不多于一百个可能的塔勒。因为既然后者意味着概念,而前者却意味着对象及其肯定自身,所以假如对象所包含的多于概念,我的概念就会不表达整个对象,从而也不是该对象的合适概念。②
>
> 因此,当我思维一个事物时,无论我通过什么谓词以及多少谓词来思维它(甚至在普遍的规定中),通过我附加上"该物**存在**",也对该物没有丝毫的增益。因为若不然,就会不正好是该物,而是比我在概念中所思维的更多的对象在实存着,而且我不能说,恰恰是我的概念的对象实存着。即使我甚至在一个事物中设想一种实在性之外的所有实在性,也并不由于我说这样一个有缺陷的事物实存着,阙如的实在性就补加上去了。

---

① 〔德〕康德:《纯粹理性批判:注释本》,李秋零译注,中国人民大学出版社2011年版,第417页(B626)。

② 〔德〕康德:《纯粹理性批判:注释本》,李秋零译注,中国人民大学出版社2011年版,第417页(B627)。

第六章 康德的第四个论据

相反，它恰恰是带着我思维它时的那种缺陷实存着，否则就是与我所思维的不同的某物在实存了。现在，如果我设想一个存在者是最高的实在性（没有缺陷），就总是还有它是否实存这个问题。①

简单说来，这两个段落说的就是：1. "C^{-E}"与"C"包含同样多的内容；2. 如果"C"比"C^{-E}"多出任何东西，"C^{-E}"就不是"C"的概念，但这显然是荒谬的；3. 如果"C^{-E}"缺少"C"的任何一种内容（任何一种实在性），那么，"C"（作为现实存在的事物）就也缺少这种内容（这种实在性）；4. 如果"C^{-E}"包含所有可能的实在性，它是否存在，亦即是否有一个"C"，也依旧是一个有待证明的问题。因为，"是/存在""存在"或"实存"根本就不是一个（狭义的）谓词，亦即根本就不是一种实在性。所以，即便我们可以在语言中把它当作一个谓词来使用，并且说出一个"某个事物是存在着的"或"某个事物是一个存在着的事物"的判断，它也根本就不能真正（在质料上）发挥一个谓词应有的功能——它只不过是在表达概念与其现实客体（对象）的关系。在这个意义上，"是/存在""存在"或"实存"不是一个实在的谓词。因此，本体论证明的归谬法根本就不成立，一个存在着的事物并不比它的纯然概念更大，哪怕我们是在讨论一个可能的最实在的存在者，设想这样一个存在者不存在也不导致任何矛盾。

至此，我们关于第四个论据的讨论其实已经可以结束，但我们或许还应该谈一谈"上帝存在"与"上帝是全能的"这两个命题的比较关系，因为国内外的学者似乎都非常关心这一点。而且，在很多人看来，这两个命题的比较关系与两种谓词（逻辑的与实在的谓

---

① 〔德〕康德：《纯粹理性批判：注释本》，李秋零译注，中国人民大学出版社2011年版，第418页（B628）。

词）的混淆有关。例如，在奥特弗里德·赫费看来，康德的意思是说，"上帝存在"是一个综合命题，"上帝是全能的"则是一个分析命题，并由此认为："本体论论证犯了一个混淆概念的错误——它将存在（das Dasein）与特征（eine Eigenschaft［一种属性］）等同起来——因而它要为一种歧义性负责。"① 同样，艾伦·伍德没有弄清《证据》和《纯粹理性批判》中的两个命题的差异，把它们看作一回事，以至于认为康德的意思是说："存在"是一个逻辑的谓词，它只是在判断中被当作谓词来使用（在这一点上，他是正确的），但说它不是一个实在的谓词，仅仅意味着它不是事物的一个特征（Merkmal）、一种属性（Eigenschaft），不是实体的一个偶性（Akzidenz），即不是一种实在性。换句话说，它混淆了"实在性"与"实在的谓词"，这也是学界一个常见的混淆。因此，伍德认为，"全能"（Allmacht）是一个实在的谓词，并且是一个"无可争议的实在的谓词"（undisputed real predicate）。② 于是，他提出了一个看似颇有道理的质疑：

> 如果我们再来一次③，这次设"全能"（或者其他任何无可争议的实在的谓词）就是我们的那个"几近完善的存在者"所缺乏的实在性，那么，我们马上就能看出，这绝不是正确的。在那种情况下，我们就必须要承认，如果几近完善的存在者是全能的，它就会获得阙如的实在性，并且因此是完全完善的，

---

① 〔德〕奥特弗里德·赫费：《康德的〈纯粹理性批判〉：现代哲学的基石》，郭大为译，人民出版社2008年版，第271页。

② Allen Wood, *Kant's Rational Theology*, Ithaca: Cornell University Press, 1978, p. 108.

③ 指康德对"'是'（存在）不是实在的谓词"的一个论证，即"即使我甚至在一个事物中设想一种实在性之外的所有实在性，也并不由于我说这样一个有缺陷的事物实存着，阙如的实在性就补加上去了"。〔德〕康德：《纯粹理性批判：注释本》，李秋零译注，中国人民大学出版社2011年版，第418（B628）。

第六章 康德的第四个论据

这有悖于我们在最初的设定。因此，如果说康德的论证成功地表明，实存（existence）不是一个实在的谓词，那么，它也就成功地表明，没有任何东西可以是实在的谓词。①

为了避免跑题，我们必须把对这个质疑的充分回应放到本书第十章来完成。目前来说，我们只需要回忆其前文（第五章第二节）中对"逻辑的谓词"和"实在的谓词"的区分，以及（第六章第三节）中对《证据》和《纯粹理性批判》中的两个存在论题的区分。简单来说，"实在的谓词"并不是指"实在性"，它毋宁是指一个在判断中真正地（在质料上）发挥了规定作用或谓述作用的谓词。因此，在"上帝是全能的"这个判断中，由于"全能"分析地包含在"上帝"或"最实在的存在者"的概念之中，它的谓词本来就是一个逻辑的谓词，而不是一个实在的谓词——这个事实与"全能"本身是不是一种实在性毫无关系。因此，无论"上帝存在"还是"上帝是全能的"的谓词都不是实在的谓词，赫费和伍德（以及其他很多学者）所认为的那种比较关系根本就不存在。正如前文（第五章第三节）已经论证过的，"逻辑的谓词"和"实在的谓词"的混淆仅仅是说：本体论证明把一个"上帝存在"的分析判断（尽管它根本不可能是分析判断）中的谓词当作一个综合判断中的谓词来使用，以至于认为通过这个基于假定的判断能够得出一个实然的结论。并且，这个混淆是在姑且假定"存在"或"实存"是一种实在性的让步下揭示出来的。然后，康德才进一步指出，虽然"每一个实存性命题都是综合的"，但"是/存在"（Sein）依旧不是一个实在的谓词。当我们在判断中把"Sein"（是/存在）当作一个谓词来绝对地设定主词概念时，亦即肯定主词概念存在或者有一个与之相应的现

---

① Allen Wood, *Kant's Rational Theology*, Ithaca: Cornell University Press, 1978, pp. 108–109.

康德与本体论证明的批判

实客体（对象）时，"是/存在"（作为"存在"或"实存"）根本就不能为主词概念增加任何内容，即不能增加关于主词概念的知识。

当然，我们还可以补充，尽管"存在"和"全能"都是逻辑的谓词，但它们之所以是逻辑的谓词的原因是不同的。我们在前文（第五章第二节）中已经指出过，分析命题与综合命题的区别不是区分两种谓词的依据，被当作谓词来使用的概念在判断中发挥何种功能（在形式上还是在质料上谓述或规定主词概念）才是。在"上帝是全能的"这个判断中，"全能"之所以是逻辑的谓词，是因为它分析地包含在主词概念中，从而不能为主词概念增添任何内容，仅仅作用于澄清主词概念。然而，在"上帝存在"这个判断中，"存在"之所以是逻辑的谓词，是因为它压根就不是一个谓词，从而不能为主词概念增添任何内容。因此，"是/存在""存在"或"实存"的特殊性在于：它是综合命题（实存性命题）中的逻辑的谓词，这算得上是它与"全能"的一个重要差异。因此，伍德至少有一个观点是完全正确的："因此，康德的批评依赖于在两种综合命题之间作一个区分：（1）那些通过谓述出主词概念的一些实在性来'规定了'主词概念或对它'有所添加'的命题；（2）那些'设定了'概念或者'设定了'包含在概念中的种种规定的命题。"[1] 根据这一区分，一般而言的综合命题（作为谓述判断，即表达实体与偶性的关系的判断）都属于第（1）类综合命题；而实存性命题（作为模态判断，即表达概念与其客体的关系的判断）都属于第（2）类综合命题。康德在《逻辑学》中所讨论的"综合命题"仅仅是指第（1）类综合命题，因为逻辑学（形式逻辑）抽掉了一切内容，不考虑因概念的特殊性而导致的差异。

最后，如果我们诚实地面对文本就必须承认，无论是在《证据》

---

[1] Allen Wood, *Kant's Rational Theology*, Ithaca: Cornell University Press, 1978, p. 106.

中还是在《纯粹理性批判》中,"上帝是全能的"(Gott ist allmächtig)这个命题都仅仅服务于说明一个问题:在这种典型的主谓判断中,"上帝"(Gott)是主词,"全能的"(allmächtig)是谓词,"是"(ist)根本不是另外一个谓词,它只是这个判断的系词,用以肯定主词与谓词的关系,即假如上帝存在,那么它就是全能的,或者说上帝以全能的形式存在。因此,"上帝存在"和"上帝是全能的"这两个命题之间根本就没有赫费与伍德(以及其他许多学者)所假定的那种关于"逻辑的谓词"和"实在的谓词"的比较关系。

第七章　康德的第五个论据

正如前文（第五章第一节）指出过的，在结束了对本体论证明的正反两个方面论证的批判之后，康德在第 11 段（B628 – 629）的结尾中回归到了认识论攻击，并且准备以此来结束他的整个批判工作。康德在这里明确提出了实存性命题对于知觉的依赖：没有知觉作为依据，我们根本就无法判定任何某个事物是否存在，或者说根本就无法把"某个事物存在"宣布为一个理论事实。[①] 在短短三个自然段（第 12—14 段）的批判中，康德的论据可以概括为两个要点：1. 实存性判断依赖于知觉；2. 关于"最实在的存在者"的实存性判断缺乏知觉依据。应该说，这个批判是非常有力的。但是，如果我们不考虑《纯粹理性批判》前半部分的内容，只是把这个简短的批判单独抽离出来加以考察，就很容易认为它们缺乏一个可靠的根据。遗憾的是，不少学者就是这么做的。事实上，这个从认识论

---

① 当然，众所周知，康德提出了一个对上帝存在的道德证明。但是，严格说来，这个证明并没有把"上帝存在"当作一个理论事实来证明，而是从道德法则的客体即"至善"的可能性出发，证明我们基于道德法则的要求在理性上必然地相信"上帝存在"。也就是说，道德证明把这个命题当作一个信念（Glaube）来证明，这符合康德在《纯粹理性批判》第二版前言中所说的"我不得不扬弃知识，以便为信念腾出地盘"的思想。〔德〕康德：《纯粹理性批判：注释本》，李秋零译注，中国人民大学出版社 2011 年版，第 21 页（Bxxx）。至于他的道德证明，参见〔德〕康德《纯粹理性批判：注释本》，李秋零译注，中国人民大学出版社 2011 年版，第 524—533 页（B836 – 847）；〔德〕康德《实践理性批判：注释本》，李秋零译注，中国人民大学出版社 2010 年版，第 116—123 页（5：124 – 132）；〔德〕康德《纯然理性界限内的宗教：注释本》，李秋零译注，中国人民大学出版社 2011 年版，第 2—3 页（6：4 – 6）。

第七章　康德的第五个论据

出发的批判之所以显得不那么充分的唯一理由仅仅在于：康德在"先验感性论"和"先验逻辑论"的第一编"先验分析论"中已经提供了充足的论证，以至于完全没有必要在此提出更为详细的说明。然而，这个合理的做法却让很多人感到不满。例如，艾伦·伍德就说："我没法不觉得，相比《批判》中实际提供的著名却极为论证不足的批判，一个径直建立在康德认识论上的对笛卡尔学派证明的批判将更为令人信服得多。"[①] 因此，本章将把《纯粹理性批判》前半部分中与第五个论据直接相关的内容纳入到讨论之中，以便使读者能够更好地理解这个论据。首先，我们将在第一节中对"主观综合的判断"（die subjektiv = synthetischen Urteile）与"客观综合的判断"（die objektiv = synthetischen Urteile）做一个区分，这有助于我们更好地理解为什么实存性命题的谓词仅仅是一个逻辑的谓词。其次，我们将在第二节中讨论康德的一个重要的认识论主张，即"存在就是被知觉到"，并且揭示出这个主张与贝克莱的主观理念论主张的区别。再次，我们将在第三节中讨论"纯粹思维的客体"，并且重点解释它与"感官的对象"之间的区别。最后，基于所有这些讨论，我们将在第四节中对康德的第五个论据（论据5）给出彻底的解释，以表明上帝（作为一个超感官的对象）的存在为什么是完全不可知的。

一　主观综合的与客观综合的判断

正如前文（第六章第二节）中提到过的，康德主张"每一个实存性命题都是综合的"[②]，但他同时又主张，在"某个事物存在"或"某个事物实存着"的实存性判断中，谓词"存在"或"实存"不

---

① Allen Wood, *Kant's Rational Theology*, Ithaca: Cornell University Press, 1978, p. 123.

② 〔德〕康德：《纯粹理性批判：注释本》，李秋零译注，中国人民大学出版社2011年版，第417页（B626）。

康德与本体论证明的批判

能扩大主词概念，即不能对主词概念的内容有所增添。因此，有学者认为，这两个观点是矛盾的，例如杰罗姆·谢弗（Jerome Shaffer）。① 对此，伍德试图通过区分两种综合命题来加以回应，并且把"实例化了"（instantiated）看作实存性判断的一个特征。② 亨利·E. 阿利森（Henry E. Allison）也认为，综合判断要"在质料上"（materially）扩展我们的知识，"要么通过肯定（或否定）主词的一个进一步的规定，要么通过肯定（或否定）主词概念被实例化了。实存性判断按照后一种方式是综合的"③。然而，这种区分虽然是正确的，但仅仅说出了实存性判断的特点，没有揭示出两种判断的本质区别。在这个问题上，国内学者胡好注意到，理解两种综合命题的关键在于康德在讨论模态范畴时对"主观上综合的命题"与"客观上综合的命题"做出的区分。④

正如康德在"先验分析论"中告诉我们的，"Dasein"（存在）或"Existenz"（实存）是一个模态范畴。而且，更严格地说，"Dasein"（存在）和"Nichtsein"（不存在）是一组模态范畴。⑤ 正如前文（第五章第一节）中指出过的，"范畴"（Kategorien）其实就是谓词的类，所有可能的谓词能够被区分成四个大类和十二个小类。四个

---

① Jerome Shaffer, "Existence, Predication, and the Ontological Argument", *Mind*, New Series, Vol. 71, No. 283, July 1962, p. 309.

② Allen Wood, *Kant's Rational Theology*, Ithaca: Cornell University Press, 1978, pp. 106, 107. "instantiate"（实例化）是英语学者比较爱使用的一个术语，其日常意思就是"例示""举例说明"或"有例为证"。在存在论题的讨论中，"instantiate"（实例化）是指"使……有一个实例"，即纯然的概念获得了一个与之相应的现实客体。

③ Henry E. Allison, *Kant's Transcendental Idealism*, New Haven: Yale University Press, 2004, p. 415. 然而，正如前文（第五章第二、三节）中指出过的，实存性判断并不能在质料上增加主词概念的知识，并且正因为如此才是一个逻辑的谓词。因此，正如前文（第六章第三、四节）中指出过的，"存在"或"实存"根本就不是一个谓词，纯然的概念并不比其现实客体缺少任何内容。

④ 胡好：《康德对本体论证明的系统批判》，《哲学研究》2020年第11期。

⑤ 参见〔德〕康德《纯粹理性批判：注释本》，李秋零译注，中国人民大学出版社2011年版，第93页（A80/B106）。

第七章　康德的第五个论据

大类是：量（Quantität）、质（Qualität）、关系（Relation）和模态（Modalität）。十二个小类是：1. 量的范畴：单一性（Einheit）、复多性（Vielheit）、全体性（Allheit）；2. 质的范畴：实在性（Realität）、否定性（Negation）、限定性（Limitation）；3. 关系的范畴：依存性与自存性（der Inhärenz und Subsistenz）、因果性与隶属性（der Causalität und Dependenz）、共联性（Gemeinschaft）；4. 模态的范畴：可能性－不可能性（Möglichkeit-Unmöglichkeit）、存在－不存在（Dasein-Nichtsein）、必然性－偶然性（Nothwendigkeit-Zufälligkeit）。康德说："范畴是关于一个一般而言的对象的概念。"① 从认识的时间顺序上讲，我们对范畴的认识来自对经验概念的抽象。也就是说，我们通过在一切概念中抽掉其经验性的内容，就获得了关于一般概念的认识。然而，正是由于抽掉了经验性的内容，范畴本身也就被证明为并非来自经验的，而是主体的认识能力中的先天概念，即知性的纯粹概念。而且，诸范畴也构成了作为显象的对象的可能性条件，从而不仅是主观的，同时也是客观的，作为经验客体的建构性成分而具有客观实在性。关于范畴的知识构成了传统逻辑学的第一个部分：概念（die Begriffe）；其他两个部分则是"判断"（die Urteile）和"推理"（die Schlüsse）。当然，我们在此重点只讨论"概念"和"判断"。

在所有范畴中，"模态"是最为特殊的。德文的"Modalität"（模态）是由形容词"modal"（模态的/样式的）和表示性质的后缀"－ität"组成②，意指具有"属于某种模态"或"属于某种样式"这一性质。那么，这个"模态"或"样式"指的是什么呢？其实，正如我们在前文（第五章第一节）中讨论"可能性"与"实在性"的关系时已经指出过的，"模态"或"样式"指的是"Dasein"（存

---

①〔德〕康德：《纯粹理性批判：注释本》，李秋零译注，中国人民大学出版社2011年版，第35页（A7/B11）。

② 德文的"modal"（模态的/样态的）直接来拉丁文的形容词"modalis"，表示具有某种"modus"（样式）。

在）或"Existenz"（实存）的模态或样式。而且，"模态"所涉及的并非一个事物的特定存在方式或者以何种具体的方式存在，因为这说的要么是量、要么是质、要么是关系，"模态"仅仅涉及某物的"存在"本身以何种样式呈现，具体来说就是一个事物"有没有可能存在"或"其存在是否可能"，"是否存在"或"是否现实存在"以及"偶然存在还是必然存在"的问题。对于模态范畴与其他三大类范畴的区别，康德的解释其实是非常清楚的：

> 模态的各范畴自身具有特殊的东西：它们作为客体的规定（als Bestimmung des Objects）丝毫不扩大它们作为谓词所附属的概念，而是仅仅表示与知识能力的关系（das Verhältnis zum Erkenntnisvermögen）。即使一个事物的概念已经是完全完备的，我毕竟还是能够就这个对象而追问：它是仅仅可能的抑或还是现实的？或者，如果它是后者，那么，它是否也是必然的？由此并没有在客体本身中再思维任何规定，而是仅仅问道：该客体（连同其一切规定）与知性及其经验性应用、与经验性的判断力以及与理性（就其应用于经验而言）的关系是怎样的？①

与其他范畴一样，我们可以用模态的各个范畴（包括"存在－不存在"）来规定一个可能的客体（对象），即把它添加给一个主词概念，作为属于这个概念的东西。然而，与其他范畴不同的是，模态的各个范畴（包括"存在－不存在"）并不能扩大主词概念（增加关于主词概念的知识），而是仅仅表示了它"与知识能力的关系"，而不是表示两个客体（一个被表象为实体，另一个被表象为偶性）的关系。刚才提到，范畴其实就是所有可能的谓词的类。把任

---

① 〔德〕康德：《纯粹理性批判：注释本》，李秋零译注，中国人民大学出版社2011年版，第196页（A219/B266）。

第七章 康德的第五个论据

何一个谓词添加给主词概念，就形成了一个判断，这也是知识的基本单位。因此，通过把模态的各个范畴应用于一个可能的主词概念，我们就可以得到这样一些判断：

1. 某物可能（某物是可能的）－某物不可能（某物是不可能的）
2. 某物存在（某物是现实的）－某物不存在（某物是非现实的）
3. 某物必然（某物是必然的）－某物偶然（某物是偶然的）①

所有这三类判断的一个共同特点就是：它们都没有表达事物与其特征的关系。在这些判断中，主词概念和谓词概念并不意指两个可能的客体（对象），所以并没有表达一个可能的实体与一种可能的偶性之间的关系。相反，它们都只是表达了我们（认识主体）对一个可能概念本身的认识。

当然，上述三类判断是有区别的。首先，第 1 类判断，通过"可能性－不可能性"（Möglichkeit-Unmöglichkeit）来规定主词概念的判断，它表达的仅仅是一个概念是不是一个可能的现实事物，即是不是一个有可能存在的事物的概念。而且，"某个事物可能"或"某个事物是可能的"仅仅意味着可能性（Möglichkeit），而不是现实性（Wirklichkeit）。也就是说，某个事物的现实存在并不是不可设想的，而是具有可能性的。相反，"某个事物不可能"或"某个事物是不可

---

① 需要注意的是，通过范畴来规定一个主词，并由此形成判断，这不能与传统逻辑学中关于判断的知识相混淆。康德曾在《纯粹理性批判》中的"论知性在判断中的逻辑功能"一节中罗列过一个"判断表"，其中包括四大类、十二小类判断，与范畴表的排列完全一致。其中，"判断的模态"（die Modalität der Urteile）包括：1. 或然判断（problematisches Urteil）；2. 实然判断（assertorisches Urteil）；3. 定然判断（apodiktisches Urteil）。参见〔德〕康德《纯粹理性批判：注释本》，李秋零译注，中国人民大学出版社 2011 年版，第 88 页（A70/B95）；〔德〕康德《康德著作全集：第 9 卷》，李秋零主编，中国人民大学出版社 2010 年版，第 106—107 页（9：108）。这个分类与本节所讨论的问题无关，因为它是通过范畴来规定一个判断属于何种判断，而不是用范畴来规定一个主词概念并由此形成一个判断。因此，判断表中讨论的其实是这样一些问题：1. "某物是如此这般的"这一判断是可能的；2. "某物是如此这般的"这一判断是现实的（存在）；3. "某物是如此这般的"这一判断是必然的。

能的"则意味着其现实存在是绝不可能的。其次,第 2 类判断,通过"存在－不存在"(Dasein-Nichtsein)来规定主词概念的判断,它表达的仅仅是一个概念是否有一个与之相应的现实客体(对象),它是不是一个现实存在着的事物的概念。所以,"存在－不存在"表达的就是"现实性－非现实性"(Wirklichkeit-Unwirklichkeit)。再次,第 3 类判断,通过"必然性－偶然性"(Nothwendigkeit-Zufälligkeit)来规定主词概念的判断,它表达的是一个概念的客体(对象)以何种方式存在,是必然地存在着,还是非必然地或偶然地存在着。由此,我们也可以看出,所有这三类判断其实本质上都与主词概念的存在有关,或者说,它们描述的是一个主词概念以何种样式(模态)存在——可能存在－不可能存在,现实存在－并不现实存在,必然地存在－偶然地存在。

现在,我们回到实存性判断,亦即"某个事物存在"的判断。正如前文中多次提到的,康德认为,一切实存性判断都是综合的。因为,我们(至少在一般情况下)不能从纯然的概念出发分析出它的存在。对于一般的事物来说,其存在与否在任何时候都是或然的,其概念并不必然地与"存在"或"实存"相结合。更重要的是,对于"上帝"或"最实在的存在者"的概念来说也是如此。正如前文(第五章第三节)中指出过的,即便我们承认"存在"或"实存"是一种实在性,通过从"上帝"或"最实在的存在者"中分析出它的存在,我们也不过是先行假定了主词概念存在,再从这个假定前提中推出了一个假定的结论。"假如上帝存在,那么上帝存在",这个推理没有任何实在的意义。更何况,正如前文已经多次指出的,"存在"或"实存"根本就不是一个谓词,不是关于一种可能的实在性的概念。因此,我们根本就不能从一个"最实在的存在者"中分析出它的存在。既然如此,当我们说"某个事物存在"时,我们就必须要有一个第三项来充当理由,使我们能够把"存在"或"实存"这一概念当作(逻辑的)谓词添加到作为主词的"某个事物"的概念之上。从这个意义上讲,实存性判断是综合判断,它是把一个并不分析地包含在主词概念中的概念

第七章 康德的第五个论据

添加到主词概念之上的判断，尽管这样做并不能扩大主词概念。然而，正因为如此，康德强调："模态的各原理并不是客观综合的（objektiv synthetisch），因为可能性、现实性和必然性的谓词丝毫也不通过给对象的表象增添某种东西而扩大它们所谈及的概念。"① 也就是说，使用模态范畴的判断尽管是综合的，但却只是"主观综合的"（subjektiv synthetisch），而不是"客观综合的"（objektiv synthetisch）。

在日常汉语中，我们往往习惯于按照一种心理学意义来使用"主观的/客观的"这组概念。我们通常认为，"主观的"就是"个人的""一己之见的"，甚至是"错误的""有偏见的"和"与客观事实不相符的"；与此相对，"客观的"就是"共同的""公共的""正确的""无偏见的"和"与客观事实相符的"。然而，在哲学中，特别是在对康德批判哲学中，它们并不完全是这个意思。"主观的"其实是指"属于主体的"，"客观的"则是"属于客体的"。例如，康德认为，时间和空间是主观的，但这并不意味着，它们是我们想象出来的，或者干脆就是一种幻觉。康德的意思只是说，时间和空间是属于主体的，它们是主体用来直观客体（作为显象的对象）的形式。因此，"主观综合的判断"（subjektiv synthetische Urteile）并不是指那些仅仅在主观上为真的判断（即仅仅对于主体来说为真的判断），"客观综合的判断"（objektiv synthetische Urteile）也不是指那种不仅在主观上为真，同时也在客观上为真的判断（即同时对于客体来说也为真的判断）。这两种判断的区别在于：1. "主观综合的判断"是这样一些判断，当我们在判断中把一个谓词概念添加给主词概念时，尽管这是一个综合判断，但主词概念却没有因此被扩大。因为，判断中的两个概念并不全都指称一个客体，相反，它们仅仅是主体思维中的两个概念，即一个某个事物（被假定为一个可能实

---

① 〔德〕康德：《纯粹理性批判：注释本》，李秋零译注，中国人民大学出版社2011年版，第206页（A233/B286）。

体）的概念及其特定的存在模态的概念。这就意味着，即便这个判断是正确的，或者说它在客观上为真，我们也并没有因此就认识到了主词概念所指的那个可能的事物（实体）所具有的一种原本我们不知道的特征（偶性）。2. "客观综合的判断"则是这样一些判断，当我们在判断中把一个谓词概念添加给主词概念时，主词概念就被扩大了。因为，判断中的两个概念分别指称一个客体，即一个事物的概念（实体）和一种特征（偶性）的概念。这意味着，如果这个判断是正确的，或者说它在客观上为真，那么，主词概念所指的那个可能的事物（实体）就具有一种原本我们不知道的特征（偶性）。

至此，我们就为伍德对两种综合命题的区分找到了一个根据。1. 主观综合的判断：根据伍德的描述，就是"那些'设定了'概念或者'设定了'包含在概念中的种种规定的命题"①。2. 客观综合的判断：根据伍德的描述，就是"那些通过谓述出主词概念的一些实在性来'规定了'主词概念或对它'有所添加'的命题"②。但是，由于伍德把"实在性"和"实在的谓词"混为一谈，使得他错误地理解了康德的思想，并由此提出了错误的批评。对此，胡好的认识更为清晰，他不仅明确意识到两种综合命题的区分其实就是"主观综合"与"客观综合"的区分，还意识到"实在的谓词"其实就是客观综合命题的谓词，而"存在"只能是主观综合命题的谓词。为此，他提供了一个间接论证和一个直接论证。尽管这两个论证都十分粗暴，但却毕竟是有效的。

其间接论证是：

> 1）存在不是分析命题的谓词；2）存在不是客观综合命题的谓词；3）一个命题或者是分析的，或者是客观综合的，或者

---

① Allen Wood, *Kant's Rational Theology*, Ithaca: Cornell University Press, 1978, p. 107.
② Allen Wood, *Kant's Rational Theology*, Ithaca: Cornell University Press, 1978, p. 107.

第七章　康德的第五个论据

是主观综合的；4）所以，上帝存在是主观综合命题。

其直接论证是：

1）存在谓词是模态范畴"现实性（Wirklichkeit）"；2）所有模态范畴跟主词的结合都是主观综合的；3）所以，上帝存在命题是主观综合的。①

这两个论证不仅表明"上帝存在"这一命题是主观综合的命题，同时也表明任何实存性命题都是主观综合的命题。但是，正如前文所言，这两个论证都太粗暴了。因为，它们只是根据康德著作中的一些明确的表述（以命题的形式陈述出来）所做出的一个纯然形式逻辑的推理。其中，间接论证是一个根据排除法的选言推理，直接论证则是一个典型的三段论。在这两个推理中，各个命题中的主词概念和谓词概念到底是什么意思并不重要，我们只需要依据形式逻辑的推理法则就可以得出正确的结论。但是，对于康德的读者来说，他们可能更想知道结论到底意味着什么。

当然，对于什么是"主观综合的"、什么是"客观综合的"，胡好也作了一些说明，但并不够充分。他正确地指出："客观综合命题的谓词是客体的规定，会扩大主词概念，但模态范畴并不扩大主词概念，因而它们不是客观综合命题的谓词。不过，由于它们毕竟'增添了这概念在其中产生并有自己的位置的那种认识能力'（KrV, A234/B286），所以模态原理是主观综合的。"② 但严格说来，这仅仅说出了两种综合命题各自的特点，并且只是从它们的谓词（被当作谓词来使用的概念）规定主词概念的不同方式来加以区分的。因

---

① 胡好：《康德对本体论证明的系统批判》，《哲学研究》2020 年第 11 期。
② 胡好：《康德对本体论证明的系统批判》，《哲学研究》2020 年第 11 期。

此，这个区分与其说是两种综合命题的区分，不如说是（正如前文第五章第二节中指出的）两种谓词的区分，即"逻辑的谓词"是仅仅在形式上规定或谓述了主词概念的概念，"实在的谓词"则是在质料上规定或谓述了主词概念的概念。然而，在讨论两种谓词的区分时，胡好恰恰又忽视了这一核心差异，主张"前者（逻辑的谓词）表示概念的逻辑可能性；后者（实在的谓词）表示事物的实在可能性"①。也就是说，胡好把两种谓词的区分与《证据》中关于两种可能性的区分混为一谈了。

事实上，正如我们在前面指出的，"主观综合的判断"和"客观综合的判断"之为"主观的"（属于主体的）和"客观的"（属于客体的），关键在于何种概念在判断中被综合起来了。具体来说：1. 在主观综合的判断中，综合仅仅发生在主体的思维中，因为判断中的两个概念只有一个概念（主词概念）指称一个可能的客体（一个事物或实体），另一个概念（谓词概念）不是用来规定主词概念的客体的，而是用来规定主词概念本身的，即表明这个概念的存在模态——（1）依据"可能性/不可能性"：这个概念可不可能有一个与之相应的客体；（2）依据"存在/不存在"：这个概念（现实地）有没有一个与之相应的客体；（3）依旧"必然性/偶然性"：这个概念之客体的现实性（存在）是必然的还是偶然的。因此，模态范畴与其说是事物（概念的客体）的谓词，倒不如说它们是概念的谓词。② 2. 在客观综合的判断中，综合不仅发生在主体的思维中，而是也关乎两个可能客体的关系，因为判断中的两个概念分别

---

① 胡好：《康德对本体论证明的系统批判》，《哲学研究》2020 年第 11 期。
② 康德在《证据》中讨论"存在"（作为一个模态谓词）时就说："在存在作为一个谓词出现于普通用语中的所有场合里，与其说它是事物自身的一个谓词，倒不如说它是人们关于该事物的思想的一个谓词。"〔德〕康德：《康德著作全集：第 2 卷》，李秋零主编，中国人民大学出版社 2003 年版，第 79 页（2：72）。其实，其他模态范畴在被当作谓词使用时也是如此。但是，这种解释很容易导致一种弗雷格式的解读，我们将在本书第八章讨论这个问题。

指称一个可能客体，其中一个被思维成一个独立自存的事物（实体），另一个被思维成一个依附于该事物而存在的特征（偶性）。

无论如何，康德的意思是说：一切实存性判断都是主观综合判断，此类判断不是对客体的描述，而是主体对概念之存在模态的思维。在任何一个"某个事物存在"或"某个事物实存着"的判断中，主词概念"某个事物"总是意指一个可能的事物（实体），但"存在"或"实存"却并不指称这个事物的一种可能的特征（偶性）。当我们在思想中把"某个事物"的概念和"存在"或"实存"的概念综合起来时，这个判断并不表示两个可能的客体（实体与偶性）之间的关系，而是仅仅在思维中描述了"某个事物"这个概念的存在模态，即"某个事物是现实的"或"某个事物现实地拥有一个与之相应的客体（对象）"。然而，这进一步意味着，作为综合命题，任何"某个事物存在"的判断都需要一个第三项作为依据。康德强调，这个第三项就是"知觉"（Wahrnehmung）。正如贝克莱所言："存在（是）就是被知觉到。（Esse est Percipi；to be is to be perceived.）"① 对于人类存在者来说，由于我们的认识能力的特殊性，我们只能通过感官来知觉对象的现实性。这倒不是说，任何事物唯有在被认识主体知觉到的时候才是现实存在着的，而是说，对于我们人类这种只拥有一种感性直观的存在者来说，事物的可知觉性是其现实存在的唯一可识别的标志。除此以外，我们再没有任何其他办法可以判定一个可能的事物是否也现实地存在着。

二 "存在就是被知觉到"

根据康德的第四个论据（论据4），"存在"或"实存"不是一个

---

① Cf., George Berkley, *The Works of George Berkeley. Vol.* 1：*Philosophical Works 1705 – 21*, Oxford：Clarendon Press, 1801, p. 258.

康德与本体论证明的批判

实在的谓词，亦即不是一个能够在质料上规定或谓述主词概念的概念。这意味着，通过把"存在"或"实存"添加给一个事物的概念，并不能使这个事物多出任何内容；同样，通过从事物的概念中去掉"存在"或"实存"，这个概念也不会因此在内容方面有所损失。因此，本体论证明所依赖的归谬法是错误的，任何事物的纯然概念都不会比这个事物本身更少或者更小。但是，事物的纯然概念与一个现实存在着的事物毕竟是有区别的，只要我们不仅仅着眼于它们的内容，而是也关心它们与我们的认识能力之间的关系。对此，康德说得很清楚：

> 如果所说的是感官的一个对象，那么，我就不能把事物的实存与该事物的纯然概念混为一谈。因为通过概念，对象只是被思维成与一般可能的经验性知识的普遍条件相一致，而通过实存，它则被思维成包含在全部经验的关联之中的；因为在这种情况下，通过与全部经验的内容的联结，对象的概念并没有丝毫的增多，而我们的思维却通过这种内容而多获得了一种可能的知觉。①

从引文中可以看出，在康德看来，事物的纯然概念与现实存在着的事物之间的区别在于：前者仅仅与"一般可能的经验性知识的普遍条件相一致"，后者则"包含在全部经验的关联之中"。对于这一区分，我们要结合"纯粹知性的综合原理"（die synthetischen Grundsätze des reinen Verstandes），特别是"一般经验性思维的公设"（die Postulate des empirischen Denkens überhaupt）来理解。前者是范畴（纯粹知性概念）的客观应用的规则，这种应用必须服从于一些先天的原理（Grundsätze）；后者是模态范畴的客观应用的规则，我

---

① 〔德〕康德：《纯粹理性批判：注释本》，李秋零译注，中国人民大学出版社2011年版，第418页（B628－629）。

第七章　康德的第五个论据

们依据这些规则把某个可能的事物（的概念）判定为可能的或不可能的、现实的或非现实的、必然的或偶然的。

这些公设分别是：

  1. 凡是与经验的形式条件（按照直观和概念）一致的，就是可能的。

  2. 凡是与经验的质料条件（感觉）相关联的，就是现实的。

  3. 凡是其与现实的东西的关联被按照经验的普遍条件规定的，就是必然的（必然实存的）。

在此，我们无须关心第三个公设，而是只考虑前两个公设。第一个公设是我们判定某个事物（的概念）是否可能的原理，且涉及的问题仅限于可能不可能，而不进一步讨论它是否存在（是否现实的），尽管可能性是现实性的基础。因此，所谓"事物的纯然概念"就是按照第一个公设来设想的一个事物的概念，而且，当我们在比较"事物的纯然概念"和"现实事物本身"时，这个比较预设了前者必须是可能的，但我们在比较中把它设想为非现实的（不存在的）。所以，"事物的纯然概念"就是说，尽管它并不是现实的，没有一个与之相应的客体（对象），但它与"经验的形式条件"一致①，所以是可能的。这个"形式条件"就是"直观"（Anschauung）与"概念"（Begriff）：

---

① 在此，"经验的形式条件"与"一般经验性知识的普遍条件"是一回事。因为，所谓"经验"（Erfahrung）就是"经验性的知识"（Empirische Erkenntnis）。正如康德所言："经验性的知识就是经验"（Empirische Erkenntniß aber ist Erfahrung），或者更准确地说，"经验"就是"经验性的认识"。〔德〕康德：《纯粹理性批判：注释本》，李秋零译注，中国人民大学出版社 2011 年版，第 124 页（B166）。同时，所谓"形式条件"就是"普遍条件"，这不仅是因为唯有"形式的"才是"普遍的"，同时也是因为"普遍条件"不考虑可能的事物（的概念）的特殊内容（质料），只考虑它们在其下被结合起来的形式。

> 一个对象的知识（die Erkenntnis eines Gegenstands）惟有在两个条件下才是可能的：首先是直观，对象通过直观被给予，但只是作为显象（Erscheinung）；其次是概念，一个与该直观相应的对象通过概念被思维。但从以上所说可以明白，第一个条件，即对象惟有在其下才能被直观的条件，事实上先天地在心灵中是客体就形式而言的基础。①

从引文中可以看出，康德认为，认识一个可能事物的前提是：这个事物能够在直观中被给予，并且能够被当作一个对象来思维。这也就意味着，我们能够通过知性获得关于它的知识。因此，一个事物（仅仅）是可能的，这意味着：1. 这个事物虽然并没有现实地在直观中被给予，但通过想象力，设想它在直观中被给予是可能的。例如，"四个角的三角形"按照空间的形式条件是不可设想的，但"长有一只角的马形动物"（独角兽）并非不可设想，那些经常在神话中出现的事物也是如此②。2. 这个事物能够被当作一个"一般而言的对象"的概念来思维，它虽然并没有现实地出现在我们的眼前，但我们可以思维这个事物的概念。把上述两点结合起来就是说，这个事物必须是一个可能的经验（Erfahrung），并且只要符合这一点就是可能的。

然后，第 2 个公设是我们判定某个事物是否存在的原理，或者说是判定它（的概念）是否有一个与之相应的现实客体的原理。这

---

① 〔德〕康德：《纯粹理性批判：注释本》，李秋零译注，中国人民大学出版社 2011 年版，第 103 页（A92－93/B125）。
② 我们可以说"独角兽并不存在"，但这仅仅意味着，迄今为止，现实生活中没有一个事物与"独角兽"的概念相符。但是，"独角兽"这个概念并非不可设想，"一直角"的概念与"马形动物"的概念的结合并没有逻辑上的矛盾，同时，这两个概念都实有所指，它们各自指称一个可能的现实事物。同样，诸如"龙""麒麟""半人马"或"鹰头狮神有翼兽"等神话中的生物，依据时间与空间的形式也是可直观的。相反，"四个角的三角形"或"方形的圆"不仅逻辑上是矛盾的，而且根本无法依据空间的形式被设想。

第七章 康德的第五个论据

就不仅涉及某个事物（的概念）是否可能，而且是在肯定它可能的基础上，也就是肯定它意指一个可能的经验客体（对象）的基础上，讨论它是否同时也具有现实性。因此，所谓"现实的事物本身"就是按照第 2 个公设来设想一个事物的概念，这要求它不仅与"经验的形式条件"一致，而且还要"与经验的质料条件（感觉）"相关联，或者说"被思维成包含在全部经验的关联之中"。一言以蔽之，这个事物必须现实地在感官中被给予，从而能够被我们知觉到。正如康德在解释这个公设时所指出的：

> 认识事物现实性的公设，要求有知觉（Wahrnehmung），从而要求有人们意识到的感觉（Empfindung）；虽然不是直接关于其存在应当被认识到的对象本身的，但却毕竟是关于对象按照说明一般经验中一切实在的结合之经验类比与某一个现实的知觉（eine wirkliche Wahrnehmung）的关系的。①

因此，"事物的纯然概念"与"现实的事物本身"之间的区别就在于后者能够被知觉到，对于人类存在者来说，"能够被知觉到"就是我们做出实存性判断的唯一根据。那么，结合上一节的内容，实存性判断是一种综合判断，而且是一种主观综合的判断。在这种判断中，我们把主词概念与"存在"或"实存"综合地结合在一起。而且，这种判断之所以不是"客观综合的"，是因为它所使用的两个概念并不指称两个可能的客体（对象），而是仅仅涉及一个可能的客体（对象）。也就是说，两个概念在判断中的结合并不代表两个客体（对象）之间的关系，而是仅仅代表我们对一个可能事物的概念存在模态的判断。既然是综合判断，那就需要一个第三项把主词概念与谓词连接起

---

① 〔德〕康德：《纯粹理性批判：注释本》，李秋零译注，中国人民大学出版社 2011 年版，第 199 页（A225/B272）。

康德与本体论证明的批判

来。现在，这个第三项就是知觉，就是我们对一个事物活生生的知觉。

无论如何，这再次令我们想起了贝克莱的名言："存在就是被知觉到。"① 实际上，《纯粹理性批判》第一版（1781 年）出版以后，康德就常被人称作贝克莱主义者，他似乎也很为此苦恼，这甚至成了改写《纯粹理性批判》并出版它的第二版（1787 年）的原因之一。但是，康德在许多重要的问题上确实深受贝克莱的影响。例如，贝克莱相信，认识（知识）的对象（客体）不过是心灵中的理念（ideas）："它们要么是现实地印在感觉上的理念；要么是通过注意到激情和心灵的运作而被知觉到的理念；要么（最后），在记忆与想象力的帮助下（要么混合或区分，要么只是再现那些最初以前面所说的方式被知觉到的理念）形成的理念。"② 尽管康德本人并不在贝克莱的意义上使用"理念"（idea）这个词，而是仅仅用它来指称纯粹理性的概念，但他确实认为，无论是在感觉中被给予的色、声、香、味、触等经验性的材料，还是我们自身的喜怒哀乐的情感，无论是我们对于时间形式的意识，还是对知性范畴和理性原理的意识，所有这些表象（Vorstellungen）严格说来都是内在的（immanent）。当然，贝克莱认为，关于知性范畴和理性原理的表象（理念）来自记忆和想象力的作用，这对于康德来说是不可接受的。贝克莱是一个理念论者（Idealist），也是一个经验论者（Empiriker），在知识的起源问题上深受约翰·洛克（John Locke）的联想理论的影响，他并不认为除了经验之外种种理念还有别的什么来源。但是，我们不必纠结于这些问题，而是只需要知道，对于康德来说，时空的意识、知性的范畴及其规则、统觉的综合统一都是先天的东西，并且正是因为它们构成了经验得以可能的条件，才被证明为是实在的。

---

① Cf., George Berkley, *The Works of George Berkeley. Vol. 1：Philosophical Works 1705 – 21*, Oxford：Clarendon Press, 1801, p. 258.

② George Berkley, *The Works of George Berkeley. Vol. 1：Philosophical Works 1705 – 21*, Oxford：Clarendon Press, 1801, p. 257.

第七章 康德的第五个论据

贝克莱区分了认识主体和（作为理念的）认识客体（对象），并以此来论证理念（作为知识的对象）仅仅存在于主体（的心灵）之中，并且其"存在"或"实存"仅仅在于"被知觉到"。① 如果事情仅止于此，那么，贝克莱的观点似乎是正确的。至少说，对于我们人类存在者来说，除了那些能够被知觉到的东西，我们还有什么依据断定任何东西存在或实存着呢？然而，贝克莱马上进一步指出，任何理念离开了知觉它们的心灵就根本不存在：

> 无论我们的思想、激情还是通过想象力形成的理念，没有心灵就不存在，这是每个人都会同意的。而且，对我来说，似乎同样明显的是，各种各样的印在感官上的感觉或理念，无论如何混在或结合在一块（也就是说，无论它们结合成什么样的对象），都不能在一个知觉着它们的心灵之外存在……至于说，那种无思想的事物（脱离了任何它们被知觉到的关系）的绝对存在，对我来说是完全不可理喻的。它们的 esse（是/存在）就是 percipi（被知觉到）；在知觉着它们的心灵或思想之外，它们也不可能有任何存在。②

通常来说，我们自然而然地就会认为，虽然我们只能通过知觉

---

① 贝克莱论证说："但是，除了无尽多样的理念（ideas）或知识的对象，同样还有某种认知它们或知觉它们的东西；并且对它们施展各种不同的运作，如意愿（willing）、想象（imaging）、记忆（remembering）。这个知觉着的、主动的（能动的）存在者就是被我称作'心灵'（mind）、'精神'（spirit）、'灵魂'（soul）或者'我自己'（myself）的东西。用这些措辞，我指称的不是我的种种理念中的任何一个，而是一个完全区别于它们的东西，它们存在于其中的东西，或者说（这是一回事）它们赖以被知觉到的东西；因为，一个理念的存在就在于被知觉到。"George Berkley, *The Works of George Berkeley. Vol.* 1: *Philosophical Works 1705 – 21*, Oxford: Clarendon Press, 1801, p. 258.

② George Berkley, *The Works of George Berkeley. Vol.* 1: *Philosophical Works 1705 – 21*, Oxford: Clarendon Press, 1801, p. 259.

康德与本体论证明的批判

来判断事物存在,但事物的存在本身不依赖于我们的知觉。然而,贝克莱认为,这不过是个"信条"(tenet)①,根本没有证据表明事物的存在独立于我们的知觉。相反,由于认识的对象(理念)严格说来只是内在的(心灵中的),所以"真正来说,对象和感觉是相同的东西,并且因此不能彼此抽离(abstract)"②。说到底,在贝克莱看来,作为理念,事物只能存在于能思的心灵中。由此出发,贝克莱与康德的分歧其实也就很容易看清楚了。

首先,康德旗帜鲜明地主张,我们的一切知识都始于经验,而且,在可能经验的范围之外没有任何知识。当然,康德承认先天知识的存在,但它们仅仅是作为经验得以可能的条件才被证明具有实在性,而不是什么自身就(作为一个实体)独立存在的东西。知性的范畴(包括模态范畴)是从对经验(经验性的知识)的分析中被认识到的,也就是说,它们是抽掉经验知识中的纯然经验性的成分之后剩下来的东西。贝克莱等经验主义者会认为,这些东西是通过想象力的联想产生的,但康德主张它们是人类认识能力(知性)本身的要素,若不是我们事先拥有这种能力,并把它们(在我们尚未明确地认识到它们并且给它们起一个恰当的名字之前)用于规定经验性的杂多,任何经验知识都是不可能的。但是,正因为它们是经验知识的可能性条件,所以,它们唯有在可能的经验中才有其合法的应用。而且,正如康德在"纯粹知性概念的图型法"中指出的,由于知性范畴与经验直观在性质上的差异,想要把前者应用于后者,就还需要一个能够起到过渡作用的中介,也就是图型化的范畴。③ 正

---

① George Berkley, *The Works of George Berkeley. Vol. 1: Philosophical Works 1705 – 21*, Oxford: Clarendon Press, 1801, p. 259.

② George Berkley, *The Works of George Berkeley. Vol. 1: Philosophical Works 1705 – 21*, Oxford: Clarendon Press, 1801, p. 260.

③ 参见〔德〕康德《纯粹理性批判:注释本》,李秋零译注,中国人民大学出版社2011年版,第147—148页(A137 – 139/B176 – 178)。

第七章　康德的第五个论据

如康德所言,"图型"(Schematen)是想象力的先验产物,它们是知性范畴在直观形式中的呈现。洛克、贝克莱和休谟的联想论,从根本上说就是把图型与范畴混为一谈了,把作为条件的知性范畴看作想象力的产物了。

关于模态范畴的图型是:

1. 可能性的图型是各种不同表象的综合与一般时间的种种条件的一致(例如,因为对立的东西不能在一个事物中同时存在,而是只能相继存在),所以是一个事物在某一时间里的表象的规定。
2. 现实性的图型是在一定的时间中的存在。
3. 必然性的图型是一个对象在一切时间中的存在。①

在此,我们无须关心第三个图型,而是仅仅关心前两个图型。显然,把这个可能性的图型当作谓词来使用,把它添加到一个一般对象的概念之上,就产生了一个判断,这个判断就是前面提到过的"一般经验性思维的公设"中的第1个公设,即可能性的公设;同样,把现实性的图型当作谓词来使用,把它添加到一个一般对象的概念之上,就产生了一个判断,这个判断就是第2个公设,即现实性的公设。两个公设构成了我们判断任何某个事物是否可能与是否存在的基本依据。

其次,康德与贝克莱的另一个重要分歧在于,对于康德来说,"存在就是被知觉到"以及"知觉之外没有任何东西存在"的判断过于独断了。可以肯定,由于我们只拥有一种感性的直观,除了感性为我们提供的对象(经验的对象)之外,以及除了作为经验知识

---

① 〔德〕康德:《纯粹理性批判:注释本》,李秋零译注,中国人民大学出版社2011年版,第151页(A144-145/B184)。

的可能性条件的东西（先天知识）之外，我们再没有其他方法可以认识到超出可能经验范围之外的东西的存在。对于康德来说，形而上学独断论者（或者如我们通常所说的，传统的理性主义哲学家们）的错误就在于，他们未经批判地把认识能力的应用扩展到可能经验的范围之外，相信自己可以通过推理获得关于超验客体（对象）的知识。然而，贝克莱的观点则走向上了另一个极端，即独断地否定所有知觉以外的事物的存在。无论如何，从"我们无从知晓知觉以外是否还有任何东西独立于我们的知觉存在着"到"独立于我们的知觉以外没有任何东西独立地存在着"，这两个判断之间存在明显的逻辑鸿沟。而且，对于人类认识能力来说，这个鸿沟似乎是不可跨越的，因为我们既然找不到知觉以外有任何东西存在的根据，也就同样找不到它们不存在的根据。

因此，"存在就是被知觉到"只在认识论的意义上是正确的。也就是说，对于我们人类存在者所特有的认识能力来说，我们只能依据"某个事物能够被知觉到"来断定"这个事物是现实存在的"。除此以外，别无他法。因此，"能够被知觉"虽然确实是我们做出实存性判断的唯一依据，但却并不因此就是事物存在本身的依据。实际上，即便是对于可能经验的事物来说，其存在与其说是"被知觉到"的，毋宁说是它作为表象（通过感官）在我们的意识中"显现"（erscheinen）出来的。尽管"显现"与"知觉"总是同时发生的，但前者毕竟在逻辑上构成了事物被知觉到的前提。甚至，我们还可以说，对于一个由于大脑出现问题而不能再知觉任何事物的不幸的人来说，事物（作为显象的事物）也依旧在向它显现着。但是，即便"显现"也并不就是"存在"（Dasein），它依旧只是我们做出实存性判断的标志。

无论如何，"存在"或"实存"作为范畴并不是一个经验概念。图型化的"存在"（现实性的图型）仅仅适用于可能经验的对象，那是因为范畴作为经验的可能性条件，必须按照直观的形式来加以理解，如此才能被应用于经验客体（对象）。因此，现实性的公设也只适用于判断一个可能的经验客体（对象）是否存在，并不适用于判断一个超验客体（对象）是否存在。只是说，对于后一种客体，我们没有任何其他手段来做出实存性判断。因此，对于那些根本无法在知觉中呈现给我们的东西，对于它们的存在，我们永远都只能是一无所知，这是我们作为普通的凡人必须要接受的现实。

三 纯粹思维的客体

正如前文所言，对于我们人类存在者来说，一切实存性判断都是主观综合的判断。当我们说"某个事物存在"时，我们把主词概念"某个事物"和谓词概念"存在"以肯定的方式结合起来。这个判断并不涉及两个可能的客体（对象）之间的关系，而是仅仅涉及一个概念与其现实客体的关系。因此，在判断中，被综合起来的只是两个概念。作为综合判断，主词概念和谓词概念需要一个第三项充当它们结合的依据，这个第三项就是"知觉"（Wahrnehmung），亦即主词概念所指的事物能够在经验中被给予，并且被我们知觉到。对于人类存在者来说，由于我们只拥有一种感性的直观，除此以外，我们再没别的办法判断任何某个事物是否存在了。

因此，康德的第五个论据（论据5）其实就是说：上帝或最实在的存在者根本就不是一个可能经验的对象，即根本不可能在直观中被给予，并由此被我们知觉到，所以，我们根本无法判断是否真的有一个这样的存在者存在着。但是，康德把这个论据讲述得过于简洁，以至于很多读者认为他说得并不清楚。正如本章开头就提到过的，艾伦·伍德在评论康德的批判时就暗示他应当从自己的认识论立场出发来批判笛卡尔学派的证明。[①] 然而，这个观点出自一些非

---

① Cf., Allen Wood, *Kant's Rational Theology*, Ithaca: Cornell University Press, 1978, p. 123.

康德与本体论证明的批判

常严重的误解：伍德不仅根本没有认真关注第五个论据（论据5），以至于误以为这个批判的主体内容就是第三个论据（论据3）和第四个论据（论据4），而且，他也没有正确地理解"两种谓词的混淆"和"存在不是实在的谓词"这两个观点，以至于提出了一些看似合理、实则经不起推敲的反驳。对此，我们将在后文中做出详细的讨论。目前，我们只需要指出，本节所讨论的这个第五个论据（论据5）就是一个"径直建立在康德认识论上的对笛卡尔学派证明的批判"①。正因为如此，我们才在前面用了两个小节来解释什么是"主观综合的判断"以及实存性判断与知觉的关系。当然，在这个批判中，康德确实没有再多费笔墨去解释这些问题，也没有再哪怕简单地介绍一下他的认识论立场。然而，正如前面指出过的，这并没有什么不好理解的，毕竟《纯粹理性批判》前半部分大量的篇幅都是在讨论这些东西。因此，如果读者认为康德在此提出的一些观点没有什么根据，这即便不是完全没有道理的，至少也有些不近人情。

康德在第11段区分了"事物的纯然概念"与"现实存在着的事物"，他指出："通过概念，对象只是被思维成与一般可能的经验性知识的普遍条件相一致，而通过实存，它则被思维成包含在全部经验的关联之中。"② 也就是说，前者只是被当作一个可能存在着的经验客体（对象）来思想，后者则由于现实的经验关联（即被知觉到）而被思维成一个现实的经验客体（对象）。因此，它们虽然在内容上没有差别，但"我们的思维却通过这种内容而多获得了一种可能的知觉"③。当然，在这个时候，康德的注意力依旧停留在

---

① Allen Wood, *Kant's Rational Theology*, Ithaca: Cornell University Press, 1978, p. 123.
② 〔德〕康德：《纯粹理性批判：注释本》，李秋零译注，中国人民大学出版社2011年版，第418页（B628）。
③ 〔德〕康德：《纯粹理性批判：注释本》，李秋零译注，中国人民大学出版社2011年版，第418页（B629）。

第七章 康德的第五个论据

第四个论据（论据4），它针对的是批判本体论证明的归谬法。因此，康德的落脚点是："如果我想仅仅通过纯粹的范畴来思维实存，那么，我们无法提供任何标志来把它与纯然的可能性区别开来。"①但是，这个区分毕竟引出了第五个论据（论据5）。于是，康德（自然而然地）在第12段的开头指出："无论我们关于一个对象的概念包含着什么东西以及多少东西，我们都毕竟必须从它走出来，以便把实存（Existenz）赋予它。"② 在此，"'以便'把实存赋予它"就是说，通过一个判断（实存性判断），把"实存"或"存在"添加给"一个对象的概念"（它在这个判断中充当主词）。但是，康德指出，我们不能从这个主词概念本身（的内容）中寻找"实存"或"存在"，而是要从中走出去，到这个概念外面去寻找。那么，我们如何才能为"一个对象的概念"找到"实存"（Existenz）呢？康德说：

> 在感官的对象（die Gegenstände der Sinne）那里，这是通过按照经验性规律与我的某一个知觉的联系发生的；但对于纯粹思维的客体（die Objekte des reinen Denkens）来说，就完全没有办法来认识它们的存在（ihr Dasein）了，因为这种存在必须完全先天地来认识。③

在引文中，康德提出并比较了两种客体（对象）：一是"感官的对象"，二是"纯粹思维的客体"。其中，前一种对象（客体）比

---

① 〔德〕康德：《纯粹理性批判：注释本》，李秋零译注，中国人民大学出版社2011年版，第418页（B629）。
② 〔德〕康德：《纯粹理性批判：注释本》，李秋零译注，中国人民大学出版社2011年版，第418页（B629）。
③ 〔德〕康德：《纯粹理性批判：注释本》，李秋零译注，中国人民大学出版社2011年版，第418页（B629）。

康德与本体论证明的批判

较好理解，它无非就是在感官中被给予的对象。而且，由于感官又可以被区分为"外感官"和"内感官"，所以，康德还区分了"外感官的对象"（die Gegenstände der äußeren Sinne）和"内感官的对象"（die Gegenstände der innern Sinne）。① 有时候，康德也把它称作"感官的客体"（die Objekte der Sinne）②，并且区分了"外感官的客体"（das Objekt der äußeren Sinne）和"内感官的客体"（das Objekt der inneren Sinne）③。还有时候，康德也把它叫作"感性的对象"（die Gegenstände der Sinnlichkeit）。④ 既然如此，后一种对象（客体）似乎就应该是与"感官的对象"完全相对的，即必须被理解为超感官的或超感性的对象（客体）。

我们在前文（第四章第二节）中讨论过"思维"（Denken）和"直观"（Anschauung）的区分，正如"直观"是感性把握对象的特殊方式，"思维"则是知性把握对象的特殊方式，即通过"概念"（Begriffe）来把握对象。因此，康德也把"纯粹思维的客体"称作"纯粹知性的对象"（die Gegenstände des reinen Verstandes）和"纯粹知性的客体"（die Objekte des reinen Verstandes）。⑤ 关于这两种对象（客体）之间的区别，康德的一个段落值得参考：

---

① 参见〔德〕康德《纯粹理性批判：注释本》，李秋零译注，中国人民大学出版社2011年版，第547页（B874）。

② 参见〔德〕康德《纯粹理性批判：注释本》，李秋零译注，中国人民大学出版社2011年版，第14页（Bxvi），第218页（B306），第463页（B713）。

③ 参见〔德〕康德《纯粹理性批判：注释本》，李秋零译注，中国人民大学出版社2011年版，第548页（B876）。

④ 参见〔德〕康德《纯粹理性批判：注释本》，李秋零译注，中国人民大学出版社2011年版，第57页（A27/B43），第228页（A264/B320），第231页（A269/B325），第552页（B882）。

⑤ 参见〔德〕康德《纯粹理性批判：注释本》，李秋零译注，中国人民大学出版社2011年版，第225页（A258/B314），第228页（A263-264/B319-320），第229页（A265/B321），第231页（A269/B325），第235页（A277/B333），第236页（A279/B335）、第463页（B713）。

第七章 康德的第五个论据

因此，如果我们说：感官向我们表现对象**如其显现**（wie sie erscheinen），知性却向我们表现对象**如其所是**（wie sie sind），后者则不可在先验的意义上、而只能在经验性的意义上来对待，也就是说，像它们在显象（Erscheinungen）无一例外的联系中必须被表现为经验的对象（Gegenstände der Erfahrung），而不是按照它们在与可能经验的关系之外、从而在与一般感官的关系之外、因而作为纯粹知性的对象（die Gegenstände des reinen Verstandes）所可能是的那样来对待。因为后者对我们来说将永远是未知的，甚至这样一种先验的（非常的）知识在任何地方是否可能，至少是作为隶属于我们通常的范畴的知识是否可能，也依然是未知的。①

从这个段落中，我们可以读出很多内容。首先，"纯粹知性的对象"不是经验的对象，而是"在与可能经验的关系之外、从而在与一般感官的关系之外"的对象。因此，正如经验的对象是在感官中被给予的，并且因此可以叫作"感知的对象"（die Sinnesgegenstände），"纯粹知性的对象"就必须被理解为不能在感官中给予的，而是只能在思维中设想的"纯粹的、纯然理知的对象"（die reinen bloßen intelligibelen Gegenstände）。② 其次，感官的对象其实就是显象（Erscheinungen），即"如其显现"的对象，通过我们的感官在我们的心灵或意识中显现（erscheinen）出来的对象，它们是感性的原始材料与知性行动相结合的产物（经验），并且正因为如此，知性的范畴和原理可以合法地被用于认识这些对象。所以，康德在引文中强调，尽管唯有知性才能为我们"表现对象如其所是"，但它"不可在先验的

---

① 〔德〕康德：《纯粹理性批判：注释本》，李秋零译注，中国人民大学出版社 2011 年版，第 225 页（A258/B314）。
② 〔德〕康德：《纯粹理性批判：注释本》，李秋零译注，中国人民大学出版社 2011 年版，第 226 页（A259/B315）。

意义上、而只能在经验性的意义上来对待",即知性只能应用于经验对象(感官对象),不能被应用于任何超经验的对象。相反,"纯粹知性的对象"是那些被我们理解为"物自身"(Dinge an sich)的对象,即完全处于我们的心灵或意识之外的、真正与作为"主体"的我们相对立的东西。物自身或自在之物可以被设想为是刺激我们的感官,从而在我们的心灵或意识中产生感性印象的东西,但却毕竟是完全超感官的东西。所以,康德认为,这样的对象对于我们来说是完全不可知的。我们固然可以在思维中假定一个物自身,并且将其看作显象的根据,再从显象的现实性中反推出一个物自身的现实性。但是,对于这个物自身"是什么",我们无权通过那些仅仅适用于显象的原理来加以判断,从而也就不能获得任何关于物自身的知识。

然而,更适合于用来解释两种对象的术语或许是"现象"(Phänomen)和"本体"(Noumenon)。甚至,我们可以把"感性的对象"(der Gegenstand der Sinne)和"知性的对象"(der Gegenstand des Verstandes)看作康德对它们的德文翻译。在批判哲学中,"显象"和"现象"、"物自身"和"本体"大致上是可互换的概念,但它们并不是没有分别的。正如前文已经暗示过的,"显象/物自身"强调的是认识对象与认识能力的关系:德文的"Erscheinung"(显象)来自动词"erscheinen"(显现),字面意思就是"显现出来的东西",即通过感官与知性的合作在我们的心灵或意识中显现出来的对象;德文的"Ding an sich"(物自身/自在之物)则是指不与我们的认识能力相关的事物本身,因为"an sich"(在自身)就意味着不在与他物的关系中,而是仅仅就其自身而言的事物,并且在语境中特指独立于并外在于主体的认识能力的事物。但是,也正是由于显象是在我们的心灵或意识中显现出来的东西,并且只能通过感官显现给我们,所以,显象就是那些通过感官被直观的对象,即"感官的对象"(die Gegenstände der Sinne)或"感性的对象"(die

第七章 康德的第五个论据

Gegenstände der Sinnlichkeit）；相反，"物自身"则是那些不能通过感官被直观到、只能作为显象的根据被思维的对象，即"理知的对象"（die intelligibelen Gegenstände）或"知性的对象"（die Gegenstände des Verstandes）。这一区分也正是"现象/本体"的概念所要强调的。"Phänomen"（现象）是一个德式拉丁文，它源自古希腊文的"φαινόμενον"（phainómenon），后者又源自动词"φαίνω"（phaínō），意为"使……显现"或"揭示出"。所以，"Phänomenon"（现象）的字面意思也是"显现出来的东西"，与"Erscheinung"（显象）的意思相近。相对的，"Noumenon"（本体）也是一个德式拉丁文，源自古希腊文的"νοούμενον"（nooúmenon），后者又源自动词"νοέω"（noéō），意为"知晓""认识"或"思维"①，所以"Noumenon"（本体）就是"可知晓的东西""可认识的东西"或"可思维的东西"。与此相对，"Phänomenon"（现象）也就被理解为"可感知的东西"。

这一区分在西方哲学史上有着漫长的传统，可以追溯到柏拉图在《理想国》中对"可见的事物的类和领域"和"可思维的类和领域"的区分。② 前一类东西，"我们说是能够被看到的，但是它们不能被思议"③，为了认识它们，我们必须"借助于我们的视觉"④，"借助于听觉，我们听那可听闻的，以及借助于其他一切官觉"⑤；

---

① 严格说来，"νοέω"（noéō）的意思是"看"，但又不同于"εἴδω"（eídō），因为"εἴδω"（eídō）是用眼睛去看，"νοέω"（noéō）则是用理知或思维去"看"，所以是"知晓""认识"或"思维"的意思。
② 〔古希腊〕柏拉图：《理想国》，顾寿观译，吴天岳校注，岳麓书社2010年版，第314页（509d）。
③ 〔古希腊〕柏拉图：《理想国》，顾寿观译，吴天岳校注，岳麓书社2010年版，第309页（507b）。
④ 〔古希腊〕柏拉图：《理想国》，顾寿观译，吴天岳校注，岳麓书社2010年版，第309页（507c）。
⑤ 〔古希腊〕柏拉图：《理想国》，顾寿观译，吴天岳校注，岳麓书社2010年版，第309—310页（507c）。

康德与本体论证明的批判

后一类东西，"它们能够被思议，但是它们不能被目睹"①，为了认识它们，"除了通过思想（διανοια）"②，以及"由理性（λόγος［逻各斯］）本身，借助于辩证的力量"③，别无他法。显然，柏拉图的这一区分与"现象/本体"的区分存在明显的对应关系，它们都是从认知方式（感官/思维）的角度来区分对象（客体）。在柏拉图那里，所有可能的"能够被看到的"东西的总体，就叫作"可见的领域"（ὁρατός τόπος；horatos topos）；所有可能的"能够被思议"的东西的总体，就叫作"可思的领域"（νοητός τόπος；noētos topos）。拉丁基督教的学者（以奥古斯丁为代表）把它们分别叫作"mundus sensibilis"（感知的世界）和"mundus intelligibilis"（理知的世界）。康德在《纯粹理性批判》中就提到过这两个术语④，但他并不完全赞同传统意义上的区分，这与他本人对于"显象"和"物自身"的区分有关。康德说：

> 一些人喜欢把显象的总和就其被直观而言称为感官世界，而就其联系按照普遍的知性规律被思维而言称为知性世界……但是，这样一种词义的曲解只不过是诡辩的遁词，为的是通过将它们的意义降低到适于己用来回避麻烦的问题。就显象而言，知性和理性都可以使用；但问题是，如果对象不是显象（是本体），这二者是否还有一些应用，而当对象自身被思维为仅仅理知的，也就是说，被思维为仅仅被给予知性，而根本不被给予

---

① ［古希腊］柏拉图：《理想国》，顾寿观译，吴天岳校注，岳麓书社2010年版，第309页（507b）。
② ［古希腊］柏拉图：《理想国》，顾寿观译，吴天岳校注，岳麓书社2010年版，第316页（511a）。
③ ［古希腊］柏拉图：《理想国》，顾寿观译，吴天岳校注，岳麓书社2010年版，第317页（511b）。
④ ［德］康德：《纯粹理性批判：注释本》，李秋零译注，中国人民大学出版社2011年版，第224页（A256/B312）。

第七章　康德的第五个论据

感官时，人们就是在这种意义上承认对象的。①

在这个段落中，康德告诉我们：首先，作为显象（因而作为现象）的对象并不只是感官的对象，它们也是知性应用的对象，即并不仅仅是可感的或感知的，同时也是可知的与理知的。其次，作为物自身（因而作为本体）的对象不仅不是感官的对象，而且也不是知性应用的对象，即不仅不是可感的或感知的，同时也不是可知的与理知的。因此，正如康德随后指出的："知性和感性在我们这里只有结合起来才能规定对象。如果我们把它们分开，那么我们就有直观而无概念，或者有概念而无直观，但在这两种情况下我们所具有的表象，我们都不能使之与任何确定的对象发生关系。"② 因此，思维的或知性的对象（客体）真正说来只是作为显象的对象，或者说是现象。不过，对于我们为什么会去思维一些超感官的对象，康德还是提供了一个比较令人信服的解释，但这就要说回"纯粹思维"或"纯粹知性"本身。

我们知道，在批判哲学中，"纯粹的"（rein）是一个与"经验性的"（empirisch）相对的概念。因此，"纯粹思维"（das reine Denken）也是一个与"经验性的思维"（das empirische Denken）相对的概念，正如"纯粹直观"（die reinen Anschauungen）是一个与"经验性的直观"（die empirischen Anschauungen）相对的概念。但是，"纯粹思维"不是思维的一般形式，亦即不是形式逻辑，因为后者"抽掉了知识的一切内容，也就是说，抽掉了知识与客体的一切关系，仅仅在知识的相互关系中考察逻辑形式"③。当然，"纯粹思维"

---

① 〔德〕康德：《纯粹理性批判：注释本》，李秋零译注，中国人民大学出版社2011年版，第224页（A256-257/B312-313）。

② 〔德〕康德：《纯粹理性批判：注释本》，李秋零译注，中国人民大学出版社2011年版，第225页（A258/B314）。

③ 〔德〕康德：《纯粹理性批判：注释本》，李秋零译注，中国人民大学出版社2011年版，第78页（A55/B79）。

也抽掉了关于对象的知识的一切特定内容，但却始终是关于一个对象的思维。也就是说，"纯粹思维"是先天地思维一个"一般而言的对象"（ein Gegenstand überhaupt）或"一般而言的客体"（ein Objekt überhaupt）的能力，我们也可以把它简单地理解为，从我们关于感官对象的经验性思维中抽掉其特定的经验内容之后剩下来的纯粹能力本身，即"给可能直观的杂多规定一个对象的方式"①。如果没有这种纯粹能力，无论感官给我们提供什么内容，我们都无法把它们当作一个对象（客体）来加以思维。反过来说，在经验性的思维中，我们所要做的就是用感官提供给我们的内容来填充整个"一般而言的对象（客体）"。

实际上，康德的"先验逻辑"就是关于"纯粹思维"或"纯粹知性"的学说。在先验逻辑中，无论是关于纯粹知性概念（范畴）还是纯粹知性原理的讨论，都是对于"纯粹思维"或"纯粹知性"的应用及其有效范围的讨论，并且自始至终都是围绕这个"一般而言的对象（客体）"来展开的。康德的批判表明：首先，纯粹知性概念（范畴）是"关于一个一般而言的对象的概念"②，但它们唯有在感官对象那里才有其应用的标志，因为诸范畴是显象得以可能的条件。而且，纯粹知性概念为了能够被应用于感官对象，还必须与"感性的先天形式条件"相结合，成为图型化的范畴。其次，纯粹知性的原理是凭借图型化的范畴建立起来的认识原理，它们包括：（1）直观的公理（Axiomen der Anschauung），作为量的判断的原理；（2）知觉的预先推定（Anticipationen der Wahrnehmung），作为质的判断的原理；（3）经验的类比（Analogien der Erfahrung），作为关系判断的原理；（4）一般经验性的思维公设（Die Postulate des empirischen

---

① 〔德〕康德：《纯粹理性批判：注释本》，李秋零译注，中国人民大学出版社2011年版，第222页（A253-254/B309）。

② 〔德〕康德：《纯粹理性批判：注释本》，李秋零译注，中国人民大学出版社2011年版，第105页（B128）。

第七章 康德的第五个论据

Denkens überhaupt），作为模态判断的原理。① 需要注意的是：一方面，所有这些原理都是思维一个已经按照感性条件来设想的"一般而言的对象（客体）"的原理；另一方面，所有这些原理都必须被应用于一个感官的对象，也就是说，它们只能有一种经验性的应用，而不是一种先验的应用，即被用于思维或认识一个超感官的对象。因此，此处的要点在于，对于"纯粹思维"或"纯粹知性"的应用来说，其"一般对象"必须由一个感官对象来填充，使之成为一种经验性的思维，唯其如此，我们才真正能获得关于对象的知识。但是，既然这个"一般概念"作为"所有经验知识的先天条件"是知性中先行的东西，那么，我们的知性不顾经验的指导，试图完全先天地思维和认识一个对象，这样一种冲动就在任何时候都是可能的。正因为如此，尽管这种尝试最终只能导致"先验幻相"，但康德也承认，想要消除这些冲动与幻相也是不可能的，"因为我们所涉及的是一种自然的和不可避免的幻觉"②。

因此，康德口中的"纯粹思维的客体"或"纯粹知性的对象"根本就不是什么"理知的对象"，即不是什么虽然不能在感官中被给予，却毕竟可以通过知性和理性来认识的对象。相反，它们只是"纯粹思维"或"纯粹知性"在完全没有经验内容的情况下把任何某个可能的东西当作一个"一般对象"来思维时所产生的东西，是一些只能被思维成"物自身"或"本体"的东西。正如康德在《纯粹理性批判》第二版前言中指出的，一方面，"我们对于任何作为物自身的对象都不可能有知识，而只有在它作为感性直观的客体、即作为显象时才能有知识；由此当然也就得出，一切思辨的理性知识

---

① 参见〔德〕康德《纯粹理性批判：注释本》，李秋零译注，中国人民大学出版社2011年版，第159—210页（A158 – 235/B197 – 294）。

② 〔德〕康德：《纯粹理性批判：注释本》，李秋零译注，中国人民大学出版社2011年版，第246页（A298/B334）。

只要可能,就都仅仅限制在**经验**的对象之上"①。但另一方面,"尽管如此,必须注意的是,在这方面毕竟始终有所保留,即正是这些也作为物自身的对象,我们即使不能**认识**,至少也必须能够**思维**"②。对此,康德还进一步解释说:"要认识一个对象,就要求我能够证明它的可能性……但是,我能够思维我想思维的任何东西,只要我不与自己本身相矛盾,也就是说,只要我的概念是一个可能的思想,即使我不能担保在所有可能性的总和中是否也有一个客体与它相应。但是,要赋予这样一个概念以客观有效性(实在的可能性,因为前面那种可能性仅仅是逻辑的可能性),就要求某种更多的东西。但这种更多的东西恰好不需要在理论的知识来源中寻找,它也可能存在于实践的知识来源之中。"③

至此,我们为什么会有一种想要去思维超感官对象的冲动,并且即便已经认识到了这是一种先验幻相也依旧难以克服这种冲动,也就得到了解释:首先,"纯粹思维"或"纯粹知性"本身在任何时候都是关于一个"一般而言的对象"的思维,并且先行预设了这样一个概念,作为关于对象的认识的基础。因此,尽管这个"一般对象"必须由感官材料来填充,但"纯粹思维"或"纯粹知性"因其自身的本性势必按照思维一个感官对象的方式来思维任何一个可能的对象(客体)。其次,任何一个可能的对象(客体),只要逻辑上是可能的,即其存在以及同其他谓词的结合并不导致逻辑上的矛盾,就毕竟是可思维的,但却并不因此具有任何实在的可能性,我们也不可能通过对它的思维获得任何真正的知识。

---

① 〔德〕康德:《纯粹理性批判:注释本》,李秋零译注,中国人民大学出版社 2011 年版,第 19 页(Bxxvi)。
② 〔德〕康德:《纯粹理性批判:注释本》,李秋零译注,中国人民大学出版社 2011 年版,第 19 页(Bxxvi)。
③ 〔德〕康德:《纯粹理性批判:注释本》,李秋零译注,中国人民大学出版社 2011 年版,第 19 页脚注(Bxxvi n)。

第七章　康德的第五个论据

四　上帝作为超感官的对象

康德指出,上帝或最实在的存在者不是一个感官的对象,而是一个纯粹思维的客体(对象)。对于任何一个感官对象,为了把"存在"或"实存"赋予它,使它不只是思维中的一个纯然概念,就需要它(的客体)"按照经验性规律"与知觉产生联系,即能够被知觉到。然而,正如康德在第12段中指出的:"对纯粹思维的客体来说,就完全没有办法来认识它们的存在了,因为这种存在必须完全先天地来认识。"① 遗憾的是,我们(作为人类存在者)对于任何事物的"存在"或"实存"的意识都"完全属于经验的统一性"②。因此,超出可能经验的范围之外,任何某个逻辑上可能的东西,尽管我们没有理由宣布它不存在,但也同样没有任何理由宣布它存在着。

但是,上帝作为一个超感官的对象,亦即一个作为物自身的对象、一个本体,同一般而言的事物还是有所区别的。严格来说,"显象"和"物自身"(或者"现象"和"本体"),并不真的在实体的意义上是两种不同的、彼此分离的对象。相反,康德只是说:"**要在两种不同的意义上对待客体,即作为显象或者作为物自身。**"③ 也就是说,"显象"和"物自身"毋宁是我们看待同一个事物的两种视角。而且,这个区分从一开始就是为解决"认识符合对象"的难题提出的。假如认识的对象只是外在于我们自身(主体)的客体,那

---

①〔德〕康德:《纯粹理性批判:注释本》,李秋零译注,中国人民大学出版社2011年版,第418—419页(B629)。

②〔德〕康德:《纯粹理性批判:注释本》,李秋零译注,中国人民大学出版社2011年版,第419页(B629)。

③〔德〕康德:《纯粹理性批判:注释本》,李秋零译注,中国人民大学出版社2011年版,第19页(Bxxvii)。

康德与本体论证明的批判

就很难解释为什么我们凭借知性的概念和原理能够正确地认识对象，或者说为什么主观的（属于主体的）能力与客观的（属于客体的）规律是一致的。为此，基督教提供了一个简单粗暴的解释：世界是依据上帝的理性被创造出来的，我们人类存在者拥有与上帝相似的理性本性，并且在这个意义上是"上帝的肖像"。① 甚至理性主义者笛卡尔也相信，由于上帝绝不会骗我，而我自己心灵中的判断能力是从上帝那里接受过来的，"所以他肯定没有给我那样一种判断能力，让我在正当使用它的时候总是弄错"②。因此，笛卡尔说："凡是我领会得清楚、明白的，都毫无疑问地是实在的、肯定的东西，从而它不能是从无中生出来的，而是必然有上帝作为它的作者。"③ 然而，经验主义者洛克则相信："一切观念都是由感觉或反省（反思）来的。"④ 其中，简单的观念（表象）直接来自感觉和反思（反省），复杂的观念（表象）则来自认识能力对简单观念的加工。"一切耸高的思想虽然高入云霄，直达天际，亦都是导源于此。"⑤ 这种经验主义的解释能够为"认识如何符合对象"提供一个说明，但由于经验认识的归纳性质，将不可避免地使知性的概念与原理丧失普遍性。例如，按照休谟的解释，"因果关系"的表象（观念）是从

---

① 人拥有理性，并且因此被称作上帝的肖像，这是传统拉丁基督教中的一个重要的思想。"天主教神学之父"圣依勒内·里昂（Sanctus Irenaeus Lugdunensis）在《驳异端》中说："人生而赋有理性，并且在这个方面相似于上帝。"St. Irenaeus, *Irenaeus Against Heresies*, London: Aeterna Press, 2016, p. 264. 当代版的《天主教教理》也明确主张："由于人有灵魂，有理智和意志的精神力量，天主（上帝）赋予人自由，这是'天主（上帝）的杰出标志'。"《天主教教理》，中国香港：香港公教真理学会，2009 年，第 412 页（1703）；亦可参见该书第 416—417 页（1730），第 452 页（1934）。

② 〔法〕笛卡尔：《第一哲学沉思集：反驳和答辩》，庞景仁译，商务印书馆 1986 年版，第 56 页。

③ 〔法〕笛卡尔：《第一哲学沉思集：反驳和答辩》，庞景仁译，商务印书馆 1986 年版，第 65 页。

④ 〔英〕洛克：《人类理解论》，关文运译，商务印书馆 1959 年版，第 68 页。

⑤ 〔英〕洛克：《人类理解论》，关文运译，商务印书馆 1959 年版，第 83 页。

第七章 康德的第五个论据

我们对前后相继的事件的观察和反思中获得的,但这种获得方式不能为因果关系提供必然性的保障。所以,休谟质疑说:"我们有什么理由说,每一个有开始存在的东西也都有一个原因这件事是必然的呢?"① 因此,在相当大的程度上,康德对于"显象"和"物自身"的区分就是为了回应这些问题才提出的。在康德看来,无论笛卡尔、洛克还是休谟都把认识对象当作了物自身,亦即当作了外在于认识主体(我)的独立自存的东西。因此,笛卡尔需要上帝来保证主体的能力能够有效地适用于客体,洛克和休谟则反其道而行之,诉诸对客体的观察和反思来解释主体的能力。因此,认识到客体严格说来只是心灵或意识中的显象(通过知觉显现在心灵或意识中的东西),主体与客体之间的壁垒就打破了;认识到客体本身(作为经验性的知识)必须依据知性的概念及其原理才是可能的(才能作为认识对象在心灵或意识中显现出来),上述种种问题也就迎刃而解了。

但是,我们真正想要指出的是,当我们把"上帝"说成是一个物自身时,这个表述与我们通常所说的"物自身"有着一些不同的意味。正如刚才所指出的,"显象"和"物自身"严格说来只是我们看待认识对象的两种视角:前者把认识对象放在与我们的认识能力的关系中来考察,关心的是"如其显现"(wie sie erscheinen)的对象,并在此基础上讨论它的"如其所是"(wie sie sind);后者则不在这种关系中来看待事物,而是把对象设想为一个完全独立于主体的认识能力之外的可能事物。因此,我们可以说:某个事物作为"显象"才是可知的,作为"物自身"则是不可知的。事实上,我们根本就不应该去关心作为物自身的对象,尽管这对于知性来说是难以避免的。"物自身"这个术语在康德的批判哲学中之所以如此显著,主要是为了提醒我们不要把认识的对象当作物自身,更不要妄想去认识这样的对象。在经验中,我们知觉到一个现实的事物,我

---

① 〔英〕休谟:《人性论》,关文运译,郑之骧校,商务印书馆1980年版,第94页。

康德与本体论证明的批判

们能够说出它是什么,但我们要清醒地意识到,它只是我们心灵或意识中的一个显象。我们可以合理地假定,这个对象还有其作为物自身的一面,正如康德在《纯粹理性批判》开头就指出的,如果不是有什么东西刺激我们的感官,在我们的心灵或意识中造成种种感性印象,我们就绝不可能有什么知识。① 因此,我们可以把物自身理解为那个刺激我们感官的东西。但是,无论我们在关于作为显象的对象的认识中获得了什么知识,我们都没有获得任何关于作为物自身的对象的知识。明白了这一点,我们就不难发现,与一般事物不同,当我们说"上帝"或"最实在的存在者"是一个物自身时,我们甚至都不是在从另一个视角(物自身的视角)来看待某个已知的作为显象的对象,因为他根本就不是一个可能经验的对象。

我们已经多次提到,"上帝"或"最实在的存在者"是理性的一个理念,并且具体来说是"一个体系中的各个部分的选言综合的无条件者"的概念。② 正如康德指出的,理性(作为有别于知性的能力)在其逻辑应用中只是推理能力。理性推理的基本形式是:把一个知识(小前提)归摄到一个规则(大前提)之下,从而通过规则的谓词完全先天地规定知识。在选言推理中,规则(大前提)表现为主词概念与两个选言支(两个谓词)之间的关系,给定的知识则是主词概念与其中一个选言支的关系,并且根据规则中的两个选言支的排他性,先天地推出主词概念与另一个选言支之间的关系。然而,康德提醒我们,理性还应该有一种纯粹应用,作为其逻辑应用(即理性推理)得以可能的条件。因为,"理性推理本身无非是一个凭借将其条件归摄在普遍的规则(大前提)之下而做出的判断",但这个"普遍的规则"或"大前提"本身又必须能够被归摄在一个更为普遍的规则之下,

---

① 〔德〕康德:《纯粹理性批判:注释本》,李秋零译注,中国人民大学出版社2011年版,第28页(A1/B1)。

② 〔德〕康德:《纯粹理性批判:注释本》,李秋零译注,中国人民大学出版社2011年版,第259页(A323/B379)。

"由此就必须（凭借一个上溯推理）寻找条件的条件"①。在选言推理中，两个相互排斥的选言支共同构成了可能属于这个主词概念的全部谓词，并且与其他一些不可能属于这个主词概念的全部谓词，构成了一个更大的整体中的两个选言支，并以此上溯到无穷，直至一个包含了所有可能的谓词的总体，它本身不再构成一个更大的总体的一个选言支。因此，理性在其逻辑应用中的原理就是："为知性有条件的知识找到知性的统一得以完成所凭借的无条件者。"② 如果不设想这样一个"无条件者"的理念，我们理性推理就总是还没有完成的，就还要继续下去。因此，在理性推理中，无论我们是否对此拥有明确的意识，我们都预设了一个先验的原则："如果有条件者被给予，则相互从属的种种条件的整个序列也被给予（也就是说，包含在对象及其联结中），这个序列因此而本身是无条件的。"③ 对于选言推理来说，这个"无条件者"的理念就是"所有可能性的总和"，我们对任何事物的规定可以说都是从这个总和中取来了属于该事物的那部分，并与此同时排除了剩余的部分。这一点不仅构成了排中律的根本依据，同时也构成了康德所谓的"普遍规定原理"的根本依据。

但是，我们绝不能忘记，"我们的一切知识都以经验开始"④。正如康德反复强调的："纯粹知性的原理只有经验性的应用，但永远没有先验的应用。"⑤ 也就是说，我们只能通过知性来认识一个经验

---

① 〔德〕康德：《纯粹理性批判：注释本》，李秋零译注，中国人民大学出版社2011年版，第251页（A307/B364）。

② 〔德〕康德：《纯粹理性批判：注释本》，李秋零译注，中国人民大学出版社2011年版，第251页（A307/B364）。

③ 〔德〕康德：《纯粹理性批判：注释本》，李秋零译注，中国人民大学出版社2011年版，第251页（A307-308/B364）。

④ 〔德〕康德：《纯粹理性批判：注释本》，李秋零译注，中国人民大学出版社2011年版，第28页（A1/B1）。

⑤ 〔德〕康德：《纯粹理性批判：注释本》，李秋零译注，中国人民大学出版社2011年版，第217页（A248/B304-305）。

康德与本体论证明的批判

客体、一个感官的对象。因为，纯粹知性概念及其原理仅仅作为经验的可能性条件才具有实在性。因此，我们的一切知识都是从一个有条件者开始的。然后，我们之所以可以合法地追溯一个作为有条件者的经验客体的条件，仅仅是因为这个条件本身也必须是一个可能的经验，并且作为前一个经验客体的条件才具有实在性。换句话说，整个条件序列中的每个单独的环节（它们全都是有条件者）全都是作为前一个环节的可能性条件，并且同样作为一个可能的经验才具有实在性。但是，惟独这个"无条件者"的理念，它根本就不是经验的可能性条件，它仅仅是种种条件的系统统一的条件。因此，康德明确说："纯粹理性概念的客观应用在任何时候都是超验的。"① 也就是说，把"无条件者"的概念应用到一个可能的客体上，即假定它不只是我们思维中的一个概念，而是有一个与之相应的对象，毕竟这在逻辑上并没有什么不可能的。但即便如此，它也绝不是什么能够在感官中被给予的对象，因为感官对象（经验）在任何时候都是有条件的。所以，康德说："我把理念理解为一个必然的理性概念，在感官中不能给予它任何相应的对象。"② 因此，作为一个先验理念，"上帝"或"最实在的存在者"的理念就是如此。

现在，回到我们最初的话题。把"上帝"或"最实在的存在者"看作一个物自身，与我们把其他任何一般事物看作一个物自身，多少有些不同的意义。对于任何某个一般的事物，我们首先把它看作一个可能经验的对象，即一个感官对象。然后，我们说：我们能够对其有所认识的只是它作为显象的种种性状，而不是它作为物自身的种种性状。换句话说，我们可以从两种视角来看待同一个事物。但是，对于"上帝"或"最实在的存在者"，我们从一开始就没法

---

① 〔德〕康德：《纯粹理性批判：注释本》，李秋零译注，中国人民大学出版社2011年版，第261页（A326–327/B383）。

② 〔德〕康德：《纯粹理性批判：注释本》，李秋零译注，中国人民大学出版社2011年版，第261页（A327/B383）。

第七章 康德的第五个论据

把它看作一个可能的感官对象，或者说它就不能是一个作为显象的对象。我们仅仅是根据"上帝"或"最实在的存在者"的纯然逻辑的可能性，亦即说"上帝存在"或"最实在的存在者存在"并没有任何逻辑上的矛盾，尽管这种逻辑的可能性绝不能替代其实在的可能性，但我们毕竟因此无权宣称他不存在，即无权宣称"上帝"或"最实在的存在者"的概念（作为一个先验理念）没有一个与之相应的现实对象。仅仅是鉴于这种可能性，我们才能说，假如"上帝"或"最实在的存在者"确实存在，那么，由于它根本就不能在感官中被给予，所以它也只能被思维成一个仅仅作为物自身（作为本体）的对象，而不能同时被思维成一个作为显象的对象。因此，"上帝"或"最实在的存在者"根本就不能成为我们认识能力的一个可能对象，它只能是"纯粹思维的客体"或"纯粹知性的对象"。

现在，我们再来看看第12段：

> 因此，无论我们关于一个对象的概念包含着什么东西以及多少东西，我们都毕竟必须从它走出来，以便把实存赋予它。在感官的对象那里，这是通过按照经验性规律与我的某一个知觉的联系发生的；但对于纯粹思维的客体来说，就完全没有办法来认识它们的存在了，因为这种存在必须完全先天地来认识；但是，我们对一切实存的意识（无论是通过知觉直接地意识，还是通过把某物与知觉结合起来的推论来意识）却是完全属于经验的统一性的；而在这个领域之外的一种实存虽然不能绝对地被宣布为不可能，但它却是一个我们不能通过任何东西为之辩护的预设。①

---

① 〔德〕康德：《纯粹理性批判：注释本》，李秋零译注，中国人民大学出版社2011年版，第418—419页（B629）。

康德与本体论证明的批判

这个段落可以倒过来解释：首先，正如前文（第七章第一节）指出过的，所有的实存性命题都是综合命题，并且是一种主观综合判断，即两个纯然属于主体的（主观的）概念的综合。但既然是综合判断，为了把主词概念（关于某个事物的概念）与谓词概念（"存在"或"实存"的概念）结合起来，就还需要一个第三项来充当根据。其次，正如前文（第七章第二节）中指出过的，鉴于我们认识能力的特殊性，即我们只能通过感官来直观对象，我们的知性也因此只有被用于经验客体，所以，对于我们来说，"存在就是被知觉到"。唯有"知觉"才能向我们揭示出任何某个事物的存在，或者说，"知觉"才是一切实存性命题所必需的那个第三项。再次，正如前文（第六章第三节）中指出的，"纯粹思维的客体"是指那些无法通过感官被直观到，而只能被思维的对象（客体）。但是，此类客体根本就不是认识的对象，仅仅是由于它们毕竟拥有一种逻辑上的可能性，而我们的"纯粹思维"或"纯粹知性"才因其本性而乐于将其当作一个对象来加以思维。正如我们在前面指出的，"上帝"或"最实在的存在者"就是一个"纯粹思维的客体"，因为它只能被思维成一个作为物自身的对象，却绝不能作为一个感官对象被给予我们。最后，由于实存性命题需要一个第三项，但"知觉"作为第三项仅仅适用于感官对象，所以，"上帝"或"最实在的存在者"这样的完全超感官的对象，我们没有任何依据能够判定他确乎存在着。

接下来，康德在第 13 段中说：

> 一个最高存在者的概念是一个在许多方面都十分有用的理念；但是，它正因为仅仅是理念，所以完全没有能力仅仅凭借自己来扩展我们在实存的东西方面的知识。它甚至就连在一个更多者的可能性方面教导我们也不能。可能性的分析标志在于纯然的肯定（实在性）不产生矛盾，虽然不能否认更多者具有

第七章　康德的第五个论据

这种标志，但既然一切实在的属性在一个事物中的联结是一种综合，关于这些属性的可能性我们就不能先天地做出判断，因为实在性并没有被特别地给予我们，而且即使被特别地给予我们，也在任何地方都根本没有判断在其中成立，因为综合知识的可能性的标志永远必须仅仅在经验中去寻找，而一个理念的对象却不可能属于经验；所以，著名的莱布尼茨就远远没有提供他所自夸的东西，即要先天地洞察一个如此崇高的理想存在者的可能性。①

尽管这个段落的意思其实已经很清楚了，但我们不妨再多解释几句。首先，康德重申了他的一个观点，即先验理念只有一种范导性的、而非建构性的原则。说先验理念（包括上帝的理念）是范导性的，这意味着：一方面，先验理念警告我们，我们的认识不能跨过这道界限，否则就会陷入先验幻相；另一方面，在先验理念所限定的范围之内，即可能经验的范围之内，我们可以顺着条件序列无限扩展我们的认识。说先验理念（包括上帝的理念）不是建构性的，这意味着，它们不是经验客体的建构性要素，不是经验得以可能的条件，但经验客体毕竟是我们唯一能够对其有所认识的对象。其次，"最高的存在者"（"上帝"或"最实在的存在者"的另一个称呼）的可能性尚且不够充分，更遑论其现实性（存在），因为可能的东西未必是现实的，但现实的东西必须是可能的。"最实在的存在者"要求一切可能的实在性（肯定的谓词）在一个实体上的共存，我们毕竟可以思维这样一个存在者，因为这种共存没有逻辑上的矛盾，但这仅仅是逻辑上的可能性。然而，实在的可能性要求一切可能的实在性的结合还必须现实地也是可能的。但是，自然的事实表明，实

---

① 〔德〕康德：《纯粹理性批判：注释本》，李秋零译注，中国人民大学出版社2011年版，第419页（B629–630）。

康德与本体论证明的批判

在性与实在性之间也有实在的抵触。例如，康德在《证据》和《纯粹理性批判》中都曾指出，大小相同、方向相反的两个力无法在同一个事物上共存。① 因此，要证明"最实在的存在者"如何可能，就必须要说明一切实在性如何结合在同一个事物之上，而不是仅仅表明这种结合没有逻辑上的矛盾。然而，"可能性/不可能性"的范畴（作为纯粹知识概念）唯有在感官对象那里才有其应用的标志。正如前文（第六章第二节）中指出的，可能性判断的原理是："凡是与经验的形式条件（按照直观和概念）一致的，就是可能的。"② 然而，"上帝"或"最实在的存在者"根本就不是什么感官对象，而是纯粹超感官的对象。因此，其实在的可能性根本无法得到任何说明。

最后，我们还有必要强调，尽管当代学者大多格外关心"存在（是）不是实在的谓词"这个问题，并且广泛地把它看作康德对本体论证明的批判中最为重要的论据。然而，这并不是事实。正如前文（第六章）中指出的，这个论据直接地服务于批判本体论证明中的归谬法，间接地服务于对分析的实存性判断的批判。但是，对于康德来说，本体论证明之所以是不可能的，从根本上讲还是因为我们认识能力的局限性，即我们的知识只能在可能经验的范围内扩展，但"上帝"或"最实在的存在者"（作为一个先验理念的客体）只能被思维成一个超感官的对象。因此，归根结底，本体论证明的错误在于：它自始至终都只是在按照思维感官对象的方式来思维一个超感官的对象，从而陷入了先验幻相。

---

① 参见〔德〕康德《康德著作全集：第2卷》，李秋零主编，中国人民大学出版社2003年版，第93—94页（2：86）；〔德〕康德：《纯粹理性批判：注释本》，李秋零译注，中国人民大学出版社2011年版，第228页（A265/B321）。

② 〔德〕康德：《纯粹理性批判：注释本》，李秋零译注，中国人民大学出版社2011年版，第195—196页（A218/B265）。

| 第三部分 |

当代争论

第八章　存在论题的弗雷格式解读

从本章开始，我们将参与到一些当代的学术争论之中，它们全都是围绕康德对本体论证明的批判展开的。其中一些争论涉及对康德的存在论题的理解，另一些则涉及对本体论证明的辩护。在本章中，我们将要讨论的是"康德存在论题的弗雷格式解读"。由于种种原因，许多当代学者相信，康德与弗雷格关于"存在"或"实存"的看法大体一致，甚至认为，弗雷格比康德更为清楚地表述了他的思想。然而，尽管这种"以弗雷格解康德"的倾向（特别是在分析哲学领域）十分盛行，康德的思想也确实对弗雷格产生过一定的影响，但这种解读并没有正确反映康德的思想，也不能很好地回应本体论证明的当代辩护者的挑战。本章的主要任务就是对康德存在论题的这种"弗雷格式解读"提出批判。为此，我们首先将在第一节中对弗雷格的存在论题做一个讨论，分析其要点与主要论据；其次，我们将在第二节中对"弗雷格－罗素多义性论题"做一个讨论，该论题是弗雷格式的存在论题的一个重要依据，我们将证明，康德并不是此类论题的支持者；最后，我们将在第三节中讨论康德与弗雷格在存在问题上的分歧，以证明那种"以弗雷格解康德"的倾向完全是站不住脚的。

一　弗雷格式的存在论题

尽管康德的存在论题引起了包括黑格尔在内的同时代德国学者

的关注,但它真正在世界范围内成为一个重要的哲学话题其实是在20世纪之后,并且是通过戈特洛布·弗雷格和伯特兰·罗素的影响而造成的。当然,这一点也不奇怪,因为康德的思想(尽管享有盛誉)并不真正为19世纪的英国学者与美国学者所关心。直到第二次世界大战以后,康德对本体论证明的批判才真正引发了广泛的兴趣,并且最早引发了本体论证明的辩护者的兴趣,他们包括查尔斯·哈茨霍恩、诺尔曼·马尔科姆和约翰·芬德利等人。实际上,由于英美学者特有的哲学传统和品味气质,加上罗素本人的影响,他们更加推崇的并不是康德、黑格尔这样的形而上学家,而是弗雷格这样的数学家、逻辑学家与分析哲学专家,

因此,毫不奇怪的是,20世纪的英美学者首先了解了弗雷格的观点,然后再通过弗雷格的观点来理解康德的观点,并且相信他们的主张即便不是完全一致的,大致上也差不多。例如,乔纳森·班尼特就在其《康德的"辩证论"》一书中,将康德关于实存性命题的观点称作"康德-弗雷格观点"(the Kant-Frege view)。① 他在那里说:

> 根据康德的观点,每个实存陈述(existence-statement)说的都是一个概念被实例化了(it is instantiated),而不是在说一个对象实存着(it exists)。这对于弗雷格的观点来说是一个重要的先导(precursor),弗雷格认为,任何合法的实存性陈述(existential statement)都必须由一个"有一个F"(there is a F)句型的命题原子构成,F在其中充当规定性谓词(determining predicate)。根据这种"康德-弗雷格观点","老虎实存着"(Tigers exist)的真实句型与"老虎咆哮"(Tigers growl)不一样,而是更像"有

---

① Jonathan Bennett, *Kant's Dialectic*, Cambridge: Cambridge University Press, 1974, p. 230.

第八章 存在论题的弗雷格式解读

老虎"(There are tigers)的句型,或者"老虎性的概念被实例化"(The concept of tigerhood is instantiated)。①

其中,"实例化"(instantiate)是英美学者喜欢使用的一个术语,表示思想中的一个概念有一个实例,即有与之相应的一个现实对象。仅仅如此的话,康德与弗雷格的意思似乎确实差不多。而且,更多的学者认为,康德并没有把这一点表述得十分清楚,反而是弗雷格表述得更好,特别是"是(存在)不是一个实在的谓词"这个论题。例如,威廉斯就说:

> 我相信,弗雷格……为康德在"存在不是一个实在的谓词"这句话中表述含糊(从而辩护得也含糊)的学说赋予了一个清晰的意义。弗雷格对"实存"(existence)概念的解释是一个正确的解释。该解释揭示出了实存性命题在现实地被使用时,以及现实地被康德使用时,所遵循的语法规则(grammatical rules)。康德并不(像弗雷格那样)知道,"实存"这个词到底如何被使用;但是,他(就像我们所有人所做的那样)确乎知道如何去使用它。而且,在讨论它时,他当然使用了它,并且使用与之相关的表述,"设定""现实的""对象""给予",等等,其使用只能借助于弗雷格及其继承者们所说的东西才能得到充分的理解。②

有趣的是,这种观点也影响到了国内的学者。例如,韩林合在其《分析的形而上学》一书中将"是(存在)不是一个实在的谓

---

① Jonathan Bennett, *Kant's Dialectic*, Cambridge: Cambridge University Press, 1974, pp. 233 – 234.

② C. J. F. Williams, *What is Existence?*, Oxford: Oxford University Press, 1981, pp. 29 – 30.

康德与本体论证明的批判

词"（严格来说，是"存在不是一阶性质"）的命题称作"康德-弗雷格-罗素存在观"。① 他将康德的观点概括为："存在不是谓词或性质，或者更准确地说，存在不是事物的谓词或性质，而是我们关于事物的思想的谓词或性质。"② 然后，韩林合指出："弗雷格（Gottlob Frege，1848—1925）完全赞同康德的观点。通过其所发明的符号逻辑的概念和方法，他将它更为清楚而精确地表达出来。"③

然而，尽管这种"以弗雷格解康德"的主张影响甚大，但近年来，也逐渐开始遭到质疑。这不仅是因为弗雷格本人对"存在"的量词化处理在分析哲学发展过程中遭受到了太多的批评，更重要的是因为，康德与弗雷格实际上把存在谓词置于一个不同的整体框架中来处理。弗雷格强调对"Sein"（是/存在）的多种意义的区分，从而将实存性判断置于一个相对狭小的语义空间之中，这就决定了他的量词化处理方式在狭小的空间或许是有效的，但一旦被置于"Sein"（是/存在）的更为广阔的语义空间之中，就会遭遇种种困难。相反，康德并没有刻意地区分"Sein"（是/存在）的不同意义，他只是区分了"是"（存在）在判断中的两种应用。这并不是说，康德不知道"是"（存在）可以被用于表达不同的涵义，而是说，他和许多古代与近代的哲学家一样，相信"Sein"（是/存在）有一个基本的意义，这个基本意义能够把它在各种场合中的意义统摄在一起，使之表现为应用上的差异，而不是一些意义上截然不同的概念。

弗雷格在《论概念和对象》（*Über Begriff und Gegenstand*）中区分了"ist"（是）的三重意义。

首先，"是"（ist）可以表示"某物处于一个概念之下"。④ 弗雷

---

① 韩林合：《分析的形而上学》，商务印书馆2003年版，第17页。
② 韩林合：《分析的形而上学》，商务印书馆2003年版，第21页。
③ 韩林合：《分析的形而上学》，商务印书馆2003年版，第21页。
④ 〔德〕弗雷格：《弗雷格哲学论著选辑》，王路译，王炳文校，商务印书馆1994年版，第78页。

第八章 存在论题的弗雷格式解读

格给出的例子是"这是绿色的"(es ist grün)或"这是一个哺乳动物"(es ist ein Säugetier)。① 在此类判断中，主词概念"这"(es)是一个"某物"(etwas)的概念，谓词概念是"绿色的"或"哺乳动物"这样的概念，"是"(ist)的功能（用弗雷格的话说）就是把主词概念置于谓词概念之下，用后者来"意谓"(bedeuten)前者——或者用康德的话说，就是"规定"(bestimmen)主词概念。因此，简单来说，这说的就是"Sein"(是/存在)的谓述功能。但是，除了这个"这"(es)，其他什么"某物"也可以被置于诸如"绿色的"或"哺乳动物"这样的普遍概念之下。因此，弗雷格强调，在此类判断中，"是"表达的是主词概念与谓词概念的一种"不可逆的关系"(nicht umkehrbare Beziehung)。

其次，"是"(ist)可以"表达一个等式(Gleichung)"。② 弗雷格给出的例子是"这是亚历山大大帝"(es ist Alexander der Große)、"这是数4"(es ist die Zahl Vier)和"这是金星"(es ist der Plant Venus)。③ 在此类判断中，主词概念"这"(es)与谓词概念"亚历山大大帝""数4"和"金星"，分别都是表达同一个对象的两个名称。"这些字意谓一个概念，在这个概念之下当然只有一个惟一的对象。"④ 因此，此类判断作为等式是"可逆关系"(umkehrbare Beziehung)⑤，这也构成了它们与前一类判断的一个

---

① 〔德〕弗雷格：《弗雷格哲学论著选辑》，王路译，王炳文校，商务印书馆1994年版，第77页。
② 〔德〕弗雷格：《弗雷格哲学论著选辑》，王路译，王炳文校，商务印书馆1994年版，第78页。
③ 〔德〕弗雷格：《弗雷格哲学论著选辑》，王路译，王炳文校，商务印书馆1994年版，第77页。
④ 〔德〕弗雷格：《弗雷格哲学论著选辑》，王路译，王炳文校，商务印书馆1994年版，第78页。
⑤ 〔德〕弗雷格：《弗雷格哲学论著选辑》，王路译，王炳文校，商务印书馆1994年版，第78页。

康德与本体论证明的批判

区别。

最后,"是"(ist)表示"某物存在",即实存性判断。弗雷格说:"我称存在(Existenz)为一个概念的性质(Eigenschaft eines Begriffes)。"① 为此,他给出的例子是"至少有一个 4 的平方根"(es gibt mindestens eine Quadratwurzel aus 4)。② 在弗雷格看来,这句话的意思是说:"4 的平方根"这个概念不是空的,即并非没有一个现实对象。因此,把一个主词概念置于"Sein"(是/存在)之下,就是表示该概念(而不是其对象)"不是空的"(ist nicht leer)这一性质。显然,这个观点与康德在《证据》中的一个说法相似,即"存在"或"实存"毋宁说是人们关于事物的思想的一个谓词③,这也是人们把康德与弗雷格联系起来的一个重要论据。④ 而且,这个观点似乎也与康德关于"主观综合的命题"的一些说法相吻合。但是,弗雷格并不把"存在"或"实存"看作一个模态谓词,而是把它看作一个量词。在《算术基础》中,弗雷格非常明确地指出,说"某物(的概念)不存在"其实就是说"零这个数被赋予这个概念"(diesem wird die Nullzahl beigelegt)。⑤ 因此,他认为:"存在(实存)与数有相似性。确实对存在的肯定不过是对零这个数的否定。(Es ist ja Bejahung der Existenz nichts Anderes als Verneinung der Nullzahl.)"⑥

---

① 〔德〕弗雷格:《弗雷格哲学论著选辑》,王路译,王炳文校,商务印书馆1994年版,第83页。
② 〔德〕弗雷格:《弗雷格哲学论著选辑》,王路译,王炳文校,商务印书馆1994年版,第83页。
③ 参见〔德〕康德《康德著作全集:第 2 卷》,李秋零主编,中国人民大学出版社2003 年版,第79 页(2:72)。
④ Cf., J. William Forgie, "Kant and Frege: Existence as a Second-Level Property", *Kant-Studien*, Vol. 91, No. 2, 2000, pp. 165 – 177.
⑤ 〔德〕弗雷格:《算术基础》,王路译,王炳文校,商务印书馆1998年版,第71 页。
⑥ 〔德〕弗雷格:《算术基础》,王路译,王炳文校,商务印书馆1998年版,第71页。

第八章 存在论题的弗雷格式解读

罗素非常赞赏弗雷格的这个"三分法"(Trichotomie),尽管他最早应该是受到了奥古斯都·德摩根(Augustus de Morgan)的启发。① 对此,罗素做了进一步的概括:

> "是"(is)这个词多义到可怕,为避免混淆其多重意义,务必极其小心。我们有:(1)断言"存在"(Being)的意义,譬如"A 是(存在)"(A is);(2)同一性(恒等)的意义;(3)谓述(predication)的意义,如在"A 是人类"(A is human)中;(4)"A 是一个人"(A is a-man)……的意义,它非常像同一性(恒等)。②

从引文中可以看出,罗素实际上又进一步区分了"is"(是)在"谓述"(predication)和"归摄"(subsumption)中的功能,尽管它们的区分并不是那么明显。"is"的这两种用法都是"把一个概念置于另一个概念之下",但"归摄"表达的是包容关系,即主词概念是谓词概念的一个子类(subclass),谓词概念是主词概念的父类(superclass)。但不管怎样,其基本思想(特别是把实存性判断中的"是"看作量词)与弗雷格的区分是完全一致的,并且对当代逻辑学产生了重要的影响。正如雅各·辛提卡(Jaakko Hintikka)所言:"通过弗雷格与皮亚诺的形式主义,甚至更多地通过罗素与怀特海的《数学原理》,三分法成了当代一阶逻辑概念的重要组成部分。"③ 因此,辛提卡把这种区分称作"弗雷格-罗素三分法"(the Frege-Rus-

---

① Cf., Augustus de Morgan, *Formal Logic*: *or*, *The Calculus of Inference*, *Necessary and Probable*, London: Taylor and Walton, 1847, pp. 46 - 54.

② Bertrand Russell, *The Principles of Mathematics*, New York: W. W. Norton & Company, Inc., 1938, p. 64n.

③ Jaakko Hintikka, "'Is', Semantical Games, and Semantical Relativity", *Journal of Philosophical Logic*, Vol. 8, No. 1, January 1979, p. 434.

sell trichotomy)①、"弗雷格－罗素区分"（the Frege-Russell distinction）和"弗雷格－罗素多义性论题"（the Frege-Russell ambiguity thesis），或者干脆就是"弗雷格－罗素论题"（the Frege-Russell thesis）②。但是，当代学者更多采用的是四分法。例如，里斯托·维尔科（Risto Vilkko）与雅各·辛提卡将"弗雷格－罗素论题"概括如下：

> 除了一些例外，人们近期达成了共识，此类动词具有多义性，谓述的"is"、实存的"is"、同一性（恒等）的"is"和归摄（subsumption）的"is"。在此，我们把关于此种多义性的假定称作"弗雷格－罗素多义性论题"（the Frege-Russell ambiguity thesis），因为，这一假定的盛行确实极大地归功于这两位逻辑学家。这个假定被植入到自他们那个时代起就在逻辑学中被使用的标记法中，使这些所谓的不同意义按照常用的逻辑符合以不同的方式表达出来。同一性（恒等）的"is"表达为等号（identity sign）$a = b$；谓述的"is"则表达为并置（juxtaposition），或者更准确地说，表达为单个词项填充一个谓述的表达式（a predicative expression）"$P(a)$"的自变元槽；实存的"is"表达为实存性量词（$\exists x$）$P(x)$；而归摄的"is"表达为（$\forall x$）（$x \varepsilon S \supset x \varepsilon P$）。③

当然，我们还可以对"是"（存在）的意义做出更多的、更细

---

① Cf., Jaakko Hintikka, "'Is', Semantical Games, and Semantical Relativity", *Journal of Philosophical Logic*, Vol. 8, No. 1, January 1979, p. 461.

② Cf., Jaakko Hintikka, "Kant on Existence, Predication, and the Ontological Argument", *Dialectica*, Vol. 35, No. 1/2, 1981, pp. 128, 136, 138.

③ Risto Vilkko, Jaakko Hintikka, "Existence and Predication from Aristotle to Frege", *Philosophy and Phenomenological Research*, Vol. 73, No. 2, September 2006, p. 360.

第八章 存在论题的弗雷格式解读

致的区分，但目前的区分对于本书的研究来说已经足够了。重要的是，弗雷格对"是"（存在）在实存性判断中的意义的解释是在与"是"（存在）的其他意义相区分的前提下做出的。因此，正如我们稍后还会详加讨论的，尽管弗雷格的解释能够在"是"（存在）的单一意义中得到较为融贯的解释，却不能与"是"（存在）的其他意义联系起来加以理解。但是，康德并没有以弗雷格和罗素的方式来区分"是"（存在）的不同意义，他只是区分了"是"（存在）在两种判断中的功能。更重要的是，这两种功能能够在一个统一的意义中得到解释。因此，在存在问题上把康德和弗雷格联系起来，甚至通过弗雷格来解释康德的做法，实际上从一开始就是行不通的。但是，为了能够真正澄清这些问题，我们还是应该再具体解释一下弗雷格对于实存性判断中的"存在"或"实存"的理解。

弗雷格在《算术基础》中区分了"事物的属性"（die Eigenschaften der Dinge）和"概念的属性"（die Eigenschaften der Begriffe）。前者是指"构成概念的标志（Merkmale）。这些标志是处于概念之下的事物的性质（属性），而不是概念的性质（属性）"[①]；相反，后者仅仅是指纯然的概念本身的属性。为此，弗雷格举了一个例子：

> 因此，"直角的"不是"直角三角形"这个概念的性质（属性）；但是，"不存在直角的、直线的、等边的三角形"这个句子表达了"直角的、直线的、等边的三角形"这个概念的一种性质（属性）；零这个数被赋予这个概念。[②]

[①] 〔德〕弗雷格：《算术基础》，王路译，王炳文校，商务印书馆1998年版，第70—71页。

[②] 〔德〕弗雷格：《算术基础》，王路译，王炳文校，商务印书馆1998年版，第71页。

康德与本体论证明的批判

从引文中可以看出,弗雷格对实存性判断中的"存在"或"实存"的理解包括两个方面:1. "存在"或"实存"是概念的属性、而不是事物的属性;2. "存在"或"实存"是一个量词。所谓"不存在"(无)就是"零"(Null);反过来,所谓"存在"(有)就是"对零这个数的否定"(die Verneinung der Nullzahl)。① 因此,弗雷格其实是从"不存在"(无)出发来理解"存在"(有)的,即把"存在"(有)看作"不存在"(无)的反面,而不是(像以往大多数哲学家那样)从"存在"(有)出发来理解"不存在"(无)。如此,康德与弗雷格的分歧就很清楚了。对于康德来说,在实存性判断中充当谓词的"存在"或"实存"是一个模态谓词,而不是一个量词。而且,对于康德来说,所有的范畴(无论量、质、关系还是模态)都是在表达"存在"或"实存"——量、质与关系的谓词涉及事物的"是什么"或"作为什么而存在";模态的谓词涉及事物的存在本身的样态,即可不可能存在、现实存在还是根本不存在、偶然地还是必然地存在着。但是,对于弗雷格来说,当他把"Sein"(是/存在)的各种意义(当作某种程度上不相干的东西)区分开来以后,被当作量词的"存在"或"实存"与纯然作为系词的"是"(ist)各自都能得到很好的解释,但要把它们统一起来加以理解却成为不可能的。对此,我们在下一节(第八章第二节)中还会详加讨论。

现在,我们暂时回到弗雷格对两种属性的区分。在《算术基础》中,弗雷格把"概念的属性"称作"第二层次的概念"(der Begriff zweiter Ordnung)。② 那么,相应地,"事物的属性"就叫作"第一层次的概念"(der Begriff erster Ordnung),尽管弗雷格在《算术基础》

---

① 〔德〕弗雷格:《算术基础》,王路译,王炳文校,商务印书馆1998年版,第71页。
② 〔德〕弗雷格:《算术基础》,王路译,王炳文校,商务印书馆1998年版,第71页。王路老师的译文是"二阶概念",但一般来说,"二阶概念"更多地被用于翻译"die Begriffe zweiter Stufe",这是弗雷格在后来的著作中使用更多的也是更正式的一个术语。

第八章 存在论题的弗雷格式解读

中没有明确使用这个术语。但是，在弗雷格后来更为成熟的著作中，例如《函数与概念》(*Funktion und Begriff*)中，弗雷格采用了另一组概念来代替它们，那就是"一阶概念"(der Begriff erster Stufe)和"二阶概念"(der Begriff zweiter Stufe)。① 弗雷格说："在那里（指《算术基础》）我没有说'二阶'(zweiter Stufe)只说'第二层次'(zweiter Ordnung)。"② 可见，弗雷格把"一阶概念"和"二阶概念"看作更为正式的术语。

简单来讲，"一阶概念"就是"对象的概念"，"二阶概念"就是"概念的概念"。弗雷格始终强调"概念"(Begriffe)和"对象"(Gegenstände)的区分，他在《算术基础》的序言中就说，"要时刻看到概念和对象的区别"③，并且把这当作一个基本原则。关于"对象"和"概念"以及"一阶概念"和"二阶概念"的区分，可以参考《论概念和对象》中的一个段落，弗雷格在那里区分了"关于一个概念的表达（表述）"(die Aussage von einem Begriff)和"关于一个对象的表达（表述）"(die Aussage von eines Gegenstands)：

> 概念本质上是作谓词，即使在关于它做出一些表达的地方也是这样。因此，它在那里也只能用一个概念代替，而绝不能用一个对象代替。所以，关于一个概念的表达绝不适合于一个对象。有概念处于其下的第二层概念（二阶概念）与有对象处于其下的第一层概念（一阶概念）有本质的不同。④ 对象和它

---

① 〔德〕弗雷格：《弗雷格哲学论著选辑》，王路译，王炳文校，商务印书馆1994年版，第72页。
② 〔德〕弗雷格：《弗雷格哲学论著选辑》，王路译，王炳文校，商务印书馆1994年版，第72页脚注。
③ 〔德〕弗雷格：《算术基础》，王路译，王炳文校，商务印书馆1998年版，第9页。
④ 此处"第二层概念"即"die Begriffe zweiter Stufe"（二阶概念），"第一层概念"即"die Begriffe erster Stufe"（一阶概念）。王路老师在《函数与概念》中就译作"二阶概念"和"一阶概念"，但在《论概念与对象》中的译法却不一致，恳请读者注意区分。

康德与本体论证明的批判

所处于其下的第一层概念之间的关系与第一层概念和第二层概念之间的关系虽然相似,却不相同。为了能够同时进行这种类似性的区别,我们大概可以说,一个对象处于第一层概念(一阶概念)之下,一个概念处于第二层概念(二阶概念)之中。因而概念和对象的区别泾渭分明。①

从引文中可以看出:一阶概念就是"对象的概念",或者说,我们把一个对象置于一个概念下来思维,这个概念就是"第一层次的"或"一阶的";二阶概念就是"概念的概念",或者说,我们把一个概念置于另一个概念下来思维,这个"另一个概念"就是"第二层次的"或"二阶的"。正如弗雷格所言,"概念本质上是作谓词",因此,当代学者也常把它们称作"一阶谓词"(das Prädikat erster Stufe)和"二阶谓词"(das Prädikat zweiter Stufe)。至此,弗雷格对于"存在"或"实存"的看法就很清楚了:"存在"或"实存"是一个二阶概念或二阶谓词,而不是一阶概念或一阶谓词。因此,"上帝存在的本体论证明具有以下错误,即它是把这种存在当作一阶概念处理的"②。很多学者都接受这一解释,并且把它与康德的思想等同起来。例如,J. 威廉·福吉在批评康德的存在论题时,就预设了康德与弗雷格的观点是一致的,并且直接针对的就是"存在是一个二阶谓词"的主张。③ 再如,国内学者韩东晖(在理解康德的论题与批判时)也认为:"Sein、Dasein 或 Existenz 均不是实在的谓词,

---

① 〔德〕弗雷格:《弗雷格哲学论著选辑》,王路译,王炳文校,商务印书馆1994年版,第84—85页。
② 〔德〕弗雷格:《弗雷格哲学论著选辑》,王路译,王炳文校,商务印书馆1994年版,第72页脚注。
③ Cf., J. William Forgie, "Kant and the Question 'Is Existence a Predicate'?", *Canadian Journal of Philosophy*, Vol. 5, No. 4, December 1975, pp. 563 – 582.

而是逻辑的谓词,用现代逻辑学说,不是一阶谓词,而是二阶谓词。"①

必须承认,弗雷格的观点多少是有道理的。如果"存在"或"实存"不是一阶概念或者一阶谓词,这就意味着它不是作为一个对象的上帝的一种特征或属性,那自然也就不能从对上帝的概念的分析中得出。在这个方面,弗雷格与康德确实是一致的。但是,我们由此断言,他们的观点完全一致,甚至认为,弗雷格比康德自己说得更清楚、更准确,那就言之过早了。相反,弗雷格与康德的观点存在重大分歧,这些分歧将使弗雷格面临着一些对于康德来说并不难回应的挑战。但是,为了澄清这些问题,我们最好还是先从"弗雷格-罗素多义性论题"入手,并且重点解释康德为什么没有对"Sein"(是/存在)做出相同的区分。

二 弗雷格-罗素多义性论题

弗雷格-罗素区分的一个优点在于:通过"Sein"(是/存在)的不同意义的区分,我们可以在相对狭窄的语义视野中处理"存在"或"实存"的问题,而不必考虑它是否与"Sein"(是/存在)的其他意义具有任何同一性。中国学者尤其容易接受这种区分,因为"存在"(有)与"是"在汉语中本来就是两个词:我们似乎从来都不在与"是"的关系中思考"存在"或"有"。然而,正如前文(第六章第一节)中提到过的,即便在汉语中,"是"与"存在"(有)的联系(尽管并不那么明显)也既非没有,亦非不可理解。因此,弗雷格-罗素区分的一个弊端也就暴露出来了:这种区分易于遮蔽"是"(存在)的多义性中的同一性。

---

① 韩东晖:《"Is"的家族相似性与"Existence"的乡愁》,《科学技术哲学研究》2012年第6期。

康德与本体论证明的批判

有趣的是，在很多学者看来，弗雷格对"是"（存在）的多重意义的区分，恰恰是受到了康德的影响。例如，蕾拉·哈帕兰塔（Leila Haaparanta）就认为："弗雷格的一个明显的起点是康德对上帝实存之本体论证明的批判，这在弗雷格关于实存的早期论文中清晰可见，但也出现在《算术基础》中。"① 哈帕兰塔的意思不仅是说，康德关于"是（存在）不是一个实在的谓词"和"存在是关于事物的思想的谓词"的观点直接启发了弗雷格，促使他提出了"存在不是一阶谓词"和"存在仅仅是二阶谓词"的观点；她似乎还认为，康德将"是"（存在）作为实存性判断中的"存在"或"实存"的意义与它作为一般的谓述判断中的系词（谓述）意义区分开来，这一做法启发了弗雷格对"是"（存在）的多重意义的区分。而且，哈帕兰塔甚至还认为："弗雷格关于'是'这个词的多义性论题在认识论上为康德哲学所推动，并且其认识论信条（即便不是纯粹康德主义的）至少极大地受到康德哲学的影响。"② 在此，我们不必过多地关心哈帕兰塔的论证细节，因为弗雷格确实在他的许多著作中（哪怕出自批评的态度）都提到康德。因此，我们不必怀疑康德对弗雷格的影响，哪怕我们毕竟有必要怀疑康德对他的影响到底有多大。对于本节的意图来说，维尔科的一个观点值得我们关注。维尔科并不太赞同哈帕兰塔把康德与弗雷格-罗素论题过度联系起来的做法，但他相信，康德对"是"（存在）的处理是引发这一当代潮流的关键。③

---

① Leila Haaparanta, "On Frege's Concept of Being", in Simo Knuuttila & Jaakko Hintikka, eds., *The Logic of Being. Historical Studies*, Dordrecht: D. Reidel Publishing Company, 1986, p. 272.

② Leila Haaparanta, "On Frege's Concept of Being", in Simo Knuuttila & Jaakko Hintikka, eds., *The Logic of Being. Historical Studies*, Dordrecht: D. Reidel Publishing Company, 1986, p. 285.

③ Cf., Risto Vilkko, "Existence, Identity, and the Algebra of Logic", in Benedikt Löwe, Volker Peckhaus, Thoralf Räsch, eds., *Foundations of the Formal Sciences IV: The History of the Concept of the Formal Sciences*, London: College Publications, 2006, p. 257.

第八章　存在论题的弗雷格式解读

然而，这个问题又涉及康德与亚里士多德在相关问题上的分歧。

1862年，弗朗茨·布伦塔诺（Franz Brentano）出版了《根据亚里士多德论"是者"的多重含义》(*Von der Mannigfachen Bedeutung des Seienden nach Aristoteles*)①，专题性地讨论了亚里士多德对"是"（存在）的四种意义的区分，它们是："依偶然而来的是者"（ὂν κατὰ συμβεβηκὸς），"在真之含义上的是者"（ὂν ὡς ἀληθές），"诸范畴中的是者"（ὂν der Kategorien），"在潜能和现实上的是者"（ὂν δυνάμει καὶ ἐνεργείᾳ）。② 这本颇有影响力的著作比《算术基础》早12年出版，弗雷格或许也受到它的影响。而且，更重要的是，或许正是在这本著作的影响下，许多学者试图把弗雷格-罗素论题追溯到亚里士多德。然而，正如维尔科和辛提卡指出的："他（亚里士多德）在其《形而上学》中确实考虑过谓述断言、实存断言和同一性（恒等）断言彼此间的关系，但仅仅是为了拒斥任何鲜明的区分。"③ 维尔科和辛提卡相信，在19世纪以前，没有哪个哲学家真正接受弗雷格-罗素论题。布伦塔诺选用的这个区分直接来自《形而上学》第六卷，亚里士多德在那里说：

> 单纯的存在具有多重意义，一方面是就偶性而言④，另一方面是作为真的存在，不存在作为虚假；此外还有范畴表，如什

---

① 书名直接来自溥林（熊林）教授的汉译本，亦可以译作《根据亚里士多德论"存在者"的多重含义》。

② 〔德〕弗朗茨·布伦塔诺：《根据亚里士多德论"是者"的多重含义》，溥林译，商务印书馆2015年版，第13页。

③ Risto Vilkko, Jaakko Hintikka, "Existence and Predication from Aristotle to Frege", *Philosophy and Phenomenological Research*, Vol. 73, No. 2, September 2006, p. 362.

④ 正如我们在前文（第七章第三节）中指出过的，亚里士多德仅仅在狭义上使用"偶性"这个词，即将其理解为一种偶然的属性或性质。但是，康德继承了中世纪的术语，在广义上使用"偶性"这个词，即将其理解为依附于一个实体而存在的东西，即实体的种种特别的实存方式。

么、性质、数量、何地、何时以及其他表示这类方式的东西。在这一切之外，还有作为潜能和作为现实的存在。①

类似的但并不完全一样的区分在《形而上学》第四卷的开头也出现过，亚里士多德在那里说：

> 因为事物被说成是存在，有些由于是实体（οὐσία；ousia），有些由于是实体的属性，有些由于是达到实体的途径，有些则由于是实体的消灭、缺失、性质、制造能力、或生成能力；或者由于是与实体相关的东西，或者由于是对这些东西中某一个或对实体的否定。故我们说非存在也是非存在的存在。②

然而，正是在这里，亚里士多德明确指出："存在有多种意义，但与某种惟一的本性相关，并非一个同名的字眼。"③ 也就是说，亚里士多德主张，"存在"（是）有一个根本的意义，依据这个根本的意义，其他那些被称作"存在"（是）或"存在者"（是者）的东西才合理地享有其名称。因此，正如他在《形而上学》第四卷开头就指出的："我们应当把握的是作为存在的存在之最初原因。"④

同样，对于刚才提到的出现在《形而上学》第六卷中的区分，

---

① 〔古希腊〕亚里士多德：《亚里士多德全集：第7卷》，苗力田主编，中国人民大学出版社1993年版，第147页（1026a－b）。
② 〔古希腊〕亚里士多德：《亚里士多德全集：第7卷》，苗力田主编，中国人民大学出版社1993年版，第85页（1003b）。
③ 〔古希腊〕亚里士多德：《亚里士多德全集：第7卷》，苗力田主编，中国人民大学出版社1993年版，第84页（1003a）。
④ 〔古希腊〕亚里士多德：《亚里士多德全集：第7卷》，苗力田主编，中国人民大学出版社1993年版，第84页（1003a）。

第八章 存在论题的弗雷格式解读

亚里士多德在紧接着的第七卷中指出:

> 正如前面我们在区别多种意义时所说的,存在有多种意义,它或者表示是什么和这个,或者表示质,或者表示量,或者表示这些范畴中的任何一个。尽管存在的意义有这样多,但"是什么"还是首要的,因为它表示实体(οὐσία; ousia)①。当我们说这个东西的性质是什么时,或者说是善,或者说是恶,而不说三肘长或是人;而我们说它是什么时,就不说是白净的,是热的,是三肘长,而说是人,是神。其他东西被称为存在,或由于它们是这种存在的质,或者由于它是数量和性质,以及其他类似的东西。②

从这个段落中,我们已经可以看出弗雷格-罗素的三分法的一个早期形态,尽管并不那么严格对应:1. 谓述的"是",即"当我们说这个东西的性质是什么时";2. 同一性(恒等)的"是",即

---

① 古希腊文的"οὐσία"(ousia)在亚里士多德著作中有多重意义,正如他自己所说的:"实体至少有四种最主要的意思……是其所是、普遍、种被认为是个别事物的实体,还有第四种即载体。"〔古希腊〕亚里士多德:《亚里士多德全集:第7卷》,苗力田主编,中国人民大学出版社1993年版,第154页(1029a)。其中,"是其所是"(τὸ τί ἦν εἶναι; to ti en einai)在拉丁语中被译作"essentia"(本质);而作为"载体"(ὑποκείμενον; Hypokeimenon)的"οὐσία"(ousia)在拉丁语中则被译作"substantia"(实体)。因此,亚里士多德所说的"实体"其实更接近于德文中的"Wesen",它既可以指本质,也可以指一个作为实体的存在者。但无论如何,在本书涉及的段落中,亚里士多德主要都是在"载体"的意义上使用"οὐσία"(ousia)这个词。"其他一切都述说(谓述)载体,载体自身却不述说他物","实体不述说(谓述)主体,其他东西却述说(谓述)它"。〔古希腊〕亚里士多德:《亚里士多德全集:第7卷》,苗力田主编,中国人民大学出版社1993年版,第155页(1029a)。因此,至少在当前语境中,亚里士多德所说的"实体"就是拉丁文中的"substantia"(实体),与康德著作中的"实体"(Substanz)是一回事,即作为"自存性"(Subsistenz)的存在。

② 〔古希腊〕亚里士多德:《亚里士多德全集:第7卷》,苗力田主编,中国人民大学出版社1993年版,第152页(1028a)。

康德与本体论证明的批判

"我们说它是什么时",例如"说是人,是神"①;3. 实存的"是",这一点可能不太容易看出,需要稍加解释一番。单从字面上看,亚里士多德似乎是说,同一性"恒等"的"是"(存在)是最为根本的,但其实并非如此。他真正想要指出的是,"是"(存在)在根本上是一个实体的"存在"(有),亦即实存的"是"(存在),其他所有意义上的"是"(存在)不仅都是由此派生出来的,并且实际上就是这个"是"(存在)或"有"本身。为此,我们可以再看看亚里士多德接下来的讨论:

> 所以,有人提出疑问,到底行走、康复、坐这些词,是否每一个都标志着存在,还有其他相类似的词。就其本性而言,它们中没有一个是存在的,并且不能和实体分离。更确切地说,是某个存在着的东西在行走,在康复,在坐着。这些东西之所以更显得是存在,乃由于它们的主体是被限定的。这个主体就是实体和个体,正由于它的出现这样的判断才得成立,离开了它就说不出什么善良、什么坐。所以很显然其他一切都由于实体而存在,原始意义上的存在不是某物,而是单纯的存在,只能是实体。
>
> 尽管最初有许多意义,但实体在一切意义上都是最初的,

---

① 当然,罗素还更为细致地区分了"同一性(恒等)"和"归摄"(subsumption)或"类蕴含"(class inclusion)。他曾在《数学原理》中指出:"存在着由相同措辞来表达的两个类似命题,即'Socrates is a-man'(苏格拉底是'一个人')和'Socrates is-a man'(苏格拉底'是一个'人)……前者表达的是'苏格拉底'和'一个不明确的个体'的同一性(恒等);后者表达的是'苏格拉底'和一个类概念'人'的关系。"Bertrand Russell, *The Principles of Mathematics*, New York: W. W. Norton & Company, Inc., 1938, p. 55n. 也就是说,"苏格拉底是一个人"到底是同一性(恒等)还是归摄,要根据语境来加以判断。这个区分当然是有意义的,但我们不必为此苛责亚里士多德。就此处引文而言,亚里士多德的目的还是要把一般的谓述判断和同一性(恒等)判断中的"是"(存在)区分出来。而且,其要点在于探讨多种意义上的"是"(存在)本身的同一性,而这才是我们要关注的要点。

第八章 存在论题的弗雷格式解读

不论在定义上、在认识上、还是在时间上。其他范畴都不能离开它独立存在。惟有实体才独立存在。在定义上实体是最初的,因为实体必然寓于每一事物的定义之中。①

引文中提到的"行走""康复"和"坐"被亚里士多德看作狭义的偶性,但其实不止它们,其他任何广义的偶性,其存在都依赖于一个实体的存在,并且严格说来,没有两种不同的存在:只是因为一个实体存在着,其他种种(广义的)偶性才作为它的偶性存在着。因此,"存在"或"实存"不是实体的一个偶性,反而是使这个实体及其全部(广义的)偶性存在着的那个"存在"或"实存"本身。因此,根据亚里士多德的这个并不算清楚的论述,一个实体的"存在"或"实存"本身构成了所有其他被称为"存在"或"是者"的东西的根据。当我们在一个典型的谓述判断中说"某个事物是什么"时,我们所表达的也不过就是:存在着某个事物(实体),它作为"什么"(偶性)而存在着。假如这个事物并不真的存在,我们也在思维中假定了它的存在,并且在这种假定中思维它如果存在着,就会是什么。

至此,我们已经大致了解了亚里士多德的观点,尽管这其中或许还有诸多有待讨论的细节,但这毕竟并不是本书的主题。准确地说,亚里士多德并不是没有区分"是"(存在)的多重意义,他只是认为,所有这些意义都派生自"是"(存在)的根本意义,即实体的存在或实存本身。实际上,正如前文(第六章第三节)中指出过的,康德也持有大致相似的观点。然而,在维尔科和辛提卡看来,康德与亚里士多德依旧存在重大的差异,并且正是这一差异启发了弗雷格-罗素论题。他们指出:

---

① 〔古希腊〕亚里士多德:《亚里士多德全集:第7卷》,苗力田主编,中国人民大学出版社1993年版,第152—153页(1028a)。

康德与本体论证明的批判

  对于我们当前的意图来说，亚里士多德和康德的关键差异涉及康德理论中的实存问题与谓述问题的地位。差异在于，在康德那里，实存问题与依存性和自存性的问题属于不同的范畴：前者是模态范畴，后者是关系范畴。因此，没有任何逻辑函数能够同时表达它们两者。因此，实存不止不是一个谓词，它就不能是任何谓词之效力的组成部分。①

  这里其实涉及两个问题：第一个问题是康德对"是"（存在）在判断中的两种用法的区分。对此，我们在前文（第六章第一节）中其实已经讨论过了。其中，第一种用法是谓述判断中的"是"（存在），其功能是以"与主词概念相关的方式"设定谓词概念，或者说"相对地"设定谓词概念；第二种用法是实存性判断中的"是"（存在），其功能是"不在与其他任何东西的关系中"设定主词概念，或者说"绝对地"肯定主词概念。第二个问题涉及康德的范畴表：谓述判断表达的是实体与偶性的关系，属于关系范畴；实存性判断表达的是概念的现实性，属于模态范畴。在维尔科看来："这并不意味着，康德接受弗雷格-罗素论题。但它意味着，在19世纪之交，'实存'概念变得无家可归。"② 尽管维尔科对哈帕兰塔的观点持一定的保留意见，但也主张："康德的批判服务于把'is'的谓述用法和实存用法彼此分离开来。"③ 因此，维尔科和辛提卡都

---

① Risto Vilkko, Jaakko Hintikka, "Existence and Predication from Aristotle to Frege", *Philosophy and Phenomenological Research*, Vol. 73, No. 2, September 2006, p. 369.

② Risto Vilkko, "Existence, Identity, and the Algebra of Logic", in Benedikt Löwe, Volker Peckhaus, Thoralf Räsch, eds., *Foundations of the Formal Sciences IV: The History of the Concept of the Formal Sciences*, London: College Publications, 2006, p. 257.

③ Risto Vilkko, "Existence, Identity, and the Algebra of Logic", in Benedikt Löwe, Volker Peckhaus, Thoralf Räsch, eds., *Foundations of the Formal Sciences IV: The History of the Concept of the Formal Sciences*, London: College Publications, 2006, p. 257.

相信，那些19世纪早期的思想家们"必须把'being'动词的实存用法和谓述用法分离开来，无论他们是否倾向于把这种区别冻结成一个单一语词的多义性"①。

然而，康德对于"Sein"（是/存在）在判断中的两种用法（谓述用法和实存用法）的区分在客观上对19世纪的逻辑学家造成了何种影响是一回事，康德本人是否也认为两种用法是泾渭分明的（甚至是毫不相干的）则是另外一回事。哈帕兰塔、维尔科与辛提卡或许说出了部分实情，在康德的（直接的或者间接的）影响下，弗雷格及其同时代的学者认为，对"Sein"（是/存在）的各种用法做出区分并分别加以研究是必要的。但是，正如前文（第六章第一节）中已经指出过的，对于康德来说，"Sein"（是/存在）的两种用法并不是毫不相干的。相反，"Sein"（是/存在）在谓述判断中的用法依赖于它在实存性判断中的用法，并且在根本上表达的都是"存在"或"有"。无论在《证据》中还是在《纯粹理性批判》中，康德都没有主张谓述判断中的"是"与实存性判断中的"是"有不同的意义。相反，它们在判断中都是"设定"（Setzung）或"肯定"（Position）的意思。正如康德所言："肯定或设定的概念是非常简单的，与是（Sein）的概念完全是一回事。"② 因此，"Sein"（是/存在）的两种用法的区别仅仅在于：谓述判断中的"Sein"（是/存在）是以相对的方式，即与主词概念相关的方式设定或肯定一个谓词概念，或者说其实就是肯定主词概念与谓词概念的关系本身；实存性判断中的"Sein"（是/存在）则是以绝对的方式，即不与其他任何概念相关的方式设定或肯定一个主词概念本身。

首先，在谓述判断中，即在任何"S ist P"（S是P）的判断中，

---

① Risto Vilkko, Jaakko Hintikka, "Existence and Predication from Aristotle to Frege", *Philosophy and Phenomenological Research*, Vol. 73, No. 2, September 2006, p. 369.

② 〔德〕康德：《康德著作全集：第2卷》，李秋零主编，中国人民大学出版社2003年版，第80页（2：73）。

康德与本体论证明的批判

"ist"（是/存在）肯定了谓词"P"的存在（有），但却是在它与主词概念"S"的关系中肯定的，从而实际上肯定的是主词概念"S"与谓词概念"P"的关系。在此，被肯定的关系就是维尔科和辛提卡提到的"依存性和自存性"的关系，即实体与偶性的关系。正如康德所言："一个实体的种种规定无非是实体的种种特别实存方式，它们叫做**偶性**。它们在任何时候都是实在的，因为它们涉及实体的存在（否定性只是表示实体中某物不存在的规定）。当人们把一种特殊的存在赋予实体中这种实在的东西（例如作为物质的一种偶性的运动）时，人们就把这种存在称为依存性，区别于实体的存在，后者人们称之为自存性。"① 由此，我们可以看出，对于康德来说，"依存性"（偶性的存在）和"自存性"（实体的存在）的区分仅仅在于存在（有）的方式。在这个问题上，康德与亚里士多德的观点其实并没有什么不同：真正的存在（有）只是实体的存在（有），但它不是实体的一种偶性，而是使实体及其种种偶性成为现实的东西。因此，任何"S ist P"（S 是 P）这个判断的意思都无非是说：谓词"P"（的客体）依附于主词"S"（的客体）而存在，以及主词"S"（的客体）以谓词"P"（的客体）的方式存在着。然而，这种关系在任何时候都以主词概念"S"的"存在"或"有"为前提，或者说预设了主词概念"S"的"存在"或"有"，并且即便不是按照其现实性（现实存在）来预设的，也必须是按照其可能性（可能存在）来预设的。换句话说，"S ist P"（S 是 P）判断要么是说，主词"S"（的客体）存在，并且以谓词"P"（的客体）的方式存在着；要么就是说，假如主词"S"（的客体）存在，就会以词"P"（的客体）的方式存在着。

其次，在任何实存性判断中，即在任何"S ist"（S 是/存在）

---

① 〔德〕康德：《纯粹理性批判：注释本》，李秋零译注，中国人民大学出版社2011年版，第176—177页（A186/B229 – 230）。

第八章　存在论题的弗雷格式解读

的判断中,"ist"(是/存在)肯定了主词概念"S"的存在。表面上看,实存性判断与谓述判断似乎完全不是一回事。但其实,对主词概念"S"的肯定,同时也就意味着对其所有可能的谓词的肯定。正如康德在《纯粹理性批判》中以"上帝是"(Gott ist)为例指出的:"我(在这个判断中)并没有为上帝的概念设定一个新谓词,而是仅仅把主词自身连同他的所有谓词,也就是说,把对象设定在与我的概念的关系中。"① 在此,"连同他的所有谓词"(mit all seinen Prädikaten)是一个非常重要的表述,因为设想任何某个事物存在,而不同时设想其所有可能的谓词的存在,这无疑是矛盾的。因此,实存性判断绝非与谓述判断无关,但这不是说,"存在"或"实存"本身是一个谓词,而是说一个实存着的事物具有我们借助"S"这个概念所表示的全部谓词。② 然而,更重要的是,尽管实存性判断中的两个概念(主词概念与谓词概念)并不涉及两个客体,而是仅仅涉及一个概念与其现实客体的现实关联,但"存在"或"实存"并不因此就是无所指称的。弗雷格把"存在"或"实存"看作一个二阶概念的观点很容易给人一种误导,仿佛我们把一个一阶概念"S"置于这个二阶概念之下的判断,或者把这个二阶概念"存在"或"实存"归于一个一阶概念"S"的判断,决定了"S 存在"的事实。在此,我们并不是要蓄意曲解弗雷格的观点,但他确实在一定程度上忽视了:"S 存在"的事实决定了"S 存在"的判断为真,而不是相反。因此,"存在"或"实存"不只是一个纯然的概念,而是指称了某种一阶层面的事实,尽管这个事实并不必须就是事物的某种属性。

实际上,当康德说"存在毋宁是人们关于事物的思想的一个谓

---

① 〔德〕康德:《纯粹理性批判:注释本》,李秋零译注,中国人民大学出版社 2011 年版,第 417 页(B627)。

② 参见〔德〕康德《康德著作全集:第 2 卷》,李秋零主编,中国人民大学出版社 2003 年版,第 81 页(2:74)。康德在那里说:"准确地说,应该是某种实存着的事物是上帝,即一个实存的事物具有我们借助上帝这一表述所表示的全部谓词。"

康德与本体论证明的批判

词"时①，他并没有像弗雷格一样，仅仅把"存在"或"实存"当作一个二阶概念，这句话必须结合康德关于模态范畴与主观综合的判断的思想来加以理解。正如我们在前文（第七章第一节）中指出过的，诸如"可能/不可能""现实/不现实（存在/不存在）"和"必然/不必然"这些谓词，并不是一个实体的存在方式（偶性）②，而是"存在"或"实存"本身的样式，并且仅仅在与人的认识能力的关系中才是有意义的。在主观综合的判断中，我们把这些概念（范畴）当作谓词来使用，它们因此只是一些"逻辑的谓词"——因为，它们并不能在质料上对主词概念有所增添，即不能增加关于主词概念的知识。当我们把模态范畴用来规定任何一个事物的概念，我们也就把这个事物的"存在"或"实存"表象为可能的或不可能的、现实的或不现实的、必然的或偶然的。维尔科和辛提卡说得很对，对于康德来说，"存在"或"实存"是一个模态范畴。但是，他们或许忘记了，作为一个范畴的"存在"或"实存"仅仅在与"不存在"对立中涉及现实性的表象，并且与其他两组范畴，即"可能性/不可能性"表象与"必然性/可能性"表象一起，构成了认识主体关于"存在"或"实存"的一个完备的述说。也就是说，我们认识到：有些事物的存在是可能的，另外一些则是不可能的；即便在那些有可能存在的事物中，有些是现实存在着的，另外一些则没有成为现实；在那些现实存在着的事物中，有些是必然存在着的，另外一些则仅仅是偶然存在着的。然而，最重要的是，所有这些描述的基础都是那个作为一个在一阶层面发生事实的"存在"或"实存"本身。

正如我们在前文（第七章第二节）中已经指出过的，对于我们

---

① 〔德〕康德：《康德著作全集：第2卷》，李秋零主编，中国人民大学出版社2003年版，第79页（2：72）。

② 这句话的意思是说：模态范畴无关乎一个实体作为什么而存在，或者它是什么。

第八章 存在论题的弗雷格式解读

人类存在者来说,这个一阶层面的事实是通过事物的"显现"(erscheinen),并且能够被我们知觉到而获知的。这并不是说,"显现"(erscheinen)就是"存在"或"实存"本身,而是说,在任何时候,事物的显现及其能够被知觉到都是我们做出实存判断的标志;同时,关于这个事物的所有谓述判断也必须以"它如何显现"或"它显现为什么"为标志。因此,"存在"或"实存"并不是在量上对一个概念的规定那么简单,反而是一个(认识顺序上)最初的、源始的事实。在任何实存性判断中仅仅作为一个模态谓词出现的"存在"[1],只是对这一事实的肯定,其反面"不存在"则是对这一事实的否定。因此,我们绝不能从"不存在"出发来理解"存在",即先行将"不存在"理解为一个量词"零",再把"存在"理解为"对零的否定"。相反,"零"所代表的"无"(即"不存在")是通过对作为一阶层面的一个事实的"存在"的否定产生的。同时,量词"零"的反面也不是任何一个具体的数,而是所有可能的正数。然而,任何事物必须首先作为一个事实存在着(显现出来),才能被能思的主体(凭借知觉)判定为存在着的,进而才能对这个事物加以量化(即在量上做出规定)。相反,"无"或"不存在"根本就不是一个一阶层面的事实,因为自在自为的事物只是存在着,唯有在能思的主体的认识活动中,即在思维与对象的关系中,"不存在"才是有意义的。[2] 因此,"无"或"不存在"是通过对思维中假定的事实层面的"有"或"存在"的否定产生的,而"零"这个数与其说就是"无"或"不存在",倒不如说是对"无"或"不存在"的量

---

[1] 严格说来是"现实的存在",尽管"存在"或"实存"在任何时候都是现实,但也只是在事实层面如此。无论如何,在认识的层面,我们依旧要区分"存在"或"实存"的模态,从而把"现实的存在"或"现实性"与其他模态区分开来。而且,正如我们的讨论已经揭示出来的,弗雷格-罗素论题在极大程度上正是混淆了作为模态范畴的"存在"概念与作为一个源始事实的"存在"。

[2] 同样,唯有在思维与对象的关系中,"可能存在"与"不可能存在"、"必然存在"与"偶然存在"才是有意义的。

化。甚至，这种量化规定本身也是按照对存在着的事物的量化的方式进行的。无论如何，一个十分朴素的道理是：世界上没有什么事物（作为自在的事情本身）在量上是零，因为那样的事物不存在。

对于康德来说，"Sein"（是/存在）的任何用法都有一个基本的意义，即"存在"或"实存"。量的范畴、质的范畴与关系的范畴表达的都是任何某个事物的"是什么"，即它如何存在，或者以何种方式存在着；模态的范畴表达的则是"存在"或"实存"本身的样态。而且，"存在"或"实存"不是什么二阶概念，而是指称一个一阶层面的事实，这个事实乃是通过自在的事物本身向认识主体（理性存在者）"显现出来"而得以确认的。对于康德来说，由于我们只拥有一种感性的直观能力，事物只能在感官中向我们显现出来，并且通过这种方式被我们知觉到。有了这种知觉，我们才可以说："这个事物存在着"。至于那些不能在感官中显现出来的东西，其存在与否对于我们来说是不可知的，因为我们没有其他的直观能力，这些事物也因此没法以其他方式向我们显现出来。

三 康德与弗雷格的分歧

正如前文（第六章第三节）中指出过的，康德其实在《证据》和《纯粹理性批判》中先后提出过两个存在论题：1. "Dasein"（存在）根本就不是一个谓词；2. "Sein"（是/存在）不是一个实在的谓词。而且，我们已经指出，两个命题的意思并不完全一样。第一个论题说的是："存在"或"实存"根本不是关于事物的某种特征（实体的某种偶性）的概念，即不是狭义上的谓词或实在性。第二个论题说的是：当"存在"或"实存"在实存性判断中被当作一个谓词来使用时，它并不能在质料上对主词概念的内容有所增添，即不能在质料上增加关于主词概念的知识。同时，正如前文（第八章第一节）中指出过的，弗雷格的论题说的是："存在"或"实存"仅

第八章　存在论题的弗雷格式解读

仅是一个二阶概念,而不是一个一阶概念。也就是说,它仅仅是关于事物的概念的谓词,而不是关于事物本身的谓词。

在这个问题上,康德与弗雷格最明显的区别是:前者把"存在"或"实存"看作一个模态谓词,后者则把它看作一个量词。但仅仅如此,似乎并不妨碍许多学者们认为,弗雷格与康德的思想是高度相似的。在这个方面,哈帕兰塔、J. 威廉·福吉和迈克尔·F. 库法罗(Michael F. Cuffaro)都是比较重要的代表人物。在解读康德与弗雷格的存在论题时,他们高度重视康德在《证据》中提出的"存在不如说是关于事物的思想的一个谓词"的观点①,并且实际上把这当作康德对于"存在"或"实存"的积极概念。与此相应,他们的另一个共同特点是把康德在《证据》和《纯粹理性批判》中提出的两个存在论题看作一回事,并且实际上仅仅把它们看作康德对于"存在"或"实存"的消极概念。例如,哈帕兰塔指出:"康德关于'实存'(existence)的看法至少以两种方式影响了弗雷格的理念:首先,康德论证说,'是'(being)不是一个实在的谓词,这是弗雷格关于实存之讨论的起点;其次,弗雷格把'存在(being)是一个思想的一个谓词'的理念发展成了'实存(existence)是一个概念的一种性质'。"② 然而,哈帕兰塔显然过分重视这个所谓的"积极概念"了,但实际上它在康德的著作中并没有那么高的地位。而且,正如前文(第八章第二节)中已经指出过的,对于康德来说,"存在"或"实存"这个所谓"思想的谓词"实际上是有所指的,它虽然并不是关于一个客体的概念,但却是关于一个一阶层面的(认识顺序上的)源始事实的概念,而这恰恰是康德与弗雷格最为根本的分歧。

---

① 参见〔德〕康德《康德著作全集:第2卷》,李秋零主编,中国人民大学出版社2003年版,第79页(2:72)。

② Leila Haaparanta, "On Frege's Concept of Being", in Simo Knuuttila & Jaakko Hintikka, eds., *The Logic of Being. Historical Studies*, Dordrecht: D. Reidel Publishing Company, 1986, p. 279.

康德与本体论证明的批判

哈帕兰塔想要证明的是，弗雷格的思想深受康德的影响，其"存在只是一个二阶概念"的论题正是对康德关于"存在"或"实存"的积极概念的发展。然而，J. 威廉·福吉却志不在此，他想要证明的是，康德与弗雷格关于"存在"和"实存"的看法及其论证是站不住脚的。但也正因为如此，福吉比哈帕兰塔更多地肯定了康德与弗雷格之间的联系。根据《证据》中的相关论证，针对"存在不如说是关于事物的思想的一个谓词"的观点，福吉说：

> 我已经指出，康德同时坚持如下两个主张：
> （a）在做出实存断言时，我们把一个二阶谓词归于一个概念或一个种种谓词的集合；
> （b）实存是一个二阶谓词。
> 我还进一步指出，康德似乎用（a）来支持（b）。
> 因此，康德论证的整个结构似乎都与弗雷格的论证完全一样。
> 他们都从一个关于"实存断言的谓述结构"的（我们将称作）"语义的"前提入手，也就是说，这些实存断言都具有这样一种主谓结构，在其中，一个二阶性质要被归于一些一阶性质，或者被归于一个一阶概念。①

从引文中可以看出，在福吉看来，康德与弗雷格不仅都认为"存在"或"实存"是一个二阶概念或者二阶谓词，而且，他们都是从对实存性判断的一个语义解释中推出这个结论的，福吉把这个解释称作"语义前提"（the semantic premise）。但是，福吉认为，康德与弗雷格的关键分歧就在于他们各自使用的语义前提不同。福吉指出：

---

① J. William Forgie, "Kant and Frege: Existence as a Second-Level Property", *Kant-Studien*, Vol. 91, No. 2, 2000, pp. 167–168.

第八章　存在论题的弗雷格式解读

弗雷格的语义前提：在做出实存断言时，我们把二阶性质"不是空的"（not being empty）归于一个一阶概念。

康德的语义前提：在做出实存断言时，我们把二阶谓词"属于一个实存着的事物"（belonging to an existing thing）归于一个种种一阶谓词的集合。①

福吉指出，根据康德的语义前提，实存性判断说的是：种种一阶谓词的一个集合（一个概念）属于一个实存着的事物。或者，换个（弗雷格式的）说法：有一个实存着的事物处于一个概念（种种一阶谓词的一个集合）之下。但是，这个解释中包含着一个定语"实存着的"，它似乎暗示我们说，一个并不实存着的事物也可以处于一个概念之下。这话听起来似乎很奇怪，但其实无非就是说：我们可以思维某个纯然可能的事物，这个事物的概念包含种种谓词的一个集合，所以，这个概念是有内容的，而不是空洞无物的，尽管它并没有一个现实的客体（对象）。换句话说，康德对"现实的事物"和"纯然可能的事物"（并不存在的事物）之间做了一个区分。而且，这一区分依据模态范畴并不难理解：前者是按照现实性被思维的一个客体，后者是仅仅按照可能性被思维的一个客体。然而，在弗雷格看来，"实存着的"这个定语纯属"赘述"（pleonastisch），在实存性判断中区分"现实的事物"和"纯然可能的事物"也没有太大的意义。弗雷格曾在与伯恩哈德·平耶尔（Bernhard Pünjer）的争论中说：

> 如果人们想要赋予语词"是"（存在）（Sein）以内容，使

---

① J. William Forgie, "Kant and Frege: Existence as a Second-Level Property", *Kant-Studien*, Vol. 91, No. 2, 2000, p. 169.

康德与本体论证明的批判

得"A是（存在）"（A ist）不是多余的和不言而喻的，人们就不得不承认，对"A是（存在）"（A ist）的否定在某些情况下是可能的；也就是说，有一些其"存在"（Sein，是）必须被否定的主词存在。但是，如此则"是"（存在）（Sein）就不再适于在"有一些B存在"（es gibt B's）与"一些存在着的东西处于概念B之下"（einiges Seiende fällt unter den Begriff B）同义的意义上来解释"有……存在"（es gibt）；因为，如果我们把这个解释用于"有一些其存在必须被否定的主词存在"（Es gibt Subjekte, denen das Sein abgesprochen werden muss）这句话，我们就会得出"一些存在着的东西处于'不存在的东西'的概念之下"（Einiges Seiende fällt unter den Begriff des Nichtseienden）或"一些存在着的东西不是（不存在）"（Einiges Seiende ist nicht）。①

从引文中可以看出，弗雷格似乎把"其存在必须被否定的主词"与"存在着的东西"置于绝对的对立中。但是，正如我们在前文（第三章第一节，第五章第三节）中指出过的，如果"纯然可能的事物"是指"仅仅存在于思维中的事物"，那么，后者其实无非就是指我们在思维中假定某个事物存在，并且把它当作一个现实存在着的事物来思考。因此，"一些存在着的东西处于概念B之下"当然是可能的，哪怕"概念B"是一个其存在必须被否定的主词，只要我们是按照可能性来思维"B"，或者说把"B"思维成为一个可能的现实事物。

福吉引入这个问题是想揭示出弗雷格和康德之间的一个差异。

---

① Gottlob Frege, *Nachgelassene Schriften und Wissenschaftlicher Briefwechsel*, Hans Hermes, Friedrich Kambartel, Friedrich Kaulbach, Hrsg., Hamburg: Felix Meiner Verlag, 1983, S. 73.

第八章 存在论题的弗雷格式解读

在他看来，由于没有区分"现实的事物"和"纯然可能的事物"，弗雷格的语义前提会遭遇到一些反例。"设某些对象 X（它们并不实存）处于某些概念 B 之下。那么，将会为真的是：B 不是空的。但是，并不为真的是：这个概念凭借任何实存着的事物而被实例化了，从而'一些 B 实存着'（B's exist）这个陈述就会是错误的。"① 通过这个反驳，福吉想要指出，由于康德的语义前提包含了"现实的事物"与"纯然可能的事物"的区分，相同的反驳对于康德来说是无效的，而是仅仅对弗雷格的语义前提有效。但是，福吉曲解了弗雷格的语义前提。因为，当弗雷格说"存在"就是"非空"这个二阶性质时，"非空"的意思显然不只是"并非没有内容"，而是也指（并且实际上主要是指）"并非没有一个现实的客体（对象）"。但是，在福吉的反驳中，"非空"显然仅仅意指"并非没有内容"。弗雷格当然承认纯然可能的事物（关于一个并不现实存在的，但却可以在思维中设想的事物）的概念可以是有内容的。迈克尔·库法罗（Michael E. Cuffaro）（虽然没有点名）批评福吉忽视了弗雷格在《论意义与意谓》中对"Sinn"（意义）和"Bedeutung"（意谓）的区分。② 在那里，弗雷格以古希腊史诗《奥赛罗》的主人公为例作了一个形象的说明：

> 然而，人们至少可以期待出现这样的句子，正如有这样的句子部分一样，它们也许有意义，却没有意谓。含没有意谓的专名的句子就属于这种。"奥德赛在沉睡中被放到伊萨卡的岸上"，这个句子显然有意义，但是由于缺乏确定这里出现的名字"奥德赛"是否有一个意谓，因此同样无法确定整个句子是否有

---

① J. William Forgie, "Kant and Frege: Existence as a Second-Level Property", *Kant-Studien*, Vol. 91, No. 2, 2000, p. 169.

② Michael E. Cuffaro, "Kant and Frege on Existence and Ontological Argument", *History of Philosophy Quarterly*, Vol. 29, No. 4, October 2012, pp. 337–354, 341.

一个意谓。但是却可以肯定，所有当真认为这个句子为真或为假的人都承认，"奥德赛"这个名字不仅有意义，而且有一个意谓，因为这里谓词肯定或否定的正是这个名字的意谓。凡是不承认有一个意谓的人就既不能肯定也不能否定这个意谓的谓词。但是这样去追问名词的意谓就是多余的。如果人们停留在思想上，则可以满足于意义。如果只考虑句子的意义，即思想，那么就不必去探讨句子部分的意谓。为了句子的意义，可以只考虑句子部分的意义，而不考虑它的意谓。不管"奥德赛"这个名字有没有意谓，思想不会发生变化。①

对此，库法罗的解释也非常清楚："弗雷格的观点是，尽管'奥德赛（奥德修斯）在沉睡中被放到伊萨卡的岸上'显然对于任何熟悉《奥德赛》的人来说都有意义，但它不是一个我们能够把一个真值归于它的句子。唯有那种其主词拥有意谓的句子才能为真或为假，但'奥德赛'（奥德修斯）并不意指任何人。"② 因此，弗雷格与康德一样，对现实的事物和虚构的事物（纯然可能但并不存在的事物）做了必要的区分。然而，正因为如此，库法罗指出："他（弗雷格）与康德一样受制于一个基本问题：由于区分了现实的存在者和纯然可能的存在者，他似乎被迫允许，准确来说，实存的一阶性质才是区分的要素。"③ 这一点恰恰是福吉的批评中最有价值的部分，因为它有助于我们揭示出弗雷格与康德真正本质上的分歧。

正如前文中指出过的，根据福吉的解释，康德的语义前提是：

---

① 〔德〕弗雷格:《弗雷格哲学论著选辑》，王路译，王炳文校，商务印书馆1994年版，第96—97页。

② Michael E. Cuffaro, "Kant and Frege on Existence and Ontological Argument", *History of Philosophy Quarterly*, Vol. 29, No. 4, October 2012, p. 341.

③ Michael E. Cuffaro, "Kant and Frege on Existence and Ontological Argument", *History of Philosophy Quarterly*, Vol. 29, No. 4, October 2012, p. 342.

第八章 存在论题的弗雷格式解读

"在做出实存断言时,我们把二阶谓词'属于一个实存着的事物'归于一个种种一阶谓词的集合。"① 根据这个前提,"存在"或"实存"相当于"属于一个实存着的事物"这一二阶性质。但是,这个所谓的二阶性质却包含着一个定语"实存着的",而这意味着,它似乎需要通过一个一阶层面的"实存"或"存在"来规定。对于福吉来说,这是一个矛盾。福吉认为,康德一方面否定"存在"或"实存"是一种一阶性质,因为"存在根本不是某一个事物的谓词或者规定性"②;另一方面则肯定"存在"或"实存"仅仅是一种二阶性质,因为"存在是人们关于事物的思想的一个谓词"③。但是,康德的语义前提暗示了一种一阶层面的"实存"或"存在",这使得康德无法从他的语义前提中推出"存在"或"实存"仅仅是一种二阶性质的结论。为此,福吉留意到伽森狄在反驳笛卡尔时的一段言论,并且从中发现了一些重要的信息:

> 接着要注意到,你把存在算做上帝的完满性(完善性)之一,而不把它算做一个三角形或一座山的完满性(完善性)之一,虽然根据各自的情况来说,它对于这一个和那一个都同样是完满性(完善性)。不过,实在说来,不管你在上帝里边观察存在也罢,或者是在别的事物上观察它也罢,它并不是一个完满性(完善性),而仅仅是一种形式,或一种现实,没有它就不能有完满性(完善性)。事实上,不存在的东西既没有完满性(完善性),也没有不完满性(完善性);而存在的东西,它除

---

① J. William Forgie, "Kant and Frege: Existence as a Second-Level Property", *Kant-Studien*, Vol. 91, No. 2, 2000, p. 169.

② 〔德〕康德:《康德著作全集:第2卷》,李秋零主编,中国人民大学出版社2003年版,第78页(2:72)。

③ 〔德〕康德:《康德著作全集:第2卷》,李秋零主编,中国人民大学出版社2003年版,第79页(2:72)。

康德与本体论证明的批判

去存在性之外还有许多完满性（完善性），它并不把存在当做特殊的完满性（完善性），不把它当作完满性（完善性）之一，而仅仅把它当做一种形式或一种现实，有了它，事物本身和它的一些完满性（完善性）就存在，没有它，就既没有事物，也没有它的那些完满性（完善性）。因而一方面不能说存在性在一个事物里边是一种完满性（完善性），另一方面，假如一个事物缺少存在性，也不能说它不完满，或缺少某种完满性（完善性），只能说它没有，或者说它什么都不是。①

从引文中可以看出，伽森狄认为，"存在"和"实存"虽然不是一种完满性，亦即不是一种性质（也就因此不是一个狭义上的谓词），但却是使任何完满性存在的东西。也就是说，任何事物首先必须"存在"或"实存"，才能现实地拥有种种完善性。据此，福吉指出：

> 伽森狄明显认为，实存（existence）是某种为对象所拥有的东西，或者应用于对象的东西，即便它不是那些对象的一种性质。它是某种运作于一阶的东西（something that operates at first level），即便不是一种性质。我们可以把这称作一种"一阶伪性质"（a first-level pseudo-property）。②

换句话说，福吉发现，"存在"或"实存"除了是一种一阶性质或二阶性质以外，还有第三种可能性，即它可以是某种"运作于一阶的东西"或"一阶伪性质"。据此，他对康德的论证提出了质疑：

---

① 〔法〕笛卡尔：《第一哲学沉思集：反驳和答辩》，庞景仁译，商务印书馆1986年版，第326—327页。

② J. William Forgie, "Kant and Frege: Existence as a Second-Level Property", *Kant-Studien*, Vol. 91, No. 2, 2000, p.174.

第八章 存在论题的弗雷格式解读

如果伽森狄的立场是可理解的，那么，即便我们同意实存不是一种一阶性质，我们也能够既接受康德的语义前提又拒斥其形而上学的结论。我们同意，在做出实存断言时，我们把二阶性质"属于一个实存着的事物"归于种种性质的一个集合，也就是说，归于一些拥有"一阶伪性质"的事物。而且，由于这个前提要求实存是某种运作于一阶的东西，那么，我们就否认了"实存是一种运作于二阶的性质"这个形而上学的结论。①

然而，根据我们在前文（第七章第二节，第八章第二节）中的分析，福吉的这个反驳完全是脱靶的。因为，康德并不认为"存在"或"实存"是一种二阶性质。相反，对他来说，"存在"或"实存"虽然不是一种一阶性质，但却是一个一阶层面的事实。因此，康德与伽森狄的立场其实更为接近得多，他并没有打算从福吉强加给他的语义前提中得出一个弗雷格式的结论。无论是在《证据》中还是在《纯粹理性批判》中，实存性判断中的"Sein"（是/存在）都是对主词概念绝对地肯定或设定②，即表明主词概念"存在"或"实存"，表明主词概念有一个与之相应的现实对象（客体）。因此，对象（客体）"存在着"或"实存着"这个事实本身（以及认识主体对这个事实的把握），才是我们可以把"存在"或"实存"当作一个（逻辑的）谓词以肯定的方式添加给主词概念的根据。而且，通

---

① J. William Forgie, "Kant and Frege: Existence as a Second-Level Property", *Kant-Studien*, Vol. 91, No. 2, 2000, p. 174.

② 康德在《证据》中说："存在是对一个事物的绝对肯定。"这才是康德对"存在"或"实存"的积极定义，而不是福吉所说的那个语义前提。而且，康德还说，在实存判断中，被肯定或设定的是"自在自为的事物本身"（die Sache an und für sich selbst），而不只是事物的纯然概念。〔德〕康德：《康德著作全集：第2卷》，李秋零主编，中国人民大学出版社2003年版，第80页（2：73）。同样，康德在《纯粹理性批判》中也说："它（Sein）纯然是对一个事物或者某些规定自身的肯定。"〔德〕康德：《纯粹理性批判：注释本》，李秋零译注，中国人民大学出版社2011年版，第417页（B627）。

康德与本体论证明的批判

过对主词概念之现实性（存在）的肯定，其全部谓词（实在性）也就一起被肯定了。① 换句话说，主词概念的现实性（存在）本身就是使其全部谓词（全部实在性）现实化的东西，并且事实上它们只是同一个现实性（存在）。

因此，至少在三个方面，康德与伽森狄的立场是完全一致的。首先，伽森狄认为，根本不存在的东西没有（或者不拥有）任何完善性（实在性）。这其实只是一个常识，虽然我们可以思维一个纯然的概念，它并没有一个与之相应的现实客体，但康德也强调："所有的谓词与其主体（主词）的关系都绝不表明某种实存的东西，主体（主词）在这种情况下必须已经被假定为实存的。"② 我们在前文中也已经多次指出，当我们按照纯然的可能性来思维一个事物时，我们只是假定了它的存在，并且按照它仿佛现实存在着那般去思维它的种种特征。其次，伽森狄认为，现实存在着的事物具有许多完善性（实在性），但"存在"或"实存"不是其中之一。因为，无论我们按照现实性还是纯然的可能性来思维一个事物，其谓词都是同样多的。正所谓："一百个现实的塔勒所包含的丝毫也不多于一百个可能的塔勒。"③ 在任何实存性判断中，通过给主词概念添加上"存在"或"实存"，其内容不会有丝毫的增加，"因为若不然，就不会正是该物，而是比我在概念中所思维的更多的对象在实存着"④。因

---

① 康德说，在实存判断中，我们只是"把主词自身连同他的所有谓词，也就是说，把对象设定在与我的概念的关系中"。也就是说，在绝对地肯定或设定主词概念时，其所有谓词也就一并被肯定或设定了。〔德〕康德：《纯粹理性批判：注释本》，李秋零译注，中国人民大学出版社 2011 年版，第 417 页（B627）。

② 〔德〕康德：《康德著作全集：第 2 卷》，李秋零主编，中国人民大学出版社 2003 年版，第 81 页（2：74）。

③ 〔德〕康德：《纯粹理性批判：注释本》，李秋零译注，中国人民大学出版社 2011 年版，第 417 页（B627）。

④ 〔德〕康德：《纯粹理性批判：注释本》，李秋零译注，中国人民大学出版社 2011 年版，第 418 页（B628）。

第八章　存在论题的弗雷格式解读

此,"存在"或"实存"不是一种完善性或实在性,并且因此在狭义上根本就不是一个谓词,从而即便在判断中被当作一个谓词来使用①,也只能是一个逻辑的谓词,而不是一个实在的谓词。再次,伽森狄认为,有了"存在"或"实存","事物本身和它的一些完满性(完善性)就存在,没有它,就既没有事物,也没有它的那些完满性(完善性)"②。也就是说,"存在"或"实存"就是事物(实体)本身的现实性,事物的所有特征(偶性)都通过其本身的存在而成为现实的。对于康德来说,实存性判断的依据只能是事物与我们的知觉的关联,即事物能够(直接地或间接地)通过感官被我们知觉到这一事实,这一点又是由我们(人类存在者)只拥有一种感性的直观能力,我们的知性只能应用于感官对象的事实所决定的。因此,"存在"或"实存"并不仅仅是一个二阶概念或二阶性质,而是通过"事物能够被知觉到"或"事物能够在感官中向我们显现"所揭示出来的一个一阶层面的事实。这个一阶事实能够在一个事物(实体)那里发生,决定了我们能够对事物(实体)做出种种谓述判断,即讨论它与其种种特征(偶性)的关系,以明确它"是什么"或"作为什么而存在"。

表面上看,弗雷格与康德的分歧仅仅在于:弗雷格把"存在"或"实存"看作一个量词,但康德将其归于模态范畴,并且将其理解为主观综合的判断的谓词。但是,弗雷格认为,"存在"或"实存"仅仅是一个二阶谓词,而不是一个一阶谓词。在很多人看来,这就是康德想要表达的意思,甚至比康德自己表述得更加清楚,但这是错误的。弗雷格始终把"存在"或"实存"看作某种(狭义

---

① 因为,"随便什么东西都可以充当逻辑的谓词,甚至主词也可以由自身来谓述"。〔德〕康德:《纯粹理性批判:注释本》,李秋零译注,中国人民大学出版社2011年版,第417页(B626)。

② 〔法〕笛卡尔:《第一哲学沉思集:反驳和答辩》,庞景仁译,商务印书馆1986年版,第327页。

的）谓词，但康德从根本上就不承认它是一个谓词，而是至多只能在判断中（同时也在语言中）被当作一个（逻辑的）谓词来使用。弗雷格认为，"存在"或"实存"不是一阶谓词，即不是事物的性质，这一点是对的。但他由此认为，"存在"或"实存"只是二阶谓词，即概念的性质，这一点对于康德来说并不是可接受的。因为，在康德看来，"存在"或"实存"是实有所指的，它指称的是一个一阶层面的源始事实，即独立自存的事物本身存在着或实存着，这个事实（对于我们人类存在者来说）只能通过知觉才能被揭示出来。因此，对于康德来说，"存在"或"实存"既不是事物的性质也不是概念的性质，而是使事物的任何性质现实化的那个条件本身。

第九章 存在论题的当代争论

在本章中,我们必须再次回到关于康德存在论题本身的争论之中。当然,在本书的第五章、第六章中,我们已经初步讨论过这个话题。但是,我们在前文中的讨论服务于为康德对本体论证明的批判做一个系统性的阐释,并没有深入讨论当代学者在解读存在论题时产生的一系列争论,而这恰恰是当代康德研究中的一个热点话题。因此,本章的任务就是回过头来完成这项任务。在下文中,我们将首先在第一节中讨论存在论题的第一种解读方案,即那种把"分析命题/综合命题"当作区分两种谓词的标准的解读,我们将其称作"依据命题类型的解读"。其次,我们将在第二节中讨论海德格尔式的解读,即那种把"实在的谓词"等同于"实在性"的解读,这种解读在国内外学界都有很多支持者。再次,我们将在第三节中讨论舒远招为海德格尔式的解读提出的一个辩护,这种辩护非常具有代表性,我们将对其提出批评。最后,我们将在第四节中为我们在前义(第五章第二节)中提出过的第三种解读做出进一步的辩护。

一 依据命题类型的解读

康德在《证据》中说:"存在根本就不是一个谓词。"[①] 一般来说,对这个论题的解读没有太多争议。在这个论题中,康德讨论的

[①] 参见〔德〕康德《康德著作全集:第 2 卷》,李秋零主编,中国人民大学出版社 2003 年版,第 78 页(2:72)。

是狭义的谓词,即关于一种实在性的概念。然而,在《纯粹理性批判》中,康德没有继续使用狭义的"谓词"概念,而是使用了广义的"谓词"概念。康德说:"是(存在)显然不是实在的谓词。"① 同时,他不仅暗示"是/存在"是一个逻辑的谓词,而且还说:"随便什么东西都可以充当**逻辑的谓词**,甚至主词也可以由自身来谓述;因为逻辑抽掉了一切内容。"② 至于实在的谓词,康德把它等同于狭义的(先验意义上的)"规定",即"一个添加在主词的概念之上并扩大了这个概念的谓词"③。但是,在很多学者看来,康德对"逻辑的谓词"与"实在的谓词"的区分并不够清楚。

正如前文(第五章第二节)中已经指出过的,康德在《逻辑学》中似乎对两种谓词提出了一个更为清楚的区分:"综合命题在质料上增加知识,分析命题仅仅在形式上增加知识。前者包含着规定(determinationes),后者仅仅包含逻辑谓词。"④ 因此,在很多学者看来,"分析命题/综合命题"似乎适于充当区分两种谓词的一个标准。例如,赵林对存在论题及其相关论证的解读如下:

> 当我们说某物存在时,这到底是一个分析判断还是一个综合判断呢?如果是一个分析判断,那么作为谓词的"存在"与主词(该事物)之间的联系固然是必然的,但它只是一个"逻辑的谓词",即一个判断系词"是",它并没有给主词增加任何东西,只是对主词自身的一个肯定,因此不过是一种同义反复

---

① 参见〔德〕康德《纯粹理性批判:注释本》,李秋零译注,中国人民大学出版社2011年版,第417页(B626)。
② 〔德〕康德:《纯粹理性批判:注释本》,李秋零译注,中国人民大学出版社2011年版,第417页(B626)。
③ 〔德〕康德:《纯粹理性批判:注释本》,李秋零译注,中国人民大学出版社2011年版,第417页(B626)。
④ 〔德〕康德:《康德著作全集:第9卷》,李秋零主编,中国人民大学出版社2010年版,第109页(9:111)。

第九章　存在论题的当代争论

而已。在这种情况下，说"上帝存在"（或"上帝是"），并没有使我们对"上帝"概念的理解超出这个概念本身所具有的含义。反之，如果该判断是一个综合判断，那么作为谓词的"存在"就与主词之间没有什么必然的联系，它只是一个通过经验才能够被确定的"实在的谓词"，因此否定该事物的存在并不会导致逻辑上的矛盾。在这种情况下，"上帝存在"就是一个只有通过经验才能确定其真伪的判断。[①]

从这段引文来看，赵林其实提出了两个观点。

第一个观点是：逻辑的谓词是分析命题中的谓词，实在的谓词是综合命题中的谓词。正如刚才所言，这个观点貌似可以为康德在《逻辑学》中的区分所支持。然而，我们在前文（第五章第二节）中已经指出，《逻辑学》中的区分只能表明：分析命题的谓词仅仅是逻辑的谓词，综合命题的谓词才是实在的谓词。但是，我们不能据此反过来说：逻辑的谓词是分析命题的谓词，实在的谓词是综合命题的谓词。而且，康德一方面说"每一个实存性命题都是综合的"[②]，另一方面又说"是（存在）不是一个实在的谓词"。把这两个说法结合起来，似乎就与《逻辑学》中的说法相矛盾。所以，杰罗姆·谢弗才会批评说：

> 什么是一个"实在的"谓词？康德将其定义为"添加到主词的概念之中并扩大了它"……的东西。然而，这是康德所使用的一个最不幸的定义，因为它导致与其另一个重要学说的矛盾，即实存性命题在任何时候都是综合的……综合判断是那

[①] 赵林：《从上帝存在的本体论看思维与存在的同一性问题》，《哲学研究》2006年第4期。

[②] 〔德〕康德：《纯粹理性批判：注释本》，李秋零译注，中国人民大学出版社2011年版，第417页（B626）。

康德与本体论证明的批判

些"给主词的概念增添了一个原本无论如何也并不被思维成包含于其中的谓词"……如果实存性判断在任何时候都是综合的，那么，"实存着"就必须是一个对主词概念有所增添的谓词，简而言之，根据上述定义是一个"实在的"谓词。①

谢弗指出的这个矛盾，根据康德对两种综合命题的区分，即客观综合的与主观综合的命题的区分，很容易就可以得到解决。对此，我们在前文（第七章第一节）中已经作了详细讨论，在此不再赘述。重要的是，尽管谢弗指出的这个矛盾并不能合理地归责于康德，但它从侧面反映出依据"分析命题/综合命题"来区分"逻辑的谓词/实在的谓词"即便不是完全错误的，也至少是不太充分的。

赵林提出的第二个观点是："Sein"（是/存在）之所以是一个逻辑的谓词，是因为它是一个系词。也就是说，赵林区分了作为系词"是"和作为"存在"或"实存"的"是"，这暗示了一种与"弗雷格－罗素多义性论题"相近的观点。然而，正如我们在前一章中论证过的，康德并不是"弗雷格－罗素多义性论题"的赞同者，也并没有在根本上区分作为系词的"是"和作为"存在"或"实存"的"是"。然而，很多学者都赞同这种解读。例如，在溥林看来："康德的基本观点是，'存在'（esse）不是一个实在的谓词，它仅仅是一个判断的系词，它并不表示一个对象的性质，因此'存在'观念不能给一个特定物或一个特定物的概念增添任何东西。"② 类似地，洪楼也认为："'存在'只能用作对实在的谓词的肯定，而在逻辑方面，存在只是一个判断的系词（copula），即在主词和谓词之间

---

① Jerome Shaffer, "Existence, Predication, and the Ontological Argument", *Mind*, New Series, Vol. 71, No. 283, July 1962, p. 309.
② 溥林：《安瑟伦与中世纪经院哲学》，《四川大学学报》（哲学社会科学版）2007年第3期。溥林（熊林）教授曾对笔者说，他认为，作为"存在"或"实存"的"是"当然是一个实在的谓词。

建立关系。"① 根据这种解读，仅仅作为系词的"是"是一个逻辑的谓词，而作为"存在"或"实存"（亦即作为"有"）的"是"则是一个实在的谓词，因为它只能是综合命题中的谓词（实存性判断只能是综合的）。对此，杨云飞的解释比较具有代表性。在他看来，"是/存在是一个逻辑的谓词"说的是仅仅作为系词的"是"在判断中的逻辑功能："'是（存在）'只是表达概念同一性的逻辑的谓词。这种同一性在两个层次上得到表达，一是对某物的某些规定性的肯定，二是对某物自身的肯定。"② 至于实在的谓词，杨云飞将其理解为"实存的经验"："对某物实存的经验不同于对某物是（存在）的表述，前者必须结合经验的内容才是可能的，而后者仅仅是我们思维某物的可能性。"③ 因此，他将康德的批判解读如下：

> 康德的基本思路是：揭示出"是"（存在）只是事物分析性的可能性，是逻辑的谓词；"实存"则是实在的谓词，即把实在的属性联结在事物上，是综合性的添加。讲清楚了逻辑的谓词和实在的谓词、分析和综合的区别，上帝实存的本体论证明的虚妄也就被揭示了。这个反驳的要害在于，区分出"是"（存在）与"实存"的不同意义，切断两者的必然联系，本体论证明因此就破产了。可以说，康德是通过对"是"（存在）的意义的解释来颠覆本体论证明的合法性的，而分析与综合的区分也是与此相应的。④

---

① 洪楼：《古典本体论证明及康德的反驳》，《武汉大学学报》（人文科学版）2012年第6期。
② 杨云飞：《康德对上帝存有本体论证明的批判及其意义》，《云南大学学报》（社会科学版）2013年第4期。
③ 杨云飞：《康德对上帝存有本体论证明的批判及其意义》，《云南大学学报》（社会科学版）2013年第4期。
④ 杨云飞：《康德对上帝存有本体论证明的批判及其意义》，《云南大学学报》（社会科学版）2013年第4期。

康德与本体论证明的批判

在这种解读下,《证据》和《纯粹理性批判》中的两个存在论题的区别,就被化约成了是否区分作为系词的"是"和作为谓词的"存在"或"实存"的区别。例如,邓晓芒就认为:"在前批判时期的《证明上帝存有唯一可能的证据》中,他还和其他人一样,没有把'存有'(Dasein)和'存在'(Sein)严格区分开来,甚至把两者看作就是一回事。"① 他还说:"康德在前批判时期混淆了作为存在者的 Dasein 和作为存在的 Sein('是'),而到了批判时期,他已经把 Dasein 列入自己的范畴表,再说该词不是'某一个事物的谓词'(即'实在的谓词')就说不过去。所以他把表述改成:'是'(而非'存有')显然不是一个实在的谓词。当然,理由还只是因为'是'是一个逻辑上的系词,它并没有被列入范畴表中。"② 在区分了作为系词的"是"和作为谓词的"存在"与"实存",并且把前者看作一个"逻辑的谓词"之后,邓晓芒与赵林、杨云飞一样,把后者看作一个可以依据"分析命题/综合命题"来加以区分的谓词。那么,由于所有的实存性命题都是综合的,作为谓词的"存在"或"实存"就是一个实在的谓词。邓晓芒说:"在康德那里,所有的十二范畴都是'实在的谓词'……康德所说的'存在(是)'就是指的模态范畴,特别是其中的'现实存在'范畴,即'存在'(Dasein)。"③

从根本上来说,这种解读乃是基于一种"弗雷格-罗素多义性论题",但我们在上一章中已经论证过,康德并不赞同对"是"与"存在"的这种区分。相反,"Sein"(是/存在)在任何时候都表示"存在"或"实存",哪怕仅仅作为系词来使用时也是如此——因为,在"S 是 P"的谓述判断中,"是"若不是"现实存在着"的

---

① 邓晓芒:《论海德格尔对"康德存在论题"之解析》,《现代哲学》2021 年第 3 期。
② 邓晓芒:《论海德格尔对"康德存在论题"之解析》,《现代哲学》2021 年第 3 期。
③ 邓晓芒:《论海德格尔对"康德存在论题"之解析》,《现代哲学》2021 年第 3 期。

第九章　存在论题的当代争论

"存在"本身，它又如何使"S"（假如它存在的话）以"P"的方式存在着，并且因此"是P"呢？对于这个问题，我们在前文（第六章第一节）中已经详细讨论过。但其实，我们只需要找出康德的其他一些说法，就很容易反驳这种区分。例如，在收录于科学院版《康德全集》第17卷《形而上学遗产I》（*Metaphysics Nachlaß I*）中的《形而上学反思》（*Reflexionen zur Metaphysik*）中，康德曾说过这样一句话："Daseyn（存在）虽然是一个逻辑的谓词，但绝不是一个实在的谓词。"① 这是康德在亚历山大·戈特利布·鲍姆嘉登（Alexander Gottlieb Baumgarten）的《形而上学》（*Metaphysica*）一书上写的一段笔记（编号4017），康德在此使用的是"Daseyn"（存在），而不是"Sein"（是/存在），我们在后文（第九章第二节）中还会再讨论这个段落，因为它更多地与存在论题的海德格尔式的解读有关。另一份值得我们注意的文献是收录于科学院版《康德全集》第28卷中的《形而上学 L1》（*Metaphysik L1*），② 其记录者不详，具体的记录时间也不确定，但从内容上可以大致断定，应当是康德在第一版《纯粹理性批判》出版前后几年中的讲课记录。当然，对于我们来说，真正重要的只是其内容，只要它们忠实地反映了康德本人的思想。《形而上学 L₁》中记录有这样一段内容：

"Daseyn"（存在）不是一个谓词。逻辑上"Daseyn"（存

---

① Immanuel Kant, *Kants Gesammelte Schriften. Band* 17, Preußische Akademie der Wissenschaften, Hrsg., Berlin: Walter de Gruyter, 1926, S. 387.
② 《形而上学 L₁》（*Metaphysik L₁*）是波利茨收藏的两套"形而上学讲义"之一，另一套是《形而上学 L₂》（*Metaphysik L₂*），我们在下一节中将提到它。这里的"L"是指"莱比锡"（Leipzig），因为它们原本都收藏于"莱比锡市立图书馆"（Leipziger Stadtsbibliothek）。波利茨在这两套讲义是"通过购买合法获取的"，但没有具体说明是从何处购买来的。Immanuel Kant, *Kants Gesammelte Schriften. Band* 28/2/2, Preußische Akademie der Wissenschaften, Hrsg., Berlin: Walter de Gruyter, 1972, S.1511. 于是，人们只能推测，它们或许也是林克的遗产。

康德与本体论证明的批判

在）兴许是一个谓词；但是，逻辑上我可以把一切东西用作谓词，把它陈述为其他东西的一个特征（Merkmal）。那么，问题是，"Daseyn"（存在）是一个能够添加到主词的其余谓词之中的一个谓词吗？"Daseyn"（存在）是一个肯定（Position），而不是一个谓词；因为，"was da ist"（存在着的东西）才拥有谓词。"Daseyn"（存在）要么是逻辑的存在，要么是实在的存在（Das Daseyn ist entweder ein logisches oder reales Daseyn）。如果我们现在说：上帝是全能的；那么，全能是一个谓词，而系词"ist"（是）只不过是一个逻辑的存在（ein logisches Daseyn）。但现在，我能够谓述出上帝的实在的存在（das reale Daseyn）；因为，"Seyn"（是/存在）是对事物连同其所有谓词的一个肯定。如果我列举出一个事物的所有实在性与谓词；那么，我就能思维所有这些谓词。但现在不能得出，这样一个我在思维其谓词的事物必定"Seyn"（是/存在）；唯有当它现实地"da ist"（存在着），它才能拥有所有这些谓词。——最高的实在性的概念并不把"Daseyn"（存在）包含在自身中，因为"Daseyn"（存在）不是实在性。①

从这个段落中可以更加清楚地看出，康德的意思绝不是说：我们必须要区分仅仅作为系词的"Sein"（是）与作为"存在"或"实存"的"Dasein"（存在/存有）。相反，康德不但没有刻意区分"Sein"（是/存在）的不同意义，并且认为，即便是在"上帝是全能的"这个典型的谓述判断中纯然作为系词的"是"（ist），表达的也是"Dasein"（存在），尽管只是一种"逻辑的存在"。但是，这个段落也可能会误导我们。因此，在这个段落中，康德的意思似乎是说：

---

① Immanuel Kant, *Kants Gesammelte Schriften. Band 28/1*, Preußische Akademie der Wissenschaften, Hrsg., Berlin: Walter de Gruyter, 1968, S. 313.

第九章　存在论题的当代争论

谓述判断中的"ist"（是）是一个逻辑的谓词。诚若如此，那么，尽管赵林错误地区分了"Sein"（是）与"Dasein"（存在），但他对于"逻辑的谓词"与"实在的谓词"的区分原则上是对的？然而，事实并非如此。因为，严格说来，康德在这里区分的是"逻辑的存在"与"实在的存在"。如果我们直接把这一区分等同于"逻辑的谓词"与"实在的谓词"，那就等于承认实存性判断中的"存在"或"实存"是一个实在的谓词。但是，这个段落（以及前面引用的《形而上学反思》中的段落）中对"Dasein"（存在）的使用已经表明，康德对两种谓词的区分并不涉及"Sein"（是/存在）作为系词与作为"存在"或"实存"的区分，因此，说实存性判断中的"Dasein"（存在）是一个实在的谓词，就直接与"是（存在）不是一个实在的谓词"的主张相冲突。而且，从引文中可以看出，康德把"实在的谓词"理解为"一个能够添加到主词的其余谓词之中的一个谓词"①，这与《纯粹理性批判》中的说法是一致的，即"可以加给一个事物的概念的某种东西的一个概念"②。因此，引文中涉及"逻辑的存在/实在的存在"这一区分的内容，其实已经是在解释"Dasein"（存在）为什么不是一个实在的谓词了，从而不能与"逻辑的谓词/实在的谓词"这一区分混为一谈。

无论如何，我们没有理由认为，谓述判断中仅仅作为系词的"Sein"（是）不是实在的谓词。如果我们（像弗雷格、罗素、赵林那样）割裂"Sein"（是/存在）在谓述判断与实存性判断中的意义，那么，一个"S是P"判断中的"是"就只能是一个系词，与"存在"或"实存"的意义无关。如此一来，纯然作为系词的"是"就不能是"P"以外的另外一个谓词，也就谈不上什么"逻辑的谓

---

① Immanuel Kant, *Kants Gesammelte Schriften. Band 28/1*, Preußische Akademie der Wissenschaften, Hrsg., Berlin: Walter de Gruyter, 1968, S. 313.
② 〔德〕康德:《纯粹理性批判:注释本》，李秋零译注，中国人民大学出版社2011年版，第417页（B626）。

词"。在《纯粹理性批判》中，我们可以看到，康德是这样说的："上帝是全能的，这个命题包含着两个概念，它们都有自己的客体：上帝和全能；'是'这个词并不是此外的一个谓词，而仅仅是以与主词相关的方式设定谓词的东西。"① 显然，康德的意思是说，在"上帝是全能的"这个判断中，"全能的"是谓词，系词"是"不是谓词；"是"仅仅是一个系词，其功能只是肯定主词概念与谓词概念的关系。但是，如果我们（像康德本人所主张的那样）承认"Sein"（是/存在）与"Dasein"（存在）本质上是一回事，进而承认即便在一个"S 是 P"的谓述判断中，"是"表达的也是"存在"或"实存"，那么，我们就更不能（出于一种怠惰的理性与任意的联想）把"逻辑的存在"与"逻辑的谓词"看作一回事，而是必须从谓述判断中的"存在"或"实存"之意义出发来理解"逻辑的存在/实在的存在"这一区分。

从形式逻辑的角度来看，"S 是 P"的谓述判断表达的是主词概念"S"与谓词概念"P"相结合的关系，系词"是"是对这种关系的肯定；但是，从先验逻辑的角度来看，"S 是 P"的判断表达的是一个事物"S"（主词概念的客体）与它的一个特征"P"（谓词概念的客体）的关系，"是"则是它们的存在，并且严格说来是事物"S"的存在。因此，正如前文中多次指出的，"S 是 P"的谓述判断意味着：主词"S"存在，并且以谓词"P"的形式存在，而谓词"P"依附于主词"S"而存在。如果主词"S"确实存在，那么，这个判断就是一个实然的判断。但是，主词"S"的存在在任何时候都需要一个后天的、综合的"S 存在"（S ist）或"S 实存着"（S existiert）的判断来保证。相反，如果主词"S"的存在尚未得到证实，那么，"S 是 P"的判断就是假定的，它仅仅意味着：假如主词"S"

---

① 〔德〕康德：《纯粹理性批判：注释本》，李秋零译注，中国人民大学出版社 2011 年版，第 417 页（B626-627）。

第九章 存在论题的当代争论

存在,那么,"S"将以谓词"P"的形式存在。由此,我们再次看到,"S 是 P"的谓述判断在任何时候表达的都是"存在"或"实存":如果不是实然的,那就必须是假定的。因此,我们可以说,在"S 存在"或"S 实存着"的实存性判断中,主词概念"S"作为一个"实在的东西"存在着。相反,在"S 是 P"的谓述判断中,如果没有一个后天的、综合的"S 存在"或"S 实存着"作为先行条件,那么,这个判断中的"是"就是对主词概念"S"的现实性(存在)的假定,即把它当作一个现实存在着的东西来思维。在这种假定中,主词概念"S"并不作为一个"实在的东西"存在着,它只是一个"可能的东西"。因此,所谓"逻辑的存在"与"实在的存在"也只能落实到这样一种区分之中。

此外,这种把纯然作为系词的"是"看作逻辑的谓词的观点还有一种有趣的辩护,它最早可能来自 S. 莫里斯·恩格尔(S. Morris Engel)。恩格尔把康德关于"随便什么东西都可以充当逻辑的谓词"的说法解释为:"无论任何符号(symbol)都同样地能够充当一个逻辑的谓词,因为它(与实在的谓词不一样)不是对某些外在经验的反映,或者说不是某些外在经验的产物,并不受到任何外在的经验条件的限制。"[①] 然而,正如前文(第六章第三节)中指出过的,康德这句话的意思应当是说:一方面,严格来说,主词是关于一个独立自存的事物(实体)的概念,谓词是关于一种依附于某个事物而存在的特征(偶性)的概念,即关于一种特殊的性质的概念;另一方面,我们在日常的(无论口头的还是书面的)语言中,我们都不仅可以而且经常把一些不是(狭义的)谓词的概念当作谓词来使用。最明显的例子,就是把主词当谓词、把谓词当主词来使用。例如,在"那个人就是康德"(主词作谓词)这个判断中,"康德"仅仅在

[①] S. Morris Engel, "Kant's 'Refutation' of the Ontological Argument", *Philosophy and Phenomenological Research*, Vol. 24, No. 1, September 1963, p. 21.

康德与本体论证明的批判

语法上占有谓词的位置，所以是一个逻辑的谓词；同样，在"红色是鲜艳的"（谓词作主词）这个判断中，"红色"也是仅仅在语法上占有主词的位置，它并不因此就成了一个独立自存的事物。当然，康德本人在此提到的主要是那种"主词概念自己谓述自己"的情况，即"S 是 S"的判断。然而，恩格尔的理解却与此完全不同，他的意思是说，既然随便什么东西都可以充当逻辑的谓词，那么，谓述判断中的系词"是"就无须是一个（无论广义的还是狭义的）谓词，它单纯作为系词、作为一个语法符号就是一个逻辑的谓词。但是，恩格尔并没有详细解释他为什么会这么认为。或许，他只是理所当然地认为，这就是康德的意思。

更有趣的是，恩格尔还认为，康德在"论上帝存在的本体论证明的不可能性"的第 10 段的开头三句话不止涉及对逻辑的谓词与实在的谓词的区分，还涉及一个"非实在的谓词"（nonreal predicate）。[①] 因此，恩格尔的解读虽然原则上与赵林等人的解读同类，但却更为复杂，也更为细致，可以看作一个升级版。[②] 具体来说：首先，在这个段落的第 1 句话中，康德否定"Sein"（是/存在）是一个实在的谓词，并且把实在的谓词定义为"关于可以加给一个事物的概念的某种东西的一个概念"[③]；其次，在第 2 句话中，康德强调"Sein"（是/存在）是一个"非实在的谓词"，即"纯然是一个事物

---

① S. Morris Engel, "Kant's 'Refutation' of the Ontological Argument", *Philosophy and Phenomenological Research*, Vol. 24, No. 1, September 1963, p. 21.

② 当然，从时间上说，恩格尔的解读是在 20 世纪 60 年代提出的，远早于赵林、杨云飞和邓晓芒的版本。但从逻辑上讲，赵林等人的解读是更为基础的，恩格尔的版本则是一个升级版。这一点也不奇怪，因为本书只是把赵林等人看作一种解读类型的代表人物，如果要追根究底，我们当然可以从恩格尔之前的国外学者那里找到高度相似的版本。但这其实并不重要，因为我们应该关注的只是这种解读类型，无需追溯其最初的提出者，更无需列数尽其所有支持者。

③ 〔德〕康德：《纯粹理性批判：注释本》，李秋零译注，中国人民大学出版社 2011 年版，第 417 页（B626）。

或者某些规定自身的肯定"①；最后，在第3句话中，康德把仅仅作为系词的"是"与"存在"或"实存"区分开来，并且主张前者只是一个逻辑的谓词。恩格尔的这种划分很容易进一步引发一种观点，即主张"存在"或"实存"既不是实在的谓词，也不是逻辑的谓词。例如，胡好在一篇论文就提出："存在是现实谓词。"② 他说："谓词可以分为三类：逻辑谓词、实在谓词和现实谓词。逻辑谓词是跟主词不矛盾的谓词，实在谓词是在主词和谓词的关系中扩大主词概念的谓词，现实谓词则是主体在主词概念和它的对象的关系中、将对象肯定下来的谓词。"③ 而且，胡好还把这一点同客观综合命题与主观综合命题的区分结合起来。"实在谓词就主词和谓词的关系而言扩大了主词概念，是客观综合命题的谓词；而现实谓词虽然不给主词概念增加新谓词，却超出这个概念，将它的对象肯定下来，它是主观综合命题的谓词。这说明有些综合命题的谓词不是实在谓词。"④ 但是，恩格尔本人对类似于胡好的这种想法倒是持保留意见：

> 现在，康德貌似在此暗示说，除了想到那些导致综合的与扩展的命题的谓词群（实在的谓词）与那些导致分析的与解释的命题的谓词群（逻辑的谓词）以外，他现在假定"实存"（existence）为有别于前两类的第三类，但我并不相信，这就是他在此处的意图。⑤

---

① 〔德〕康德：《纯粹理性批判：注释本》，李秋零译注，中国人民大学出版社2011年版，第417页（B626）。
② 胡好：《康德哲学中实在谓词难题的解决》，《现代哲学》2019年第4期。
③ 胡好：《康德哲学中实在谓词难题的解决》，《现代哲学》2019年第4期。但是，胡好并不赞同对系词"是"与谓词"存在"或"实存"的严格区分，更反对把系词"是"看作一个逻辑的谓词。
④ 胡好：《康德哲学中实在谓词难题的解决》，《现代哲学》2019年第4期。
⑤ S. Morris Engel, "Kant's 'Refutation' of the Ontological Argument", *Philosophy and Phenomenological Research*, Vol. 24, No. 1, September 1963, p. 27.

康德与本体论证明的批判

讨论至此，对更多细节问题的介绍已经不必要了。因为，整个此类解读的基础都是对康德观点的曲解，并且因此在其发展过程中势必遭遇越来越多的困难——而且，其支持者中的一部分人不免将这些困难归咎于康德本人。但是，我们不必再逐一去解决这种解读的所有困难，而是只需要指出：首先，"分析的/综合的命题"不是两种谓词的划分标准。对于这一点，我们在前文（第五章第二节）中已经提出过论证，并且还会在后文中提出进一步的论证。其次，正如前文（第八章第二节）中论证过的，康德并不是（哪怕一个基础版本的）"弗雷格－罗素多义性论题"的支持者。在康德看来，作为系词的"是"与"存在"或"实存"在根本上具有相同的意义。最后，康德没有把谓述判断中的系词"是"看作逻辑的谓词，而是把实存判断中的"存在"或"实存"看作逻辑的谓词。我们在前面提到的《形而上学反思》与《形而上学 L1》中的两段引文，以及我们对这两段引文的分析已经表明，赵林与恩格尔的这种解读是错误的。

事实上，即便没有这些文本，仅仅从"是"本身的意义出发，我们就能发现这种基于"弗雷格－罗素多义性论题"的解读的荒谬之处。如果系词"是"（或者拉丁文的 esse，德文的 sein 以及英文的 be）是没有意义的，不是一个实有所指的概念，那么，它就无法表达出主词概念与谓词概念的任何关系。可是，如果我们承认，系词"是"毕竟是有意义的，那么，它到底指的是什么呢？这个问题不可能通过说"'是'就是'是'"来加以回答，因为除非我们已经知道"是"什么意思，否则这句话就是毫无意义的同义反复。这个问题也不可能仅仅通过说"'是'就是判断中的联结词"来加以回答，因为同样除非我们已经知道"是"是什么意思，否则它作为一个联结词到底表达主词概念与谓词概念的什么关系就依旧是不清楚的。甚至，这个问题也不可能（像康德本人所做的那样）仅仅通过说"'是'就是肯定或设定"来加以回答，因为（同样地）除非我们已经知道"是"是什么意思，否则我们就并不确切地知道"肯定"或

第九章　存在论题的当代争论

"设定"到底是什么意思。因此，当康德说谓述判断中的"是"肯定或设定了主词概念与谓词概念的关系时①，我们必须始终牢记，谓词在其严格意义上不仅必须是关于一种偶性的概念，而且还必须在判断中被用于规定一个主词（即关于一个实体的概念）。我们必须牢记，"一个实体的种种规定无非是实体的种种特别实存方式，它们叫做偶性"②，以及"在一切现象中，持久的东西都是对象本身，也就是说，是实体（phaenomenon［现象］），而一切变易或者能够变易的东西，都仅仅属于这一实体或者各实体实存的方式，从而属于它们的规定"③。因此，在谓述判断中如果有任何东西被系词"是"所肯定，那就是谓词作为一个谓词（偶性）被肯定了，即某种必须依附于一个实体而存在的东西（偶性）通过这个实体的存在也一并存在着。因此，系词"是"如果毕竟是有意义的，那它无非就是"存在"或"实存"。

事实上，正如前面已经指出过的，我们并不能脱离"存在"或"实存"来思维一个事物"是"什么，即不能脱离"存在"或"实存"来做出任何谓述判断。正如康德所言："如果不是已经把主体（主词）假定为实存的，那么，对于任何一个谓词来说，无论它属于一个实存着的主体（主词），还是属于一个仅仅可能的主体（主词），主体（主词）都依然是未被规定的。"④也就是说，我们只能在假定某个事物（实体）存在的前提下来思维它到底是什么，即它

---

①〔德〕康德：《康德著作全集：第2卷》，李秋零主编，中国人民大学出版社2003年版，第80页（2：73）。亦参见〔德〕康德《纯粹理性批判：注释本》，李秋零译注，中国人民大学出版社2011年版，第417页（B626）。

②〔德〕康德：《纯粹理性批判：注释本》，李秋零译注，中国人民大学出版社2011年版，第176—177页（A186/B229）。

③〔德〕康德：《纯粹理性批判：注释本》，李秋零译注，中国人民大学出版社2011年版，第175页（A184/B227）。

④〔德〕康德：《康德著作全集：第2卷》，李秋零主编，中国人民大学出版社2003年版，第81页（2：74）。

作为什么而存在。当然，毫无疑问，如果不是通过种种谓词，我们即便知道（实际上不能）某个事物存在，我们也不知道它到底是什么，即不知道它作为什么东西而存在着。正如黑格尔曾以"上帝"（Gott）为例指出的："就这个词（上帝）自身而言，它不过是一个无意义的发音，一个单纯的名称，因为只有谓词才说出上帝作为什么存在着（was er ist［他是什么］），才是这个词的内涵和意义。"① 由此可见，不仅脱离"存在"或"实存"来思维系词"是"是不可能的，而且，脱离谓词来思维一个主词的存在也是不可能的，因为那样做实际上根本没有任何东西被思维。因此，倘若我们像弗雷格和罗素那样，认为谓述判断中的"是"与实存判断中的"存在"或"实存"毫不相干，并自以为由此发现了什么惊人的哲学秘密，发现了某种由（西方的）语言习惯所导致的哲学混淆，那么，即便我们目前的讨论尚不足以证明这样做就其自身而言就完全是错误的，但我们至少可以肯定，这种观点与康德的思想毫无关系。

无论如何，这种把系词"是"看作逻辑的谓词的观点实际上还与赵林、恩格尔所主张的那种以"分析命题/综合命题"为标准来区分"逻辑的谓词/实在的谓词"的主张本身存在矛盾。如果我们坚持谓述判断中的系词"是"与实存判断中的"存在"或"实存"不是一回事，那么，前者作为一个逻辑的谓词是如何从"上帝"的纯然概念中分析出来的呢？而且，我们还可以进一步追问，如果我们承认系词"是"与其他谓词（作为偶性或实在性的概念）毕竟是不同的，那么，系词"是"与其他谓词（当它们出现在一个分析命题中时）在何种意义上都是逻辑的谓词？例如，在"上帝是全能的"这个命题，由于谓词"全能的"分析地包含在主词"上帝"的概念之中，那么，这个命题岂不是有两个逻辑谓词，一个是"全能的"，另一个是系词"是"？诚若如此，康德又为什么会说，"'是'这个词不是此外的一个谓词"？

---

① 〔德〕黑格尔：《逻辑学Ⅰ》，先刚译，人民出版社2019年版，第15页。

其实，这样一来，我们就再次回到了原先的问题：康德根本就不承认谓述判断中的系词"是"是一个谓词，哪怕是一个仅仅被当作谓词来使用的概念（即占据了谓词的语法位置）。因此，把系词"是"解释为逻辑的谓词的做法在康德那里是行不通的。

最后，这种依据命题类型的解读如果再后退一步，即不把谓述判断中的系词"是"看作逻辑的谓词，而是把实存判断中的"存在"或"实存"看作逻辑的谓词，那么，把"分析命题/综合命题"当作区分两种谓词的标准的做法马上就会暴露出其缺陷。因为，一方面，康德主张所有的实存判断都是综合的；另一方面，康德主张"存在"或"实存"是一个逻辑的谓词。这个问题尽管貌似可以通过区分主观综合的判断与客观综合的判断来解决，即提出这样一种解释：逻辑的谓词是分析判断中的谓词，实在的谓词是客观综合判断中的谓词，而"存在"或"实存"是主观综合判断中的谓词，所以依旧仅仅是一个逻辑的谓词。但是，这种区分只是一种外在的区分，我们还必须要对为什么分析判断中的谓词与主观综合判断中的谓词享有相同的名称做出解释，指出其内在的区别。因此，从任何角度来看，这种依赖于命题类型的区分标准都难以成立。

二　海德格尔式的解读

康德存在论题的第二种流行的解释是抛开"分析命题/综合命题"这一区分标准，把"实在的谓词"解释为关于一种实在性的概念，即关于一种特征、一种偶性的概念，其直接依据是康德在《纯粹理性批判》中对实在的谓词的定义，即"可以加给一个事物的概念的某种东西的一个概念"[①]。也就是说，根据这种解读，《证据》

[①]〔德〕康德：《纯粹理性批判：注释本》，李秋零译注，中国人民大学出版社2011年版，第417页（B626）。

康德与本体论证明的批判

和《纯粹理性批判》中的两个命题没有本质的区别。海德格尔就认为:"在《证据》与《批判》(指《纯粹理性批判》)的这两个地方,论题都是在相同的意义上被讨论的。"①

海德格尔在《现象学之基本问题》与1961年的《康德的存在论题》(*Kants These über das Sein*)中都专题性地讨论过康德的存在论题,后者收录于《路标》(*Wegmarken*)中。在海德格尔看来,康德并没有把谓述判断中的系词"是"理解为一个逻辑的谓词。尽管他在根本上反对康德对"Sein"(是/存在)和"Dasein"(存在/此在)的理解,认为康德仅仅把"存在"理解为"现成存在"(Vorhandensein)或"现成性"(Vorhandenheit),但海德格尔也清楚地认识到,对于康德来说,"Sein"(是)、"Dasein"(存在)和"Existenz"(实存)是一回事,他并不是一种"弗雷格-罗素多义性论题"的支持者。因此,当康德说"Sein ist offenbar kein reales Prädicat"("是"显然不是实在的谓词)时,他所讨论的"Sein"(是/存在)就是实存判断中的"存在"(Dasein)或"实存"(Existenz)。正因为如此,邓晓芒批评海德格尔曲解了康德的意思:

> 海德格尔在引证康德这篇早期著作时,竟然没有指出其中的表述与《纯粹理性批判》的表述之差异,反而说这两种表述是"一致的"……康德在前批判时期混淆了作为存在者的Dasein和作为存在的Sein("是"),而到了批判时期,他已经把Dasein列入自己的范畴表,再说该词不是"某一个事物的谓词"(即"实在的谓词")就说不过去。所以他把表述改成:"是"(而非"存有")显然不是一个实在的谓词。当然,理由还只是因为"是"是一个逻辑上的系词,它并没有被列入范畴表中,

---

① 〔德〕海德格尔:《海德格尔文集.现象学之基本问题》,丁耘译,商务印书馆2018年版,第36页。

第九章 存在论题的当代争论

这与海德格尔的理由还不是一回事……海德格尔的转述却是"康德的论题说,实存、存有(Dasein)、亦即存在(Sein),'显然不是一个实在的谓词'",这个否定陈述句的意思是"存在(Sein)不是什么实在的东西"。这种转述没有把康德的"存在论题"中这种前、后期的差异展示出来,而是混在一起。①

但是,正如前文(第八章第二节)中已经论证过的,康德并不是"弗雷格-罗素多义性论题"的支持者,在"Sein"(是)与"Dasein"(存在)或"Exitenz"(实存)的关系问题上,海德格尔对康德的理解是正确的,反而是邓晓芒有所误解。但是,海德格尔把《证据》和《纯粹理性批判》中的两个存在论题看作一回事却是错误的。对此,我们在前文(第六章第三节)中其实已经讨论过了,在本章中也会再补充一些论证。无论如何,在上述两部作品中,海德格尔都区分了存在论题的两个部分,把它们称作一个"否定性的论题"(die negative These)或"否定性的陈述"(die negative Aussage)和一个"肯定性的论题"(die positive These)或一个"肯定性的陈述"(die positive Aussage)。否定性的论题是:"'是'显然不是实在的谓词,也就是说,不是关于可以加给一个事物的概念的某种东西的一个概念"②;肯定性的论题是:"它(是/存在)纯然是对一个事物或者某些规定自身的肯定。"③ 在本章中,我们重点关注的是前一个论题,但也并非不考虑后一个论题。海德格尔说:

> 存在(Sein[是])并非实在的谓词(或者用康德的另一个

---

① 邓晓芒:《论海德格尔对"康德存在论题"之解析》,《现代哲学》2021年第3期。
② 〔德〕康德:《纯粹理性批判:注释本》,李秋零译注,中国人民大学出版社2011年版,第417页(B626)。
③ 〔德〕康德:《纯粹理性批判:注释本》,李秋零译注,中国人民大学出版社2011年版,第417页(B626)。

康德与本体论证明的批判

说法，存在根本不是关于一物的谓词）是什么意思呢？存在（Sein［是］）并非实在的（reales）谓词，意指，它不是关于一res［物，事物］的谓词。它根本不是谓词，而是单纯的肯定。我们能否说，实有（Existenz［实存］）、实存（Dasein［存在］）根本不是实在的谓词？谓词的意思是在一陈述（判断）中被陈述者。① 如果我说：上帝实有（Gott existiert），或者用我们的术语说：那山现成存在（Der Berg ist vorhanden），实存（Dasein［存在］）、实有（Existenz［实存］）确实被陈述了。此间，［动词意义的］现成存在（Vorhandensein）或实有（Existieren［实存着］）确实被陈述了。②

在这段引文中，海德格尔强调了一个经常被忽视的问题，即"谓词"（Prädikat）不只是一个概念，还是一个必须在判断中被使用的概念，其作用在于"说出某个事物是什么"，在引文中叫作"被陈述者"（Ausgesagte），但或许更好地是译作"被陈述出来者"③。也就是说，正如我们在前文（第五章第二节）中指出过的，任何概念唯有当它在判断中被用于"谓述"（prädizieren）或"规定"（bestimmen）一个主词概念时，它才成其为一个谓词，否则就只是一个概念。这一点对于理解"逻辑的谓词"与"实在的谓词"的区分来说十分重要，但从海德格尔进一步的解释来看，他更多强调的依旧是谓词作为"是什么"中的"什么"或者作为"被陈述出来者"的一面，忽视了谓词在判断中以何种方式（即在形式上还是

---

① 原文为："Prädikat besagt das in einer Aussage (Urteil) Ausgesagte。" Cf., Martin Heidegger, *Die Grundprobleme der Phänomenologie*, Friedrich-Wilhelm von Herrmann, Hrsg., Frankfurt am Main: Vittorio Klostermann, 1975, S. 44.

② ［德］海德格尔：《海德格尔文集. 现象学之基本问题》，丁耘译，商务印书馆2018年版，第43—44页。

③ 因为，谓词是陈述主词的概念，主词才是被陈述的东西，谓词则是被陈述出来的东西。

第九章　存在论题的当代争论

在质料上）谓述或规定主词概念的一面。对于这个问题，我们稍后再来讨论。无论如何，海德格尔在此提出了一个问题：在实存性判断中，"存在"或"实存"是否以及（如果答案是肯定的）在何种意义上陈述了主词概念？如果"存在"或"实存"确乎以某种方式陈述了主词概念，它又为何不是一个实在的谓词？对这些问题的回答，构成了我们理解海德格尔关于两种谓词之区分的解读的关键。海德格尔说：

> 按照康德，陈述的形式概念是把某某与某某联结起来。在他看来，知性的基本活动就是"我联结"。对陈述之本质这样的特征描述是一种纯粹的形式规定，或者，用康德的另一种说法，一种形式逻辑式的特征描述，其中并未顾及那与一个他者联结的是什么。每一谓词都是某种被规定的、质料性的东西。形式逻辑只是把述谓（谓述）的形式（关系、联结、分离）专题化了。如我们所说，在形式中谓词的实事性（Sachhaltigkeit），与主词的实事性（Sachhaltigkeit）一样未被顾及。它是就陈述的空形式而言对陈述的逻辑性特征描述，亦即，作为某某与某某的关系或者说两者的联结而言，是形式性的。①

从引文中可以看出，在海德格尔看来，"逻辑的谓词"中的"逻辑的"（logisch）这个修饰语，指的是一个判断的逻辑形式或语法形式。单就这一点而言，海德格尔的观点与我们在前文（第五章第二节）中提出的观点貌似一致。逻辑的谓词不是指按照矛盾律与主词不矛盾的谓词，而是指在判断中占据了谓词的逻辑位置或语法位置的概念。但是，他对"逻辑的谓词"的具体理解，还是必须在

---

① 〔德〕海德格尔：《海德格尔文集．现象学之基本问题》，丁耘译，商务印书馆2018年版，第44页。

康德与本体论证明的批判

与"实在的谓词"的比较中才能更加清楚。海德格尔强调，实在的谓词是那种拥有"实事性"（Sachhaltigkeit）的谓词。德文的"Sachhaltigkeit"（实事性）是由形容词"sachhaltig"（含有事情的）和后缀"-keit"构成。在康德著作的中译本中，德文的"Sache"一词通常被译作"事情"或"事物"，它可能是指自然中的一个事物或事件，也可能是指主体的一个行动，但不管具体指什么，"Sache"表达的都是一些独立于主体的认识的、不以主体的认识为转移的、纯然作为客体的事实或行动本身。在海德格尔著作的中译本中，"Sache"通常译作"实事"，根据他在这个段落中的意思，"谓词拥有实事性"就是说：这个谓词概念是实有所指的，是关于一个"实在的东西"的概念。因此，在海德格尔看来，"实在的谓词"与"实在性"是一回事，它们都是关于"某物"（etwas）的概念，并且在康德的语境中就是关于某个偶性、某个特征的概念。

从海德格尔对作为一个逻辑的谓词的"存在"或"实存"的解释中，我们可以更为清楚地看出这一点，即他把"实在的谓词"与"实在性"看作一回事。海德格尔提问说："实有（Existenz［实存］）或者实存（Dasein［存在］）是实在的谓词吗？或者用康德更简洁的说法，是规定（Bestimmung）吗？规定、谓词必定尚未包含于［主词］概念之中。规定是在内涵方面扩展了实事（Sache［事物］）、res［事物］的实在性谓词。"[1] 然后，海德格尔对"Realität"（实在性）和"Bestimmung"（规定）作了一番考证，他的看法也与我们在前文（第五章第一节）中提出的看法相近。"实在性"即肯定的谓词，"实在性是可能物一般的何所内涵（Wasgehalte），无论其是否现实"[2]。"规定"（Bestimmung）除了是作为动词的"bestimmen"

---

[1]〔德〕海德格尔：《海德格尔文集．现象学之基本问题》，丁耘译，商务印书馆2018年版，第45页。

[2]〔德〕海德格尔：《海德格尔文集．现象学之基本问题》，丁耘译，商务印书馆2018年版，第45页。

第九章 存在论题的当代争论

（规定），也可以充当谓词的同义词，海德格尔引用鲍姆嘉通的话说："Quae deteminando ponuntur in aliquo, (notae et praedicata) sunt determinations, '那以规定的方式在任何一物中被设定的（标记与谓词），便是规定'。"① 据此，海德格尔得出结论说："因为实在性意指被赞同地设定的实事性谓词。每一谓词归根结底都是一实在的谓词。因此康德的论题：存在并非一实在的谓词，其意思是：存在一般不是任何物的谓词。"②

同样，海德格尔在《康德的存在论题》中也说：

> 对康德来说，"实在的"（real）一词其实还具有更为源始的意义。它指的是某个 res［物］、某个实事（Sach［事物］）、某物的事态所包含的某个东西。例如，着眼于石头来看，"重的"这个谓词是一个实在的谓词，是一个属于实事的规定，不论这块石头是否现实地实存。因此，在康德的论题重，"实在的"并不意味着我们今天在谈论的那种考虑事实、现实的实在政治（Realpolitik）时所指的东西。实在性（Realität）对康德来说并非现实性，而是实事性（Sachheit）。一个实在的谓词是这样一个谓词，它属于某个事物的实事内容（Sachhehalt）并且能够被判断归该事物所有。对某事物的实事内容，我们在其概念中予以表象。③

从上述这些引文中，我们可以看出，在对"实在的谓词"与

---

① 〔德〕海德格尔：《海德格尔文集．现象学之基本问题》，丁耘译，商务印书馆2018年版，第46页。

② 〔德〕海德格尔：《海德格尔文集．现象学之基本问题》，丁耘译，商务印书馆2018年版，第46页。

③ 〔德〕海德格尔：《海德格尔文集：路标》，孙周兴译，商务印书馆2016年版，第533页。

康德与本体论证明的批判

"逻辑的谓词"的区分中,海德格尔几乎完全抛弃了(或者根本没有注意到)两种谓词与综合命题和分析命题的关系。在他看来:首先,实在的谓词就是实在性,而且,实在性与"现实性"(Wirklichkeit)不是一回事,前者是指一种"实事内容"(Sachehalt)。因此,实在的谓词就是关于一种实事内容的概念。其次,逻辑的谓词只是在判断中占据了谓词的逻辑位置的谓词,即被当作一个谓词来使用但却根本不是一个谓词的概念。也就是说,逻辑的谓词不代表一种实事内容,它不是一个含有事情的、实有所指的概念。因此,海德格尔的解读与我们在前文(第五章第二节)中提出的解读不一样,也与前面那种以命题类型为标准的解读不一样。在海德格尔看来,只要一个谓词是关于一种实在性的概念,哪怕它是一个分析命题中的谓词,也依旧是一个实在的谓词。我们甚至可以合理地推出,在海德格尔看来,"存在"或"实存"无疑是一个逻辑的谓词;同时,在那种主词自身被当作谓词来谓述自身的判断(即"S 就是 S"的判断)中,被当作谓词来使用的主词概念是一个逻辑的谓词。相反,所有那些公认的(狭义的)谓词,诸如颜色、形状、重量等,全都是实在的谓词。

海德格尔的解读似乎可以从康德的一个笔记中获得支持,那就是我们在前文(第一节)中提到过的《形而上学反思》中的一段话:

> "praedicata logica"(逻辑的谓词)是我们赖以能够认识或设定某些事物(Dinge)的概念。因而,所有的概念都是谓词;它要么意指一些事情(Sachen [实事]),要么意指它们的肯定(ihre positionen):第一种是实在的谓词,第二种仅仅是逻辑的。①

---

① Immanuel Kant, *Kants Gesammelte Schriften. Band 17*, Preußische Akademie der Wissenschaften, Hrsg., Berlin: Walter de Gruyter, 1926, S. 387.

第九章　存在论题的当代争论

在这段话的结尾，康德说："存在（Daseyn）虽然是一个逻辑的谓词，但绝不是一个实在的谓词。"[1] 海德格尔相信，这段话可以证实他的解读。在他看来，康德这段话的意思就是说：实在的谓词就是"一些事情"或"一些实事"，所以与"实在性"无异；逻辑的谓词在此特指"存在"或"实存"这个逻辑的谓词，它在判断中的作用就是"肯定事情"或"肯定事物"——要么肯定某些实在性属于一个事物，要么就是肯定这个事物及其所有实在性本身。孤立地来看，这个解释是说得通的。然而，康德的这段话还可以有别的解释，而且，海德格尔的解释将与康德关于两种谓词的其他一些说法相冲突。但是，我们暂且把这个问题放到后面（第九章第四节）来讨论，先来关心另一个问题：海德格尔如何看待《证据》和《纯粹理性批判》中的两个命题的差异？康德为什么在《纯粹理性批判》的命题中增加了一个"实在的"的定语，并由此增添了一个"逻辑的/实在的"区分？

在《康德的存在论题》中，海德格尔对"否定性的论题"或"否定性的陈述"的解释中有一个不太起眼的表述："第一个陈述句是一个否定陈述句，它否认存在具有一个实在的谓词的特性，但绝没有否认存在具有一个一般谓词（ein Prädikat überhaupt）的特性。"[2] 这句话暗示说，"实在的/逻辑的谓词"是对"一般谓词"的进一步区分。然后，考虑到海德格尔在较为严格的意义上强调，"每一谓词都是某种被规定的、质料性的东西"[3]，再结合他对"陈述的逻辑形式"的相关解释，我们可以合理地得出，海德格尔其实对

---

[1] Immanuel Kant, *Kants Gesammelte Schriften. Band 17*, Preußische Akademie der Wissenschaften, Hrsg., Berlin: Walter de Gruyter, 1926, S. 387.
[2] 〔德〕海德格尔：《海德格尔文集：路标》，孙周兴译，商务印书馆2016年版，第534页。
[3] 〔德〕海德格尔：《海德格尔文集．现象学之基本问题》，丁耘译，商务印书馆2018年版，第44页。

康德与本体论证明的批判

"谓词"作了三分法的处理：首先，根据判断或陈述的逻辑形式（不考虑其内容），任何在判断或陈述中占据了谓词的逻辑位置或形式位置的概念都是一个"一般谓词"，无论它是否在严格意义上是一个谓词；其次，实在的谓词是严格意义上的谓词，它是关于一种实事内容的概念，与实在性无异；最后，仅仅在判断或陈述中占据了谓词的逻辑位置或形式位置的概念，如果它不是关于一种实事内容的概念，即不是一种实在性的概念，而只是对主词概念的实事内容的肯定（在"存在"或"实存"充当一般谓词的情形中），或者主词概念被用于谓述自身，那就仅仅是一个逻辑的谓词。根据这种三分法，《证据》和《纯粹理性批判》中的两个命题的区别就只能被解释为：康德在《证据》中讨论的是严格意义上的谓词，即关于一种实事内容的概念，"存在"或"实存"不是这样的概念，它只是对事物的实事内容的肯定；但是，《纯粹理性批判》在更为宽泛的意义上使用"谓词"概念，即在"一般谓词"的意义上使用它，那么，"存在"或"实存"固然可以在实存性判断中被当作一个谓词来使用，但由于它在严格意义上毕竟不是一个谓词，所以它仅仅是一个逻辑的谓词。这个解释并不是没有道理的，康德在《证据》中对"谓词"的使用确实是更为狭义的。但是，这个解释服务于把《证据》和《纯粹理性批判》中的两个命题看作一回事，这不仅是错误的，而且会导致很多问题。①

海德格尔式的解读还可以有另一种版本，即不把"实在的谓词"和"逻辑的谓词"看作对立的，而是把后者等同于海德格尔所说的"一般谓词"。例如，乌伊加尔·阿巴茨（Uygar Abaci）指出："逻

---

① 主要的问题有两个：首先，把"实在的谓词"与"实在性"看作一回事，将与《逻辑学》中涉及"综合命题/分析命题"的区分相冲突，这个我们马上就会指出；其次，把两个命题看作一回事，实际上混淆了《纯粹理性批判》中的论证意图。正如我们在前文（第六章第四节）中指出的，"是（存在）不是实在的谓词"这个命题直接针对的是本体论证明中的归谬法。

第九章　存在论题的当代争论

辑的-实在的谓词区分不是一个相互排他的区分……'逻辑的谓词'这个概念并不排除实在的谓词，讨论中的区分毋宁是'纯然逻辑的谓词'与'实在的谓词'之间的区分。"① 也就是说，根据判断的形式，任何谓词都首先是一个逻辑的谓词，然后才考虑它是不是一个实在的谓词。那么，根据这种版本的解释：一个逻辑的谓词，如果恰好是关于一种实在性的概念，那就同时是一个实在的谓词。② 换句话说，两种谓词并不是非此即彼的，而是有一种包含与被包含的关系：所有的谓词都是逻辑的谓词，但只有关于一种实在性的概念才是实在的谓词。

然而，对于海德格尔式的解读来说，如何解释逻辑的谓词其实并不那么重要。因为，这种解读的关键始终在于：实在的谓词就是狭义的谓词，即关于一种实在性的概念。尽管这种解读与《逻辑学》中的说法存在明显的冲突，但即便在今天也绝不缺乏支持者。例如，吉尔·万斯·布罗克（Jill Vance Buroker）就认为："康德论证说，尽管在实存性判断（例如，'X实存着'）中，实存作为一个语法的或'逻辑的'谓词发挥作用，但它无论如何也不是表象了对象的一种性质的实在的谓词。"③ 实际上，布洛克与福吉一样，深受弗雷格的影响，把"实在的谓词"理解为"一阶概念"或"一阶谓词"。④ 但同时，他与海德格尔一样，把"实在的谓词"理解为关于"一种

---

① Uygar Abaci, "Kant's Theses on Existence", *British Journal for the History of Philosophy*, Vol. 16, No. 3, 2008, pp. 572–573.

② 但是，阿巴茨本人并不赞同这种解释，他认为，两种谓词的区分在于："一个逻辑的谓词要成为一个实在的谓词，就必须满足一个进一步的要求：它绝不能已然包含在主词的概念之中。"Uygar Abaci, "Kant's Theses on Existence", *British Journal for the History of Philosophy*, Vol. 16, No. 3, 2008, p. 573. 也就是说，阿巴茨的解释结合了"分析命题/综合命题"这一区分。

③ Jill Vance Buroker, *Kant's Critique of Pure Reason*, Cambridge: Cambridge University Press, 2006, p. 269.

④ Cf., Jill Vance Buroker, *Kant's Critique of Pure Reason*, Cambridge: Cambridge University Press, 2006, p. 23.

性质"的概念。因此,当我们依据海德格尔式的解读来看待康德在《纯粹理性批判》中对本体论证明的批判时,"存在"或"实存"与其他任何某种实在性的比较关系就成了重点。例如,我们可以看看詹姆斯·R. 奥谢(James R. O'Shea)的解读:

> 康德论证说,在"X 实存着"这个谓述中,"实存"作为一个"逻辑的"而非一个"实在的"谓词发挥作用。举个例子,如果你设想"桌上的一只红苹果"并罗列其种种性质,然后你设想"一只实存着的红苹果"并罗列其种种性质,你所设想的种种性质或"完善性"的清单在两种情形中都是一样的。判定设想的一只红苹果"实存着"并不是把一个其他实在的谓词归于这个红苹果,而是断言或"设定"(用康德的术语)设想中的种种性质事实上由一些对象给实例化了。①

在奥谢的这个论证中,"实存"被拿来与"红苹果"的其他种种性质相比较:一方面,奥谢指出,无论有没有"实存","红苹果"所拥有的性质都一样多,这就与康德那句著名的比喻一样,"一百个现实的塔勒所包含的丝毫不多于一百个可能的塔勒"②。另一方面,"实存"没有为"红苹果"增加一种性质,而是肯定了有一个现实的对象(一个实例),它拥有"红苹果"这个概念所拥有的全部性质。这种比较表明,"存在"或"实存"根本就不是一个(狭义的)谓词,亦即不是关于一种实在性的概念。在考特尼·D. 富盖特(Courtney D. Fugate)关于"纯粹理性的理想"的一段讨论中,这种比较关系表现得更加彻底:

---

① James R. O'Shea, *Kant's Critique of Pure Reason*: *An Introduction and Interpretation*, Cambridge: Acumen Publishing Limited, 2012, p. 212.

② 〔德〕康德:《纯粹理性批判:注释本》,李秋零译注,中国人民大学出版社 2011 年版,第 417 页(B627)。

第九章　存在论题的当代争论

> 如果我们现在要问，为完备地规定一个个体需要什么，那就无疑是一个包含了由所有可能的实在的谓词组成的选言支的大前提。然而，这就再次预设了一个所有可能的实在性的总和的给定性，这个总和充当这些谓词的内容，以便通过与这一总和的比较，对象在每个要么拥有、要么缺乏的谓词方面得到规定。①

从这个段落中可以看出，按照一种海德格尔式的解读，富盖特把"一切实在性的总和"中的"一切实在性"等同于"所有可能的实在的谓词"。那么，"上帝"或"最实在的存在者"就成了"不缺乏任何一个实在的谓词的存在者"，但"存在"或"实存"并不是众多实在的谓词中的一个。把这一比较带回到《纯粹理性批判》中，它就具体化为"存在"或"实存"与"上帝是全能的"中的"全能的"之间的比较。根据海德格尔式的解读，尽管"上帝是全能的"显然是一个分析命题，但"全能的"是一个实在的谓词，因为它毕竟是关于一种可能的实在性的概念。在这个方面，我们可以看看塞巴斯蒂安·加德纳（Sebastian Gardner）对两种谓词的解释：

> 康德当然同意，在"占据语法谓词之位置"的意义上，"实存着"（exists）是一个谓词，但这只能使它成为一个纯然"逻辑的"谓词（就像"是一个实体"或"是思想的一个对象"那样）。本体论证明所要求的是，"实存"是一个"实在的"（定义性的，规定性的）谓词，与上帝的其他诸如"全能""全知"等肯定属性相当。②

---

① Courtney D. Fugate, *The Teleology of Reason: A Study of the Structure of Kant's Critical Philosophy*, Berlin: Walter de Gruyter, 2014, p. 217.

② Sebastian Gardner, *Routledge Philosophy GuideBook to Kant and the Critique of Pure Reason*, London/NY: Routledge, 1999.

当然,"存在"或"实存"与"全能的"的比较是十分清楚的,基于这个比较的论证本身也是成立的。而且,严格来说,为了否定本体论证明的可能性,这个论证已经足够了。如果"存在"或"实存"根本就不是一个(狭义的)谓词,那么,从"上帝"的纯然概念出发先天地证明其现实性就是不可能的。然而,很少有人意识到,这种比较与论证固然适用于《证据》中的存在论题,但却并不适用于《纯粹理性批判》中的存在论题。因为,正如前文(第六章第三节)中指出过的,两个存在论题拥有不同的论证目标。对此,我们在后文中(第九章第三、四节)中还会再详加讨论。此外,这种海德格尔式的解读几乎完全抛弃了康德在《逻辑学》中对于两种谓词的区分,即同一个谓词(只要它是关于一种实在性的概念)在分析命题中是逻辑的谓词,在综合命题中则是实在的谓词。因此,任何坚持"实在的谓词就是实在性"的学者,如果他毕竟没有忘记《逻辑学》中的说法,那就必须以某种方式否定这一说法。为此,在下一节(第九章第三节)中,我们将以舒远招的辩护为例,深入讨论这一问题。

三 舒远招的辩护及其困难

舒远招不仅是海德格尔式的解读的支持者,即主张"实在的谓词"即关于一种实在性的概念,而且还坚持《纯粹理性批判》中"存在"或"实存"与"全能"的比较关系。更重要的是,正如我们刚才提到过的,与海德格尔式的解读的很多其他支持者不同,舒远招还认真地考虑了《逻辑学》中对两种谓词的区分。尽管他本人声称两个文本实际上并不矛盾,并且试图做出某种调和,但归根结底,其意图只是以某种方式把《逻辑学》排除在存在论题的考虑范围之内。因此,舒远招的辩护很具有代表性,值得我们认真加以考虑。

舒远招的基本观点是:《逻辑学》只考虑了判断中主词与谓词的逻辑关系,而不是以先验的方式来考虑谓词,即康德在《纯粹理性批判》中所说的"按照它们那里能够先天地思维的内容来考虑它们"①。因此，他把那种依据《逻辑学》的解读称作"经验论解读"，并提出一种"先验论解读"。根据这种先验论的解读，"实在谓词必定是出现在'S 是 P'关系命题中的谓词"②，无论这个命题是综合的还是分析的。因为，此处"实在的"一词表达的是一种先验的实在性。因此，尽管"上帝是全能的"无疑是一个分析命题，但由于此处考虑的是上帝的先验实在性，所以"全能的"在此并不是一个逻辑的谓词，而是一个实在的谓词，因为它是"'上帝'这类可能事物的内在规定或固有属性"③。舒远招等指出：

> 先验论解读初看起来似乎违背人们的"直觉"，因为它把分析命题的谓词当作实在谓词，而康德在《逻辑学》中说，分析命题"仅仅包含逻辑谓词"；而且"全能的"的确是一个分析命题的谓词，按照《逻辑学》的说法，它是一个逻辑谓词。但在这里，康德并没有按照《逻辑学》的说法称之为"逻辑谓词"，而恰好依据它对先验实在性的表达将之称为"实在谓词"。这之所以可能，是因为我们不仅可以从"全能的"与主词的单纯逻辑关系来考虑它，而且可以对它作先验的考虑。④

依据对"逻辑的考虑"与"先验的考虑"的这种区分，舒远招认为："把'全能'等谓词叫做'实在谓词'，是康德在先验神学中

---

① 〔德〕康德：《纯粹理性批判：注释本》，李秋零译注，中国人民大学出版社 2011 年版，第 404 页（B602）。
② 舒远招、韩广平：《论康德 Sein 论题中的逻辑谓词与实在谓词——从二项解读模式到三项解读模式》，《哲学动态》2020 年第 9 期。
③ 舒远招、韩广平：《论康德 Sein 论题中的逻辑谓词与实在谓词——从二项解读模式到三项解读模式》，《哲学动态》2020 年第 9 期。
④ 舒远招、韩广平：《论康德 Sein 论题中的逻辑谓词与实在谓词——从二项解读模式到三项解读模式》，《哲学动态》2020 年第 9 期。

康德与本体论证明的批判

所允许的,完全超出《逻辑学讲义》的语境,与《讲义》不存在任何冲突。"① 此外,为支持他的这种先验解读,舒远招还提供了另外两个理由:首先,"《逻辑学讲义》所说的综合命题包含的'规定',并不是《纯粹理性批判》本节第九段所说的'一物的规定'。前者需要诉诸经验直观、增加经验内容,因而超出主词概念,后者则是一个可能事物的固有规定,原本就包含在主词概念中"②。其次,"《讲义》并没有把实存性命题的谓词 existiert 作为特殊的逻辑谓词来论述,它仅仅在'S 是 P'主谓关系命题中考虑逻辑谓词问题"③。

作为舒远招的支持者,对于海德格尔式的解读与《逻辑学》的矛盾,彭志君给出了一个(在表面上看来)更为简单的解释:

> 其实这个问题很好回答,因为两个地方涉及的是两种不同的命题类型,并不存在矛盾。在《讲义》中④,康德是在"S 是 P"这种主谓命题中来理解逻辑谓词的,因此当 P 包含于 S 中时,P 就是逻辑谓词。在此,康德对分析命题和综合命题的区分,是在"S 是 P"这种命题类型中的 P 内部所做的区分。但在《纯批》的存在论题中,康德既不是在"S 是 P"这种命题类型中来谈论逻辑谓词,也不是在这种命题类型中谈论分析命题与综合命题的区分,而是在"S 是"这种表达存在断定的命

---

① 舒远招:《实在谓词一定是综合命题的谓词吗?——就 Sein 论题中实在谓词的理解与胡好商榷》,《现代哲学》2020 年第 4 期。
② 舒远招:《实在谓词一定是综合命题的谓词吗?——就 Sein 论题中实在谓词的理解与胡好商榷》,《现代哲学》2020 年第 4 期。
③ 舒远招:《实在谓词一定是综合命题的谓词吗?——就 Sein 论题中实在谓词的理解与胡好商榷》,《现代哲学》2020 年第 4 期。
④ 《讲义》即《逻辑学》,耶舍编辑出版的《逻辑学》全名为 *Logik*: *Ein Handbuch zu Vorlesungen*(《逻辑学:一部讲义手册》),故而在国内学界也常被称作"逻辑学讲义"。早在 20 世纪 80 年代,许景行先生就翻译过这部著作,经杨一之先生校对,商务印书馆 1999 年出版,这个译本就叫作《逻辑学讲义》。据此,彭志君在他的论文中将《逻辑学》简称为《讲义》。

第九章　存在论题的当代争论

题类型中来谈论这两个问题。"是"也可以理解为"存在",因此"S 是"表达一种存在断定。①

彭志君的意思似乎是说,"逻辑的/实在的谓词"这一区分在谓述判断(主谓判断)中与在实存性判断中有着不同的意思。但是,且不说这个解释缺乏足够的依据,即便我们姑且接受它,它也不能反过来说明我们为什么要把"上帝是全能的"(作为一个典型的谓述判断)中的"全能的"看作实在的谓词,而不是逻辑的谓词,而是只能说明我们为什么必须把"上帝存在"(作为一个实存性命题)中的"存在"看作逻辑的谓词。当然,这个问题其实并不那么重要。从彭志君的实际论述来看,他其实还是依据一种所谓的"先验解读",把分析命题中的谓词看作具有一种先验实在性的谓词。同时,以"《逻辑学》仅仅涉及主词与谓词的逻辑关系"为名,拒绝将其纳入到对存在论题的讨论之中。

不可否认,舒远招、彭志君的这种解读似乎可以从康德的一些言论中获得支持。为此,我们就必须提到收录于科学院版的《康德全集》第 28 卷中的《形而上学 L_2》(*Metaphysik L_2*)②,这是波利茨收藏的另一套"形而上学讲义"。《形而上学 L_2》中有这样一段话:

> 存在(Dasein)无非意指"是"(sein)、"eße"(是/存在),就它是对一个自在的事物本身的"positio"(肯定)而言;

---

① 彭志君:《被遮蔽的逻辑谓词——论胡好对逻辑谓词的误读》,《现代哲学》2020 年第 5 期。

② 与《形而上学 L_1》一样,人们推测《形而上学 L_2》是波利茨从林克的遗产中购得的。同样,《形而上学 L_2》的记录者不详,记录时间也不太确定,其扉页上的标题显示为"1798 年",但这个时间点显然是错误的,因为康德在那时已不再讲课。因此,又有不知名者将其另外标记为"1789 年"。但无论如何,它的记录时间应该晚于第二版《纯粹理性批判》的出版。

> positio absoluta est existentia（绝对的肯定就是实存）。这个"eße"（是/存在）是一个规定（Bestimmung）吗？例如，"上帝是全能的"，所以"全能"是一个规定，但那个"是"（ist）不是："是"仅仅是规定的"actus"（行动）；实存（Existenz）不是一种特殊的实在性（Realitaet），而仅仅是"positio absoluta"（绝对的肯定）。所以，把存在（Dasein）接受为一个规定，这是完全错误的。我们不能先天地从纯然的概念出发来证明"entis originarii"（元始的存在者）的绝对必然性。①

这段引文指出，在"上帝是全能的"这个典型的分析命题中，"全能的"是一个"规定"（Bestimmung）。在《纯粹理性批判》中，康德把"实在的谓词"解释为"一个事物的规定"（der Bestimmung eines Dinges）。② 因此，这句话的意思似乎就是说，这个分析命题中的"全能的"是一个实在的谓词。然而，根据《逻辑学》中的说法，只有综合命题才包含"规定"（Bestimmung），分析命题"仅仅包含逻辑谓词"③。这似乎就表明，《纯粹理性批判》与《逻辑学》中的说法是矛盾的。那么，承认两本著作中对于两种谓词的划分标准不一样，特别是对"实在的谓词"的定义不一样，似乎就成了唯一的出路。诚若如此，我们在讨论《纯粹理性批判》中的存在论题时就必须拒斥《逻辑学》的划分标准，对其不予考虑。然而，尽管有这样一份材料，舒远招的辩护也依旧只是一个可能的解决方案，尚不足以成为唯一可能的与决定性的。

---

① Immanuel Kant, *Kants Gesammelte Schriften. Band 28/2/1*, Preußische Akademie der Wissenschaften, Hrsg., Berlin: Walter de Gruyter, 1970, S. 598.
② 〔德〕康德：《纯粹理性批判：注释本》，李秋零译注，中国人民大学出版社2011年版，第417页（B626）。
③ 〔德〕康德：《康德著作全集：第9卷》，李秋零主编，中国人民大学出版社2010年版，第109页（9: 111）。

第九章 存在论题的当代争论

无论如何，舒远招的解读首先是把问题复杂化了，因为他假定康德著作中对于同一组术语"逻辑的谓词/实在的谓词"拥有两套不同的划分标准。然而，由于"两套划分标准"的设定缺乏直接的文本证据，如果我们想要单纯从康德的哲学理路出发来予以论证，那就不仅必须同时为两套划分标准做出辩护，而且，如果我们不想彻底否定其中任何一套标准，那就还必须为两套标准如何不失一贯性地共存给出更多的解释。因为，若非如此，那就等于承认康德只是非常随意地使用了一组术语，但却试图把它用于批判一种在哲学史上十分重要的证明。而且，即便我们能够为"逻辑的谓词/实在的谓词"提供两套不仅单独看来都很合理并且它们两者在同一个批判哲学体系中的共存也说得过去的解释，我们就还要面临另一个延伸性的问题，即"逻辑的/实在的"这一划分在康德著作中被使用的全部场合中的意义上的同一性，这将使原本就很复杂的问题变得更加复杂。

舒远招区分了"先验的考虑"和"逻辑的考虑"，并据此主张《纯粹理性批判》与《逻辑学》对两种谓词的区分标准有所不同。然而，在极大程度上，对"逻辑的考虑"与"先验的考虑"的区分只是一个猜测。这一区分的主要依据是康德在《纯粹理性批判》的"先验辩证论"第二卷"论纯粹理性的辩证推理"第三篇"纯粹理性的理想"第二章"论先验的理想"中依据普遍规定原理来讨论一个"一切可能性的总和"的理念时提出的一些说法。在那里，康德确实区分了"考虑谓词的两种方式"。但是，我们不能脱离文本中的语境、主题与康德想要解决的问题来使用这一区分，将其任意地套用到"逻辑的谓词"与"实在的谓词"的区分中。在那里，康德的主题是"先验的理想"或"纯粹理性的理想"，其语境是要通过比较排中律和普遍规定原理，以便引出一个"一切可能性的总和"的理念，并最终引出一个"最实在的存在者"的理念。在那里，康德提出以"先验的方式"而不是以"逻辑的方式"考虑谓词,以此要解决的问题是:"一切可能性的总和"的理念如何"把自己提炼为一个普遍先天地被规定的概念,并由此成为一个单一的对象的概念"①。为此,就必须要克服相互矛盾的谓词在同一个实体中的共存问题,而这依据形式逻辑的排中律是不可能的。

正如前文(第二章第一节)中讨论过的,排中律说的是:"在**任何**两个彼此矛盾对立的谓词中间,只有一个能够属于该概念。"②然而,这只是一个纯然逻辑的原则,"它抽掉了知识的一切内容,仅仅关注知识的逻辑形式"③。相比之下,普遍规定原理要考虑的不仅是任何主词概念与两个相互矛盾的谓词概念之间的逻辑的或形式的关系,而是还要考虑任何一个事物与一切可能谓词之间的实在的或质料的关系。"普遍规定"(die durchgängige Bestimmung)之所以是"普遍的"(durchgängig)④,正是因为"通过这一命题,不仅仅是把种种谓词相互之间以逻辑的方式加以比较,而且是把事物本身与所有可能的谓词的总和以先验的方式加以比较"⑤。也就是说,事物仿佛从"一切可能的谓词的总和"中取来了属于自己的全部份额。对于这个"一切可能的谓词的总和"的理念,康德说:

> 当我们不仅仅以逻辑的方式,而且以先验的方式来考虑一切可能的谓词的时候,也就是说,当我们按照在它们那里能够

---

① 〔德〕康德:《纯粹理性批判:注释本》,李秋零译注,中国人民大学出版社2011年版,第404页(B602)。
② 〔德〕康德:《纯粹理性批判:注释本》,李秋零译注,中国人民大学出版社2011年版,第402页(B599)。
③ 〔德〕康德:《纯粹理性批判:注释本》,李秋零译注,中国人民大学出版社2011年版,第402页(B599)。
④ 或者按照邓晓芒的译法,是"通盘的"。
⑤ 〔德〕康德:《纯粹理性批判:注释本》,李秋零译注,中国人民大学出版社2011年版,第403页(B601)。

第九章 存在论题的当代争论

先天地思维的内容来考虑它们的时候,我们发现,通过它们中的一些被表现的是一种存在(Sein),通过它们中的另一些被表现的是一种纯然的不存在(Nichtsein)。仅仅通过"不"(Nicht)这个字来表示的逻辑否定真正说来绝不依附于一个概念,而是仅仅依附于该概念与判断中另一个概念的关系,因而远远不足以就其内容而言描述一个概念……与此相反,一种先验的否定意味着先验的肯定与之对立的不存在自身(das Nichtsein an sich selbst),先验的肯定是一个某物(Etwas),该某物的概念自身就已经表达着一种存在,从而被称为实在性(物性[Sachheit]),因为惟有通过它,而且就它所及,对象才是某物(物[Dinge]),与此相反,对立的否定意味着一种纯然的阙如(Mangel),而且在仅仅思维它的地方,被表现的是一切事物的取消(die Aufhebung alles Dinges)。①

在这个段落中,康德想要指出的是:如果我们仅仅以逻辑的方式来考虑,那么,在任何"S 是 P"的判断中,由于逻辑并不考虑谓词概念"P"的内容,而是仅仅考虑它与主词概念"S"的关系,那么,谓词概念"P"与主词概念"S"的关系就是肯定的;相反,在任何"S 不是 P"的判断中,谓词概念"P"与主词概念"S"关系是否定的。然而,在这种情况下,无论是通过"是"被肯定的还是通过"不是"被否定的,都仅仅是主词概念与谓词概念的关系而已。试想,如果谓词概念"P"被具体化为一种否定的属性,例如"冷"(作为"热"的反义词,表示"缺乏热"),那么,在"S 是冷"这个判断中,谓词概念"P"就并没有指称一个"某物"(Etwas)即"热",而是指称它的"阙如"(Mangel)即"缺乏热";相反,在

---

① 〔德〕康德:《纯粹理性批判:注释本》,李秋零译注,中国人民大学出版社2011年版,第404页(B602–603)。

康德与本体论证明的批判

"S 不是冷的"这个判断中,谓词概念"P"倒是肯定了一个"某物"即"热"。因此,所谓"先验的考虑"不是别的,它就是着眼于谓词所指的内容或"实事"(Sachheit)的考虑。换句话说,在先验的考虑中,肯定的谓词必须是一个某物的概念,一种存在(Sein)或事物的一种存在方式的概念,并且惟其如此才叫作"实在性"(Realität);相反,否定谓词则是实在性的一种阙如(Mangel),并且惟其如此才叫作"否定性"(Negation)。因此,如果以先验的方式来考虑"一切可能性的总和"的理念,那么,它就只能包括一切先验意义上的肯定的谓词即实在性,而不是也一并包含了否定的谓词即否定性。因为,"除非以相反的肯定作为基础,没有人能够确定地设想一种否定……种种否定的一切概念都是派生的,而实在性则包含着一切事物的可能性和普遍的规定的材料以及可以说是质料或者先验内容"①。唯有在这种考虑下,通过对一切先验意义上的否定性的排除,从"一切可能谓词的总和"过渡到一个"最实在的存在者"才是可能的。

然而,真正重要的是:我们刚才谈到的整个讨论,包括对"逻辑的考虑"与"先验的考虑"的区分,根本就不涉及两种可能的区分"逻辑的谓词"与"实在的谓词"的标准,而是仅仅设计是否要考虑谓词概念的内容或质料的问题。对于海德格尔式的解读来说,"逻辑的考虑"与"先验的考虑"的区分至多可以充当在《纯粹理性批判》中区分两种谓词的一个(有待证实的)标准,因为"先验的考虑"毕竟要求肯定的谓词指称一个某物、一种存在(或事物的存在方式),但尚不足以用以解释和支持在《逻辑学》中还有另一套区分两种谓词的标准。也就是说,从康德的这一区分出发,认为《逻辑学》依据"逻辑的考虑"区分两种谓词,《纯粹理性批判》则

---

① 〔德〕康德:《纯粹理性批判:注释本》,李秋零译注,中国人民大学出版社 2011 年版,第 404—405 页(B603)。

第九章　存在论题的当代争论

依据"先验的考虑"区分两种谓词，这实际上是断章取义与任意引申。因此，"逻辑的考虑"与"先验的考虑"的区分并不能支持舒远招的辩护。

舒远招的第二个理由是："《逻辑学讲义》所说的综合命题包含的'规定'，并不是《纯粹理性批判》本节第九段所说的'一物的规定'。"① 这一点倒是非常重要，因为正如前文（第五章第二节）中提到过的，在康德的著作中，即便我们仅仅考虑作为谓词的同义词的"规定"（Bestimmung），它也确实有两种意义。因为，在形式逻辑的意义上，"规定就是以排除对立面来设定一个谓词"②。按照这一定义，在任何"S 是 P"的判断中，谓词概念"P"都是一个规定。但是，在先验逻辑的意义上，我们不仅要考虑谓词概念"P"的实在内容，还必须要考虑作为动词的"规定"（bestimmen）本身或"谓述"（prädizieren）本身的实在内容。因为，正如我们在前文（第五章第二节）中已经指出过的，"谓述"就是要说出主词概念是什么，"规定"则是通过给主词概念添加一些内容（并同时排除其对立面）来限制它，使之成为一个更为确定的概念。因此，如果一个谓词概念已经包含在主词概念之中，通过一个分析判断把它清楚地陈述出来，那么，严格说来，我们通过这个谓词概念并没有真正谓述主词概念，也没有真正使主词概念得到规定。所以，康德在《纯粹理性批判》中说："规定是一个添加在主词的概念之上并扩大了这个概念的谓词。因此，它必须不是已经包含在主词的概念之中的。"③ 同样，康德在《逻辑学》中也说，"综合命题在质料上增加

---

① 舒远招：《实在谓词一定是综合命题的谓词吗？——就 Sein 论题中实在谓词的理解与胡好商榷》，《现代哲学》2020 年第 4 期。
② 〔德〕康德：《康德著作全集：第 1 卷》，李秋零主编，中国人民大学出版社 2003 年版，第 371 页（1：391－392）。
③ 〔德〕康德：《纯粹理性批判：注释本》，李秋零译注，中国人民大学出版社 2011 年版，第 417 页（B626）。

知识",并且因此"包含着规定(determinationes)"①。也就是说,情况与舒远招期待的相反,《逻辑学》中所说的综合命题包含的"规定"恰恰就是《纯粹理性批判》中所说的"一物的规定"。

现在,我们再来看看《形而上学 L_2》中的那个段落。在那里,"上帝是全能的"这个分析命题中的"全能的"被说成是一个"规定"(Bestimmung)。然而,经过上一段的讨论,我们就不得不考虑,此处的这个"规定"到底是广义的还是狭义的?这个段落出自《形而上学 L_2》中一个名为"先验神学"(Transzendental Theologie)的小节,值得注意的是,整个这一节并未谈及"实在的谓词"与"逻辑的谓词"的区分。实际上,《形而上学 L_2》中的这个段落,其观点与思路更接近《证据》中的存在论题及其相关论证。在这里,康德所说的"先验神学"既包括本体论证明也包括宇宙论证明,并且实际上把它们看作一回事。"莱布尼茨把上帝存在的宇宙论证明命名为:argumentum ab contingentia mundi(出自世界的偶然性的论证);康德则把它叫作本体论证明。"② 因为,"宇宙论证明是一个完全无用的证明,因为它完全依赖于笛卡尔式的证明,因此,如果这个(笛卡尔式的证明)被推翻了,那个(指宇宙论证明)同时也被推翻了,但如果笛卡尔式的证明成立,我们就不需要其他证明了"③。同时,康德把"物理神学"(Physikotheologie)单独作为一个小节放到后面来讨论。这种安排其实也与《证据》中安排更为接近,正如前文(第三章第三节)中指出过的,康德在那里仅仅强调宇宙论证明对本体论证明的依赖性,尚未把"DT"(依赖性论题)扩展至物

---

① 〔德〕康德:《康德著作全集:第9卷》,李秋零主编,中国人民大学出版社2010年版,第109页(9:111)。

② Immanuel Kant, *Kants Gesammelte Schriften. Band 28/2/1*, Preußische Akademie der Wissenschaften, Hrsg., Berlin: Walter de Gruyter, 1970, S. 599.

③ Immanuel Kant, *Kants Gesammelte Schriften. Band 28/2/1*, Preußische Akademie der Wissenschaften, Hrsg., Berlin: Walter de Gruyter, 1970, S. 599–600.

第九章 存在论题的当代争论

理神学的证明。

然而,真正重要的是,在《形而上学 L_2》中,康德对存在论题的论证更接近《证据》中的论证,而不是《纯粹理性批判》中的论证。在《证据》中,"存在不是一个(狭义的)谓词"的命题,针对的是本体论证明的正面论证,即从"上帝"或"最实在的存在者"的纯然概念中分析出它的"存在"或"实存"。因此,在《证据》中,"存在"或"实存"与"上帝是全能的"中的"全能"之间是有比较意义的。康德说:"上帝是全能的,即便是并不认识上帝的存在的人,在其判断中,只要他像我使用上帝的概念那样正确地理解我,这也总是一个真实的命题。"① 因为,这个判断并不考虑主词概念存在与否,只考虑"上帝与全能的这种逻辑关系,因为后者是前者的一个标志(Merkmal[特征])"②。因此,只要我们同康德一样,把"上帝"理解为"最实在的存在者",那么,鉴于"全能"是一种实在性,"上帝"与"全能"之间的逻辑关系就是必然的,无论上帝本身是否存在都是如此。"然而,上帝的存在必须直接属于他的概念如何被设定的方式。因为在谓词自身中是找不到他的存在的。而且如果不是已经把主体(主词)假定为实存的,那么,对于任何一个谓词来说,无论它属于一个实存着的主体(主词),还是属于一个仅仅可能的主体,主体都依然是未被规定的。因此,存在本身不能是谓词。"③ 由此可见,在《证据》中,"存在"或"实存"与"全能"构成了真正的比较关系:前者不是一种实在性的概念,所以,它不能像后者那样以必然的方式分析地包含在"最实在的存

---

① 〔德〕康德:《康德著作全集:第2卷》,李秋零主编,中国人民大学出版社2003年版,第81页(2:74)。

② 〔德〕康德:《康德著作全集:第2卷》,李秋零主编,中国人民大学出版社2003年版,第81页(2:74)。

③ 〔德〕康德:《康德著作全集:第2卷》,李秋零主编,中国人民大学出版社2003年版,第81页(2:74)。

在者"的纯然概念之中。

然而，正如我们在前文（第六章第四节）中指出过的，在《纯粹理性批判》中，"是（存在）不是实在的谓词"这个论题的论证目标是本体论证明的反面论证，即一个归谬法：如果"上帝"或"最实在的存在者"不存在，那么，通过给它的概念添加上"存在"或"实存"，原来的概念就被扩大了，并且因此也就不再是当它现实存在时所是的那个客体。通过区分"逻辑的谓词"与"实在的谓词"，并且把后者等同于狭义的"规定"，康德想要指出的是：由于"是"（存在）不是一个实在的谓词，所以，即便把它添加给一个主词概念，也不会因此扩大主词概念的内容。当然，"存在"或"实存"之所以不是一个狭义上的规定，是因为它本身根本就不是一个（狭义的）谓词，即不是关于一种实在性的概念。因此，"存在"或"实存"只能在实存性判断中被当作一个谓词来使用，因为"随便什么东西都可以充当逻辑的谓词"①。但即便如此，此处的关键依旧在于：在任何实存性判断中，把"存在"或"实存"添加给主词概念都不会扩大主词概念、增加其内容。因此，在《纯粹理性批判》的这个论证中，"存在"或"实存"与"全能"并没有形成《证据》中的那种比较关系。在第 10 段中，对于"是"的两种用法的论述都旨在表明，"是""存在"或"实存"并不能对主词概念增加一个谓词，无论在谓述判断中还是在实存性判断中都是如此。因此，"上帝是全能的"这个分析命题中的"全能"究竟是不是一个实在的谓词，在这个论证中是无关紧要的。在第 11 段中，康德把他的论证目标表述得更加清楚："当我思维一个事物时，无论我通过什么谓词以及多少谓词来思维它（甚至在普遍的规定中），通过我附加上'该物存在'，也对该物没有丝毫的增益。因为若不然，就不会正好是该

---

① 〔德〕康德：《纯粹理性批判：注释本》，李秋零译注，中国人民大学出版社 2011 年版，第 417 页（B626）。

物,而是比我在概念中所思维的更多的对象在实存着,而且我不能说,恰恰是我在概念中所思维的对象实存着。"①

因此,"逻辑的谓词"与"实在的谓词"这一区分是服务于《纯粹理性批判》中特殊的论证设计与论证目标而做出的。但是,这并不意味着《证据》论证是不足的。相反,《证据》的论证是根本性的,也是《纯粹理性批判》中的论证的基础。所以,康德才会说:"我虽然希望,如果我没有发现逻辑的谓词与实在的谓词(即一个事物的规定)的混淆中的幻觉几乎拒斥一切教诲的话,就直截了当地通过对实存概念的一种精确的规定来使这种苦思冥想的空谈破灭。"② 因此,正如我们在前文(第五章第三节)中指出的,康德对两种谓词的区分,作为他批判本体论证明的第三个论据(论据3),针对的是其正面论证,即依据分析判断的同一性推出上帝的存在。康德的意思是说,分析判断的谓词是逻辑的谓词,不能增加主词概念的内容;综合判断的谓词是实在的谓词,虽然能够为主词概念增加内容,却不能从主词概念中分析出来。因此,本体论证明在论证上的一个错误在于:它试图从分析判断假定的(或然的)同一性中得出一个实然的结论。根据这种解释,《纯粹理性批判》中对于两种谓词的区分与《逻辑学》中的区分就是一致的:分析判断仅仅在形式上增加知识,综合判断则在质料上增加知识。但是,正如康德所言,指出这一错误的原因仅仅在于,这种"混淆中的幻觉几乎拒斥一切教诲",而不是说这样一种反驳是必需的。相反,如果能够精确地规定"存在"或"实存"的概念,那么,本体论证明自然就破产了。然而,人们通常认为,"是(存在)不是一个实在的谓词"就是对"存在"或"实存"的精确规定,这至少是片面的,因为它充

---

① 〔德〕康德:《纯粹理性批判:注释本》,李秋零译注,中国人民大学出版社2011年版,第418页(B627)。

② 〔德〕康德:《纯粹理性批判:注释本》,李秋零译注,中国人民大学出版社2011年版,第418页(B626)。

其量只是一个消极的定义。实际上,"精确的规定"应该具体落实到"存在"或"实存"的正面定义上,即"它(Sein)纯然是对一个事物或者某些规定自身的肯定"①。在谓述判断中,"是"肯定的只是主词概念与谓词概念的逻辑关系;在实存性判断中,"是"作为"存在"或"实存"肯定的是主词概念自身的现实性。后一种情形与《证据》中对"存在"(Dasein)的正面定义基本一致,即"存在是对一个事物的绝对肯定,并由此也同任何一个自身在任何时候都只有与另一事物相关才被设定的谓词区别开来"②。因此,《纯粹理性批判》并不反对《证据》,反而是在后者基础上的进一步发挥。但是,两个存在论题的论证目标是不一样的,其论证设计与结构也因此是不一样的。

无论如何,《形而上学 L_2》中的那个段落更接近《证据》中的论述,其论证目标也与《证据》完全一致。在那里,无论仅仅作为系词的"是"(eße)还是"实存"(existenz)都与"全能"构成了比较关系。通过这一比较得出的结论是:"我们不能先天地从纯然的概念出发来证明'entis originarii'(元始的存在者)的绝对必然性。"③一方面,此处并没有涉及两种谓词的区分,亦即没有涉及任何(广义的)谓词概念增加主词概念的知识的方式;另一方面,由于"存在"或"实存"与"全能"的比较意义在于反驳本体论证明的正面论证。由此可见,《形而上学 L_2》中的论证与《纯粹理性批判》中的论证是不一样的。

类似的情形在收录于科学院版《康德全集》第 28 卷中的《形而

---

① 〔德〕康德:《纯粹理性批判:注释本》,李秋零译注,中国人民大学出版社 2011 年版,第 417 页(B626)。
② 〔德〕康德:《康德著作全集:第 2 卷》,李秋零主编,中国人民大学出版社 2003 年版,第 80 页(2:73)。
③ Immanuel Kant, *Kants Gesammelte Schriften. Band 28/2/1*, Preußische Akademie der Wissenschaften, Hrsg., Berlin: Walter de Gruyter, 1970, S. 598.

第九章 存在论题的当代争论

上学 K₂》（*Metaphysik K₂*）中也出现过。① 在《形而上学 K₂》一个名为"模态"（Modalität）的小节中有这样一段话：

> 例如，人们说：上帝是全能的，由此不能得出，上帝就其他谓词而言也是被规定了的，例如，他是全知的，等等。但我说：上帝是/存在（Gott ist），那么他就所有谓词而言是被规定了的。让这一点成为理性神学的一个重要命题，即人们不能从纯然的概念中得出一个事物的实存（Existenz）。存在（Dasein）的有条件的必然性是从纯然的概念中被认识到的，而不是从一个事物存在的绝对必然性中被认识到的；否则，实存（Existenz）就必须是一个分析的概念。②

从这段引文中可以看出，"全能的"与"存在"不仅构成了真正的比较关系，而且，其比较关系暗示"全能的"必须是一个分析的概念。但这并不奇怪，因为其论证目标是要表明"存在"或"实存"不是一种实在性，从而不能从"上帝"的纯然概念中分析出来。"全能"与"存在"的比较意义就在于："全能"（作为一种实在性）能够被分析出来，而"存在"或"实存"不能。也就是说，这个论证无需"全能"是一个原本并不包含在主词概念之中，并且因此是一个扩大了主词概念、增加了主词概念的内容的谓词。因此，

---

① 《形而上学 K₂》是收藏于哥尼斯贝格大学图书馆（die Universitätsbibliothek Königsberg）的多部讲义笔记之一，马克斯·海因茨（Max Heinze）将其命名为"K2"，格哈德·莱曼（Gerhard Lehmann）将其命名为"Metaphysik K₂"（《形而上学 K₂》）。这部讲义的记录者不详，记录时间大约是 1790 年代初期，《形而上学 K₂》的扉页上标注为"1794 年冬季"，海因茨起初认为它出自 1794 – 1795 年冬季学期，但后来发现它与同样写于 1794 – 1795 年冬季学期的《维吉兰提3》（*Vigilantius 3*）的内容有较大区别，所以推测它应当出自 1791 – 1792 年或 1792 – 1793 年冬季学期。

② Immanuel Kant, *Kants Gesammelte Schriften. Band 28/2/1*, Preußische Akademie der Wissenschaften, Hrsg., Berlin: Walter de Gruyter, 1970, S. 723 – 724.

康德与本体论证明的批判

《形而上学 K_2》中的论述也不涉及"逻辑的谓词"与"实在的谓词"的区分。

无论如何,《证据》《形而上学 L_2》与《形而上学 K_2》的论证目标与论证设计是基本一致的,并且也都不涉及两种谓词的区分。因此,我们有理由认为,《形而上学 L_2》使用的"规定"(Bestimmung)并不是狭义上的规定,而是广义上的规定,即以排除对立面的方式给主词概念增添一个谓词。既然如此,尽管《形而上学 L_2》把"全能"说成是一个"规定",却并不能支持舒远招的辩护。

与此相对,在其他一些涉及两种谓词的区分的文本中,其论证目标与论证设计则与《纯粹理性批判》中的论证是一致的,并且有别于《证据》中的论证。为此,我们首先要提到的自然是《波利茨》。在这个本文中,康德对存在论题的表述比《纯粹理性批判》多出了半句话:"'是'显然也不是实在的谓词,也就是说,不是能够添加给一个事物的概念以使之更为完善的某物的概念。"[①] 显然,这个定义多出了一个"以使之更为完善"(um es noch vollkommener zu machen)的表述。而且,基本相同的定义也出现在《沃尔克曼4》中"'是'也显然不是实在的谓词,也就是说,不是能够添加给一个事物的概念并使之更为完善的某物的概念。"[②] 这个多出来的表述进一步明确了"添加"(hinzukommen)的意义。也就是说,通过把谓词概念添加给主词概念,主词概念发生了变化——它不再是原来的那个概念,而是比之前"更为完善"(vollkommener)了,因为它

[①] Immanuel Kant, *Kants Gesammelte Schriften. Band 28/2/2*, Preußische Akademie der Wissenschaften, Hrsg., Berlin: Walter de Gruyter, 1972, S. 1027. 原文为:"Seyn ist also offenbar keinreales Prädicat, d. i. ein Begriff von irgend etwas, was zu dem Begriffe eines Dinges hinzukommen könnte, um es noch vollkommener zu machen."

[②] Immanuel Kant, *Kants Gesammelte Schriften. Band 28/2/2*, Preußische Akademie der Wissenschaften, Hrsg., Berlin: Walter de Gruyter, 1972, S. 1176. 原文:"Sein ist also offenbar kein reales Prädikat, d. i. ein Begriff von irgend etwas, was zu dem Begriff eines Dinges hinzukommen könne, und es noch vollkommener mache."

第九章 存在论题的当代争论

增加了一种原本没有的实在性。据此，我们就更有理由把"实在的谓词"与狭义的"规定"（Bestimmung）看作一回事，因为"它必须不是已经包含在主词的概念之中的"①。除了定义之外，《波利茨》与《沃尔克曼4》中的论证与《纯粹理性批判》中的论证也基本一致，它们都分析了"是"在两种判断（谓述判断与实存性判断）中的两种用法，这样做的目的是想证明：把"存在"或"实存"添加给一个主词概念，这并不能使主词概念获得一种原来没有的实在性。首先，在谓述判断中，"是"只是系词，而不是另一个谓词。在此，尽管康德仍然举出了"上帝是全能的"这个例子，但"是"与"全能的"并没有真正的比较关系，至少没有"逻辑的谓词"与"实在的谓词"那种比较关系。如果硬要说有的话，那也是系词与谓词的比较关系。因此，既然"是"都不是一个谓词，它又怎么能是一个实在的谓词？其次，在实存性判断中，"存在"或"实存"没有给主词概念增加一种实在性，它只是以绝对的方式肯定了主词概念及其所有谓词，即肯定主词概念有一个现实的客体。在"上帝存在"或"有一个上帝"的判断中，通过把"存在"或"有"添加给"上帝"，"上帝"的概念并没有发生改变。

至此，情况已经非常清楚了。"逻辑的谓词"与"实在的谓词"的区分唯有在《纯粹理性批判》《波利茨版》与《沃尔克曼4》的论证意图与论证设计中才是有意义的。因此，《形而上学 L₂》中的那个段落不能支持舒远招的辩护。由此导致的结果是，海德格尔式的解读的困难并没有得到解决。而且，由于我们区分了康德的两个存在论题及其论证目标，海德格尔及其支持者的一个失误也就被揭示出来了：他们没能正确理解《纯粹理性批判》中的存在论题的论证目标，即反驳本体论证明中的反面论证或归谬法，

---

① 〔德〕康德：《纯粹理性批判：注释本》，李秋零译注，中国人民大学出版社2011年版，第417页（B626）。

从而不仅没有正确地理解康德的思想,也很难回应普兰丁格对康德提出的批评。

四 存在论题的第三种解读

我们在前面分析与批判了《纯粹理性批判》中的存在论题的两种解读:第一种是依据命题类型的解读,即坚持以"分析命题/综合命题"为区分两种谓词的标准。第二种是海德格尔式的解读,即坚持把"实在的谓词"等同于"实在性",或者说将其理解为关于一种实在性的概念。关于这两种解读的问题,前面已经说得很清楚了。现在,我们可以把前文第五章(第五章第二节)中提出"依据谓词在判断中的功能的解读"称作第三种解读,并且在本节中为这种解读提出进一步的辩护。现在,我们先来回顾一下这种解读。

"逻辑的谓词"与"实在的谓词"的区别在于,它们在判断中发挥着不同的功能:"逻辑的谓词"仅仅在形式上增加主词概念的知识,"实在的谓词"则在质料上增加主词概念的知识。换句话说,"逻辑的谓词"仅仅在形式上"谓述"或"规定"了主词概念,"实在的谓词"则在质料上"谓述"或"规定"了主词概念。我们多次强调,对任何谓词的理解都不能脱离"谓词"(Prädikat)的本义:单纯的概念可以充当谓词,但它必须在一个判断中被用于"谓述"(prädizieren)或"规定"(bestimmen)一个主词概念时才成为一个谓词——若非如此,它就仅仅是个概念。因此,即便狭义的谓词也必须满足两个条件:1. 它是关于一种实在性的概念;2. 它在判断中被用于规定一个主词概念。现在,我们已经知道,"存在"或"实存"根本就不是一个狭义上的谓词,因为它根本就不是关于一种实在性的概念。这是康德的一个基本立场,也是《证据》中的存在论题的核心要义,并且构成了《纯粹理性批判》中的存在论题的基础——尽管它们并不因此就是一回事。然而，康德在《纯粹理性批判》中使用的是广义的谓词，即任何在形式上（在逻辑上）被当作一个谓词来使用的概念。所以，康德说："随便什么东西都可以充当**逻辑的谓词**，甚至主词也可以由自身来谓述；因为逻辑抽掉了一切内容。"① 在这个基础上，我们才需要区分"逻辑的谓词"与"实在的谓词"。它们的区别就在于：是否真正发挥了一个谓词应有的功能，即说出主词概念是什么（谓述），或者对主词概念的内容有所增添（狭义的规定）。因此，无论是理解"逻辑的谓词"还是理解"实在的谓词"，我们都要着眼于它在判断中的功能。

根据这一区分，有四类谓词属于"逻辑的谓词"：

1. 主词概念被用于谓述自身：在"S 是 S"的判断中，系词"是"后面的那个"S"被当作谓词来使用。但是，由于这是一个同一性判断，谓词概念"S"的内容并不多于主词概念"S"的内容，从而并没有进一步说出主词概念是什么，也没有在质料上增加主词概念的知识，即为它增添一种原本没有的内容。因此，在此类判断中，其谓词只能是逻辑的谓词，而不是实在的谓词。

2. 一般的分析命题中的谓词：严格说来，刚才说的那种"S 是 S"的判断也是分析判断，但我们一般所说的分析判断，是指类似于"三角形有三条边"或"竹子是绿色的"这样的判断，当然也包括"上帝是全能的"这个判断。在此类判断中，由于谓词概念分析地包含在主词概念之中，从而并没有进一步说出主词概念是什么，也没有在质料上增加主词概念的知识。

3. 实存性判断：在任何"S 存在"（S ist）或"S 实存着"（S existiert）或"有一个 S"（es gibt ein S）的判断中，尽管它表达了主词概念"S"的现实性，即主词概念"S"有一个与之相应的现实客

---

① 〔德〕康德：《纯粹理性批判：注释本》，李秋零译注，中国人民大学出版社2011年版，第417页（B626）。

体,但谓词"存在"或"实存"并没有进一步说出主词概念是什么,也没有在质料上增加主词概念的知识。

4. 其他模态判断:在诸如"S 是可能的"或"S 是必然的"这样的判断中,谓词"可能的"或"必然的"并没有增加主词概念的内容。严格说来,实存性判断也是模态判断。不过,关于某物"可不可能""偶然还是必然"的判断,也可以是分析的。但是,即便它们是综合判断中的谓词,那也与实存性判断一样,只能是主观综合的,而不是客观综合的。而且,"可能的"或"必然的"这些谓词在无论何种判断中都只是"逻辑的谓词"。

同样是"逻辑的谓词","存在"与"实存"与其他分析命题中的谓词的区别在于:"存在"和"实存"并不分析地包含在主词概念之中,只能综合地被添加给主词概念。正因为如此,康德才会说,一切实存性命题都是综合命题。但是,任何分析判断中的谓词都分析地包含在主词概念之中。这两种逻辑谓词的共同点在于:它们都不能进一步说出主词概念是什么,也不能在质料上增加主词概念的知识。只不过,"存在"或"实存"之所以是一个逻辑的谓词,从而不能在质料上增加主词概念的知识,是因为它根本就不是一个(狭义的)谓词,即不是关于一种实在性的概念。然而,分析判断中的谓词之所以是逻辑的谓词,仅仅是因为它原本就包含在主词概念之中。

相对地,"实在的谓词"是那种能够在质料上增加主词概念的知识的谓词。因此,实在的谓词不仅是综合命题中的谓词,还必须是客观综合命题中的谓词。也就是说,实在的谓词必须同时满足两个条件:1. 它必须是关于一种实在性的概念,即狭义的谓词;2. 它必须以综合的方式被添加给主词概念,并且因此扩大了主词概念,使之更为完善。因此,海德格尔式的解读的根本就在于:它只注意到了第 1 个条件,而没有认真考虑第 2 个条件,以至于不仅认为《证据》与《纯粹理性批判》中的存在论题是一回事,而且还认为《纯粹理性批判》与《逻辑学》的说法是冲突的。但是，我们提出的这个第三种解读，不仅符合《纯粹理性批判》中对"实在的谓词"的定义，即"一个添加在主词的概念之上并扩大了这个概念的谓词"①。同时，也符合《逻辑学》中的说法："综合命题在质料上增加知识，分析命题仅仅在形式上增加知识。前者包含着规定（determinationes），后者仅仅包含逻辑谓词。"② 甚至，这种解读也符合《纯粹理性批判》"导论"中的说法：分析判断"通过谓词未给主词的概念增添任何东西，而是只通过分析把它分解成在它里面已经（虽然是模糊地）思维过的分概念"③，综合判断"则给主词概念增添一个在它里面根本未被思维过、且不能通过对它的任何分析得出的谓词"④。

当然，我们绝不能简单地把"分析判断/综合判断"当作区分两种谓词的标准，理由我们在前文（第六章第二节，第九章第一节）中已经指出过了。两种谓词的区分必须始终着眼于"谓词之为谓词"的本质，即"谓述"（prädizieren）或"说出主词概念是什么"。区分两种谓词的标准在于：一个谓词以何种方式"谓述"了主词概念，它是仅仅在形式上谓述了主词概念，还是在质料上谓述了主词概念。由此可以得出：首先，两种谓词的区分就其自身而言与"分析判断/综合判断"无关，"分析判断的谓词是逻辑的谓词、综合判断的谓词是实在的谓词"只是依据这一区分标准所产生的结果，而不是区分标准本身。其次，两种谓词的区分就其自身而言

---

① 〔德〕康德：《纯粹理性批判：注释本》，李秋零译注，中国人民大学出版社2011年版，第417页（B626）。
② 〔德〕康德：《康德著作全集：第9卷》，李秋零主编，中国人民大学出版社2010年版，第109页（2:111）。
③ 〔德〕康德：《纯粹理性批判：注释本》，李秋零译注，中国人民大学出版社2011年版，第38页（A7/B11）。
④ 〔德〕康德：《纯粹理性批判：注释本》，李秋零译注，中国人民大学出版社2011年版，第38页（A7/B11）。

康德与本体论证明的批判

也与"是不是一种实在性"无关,因为一种实在性的概念(作为狭义的谓词)必须依据它是在形式上(如在分析判断中)还是在质料上(如在综合判断中)增加主词概念的知识而是逻辑的谓词或实在的谓词。但是,彭志君的有一个说法是正确的:康德在《逻辑学》中仅仅考虑了谓述判断,没有考虑实存性判断[①],这一点根据《逻辑学》的主题与上下文语境很容易就可以看出。但是,彭志君由此得出的结论是错误的,因为这恰恰解释了康德在《逻辑学》为什么只考虑客观综合的判断,而没有考虑包括实存性判断在内的主观综合的判断。

"实在的谓词"的关键在于"扩大"(vergrößern),即不仅要"添加在主词概念之上",还要"扩大主词概念"。如果再加上《波利茨》与《沃尔克曼4》中的说法,那就还要"使主词概念更加完善"。实际上,很多学者都意识到了这一点。例如,理查德·坎贝尔(Richard Campbell),他把"实在的谓词"称作"规定性的谓词"(the determining predicate):

> 正如康德注意到的,由于逻辑抽掉了一切内容,我们乐意的任何事物都能够充当一个逻辑的谓词;甚至主词也能够被它自身所谓述。因此,"老虎是老虎"(tigers are tigers)并不包含一个规定性的谓词……但是,如果我说"一些温顺的老虎在咆哮"(some tame tigers growl),那么,当且仅当有一些老虎存在,它们不仅是温顺的,而且还在咆哮时,这个陈述才为真。谓词"咆哮"(growl)把"咆哮着"(growling)这个进一步的规定强加给那些事物(温顺的老虎),发现这一点将为我所说的话提供证实。另一方面,"单身汉是未婚的"(bachelors are unmarried)

---

① 彭志君:《被遮蔽的逻辑谓词——论胡好对逻辑谓词的误读》,《现代哲学》2020年第5期。

第九章　存在论题的当代争论

并不包含一个规定性的谓词，因为鉴于这是一个分析判断，谓词"未婚的"（unmarried）没有为"一个单身汉"（a bachelor）的概念所指的事物设置进一步的规定。但是，在"儿童是未婚的"（children are unmarried）中，谓词"未婚的"确实设置了进一步的规定，哪怕这个判断普遍地为真，因为当且仅当"儿童"（child）这个概念所指的每个事物都拥有"是未婚的"这个不同的特征时，它才为真。因此，一个谓词有时候可以是一个规定性的谓词，有时候不是。①

从引文中可以看出，坎贝尔认为，"实在的谓词"或"规定性的谓词"必须为主词概念增添一种原本没有的属性。相反，如果判断中的谓词原本就包含在主词的概念中，那么，它就不是一个"实在的谓词"或"规定性的谓词"。同样，亨利·阿利森（Henry E. Allison）也注意到了"扩大"的意义，并且通过它来解释实存性命题何以是综合的：

使一个实存性判断成为综合判断的东西并不是它把"实存"（existence）当作一个实在的谓词予以肯定，而是（像所有综合判断一样）它对主词提出了一个主张，即超出了包含在其概念中的东西，也就是说，它实存着（it exists）或者这个概念被实例化了（the concept is instantiated）。于是，在这一点上，唯一要做的就是澄清康德对于综合性（syntheticity）的解释。正如前文所述，使任何判断成为综合判断的东西就是，它"在质料上"扩大了我们的知识，超出了那些已然（隐蔽地或明确地）在其主词的概念中被思维到的东西。但是，综合判断只能以两种方

---

① Richard Campbell, "Real Predicates and 'Exists'", *Mind*, New Series, Vol. 83, No. 329, January 1974, p. 96.

康德与本体论证明的批判

式才能做到这一点：要么通过肯定（或否定）主词的一个更进一步的规定，要么通过肯定（或否定）主词概念被实例化了。实存性判断按照后一种方式是综合的。①

这个段落澄清了作为一个主观综合命题的实存性命题与客观综合命题的区别，这也是我们在前文（第七章第一节）中已经讨论过的。当然，这个段落的本义是要澄清两种综合命题的差异：在实存性判断中，"存在"或"实存"不能增加主词概念的内容，尽管它是一个综合命题的中的（逻辑的）谓词，因为它根本就不是一个（狭义的）谓词，亦即不是关于一种实在性的概念；唯有在客观综合命题中，谓词概念才真正（在质料上）对主词概念的内容有所增添，因为它不仅是关于一种实在性的概念，并且原本并不包含在主词概念之中。但是，这也反过来表明，能不能"扩大"主词概念正是区分"逻辑的谓词"与"实在的谓词"的标准。如果不能，那就是一个逻辑的谓词；如果能，那才是一个实在的谓词。同样意识到这个问题的还有乌伊加尔·阿巴茨（Uygar Abaci），他说：

> 因此，我们必须看到，何种概念在何种判断中有能力规定事物。然而，它们还必须满足于"扩大"这一语境限制，以取得实在的、规定性的谓词的资格。正如前文中表明的，相同的概念在不同的命题语境中，既可以充当一个纯然逻辑的谓词，也可以充当一个实在的谓词。唯有当谓词并不已然包含在主词之中时，对主词的扩大才是可能的……因此，关键问题在于，这个命题是否（以一种肯定的或否定的方式）有助于就所有可

---

① Henry E. Allison, *Kant's Transcendental Idealism*, New Haven: Yale University Press, 2004, pp. 414–415.

第九章　存在论题的当代争论

能的谓词的综合而言减少主词概念之客体的不确定性（indeterminacy）。我认为，阿利森的更为中性的术语"进一步的规定"更好地捕捉到了这一点。强调了这一点后，我们就能够重新制定我们的限定条件：唯有当主词概念的客体（对象）并没有在一个命题的谓词方面被规定过时，这个命题才能进一步规定其主词概念的客体（对象）；换句话说，唯有当谓词并不已然肯定过了或否定过了主词时。据此，如果主词概念的客体（对象）因此进一步地被命题规定了，那么，谓词就不仅仅是一个逻辑的谓词，而且也是一个实在的谓词。①

阿巴茨的意思是说，"实在的谓词"是那种"进一步地"规定了主词概念的谓词。所谓的"没有在这个谓词方面被规定过"，即没有被"这个谓词"规定过，是着眼于主词概念的普遍规定。通俗地来说，就是"这个谓词"的概念原本并不包含在主词概念之中。因此，阿巴茨（以及坎贝尔与阿利森）的解释与我们在本书中提出的第三种解读是大致一致的。这也表明：一方面，我们提出的解读并不缺乏支持者；另一方面，这个"第三种解读"并不是贸然出现的，而是一个积累已久、呼之欲出的解读。但是，我们还是要指出，尽管坎贝尔、阿利森与阿巴茨对"实在的谓词"做出了正确的解读，即把它理解为是一个扩大了主词概念的谓词，但是，他们都没有把两种谓词的区分标准明确地说出来，也没有很好地解释"实在的谓词"为什么是"实在的"，或者在何种意义上是"实在的"。因此，我们在本书中对这个问题真正的推进其实就在于，我们明确了区分两种谓词的标准。这个标准就是：一个谓词以何种方式增加了主词概念的知识，是仅仅在形式上增加了

---

① Uygar Abaci, "Kant's Theses on Existence", *British Journal for the History of Philosophy*, Vol. 16, No. 3, 2008, pp. 580–581.

康德与本体论证明的批判

主词概念的知识,还是在质料上增加了主词概念的知识。由此,"逻辑的/实在的"这一区分就落实到了"形式的/质料的"这一区分标准之上。至于具体的论证,我们在前文(第五章第二节)中已经给出了。

最后,为了论证的完善,我们回到海德格尔的一个论据,即他从《形而上学反思》中找到的那个段落:

> "praedicata logica"(逻辑的谓词)是我们赖以能够认识或设定某些事物(Dinge)的概念。因而,所有的概念都是谓词;它们要么意指(bedeuten)一些事情(Sachen[实事]),要么意指它们的肯定(ihre positionen):第一种是实在的谓词,第二种仅仅是逻辑的。①

表面上看,由于这段笔记说"实在的谓词"就是"事情"(Sachen)或者(依据海德格尔著作的汉译习惯)"实事",它似乎直接支持海德格尔的解读,即把"实在的谓词"理解为"含有事情的"(sachhaltig),理解为关于一种实在性的概念。同时,根据这个段落,"逻辑的谓词"似乎特指"是"或"存在",因为它们是对"事情"的肯定——我们还可以进一步说,要么是在谓述判断中(以与主词相关的方式)肯定谓词,要么是实存性判断中肯定主词概念的本身。然而,这个貌似合理的解释根本经不起推敲。

首先,按照海德格尔式的解读,这段笔记就存在着一些自相矛盾的地方。如果"实在的谓词"就是"事情",因为是"含有事情的"概念,那么,我们马上就能意识到,主词概念(一个事物的概念)也是"含有事情的"概念,并且因此就应该被归入"实在的谓

---

① Immanuel Kant, *Kants Gesammelte Schriften. Band 17*, Preußische Akademie der Wissenschaften, Hrsg., Berlin: Walter de Gruyter, 1926, S. 387.

第九章 存在论题的当代争论

词"。然而，当康德在《纯粹理性批判》中谈到"逻辑的谓词"时，他首先提到的就是主词概念自己充当自己的谓词的那种命题，即"S 是 S"的命题。还有，这段笔记把"逻辑的谓词"说成是"对事情的肯定"，根据海德格尔的解释，那就是特指"存在"或"实存"。而且，这甚至就是说，唯有"存在"或"实存"才是"逻辑的谓词"——这也是很多学者的看法。但是，康德在《纯粹理性批判》中毕竟说："随便什么东西都可以充当逻辑的谓词，甚至主词也可以由自身来谓述。"① 还有，在这个笔记中，康德的第一句话就是："'praedicata logica'（逻辑的谓词）是我们赖以能够认识（erkennen）或设定（setzen）某些事物的概念。"② 显然，这句话里有两个动词，分别是"认识"和"设定"。我们知道，"Sein"（是/存在）的功能就是"设定"（setzen）：要么是在谓述判断中给主词设定一个谓词，要么是在实存性判断中绝对地设定主词。那么，如果接下来康德的所说的"逻辑的谓词"是特指"是/存在"，那么这个"认识"（erkennen）又从何谈起呢？如果逻辑的谓词中毕竟有一部分是我们赖以认识事物而不仅仅是肯定事物的，那么，这些谓词又是什么呢？

其次，康德的这段笔记针对的是鲍姆嘉登《形而上学》的第 53 节（§53）与第 54 节（§54）。其中，第 53 节说的是："每个可能的事物都是在其可能性的方面被规定的（§34，8）；因此，可能的东西就其自身而言是在内在可能性的方面被规定的（§15）。由于内在的可能性就是本质（§40），每个可能的事物都拥有一个本质，或者是在本质的方面被规定了的。因此，任何完全未被规定的东西就什么也

---

① 〔德〕康德：《纯粹理性批判：注释本》，李秋零译注，中国人民大学出版社 2011 年版，第 417 页（B626）。

② Immanuel Kant, *Kants Gesammelte Schriften. Band 17*, Preußische Akademie der Wissenschaften, Hrsg., Berlin: Walter de Gruyter, 1926, S. 387.

康德与本体论证明的批判

不是。（§7）"① 然后，第 54 节说的是："撇开本质（§53），某个可能的事物就要么依据所有那些也可共存于其中的分殊而被规定的，要么不是（§34，10）。前者是一个现实的存在者，后者则被称为一个阙如的（纯然的可能的）不存在者。"② 正是针对这些说法，康德提出：

> 概念在许多谓词的方面是未被规定的，但事情（Sachen [实事]）不是。因此，普遍规定（die durchgangige Bestimmung）也依赖于现实性，并且在存在中比在可能性中更多。这一点亦可由此得出，即我通过可能性仅仅设定了概念，通过现实性则设定了事情。如果上帝剥夺了一个事物的存在，那么他没有剥夺任何谓词，而是剥夺了事情本身（但不是可能性或者事情的概念）。谁若否定存在，就把事情连同其所有谓词都移除了。③

可见，康德在此要讨论的是"纯然的概念"与"事情"之间的区别。而且，我们很容易就注意到，康德所说的"事情"是指现实存在着的事物。因为，若非如此，它就不是一个在所有谓词的方面都被规定了的。实际上，正如前文（第九章第二节）中提到过的，在康德的著作中，"事情"（Sache）一词通常被用于表示一个不以主体的认识与意志为转移的事情本身。所以，他经常使用"事情本身"

---

① Alexander Baumgarten, *Metaphysics: A Critical Translation with Kant's Elucidations, Selected Notes and Related Materials*, translated and edited with an Introduction by Courtney D. Fugate and John Hymers, London: Bloomsbury, 2014, p. 110.

② Alexander Baumgarten, *Metaphysics: A Critical Translation with Kant's Elucidations, Selected Notes and Related Materials*, translated and edited with an Introduction by Courtney D. Fugate and John Hymers, London: Bloomsbury, 2014, p. 110.

③ Immanuel Kant, *Kants Gesammelte Schriften. Band 17*, Preußische Akademie der Wissenschaften, Hrsg., Berlin: Walter de Gruyter, 1926, S. 387.

第九章 存在论题的当代争论

(die Sache selbst)或"自在的事情本身"(die Sache an sich selbst)这样的表述。① 在这个笔记中,康德也说:"我通过可能性仅仅设定了概念,通过现实性则设定了事情。"② 针对鲍姆嘉登的观点,康德想要指出的是:事物的可能性不仅依赖于其本质,而且依赖于"存

---

① 康德对"die Sache selbst"(事情本身)这个术语的使用,参见〔德〕康德《康德著作全集:第1卷》,李秋零主编,中国人民大学出版社2003年版,第58页(1:60),第138页(1:137),第225页(1:229);〔德〕康德:《康德著作全集:第2卷》,李秋零主编,中国人民大学出版社2003年版,第52页(2:47),第53页(2:48),第121页(2:115),第327页(2:323);〔德〕康德:《纯粹理性批判:注释本》,李秋零译注,中国人民大学出版社2011年版,第24页(B xxxvii),第101页(A88/B121),第366页(B529),第425页(B642),第497页(B778);德:《未来形而上学导论:注释本》,李秋零译注,中国人民大学出版社2013年版,第7页(4:262);第15页(4:271),第83页(4:344);〔德〕康德:《判断力批判:注释本》,李秋零译注,中国人民大学出版社2010年版,第147页(5:324);〔德〕康德:《纯然理性界限内的宗教:注释本》,李秋零译注,中国人民大学出版社2011年版,第11页(6:14),第161页(6:175n);〔德〕康德:《道德形而上学:注释本》,李秋零译注,中国人民大学出版社2013年版,第155页(6:369);第167页(6:382);〔德〕康德:《实用人类学(外两种):注释本》,李秋零译注,中国人民大学出版社2013年版,第71页(7:192);〔德〕康德:《康德著作全集:第8卷》,李秋零主编,中国人民大学出版社2010年版,第150页(8:152),第162页(8:163),第341页(8:337),第397页(8:390),第402页(8:395)。康德对"die Sache an sich selbst"(自在的事情本身/在自身上的事情本身/就其自身而言的事情本身)这个术语的使用,参见〔德〕康德:《康德著作全集:第2卷》,李秋零主编,中国人民大学出版社2003年版,第80页(2:73);〔德〕康德:《纯粹理性批判:注释本》,李秋零译注,中国人民大学出版社2011年版,第16页(Bxx),第19页(Bxxvii),第68页(A45/B62),第70页(A48/B65),第72页(B70);〔德〕康德:《未来形而上学导论:注释本》,李秋零译注,中国人民大学出版社2013年版,第35页(4:293),第81页(4:342),第92页(4:354);〔德〕康德:《道德形而上学的奠基:注释本》,李秋零译注,中国人民大学出版社2013年版,第86页(4:461),第84页(4:459);〔德〕康德:《实践理性批判:注释本》,李秋零译注,中国人民大学出版社2010年版,第53页(5:56),第101页(5:107);〔德〕康德:《判断力批判:注释本》,李秋零译注,中国人民大学出版社2010年版,第166页(5:345),第271页(5:456);〔德〕康德:《实用人类学(外两种):注释本》,李秋零译注,中国人民大学出版社2013年版,第52页脚注(7:173n);〔德〕康德:《康德著作全集:第9卷》,李秋零主编,中国人民大学出版社2010年版,第78页(9:80)。

② Immanuel Kant, *Kants Gesammelte Schriften. Band 17*, Preußische Akademie der Wissenschaften, Hrsg., Berlin: Walter de Gruyter, 1926, S. 387.

在"或"实存"本身。这一点涉及《证据》中对"逻辑的可能性"和"实在的可能性"的区分：前者仅仅要求概念依据矛盾律是可能的，后者则要求概念的内容实有所指，并且因此在根本上依赖于某种现实的东西。① 但是，对于本节的意图来说，这些问题并不那么重要，我们在前文（第三章第三节）中也做了必要的解释。真正重要的是，康德所说的"事情"恐怕并不像海德格尔所认为的那样意指"实在性"，因为一种实在性的概念在判断中并不必然就是现实的——例如，在分析判断中，它可以仅仅是某种纯然可能的事物（主词）的实在性。因为，"事情"要求现实性，它不是纯然的概念，而是通过现实性被规定了的东西。正因为如此，如果我们否定一个主词概念的现实性（存在），也就一并否定了谓词概念的现实性（存在）。

因此，既然"事情"必须是指现实的事情，那么，康德说"它们要么意指（bedeuten）一些事情（Sachen [实事]）"似乎就只能这么理解：所有的谓词中的一部分，当它们被用于判断中时，它们表达的是一些现实的事情。在此，"bedeuten"（意指）其实也可以理解为"说出了什么"，因为"deuten"本身就有"指出"或"说明"的意思，相当于"谓述"（prädizieren）。因此，"实在的谓词"是这样一些谓词：当它们被用于判断之中时，它们说出了一个现实的事情、一个客观的事实。换句话说，这个判断不是依据主词的纯然概念做出的，而是依据一个"自在的事情"或者"自在的事情本身"做出的，那它当然就是一个综合的判断、一个后天的判断。因此，"实在的谓词"是指依据事情被添加到主词概念上的谓词，而这要求它并不包含在主词概念之中，否则我们仅仅依据概念就可以做出判断。

然而，如此一来，我们又该如何理解"逻辑的谓词"，或者更准

---

① 参见〔德〕康德《康德著作全集：第2卷》，李秋零主编，中国人民大学出版社2003年版，第84—88页（2：77-81）。亦可参见本书第三章第三节。

确地说，如何理解那些"意指它们的肯定"（ihre positionen）的概念呢？正如前面指出过的，按照海德格尔式的解读，这个"它们的肯定"应该是特指"是/存在"。因为，正如康德在《证据》和《纯粹理性批判》中都曾指出过的，"是/存在"的功能就是"肯定"或"设定"：要么是在谓述判断中以与主词概念相关的方式肯定谓词，要么是在实存性判断中绝对地肯定主词概念。然而，这不是唯一说得通的解释。另一种可行的解释是：在"所有谓词"中，除了那些"意指事情"的概念之外，还有一些概念，当它们在判断中作为谓词与一个主词概念结合起来时，它们并没有"意指"或"说出"一个现实的事情，而是仅仅表达了"肯定"或"设定"本身。在分析判断中就是如此，我们不需要任何经验，不要依据任何事实，而是只需要依据对主词概念的分析就可以肯定谓词概念与它的必然联系。通过这种分析的"肯定"，我们就在"解释"（Erläuterung）的意义上"认识"或"设定"了一个事物。同样，在实存性判断中，尽管"存在"或"实存"是依据一个经验事实被添加给主词概念的，但这种添加并没有为主词概念增加一个"事情"，或者说其现实的内容并没有增加分毫。相反，我们只是把"事情"增添给了主词概念，把主词概念"肯定"为一个事情，肯定了它有一个与之相应的现实客体（对象）。因此，"逻辑的谓词"仅仅涉及概念的肯定，要么是肯定一个谓词概念与主词的关系，要么是把主词概念肯定为一个事情，而不是（进一步地）"意指"或"说出"了一个事情。

最后，我们或许还有必要指出，《形而上学反思》中的这段笔记（编号 4017）写于 1769 年。从时间上讲，这段笔记出现得比《证据》（1763 年）略晚，比第一版《纯粹理性批判》（1781 年）早，甚至还略早于所谓的"沉寂十年"。因此，我们至少必须把它看作康德在批判哲学的筹备时期的一个观点。而且，这个笔记写得比较随意，不仅有许多含糊不清的地方，也有一些不成熟的迹象。因此，我们有理由认为，康德在那时可能刚刚想到"实在的谓词"与"逻辑的谓词"这两个术语。然而，指出这一点并不是为了否定这段笔记作为一个证据的资格——相反，它当然有资格作为我们讨论的一个重要证据。但是，如果有学者（无论依据何种理由）认为，我们有必要把出版于批判时期的《逻辑学》（1800年）中的观点抛在一边，不予考虑，那么，我们又有什么理由接受一个前批判时期的笔记呢？因此，如果我们有必要严肃地对待《形而上学反思》中的这段笔记，我们就同样有必要严肃地对待《逻辑学》中的说法。而且，如果某种解读（在经过必要的澄清之后）能够使这三个文本中的说法达到统一，那么，它就好过那些做不到这一点的解读。因此，至少目前来说，我们提出的这个"第三种解读"应该就是最好的解读。

第十章 本体论证明的当代辩护

在本章中，我们将关注的是当代学者对本体论证明的辩护。这些辩护全都是针对康德的批判展开的，并且与其存在论题密切相关——实际上，我们将看到，几乎所有的辩护都试图在康德的存在论题上做文章。当然，我们不可能也无须穷尽对所有辩护方案的讨论，而是只能选择一些比较具有代表性的论证，例如名噪一时的"模态论证"（Modal Argument）。而且，部分是由于篇幅的限制，部分是为了避免冗长繁琐的论述给读者带来的不快，对于下文中提到的每种辩护方案，在对其观点与论证做出足够必要的阐述之后，我们将一律采取"直捣黄龙"的批评战术。也就是说，我们将直接攻击每种辩护的根本弱点，把更多细节性的问题留到其他著作中再来处理，这一点在处理模态论证时尤为明显。首先，我们将在第一节中处理查尔斯·哈茨霍恩与诺尔曼·马尔科姆的模态论证，他们试图利用"偶然的存在"与"必然的存在"的区分来为安瑟伦的本体论证明辩护。其次，我们将在第二节中重点讨论阿尔温·普兰丁格的模态论证，他认为安瑟伦的证明是一个归谬法，而康德的批判并不适用于这个归谬法。再次，我们将在第三节中讨论默利·凯特利（Murry Kiteley）、杰罗姆·谢弗与艾伦·伍德对康德的质疑，他们相信，康德对存在论题的论证存在重大的缺陷。最后，我们将在第四节中讨论 J. 威廉·福吉对存在论题的质疑，他认为康德的存在论题是在他所谓的"意向性主张"与"外延性主张"的混淆中提出的。

一　哈茨霍恩与马尔科姆的辩护

模态论证的出现与分析哲学对"存在"问题的关注密不可分，弗雷格、罗素等人对该问题的看法重新引发了人们对康德与本体论证明的关注，"模态逻辑"（modal logic）的创立与发展则直接引起了哈茨霍恩、马尔科姆与普兰丁格等人为本体论证明辩护的兴致。正如前文（第九章第一节）中指出过的，弗雷格把"存在"或"实存"看作量词，而不是模态谓词。而且，在弗雷格的"谓词逻辑"或"一阶逻辑"中，模态命题并没有获得足够的重视。直到20世纪初期，克拉伦斯·欧文·刘易斯（Clarence Irving Lewis）及其后继者才重新把"可能性""偶然性"与"必然性"的概念引入到逻辑演算之中。模态逻辑为本体论证明注入了新的活力，模态论证也因此成了一个重要哲学话题。

简单来说，模态论证就是通过一系列模态命题演算为本体论证明（尤其是安瑟伦的证明）提供辩护。有趣的是，尽管这种辩护不可避免地涉及对康德的存在论题的批判，但模态论证的倡导者与支持者中很少有人彻底否定这个论题。他们大多只是认为，康德的论题并不适用于某个版本的（主要是安瑟伦的）证明。然而，同样值得我们注意的是，模态论证的代表人物大多接受的是一种弗雷格式的存在论题。也就是说，他们（与弗雷格一样）把"存在"或"实存"理解为一个只能作二阶谓词、不能作一阶谓词的概念；他们中的大多数人始终把"存在"或"实存"理解为量词，而不是模态谓词。同时，模态论证的代表人物大多接受"弗雷格－罗素多义性论题"，并以此为基础构建各种形式的模态命题演算。在模态逻辑中，主要涉及的命题形式是"可能与否"（是可能的还是不可能的）与"必然与否"（是必然的还是偶然的），也因此主要涉及"可能的""必然的"与"偶然的"三个模态谓词。如果从康德的立场来看，

第十章 本体论证明的当代辩护

这就忽视了"现不现实"（存不存在）的命题形式，或者说忽视了"是现实的"（存在着）与"是非现实的"（不存在）。当然，从模态逻辑的角度来看，"存在"（非零）与"不存在"（零）是量词，而且，"现实的"可以纳入到"必然与否"的讨论之中，"非现实的"可以纳入到"可能与否"的讨论之中。当然，这些分歧本身并不构成对模态论证的具体批判，至少就目前来说，我们只是必须要注意到这些基本的分歧，以避免对某些论据做出错误的评估。但是，有一点对于我们当前的讨论来说十分重要。模态论证的代表人，哈茨霍恩、马尔科姆与普兰丁格等人，他们大多对康德的批判缺乏一个整体的把握：对于康德的存在论题，他们不仅受制于"弗雷格式的解读"，并且在不同程度上表现出对康德的（作为一个系统整体的）存在观念缺乏了解；对于康德对本体论证明的批判，他们往往只盯着这个批判本身，甚至只盯着其中的部分论据，试图以逻辑演算的方式逐一击破，但却在不同程度上忽视各个论据之间的系统联系，以及这个批判与康德的整个认识论学说之间的系统联系。

从哈茨霍恩到马尔科姆、再到普兰丁格以及其他很多学者，模态论证有很多版本，它们在细节上有很多分歧。如果我们把每个版本的论证都拿出来讨论一番，对它们的细节做出深入的分析与批判，那将是一项浩大的工程。而且，尽管这项工程至少在技术上是有意义的，但绝不是本章的篇幅所能装得下的，而是需要一整部著作。在此，我们唯一能做的，就是指出所有此类证明的一些共有的基础依据及其问题所在，而这也是比纯然技术性的批判更有价值的事情。首先，模态论证之所以是"模态的"，是因为它们试图把"可能的""偶然的"与"必然的"这些模态谓词用于对"存在"或"实存"做出区分，通过区分出"必然的存在"与"偶然的存在"，进而把分析地包含在"上帝"的概念中的"存在"明确为"必然的存在"，以表明康德的存在论题仅仅是一个关

康德与本体论证明的批判

于"偶然的存在"的论题，与那种先天地包含在"上帝"的概念中的"必然的存在"不是一回事。因此，任何版本的模态论证，无论其推演何其复杂繁琐，最终都是要达到这样一个目的。其次，无论何种形式的模态论证都依赖于一个主张，即"一个现实的上帝"在某种意义上比"一个非现实的上帝"（一个关于上帝的纯然概念）更大，哪怕"存在"或"实存"不是一个实在的谓词。接下来，我们将主要以哈茨霍恩与马尔科姆为例，重点讨论第一个问题，因为他们两人的论证在这个方面更为典型。然后，我们将在下一节中主要以普兰丁格为例，重点讨论第二个问题，这也是因为他的论证在这个方面表现得更为突出。

哈茨霍恩与马尔科姆的主要意图都是维护安瑟伦的证明，但不是我们熟悉的那个出自《宣讲》第二章的证明，而是《宣讲》第三章的证明。马尔科姆认为，对于《宣讲》第二章的证明，康德的存在论题——按照弗雷格式的与海德格尔式的解读，被理解为"存在仅仅是一个二阶谓词"或者"存在不是关于一种实在性的概念"——构成了一个有效的批判。"安瑟伦《宣言》第二章的本体论证明之所以不成立，是因为它依赖于'实存是一种完善性'（从而'实存'是一个'实在的谓词'）的错误学说。"① 哈茨霍恩则认为，人们对《宣讲》第二章的证明有所误解，这个误解只能通过对《宣讲》第三章的证明的正确解读来澄清。但哈茨霍恩承认《宣讲》第二章的证明（单就其自身来说）是误导性的，因为其原则似乎表现为"实存着比不存在更好（更善）"（to exist is better than not to exist）②，诚若如此，康德的存在论题就构成了一个有效的批判。但是，哈茨霍恩与马尔科姆都相信，《宣讲》第三章的证明是一个更好的证明：

---

① Norman Malcolm, "Anselm's Ontological Arguments", *The Philosophical Review*, Vol. 69, No. 1, January 1960, p. 44.

② Charles Hartshorne, *Anselm's Discovery: A Re-Examination of the Ontological Proof for God's Existence*, La Salle: Open Court, 1965, p. 88.

第十章 本体论证明的当代辩护

上帝是如此真实,以至于不能设想他不存在。因为,一个不能被设想为不存在的存在者完全是可能设想的,这种存在者要比那个能被设想为不存在的东西更为伟大。因此,如果那无法设想有比之更大的存在者居然能被设想为不存在,那么,那无法设想有比之更大的存在者自身就不是那无法设想有比之更大的存在者,但这只能是自相矛盾。因此,那无法设想有比之更大的存在者是如此真实,以至于它不能被设想为不存在。①

哈茨霍恩认为,这个论证代表了一个"真正的安瑟伦原则"(true Anselmian Principle),即"《宣言》第三章的原则,它是:不带可设想的'不存在'备选项地实存着比带有此种备选项地存在着更好(更善)"(To exist without conceivable alternative of not existing is better than to exist with such alternative)②。哈茨霍恩的意思是说,根据安瑟伦的意思,我们或许可以按照两种方式来设想上帝。首先,我们可以把上帝设想为"不能被设想为不存在的存在者"。那么,根据这种设想,就根本不存在另一种可能性,即"上帝可能不存在"。哈茨霍恩所说的"不带可设想的'不存在'备选项地实存着",也正是这个意思。其次,我们可以把上帝设想为"可能存在也可能不存在的存在者",就像其他任何事物一样。简单来说,设"上帝"的概念为"G",再设"存在"或"实存"为"E"。那么,一个存在着的上帝就是"G^{+E}",一个不存在着的上帝就是"G^{-E}"。在此,"G^{+E}"和"G^{-E}"都是两个纯然的概念。哈茨霍恩认为,安瑟伦的真正原则是说:"G^{+E}"比"G^{-E}"更好(更善)。因此,他把《宣讲》第二章中的证明(或者更准确地说,是

---

① 〔意〕安瑟伦:《信仰寻求理解:安瑟伦著作选集》,溥林译,中国人民大学出版社 2005 年版,第 207 页。
② Charles Hartshorne, *Anselm's Discovery: A Re-Examination of the Ontological Proof for God's Existence*, La Salle: Open Court, 1965, p. 88.

康德与本体论证明的批判

人们对安瑟伦的误解）称作"假的安瑟伦原则"，即"存在着比不存在更好（更善）"（to exist is better than not to exist）①。那么，根据这个假的原则，康德的存在论题确实能够有效地拒斥它。但是，哈茨霍恩认为，我们必须按照"真正的安瑟伦原则"来理解他的证明。因此，在这个真正的原则中，正如保罗·E. 卡佩茨（Paul E. Capetz）指出的，关键的区别在于："偶然的实存（contingent existence）与必然的实存（necessary existence）。因为，一个必然实存着的存在者明显比一个偶然实存着的存在者更大，上帝的实存模态必须被设想为是必然的，而不是偶然的。只要上帝被设想一个必然实存着的实在性，随后再断言上帝或许实存，或许不存在（也就是说，偶然地实存），那就是自相矛盾的。"② 因此，无论哈茨霍恩的论证多么繁琐，其基本原则无非就是说：正确地设想"上帝"的方式只能是"G^{+E}"，安瑟伦在《宣讲》第三章中的证明表明，"G^{-E}"是自相矛盾的，"那无法设想有比之更大的存在者"不能只拥有一种偶然的存在，而是必须被设想为带有一种绝对必然的存在，从这样一个概念出发，就可以分析地得出"上帝存在"的结论。

马尔科姆的基本思路其实与哈茨霍恩一致，只是角度略有不同，他先是从"依赖性"（dependence）的角度来澄清上帝与其他任何事物在"存在"或"实存"上的区别。马尔科姆指出：

> 许多事物为其实存依赖于其他事物或事件。我的房子是一个木匠建造的：其进入实存（coming into existence）依赖于某个创造活动。其持续的实存（continued existence）依赖于许多事物：它不被一棵大树压垮，它不被一场大火吞噬，如此等等。

---

① Charles Hartshorne, *Anselm's Discovery: A Re-Examination of the Ontological Proof for God's Existence*, La Salle: Open Court, 1965, p. 88.

② Paul E. Capetz, "Kant and Hartshorne on the Ontological Argument", *The Pluralist*, Vol. 12, No. 3, fall 2017, p. 88.

第十章　本体论证明的当代辩护

如果我们反思"上帝"这个词的普通意义（无论何其含糊与混淆），我们就认识到，这个意义与"上帝的实存要依赖于任何东西"是不相容的。无论我们相信"他"还是不信，我们都必须承认："全能永生的上帝"（就像许多古代祈祷者的开场白），"天与地、无论有形还是无形的万物的创造者"（就像《尼西亚信经》所说的）不能被思维成由任何东西带入到实存之中的，或者被思维成其持续的实存依赖于任何东西的。把任何事物思维成为其实存而依赖于别的事物的，就是把它设想为一个比上帝更小的事物。①

因此，马尔科姆认为，在"进入实存"和"持续的实存"两个方面，根据"是否依赖于任何其他事物"，上帝必须被设想为"一个无限制的存在者"，而其他任何事物则必须被设想为"有限制的存在者"。按照这样一种方式来设想上帝，"就相当于把'他'设想为一个那无法设想有比之更大的存在者"②。因此，马尔科姆相信："安瑟伦所证明的是，'偶然的实存'（contingent existence）与'偶然的不存在'（contingent nonexistence）的概念无法适用于上帝。其实存必定要么是逻辑上必然的，要么是逻辑上不可能的。"③ 也就是说，对于"上帝"这个概念来说，它要么"不可能存在"，要么"必然存在"，任何形式的"偶然存在"都不适用于上帝。因此，康德的错误就在于，他按照思维一般事物的"偶然存在"的方式来思维上帝的存在。同时，安瑟伦的证明指出，把"不可能存在"归于上帝是错误的，因

---

① Norman Malcolm, "Anselm's Ontological Arguments", *The Philosophical Review*, Vol. 69, No. 1, January 1960, p. 46 – 47.
② Norman Malcolm, "Anselm's Ontological Arguments", *The Philosophical Review*, Vol. 69, No. 1, January 1960, p. 47.
③ Norman Malcolm, "Anselm's Ontological Arguments", *The Philosophical Review*, Vol. 69, No. 1, January 1960, p. 49.

康德与本体论证明的批判

为其概念已经以必然的方式把"存在"或"实存"包含于其中,从而"一个不存在的上帝"(一个"G^{-E}")的概念是自相矛盾的。

讨论至此,我们不难发现,按照哈茨霍恩与马尔科姆的解释,安瑟伦的证明与笛卡尔、莱布尼茨的证明还是很接近的。事实上,马尔科姆承认:"笛卡尔在'实存是否是实存着的事物的一种性质'的问题上多少是迷糊的,但与此同时,他也足够清楚地看到,'必然的实存'是上帝的一种性质。"① 的确,笛卡尔非常明确地区分了两种存在,并且主张唯有上帝才拥有一种必然的存在。他说:

> 每个东西的观念或概念都包含着存在性,因为我们只有在一个存在着的东西的形式里才能领会什么东西;然而不同的是:在一个有限的东西的概念里,仅仅包含着可能的或偶然的存在性,而在一个至上完满的存在体的概念里,却包含着完满、必然的存在性。②

笛卡尔在回应伽森狄的批评时也曾指出:

> 我在这里看不出来你到底想让存在性属于哪一类东西,也看不出来它为什么不能像"全能"那样也可以被说成是一种特性,如果用特性一词,按照它在这里实际上应该被采用的意义,指各种各样的属性或者指能够归属于一个事物的任何东西来说的话。何况必然的存在性在上帝那里真正是一种最狭窄意义上的特性,因为它仅仅适合于上帝自己,只有在上帝身上它才成为本质的一部分。这就是三角形的存在性之所以不应该和上帝

---

① Norman Malcolm, "Anselm's Ontological Arguments", *The Philosophical Review*, Vol. 69, No. 1, January 1960, p. 50.
② 〔法〕笛卡尔:《第一哲学沉思集:反驳和答辩》,庞景仁译,商务印书馆1986年版,第166页。

第十章 本体论证明的当代辩护

的存在性相提并论的原故,因为在上帝身上显然有着在三角形上所没有的另外一种本质关系。①

因此,甚至艾伦·伍德也怀疑,仅凭康德对本体论证明的批判,恐怕不足以对笛卡尔的证明构成威胁。②

类似地,奥哈德·纳奇多密指出:"在其早期的(1676)上帝实存证明中,莱布尼茨使用了两个不同的实存概念:他把其中一个看作一个谓词,并且仅仅适用于上帝,而另一个不是一个谓词,适用于所有受造物与偶然的事物。"③ 这其实就是说,莱布尼茨区分了"偶然的存在"与"必然的存在",唯有后者才是一个谓词(一种实在性),并且仅仅属于上帝。一方面,莱布尼茨对"存在"或"实存"有一个贝克莱式的定义:"存在(实存)无非就是被感觉到。"④ 而且,在这个意义上,莱布尼茨并不认为"存在"或"实存"是一种完善性。"因此,说'存在着的东西确实比不存在的东西更完善'是正确的,但说'存在本身是完善性'是错误的,因为它只不过是种种完善性之间的比较。"⑤ 但是,另一方面,莱布尼茨也说:"若有一个存在者是所有完善性的主体或最完善的存在者,或者能够被理解为这样一个存在者。因此,马上就可以看出,它存在着;因为存在包含在

---

① 〔法〕笛卡尔:《第一哲学沉思集:反驳和答辩》,庞景仁译,商务印书馆1986年版,第381页。

② Cf., Allen W. Wood, *Kant's Rational Theology*, Ithaca: Cornell University Press, 1978, p. 123.

③ Ohad Nachtomy, "Leibniz and Kant on Possibility and Existence", *British Journal for the History of Philosophy*, Vol. 20, No. 5, September 2012, p. 957.

④ Gottfried Wilhelm Leibniz, *Sämtliche Schriften und Briefe: Sechste Reihe Philosophische Schriften: Dritter Band 1672 - 1676*, Die Akademie der Wissenschaften der DDR, Hrsg., Berlin: Akademie-Verlag, 1980, S. 56

⑤ Gottfried Wilhelm Leibniz, *Die Leibniz-Handschriften der Königlichen öffentlichen Bibliothek zu Hannover*, beschrieben von Dr. Eduard Bodemann, Hannover und Leipzig: Hahnsche Buchhandlung, 1895, S. 120,

康德与本体论证明的批判

完善性之中。"① 因此，正是基于对"偶然的存在"与"必然的存在"的区分，莱布尼茨才会把上帝理解为"本质即包含存在"的。"只有上帝（或这一必然存在者）才享有这种特权，这就是：只要他是可能的，他就必定存在……偶然的存在者只有在这一必然存在者身上才能获得它们的终极的或充足的理由，这一必然的存在者在其自身即具有其存在的理由。"② 因此，莱布尼茨的支持者似乎也可以声称，康德的那个围绕"偶然存在"的批判并不适用于莱布尼茨的证明。

实际上，康德从没有忽视过"偶然的存在者"与"必然的存在者"的区分。正如前文（第五章第一节）中指出过的，康德明确提到："针对所有这些一般的推论（没有任何人能够拒绝这些推论），你们通过一个实例来诘难我，你们把它当做一个经由事实的证明来提出：毕竟有一个、而且只有这一个概念，其对象的不存在或者取消是自相矛盾的；而这就是最实在的存在者的概念。"③ 因此，根据康德的观点，我们在设想"最实在的存在者"的概念时，原本就是按照"必然的存在"来设想的。而且，康德在《证据》中的讨论也证明了这一点。在那里，康德正是按照莱布尼茨的思路，将其设想为一个"其本质就包含存在"的存在者，并且诉诸"偶然的存在者"对"必然的存在者"的依赖性来证明上帝的存在。当然，在《纯粹理性批判》中，康德的目的是要揭示出这种证明是不可能的。而且，正如前文（第五章第二、三节）中指出过的，康德对"逻辑的谓词"与"实在的谓词"的区分，正是（至少是）为了反驳这个

---

① Gottfried Wilhelm Leibniz, *Sämtliche Schriften und Briefe: Sechste Reihe Philosophische Schriften: Dritter Band 1672 – 1676*, Die Akademie der Wissenschaften der DDR, Hrsg., Berlin: Akademie-Verlag, 1980, S. 577.

② 〔德〕莱布尼茨：《莱布尼茨后期形而上学文集》，段德智、陈修斋译，商务印书馆 2019 年版，第 286—287 页。

③ 〔德〕康德：《纯粹理性批判：注释本》，李秋零译注，中国人民大学出版社 2011 年版，第 416 页（B624）。

第十章 本体论证明的当代辩护

基于"偶然的存在"与"必然的存在"的区分的证明而做出的。当然，人们可能会说，尽管康德在设想这个"最实在的存在者"时是按照"必然的存在"来设想的，但他在实际论证中却不自觉地按照思维"偶然的存在"的方式来思维"最实在的存在者"。实际上，从哈茨霍恩与马尔科姆（以及普兰丁格）的讨论来看，他们基本就是这么看的。正如前面提到过的，模态论证有一种重要立场：既然上帝必须按照"必然的存在"来设想，那么，上帝要么根本不存在，要么就以必然的方式存在，这也正是他们敢于主张一种本体论证明的基础。换句话说，他们否认"上帝"（凭借其概念）可以按照"有可能存在、有可能不存在"的方式来设想。因此，在哈茨霍恩等人看来，康德的问题恰恰就在于按照那种仅仅属于"偶然的存在"那种"可能/不可能"的模态来思维上帝。

由此，哈茨霍恩与马尔科姆对康德的一个根本性的误解也就昭然若揭了。在《纯粹理性批判》中，康德真正要讨论的问题其实是：我们能否认识到一个按照必然性来设想的上帝的存在或实存，而不是我们应当如何正确地设想上帝。换句话说，根据康德的让步，我们当然可以将上帝设想为一个"绝对必然的存在者"，其存在与所有其他受造物不同，因为它是必然的，而非偶然的。但是，尽管如此，"我们能否证明上帝存在"的问题，仅仅涉及"我们能否认识到一个被如此设想的上帝的存在"。也就是说，即便上帝要么不存在，要么就以必然的方式存在，也依旧还有一个"我们能否认识到这种必然的存在"的问题。在哈茨霍恩和马尔科姆（以及笛卡尔与莱布尼茨）看来，我们只要正确地设想上帝，即把它思维成一个"绝对必然的存在者"，那就可以合法地从其概念中分析出其"必然的存在"。康德不会反对这样一个判断的绝对必然性——事实上，他不反对任何分析判断的绝对必然性。但是，正如前文（第四章第三节）中提到过的，康德提醒我们说："但判断无条件的必然性却不是事物的绝对必然性。因为判断的绝对必然性只不过是事物或者判断中的

康德与本体论证明的批判

谓词的有条件的必然性罢了。"① 因此，无论"上帝"（假如他确乎存在）本身以何种方式（偶然地或必然地）存在着都不能同时解决"我们如何能够认识到他的存在"的问题。那么，正如康德通过区分"逻辑的谓词"与"实在的谓词"所指出：从概念出发的分析判断只能表明主词概念与谓词概念之间的绝对必然的关系，而不是作为一个"自在自为的事物"（das Ding an und für sich）或"事情本身"（die Sache selbst）的主词（主词概念所指的客体）的绝对必然性。

分析命题仅仅包含"逻辑的谓词"，正如前文（第五章第二节、第九章第四节）中指出的，逻辑的谓词只能在形式上增加主词概念的知识，不能在质料上增加主词概念的知识。把"上帝"设想为"以绝对必然的方式存在着"，通过一个分析命题先天地得出"上帝现实地存在着"，这样一个分析的判断只能在两个意义上为真：首先，我们所说的"上帝"仅仅就是我们思想中的这个"上帝"的概念，"上帝现实地存在着"仅仅意味着，我们思想中有一个上帝的概念。这也就是康德所说的："要么你们心中的思想必须是该事物本身。"② 其次，我们是在假定"有一个上帝"的前提下，断言这个上帝不仅存在，而且以必然的方式存在着，但这个结论并不会使假定本身成为现实的。这也就是康德所说的："要么你们把一种存在预设为属于可能性的，在此之后按照这个借口从内在的可能性推出存在，而这无非是一种贫乏的同义反复。"③ 如果要说得再通俗一点，这样一种先天的证明只能表明：假如有一个绝对必然地存在着的存在者，那么，他就以必然的方式存在着。所以，这个证明其实什么也没有

---

① 〔德〕康德：《纯粹理性批判：注释本》，李秋零译注，中国人民大学出版社2011年版，第414页（B621）。
② 〔德〕康德：《纯粹理性批判：注释本》，李秋零译注，中国人民大学出版社2011年版，第416页（B625）。
③ 〔德〕康德：《纯粹理性批判：注释本》，李秋零译注，中国人民大学出版社2011年版，第416页（B625）。

第十章　本体论证明的当代辩护

证明，我们终究不知道他到底是否现实地存在着。哈茨霍恩与马尔科姆（包括笛卡尔与莱布尼茨）的问题也就在这里，无论我们如何"正确地"设想上帝，都不能解决"我们如何认识到他的现实性"的问题。哈茨霍恩与马尔科姆自始至终都混淆了假定与现实，他们在其模态论证中排除的只是一个（对于我们的认识来说）纯然可能的"自在自为存在着的上帝"本身在存在上的可能性问题，但这无助于解决上帝对于我们的认识来说的可能性问题。于是，整个问题最终又与康德的第五个论据（论据5）联系起来了。就我们人类存在者有限的认识能力而言，"我们对一切实存的意识（无论是通过知觉直接地意识，还是通过把某物与知觉结合起来的推论来意识）却是完全属于经验的统一性的"①。事实上，康德在《纯粹理性批判》中从没有说过上帝必定是不存在的，也从没有说过一种"绝对必然的存在"是不可能的。但是，这些确实不是我们所能认识到的，即便我们能够设想它们，也找不到任何为之辩护的根据。

最后，伍德在讨论笛卡尔的论证时曾指出："批判哲学所包含的认识论限制，足以阻拦对上帝的真实不变的本性的任何装模作样的直观，进而阻拦任何笛卡尔式的本体论证明。然而，康德没有选择以这种方式与这种证明搏斗。"② 现在，我们可以指出，这种观点其实割裂了康德的批判中各个论据之间的联系，也割裂了康德的批判与其整个认识论批判的联系。当然，还有一个不可忽视的问题是，伍德对"实在的谓词"持一种海德格尔式的解读，即仅仅将其理解为"关于一种实在性的概念"，而不是将其理解为"在质料上增加主词概念的知识的谓词"。然而，如果我们将两种谓词的区分与康德的第三个论据（论据3）相联系，从谓词概念增加主词概念知识的

---

① 〔德〕康德：《纯粹理性批判：注释本》，李秋零译注，中国人民大学出版社2011年版，第419页（B629）。

② Allen W. Wood, *Kant's Rational Theology*, Ithaca: Cornell University Press, 1978, p. 123.

方式的角度来理解这个论据,那么,这个论据就与康德的其他论据及其整个认识批判紧密结合在一起。

二 普兰丁格的辩护

普兰丁格为本体论证明提供的辩护与哈茨霍恩、马尔科姆等人的辩护有着大致相同的思路与原则。他们都相信:"上帝"的概念(如果被正确地设想)分析地包含一种"必然的存在",而不是一种"偶然的存在者";这种"必然的存在者"仅仅属于上帝,其他一切事物则只能拥有"偶然的存在者";上帝要么必然地存在、要么根本不存在,只有那些其存在被设想为偶然的存在者才会涉及"可能存在"的问题。但是,相比模态论证的其他倡导者与支持者,普兰丁格的辩护值得我们单独拿来作一番讨论,因为他注意到了本体论证明中一些非常重要的环节,这有助于深化我们对康德的批判的理解。

普兰丁格的模态论证可谓竭尽复杂繁琐之能事。在其著名的《上帝与必然性》一文中,普兰丁格以安瑟伦的证明为基础,根据本体论证明各环节的可能解释,对多个既有的与可能版本的模态论证做了详细的批判,其中也包括哈茨霍恩与马尔科姆的论证。① 而且,普兰丁格在他的模态论证中引入了"可能世界"的概念,在一些学者看来,这个做法"具有划时代的意义"②。甚至有学者认为,普兰丁格的论证"改变了二百年来哲学界中的一个定论,即:'康德永远推翻了本体论证明'"③。然而,尽管康德的批判未必就是"定论",

---

① Cf., Alvin Plantinga, *The Nature of Necessity*, Oxford: Clarendon Press, 1974, pp. 197–251.
② 张力锋:《从可能到必然——贯穿普兰丁格本体论证明的逻辑之旅》,《学术月刊》2011年第9期。
③ 赵敦华:《序言》,载[美]阿尔文·普兰丁格《基督教信念的知识地位》,邢滔滔、徐向东等译,赵敦华审校,北京大学出版社2004年版,第3页。

第十章 本体论证明的当代辩护

也未必没有任何值得商榷之处，但这些关于普兰丁格的评论或许都有些过誉。因为，即便他那些繁琐的演算当真滴水不漏，模态论证在根本上也依旧依赖于一种逻辑上可设想的"必然的存在"，并且企图从这种"必然性"的模态中推出上帝的现实性。事实上，正如赫费所指出的，康德所使用的"上帝"概念在必然性上甚至比普兰丁格的概念更强。"普兰汀加（即普兰丁格）的论证开始于这样一个假设，即每个人都有他所设想的上帝，并且会从这一偶然的表象来证明上帝的存在。相反，在康德那里，上帝表象具有一种必然性，以至于人们可以说：上帝'存在'。"① 从"上帝"或"绝对必然的存在者"的概念中分析出其"存在"或"实存"，这个判断的正确性并没有什么争议。"只有'现实的'存在才是有争议的，因为它是超出这种思想之外的认识。"② 因此，普兰丁格与哈茨霍恩、马尔科姆一样，把包含在"必然的存在"概念中的假定的必然性与其可能客体的现实的必然性混为一谈了，并且依据这种混淆要求排除关于这个概念的可能性的讨论。因此，当普兰丁格（像哈茨霍恩与马尔科姆一样）把这样一个上帝概念用到本体论证明之中时，他也同样混淆了"逻辑的谓词"与"实在的谓词"，把一个出自假定前提的假定结论当作一个实然的结论。但是，普兰丁格的论证本身并不是我们格外关注他的辩护的原因。

真正值得注意的是，普兰丁格从一开始就清楚地意识到，安瑟伦的证明是一个"reductio ad aburdum"（归谬法）："设'上帝不存在'，并指出这个假定导致谬论或矛盾。"③ 根据安瑟伦对上帝的定义，即"那无法设想有比之更大的存在者"，普兰丁格把他的论证重构为：

---

① 〔德〕奥特弗里德·赫费：《康德的〈纯粹理性批判〉：现代哲学的基石》，郭大为译，人民出版社2008年版，第273页。
② 〔德〕奥特弗里德·赫费：《康德的〈纯粹理性批判〉：现代哲学的基石》，郭大为译，人民出版社2008年版，第273页。
③ Alvin Plantinga, *The Nature of Necessity*, Oxford: Clarendon Press, 1974, p.198.

康德与本体论证明的批判

(1) 上帝实存于理解中，但不实存于现实中。

(2) 实存于现实中比仅仅实存于理解中更大。

(3) 上帝在现实中的实存是可设想的。

(4) 如果上帝确乎实存于现实中，那么，他就比他所是的更大［从（1）和（2）得出］。

(5) 有一个比上帝之所是更大的存在者，这是可设想的［从（3）和（4）得出］。

(6) 有一个比"那无法设想有比之更大的存在者"更大的存在者，这是可设想的［从（5）得出，根据"上帝"的定义］。

但毫无疑问

(7) "有一个比那无法设想有比之更大的存在者更大的存在者"是错误的。

因为（6）和（7）相互矛盾，我们就可以得出结论：

(8) "上帝实存于理解中，但不实存于现实中"是错误的。①

当然，普兰丁格对这个重构并不满意，并且因此做了一系列重述，考虑了每个环节的各种可能的意义，试图设计出一个最完满的版本。但是，正如我们在前面多次强调的，他的那些复杂繁琐的论证与演算并不是我们关心的重点，也并不能重建本体论证明的信誉。然而，这个重述依旧值得我们关注。因为，通常来说，我们主要把本体论证明理解为一个分析判断，或者说依据一个分析判断的先天证明。在这种证明中，我们把"上帝"设想为"绝对必然的存在者"，把"存在"或"实存"当作包含于其中的概念分析出来。这个判断的有效性依赖于把"存在"或"实存"理解为一个（狭义的）谓词，亦即关于一种实在性的概念，就像"红色""正方形"与"坚硬"等概念一样。因此，当康德在《证据》中宣称"存在根

---

① Alvin Plantinga, *The Nature of Necessity*, Oxford: Clarendon Press, 1974, p. 198.

第十章 本体论证明的当代辩护

本不是某一个事物的谓词或者规定性"时①,这种证明就已经破产了。但是,这仅仅是一个正面论证。正如我们在前文（第四章第一节,第六章第四节）中指出过的,本体论证明通常还有一个反面论证,即通过一个归谬法来加强其正面论证。在安瑟伦的证明中,其反面论证就是普兰丁格所指出的这个"归谬法"。也就是说,至少从字面上看,安瑟伦似乎并没有直接从上帝的概念分析出作为一种实在性的存在,而是试图从反面表明,如果我们把上帝设想为不存在的,就会在关于上帝的设想中陷入自相矛盾。

在普兰丁格的重构中,有待证伪的命题是（1）,即"上帝实存于理解中,但不实存于现实中"。在另一篇论文里,普兰丁格把它称作"归谬假定"（assumption for reductio）。② 安瑟伦的方法是,假定这个命题成立,看会发生什么情况,普兰丁格则把整个推理过程细化了。首先,他肯定命题（2）成立。其次,命题（3）告诉我们,即便在命题（1）为真的情况下,一个现实的上帝虽然不存在,但毕竟是可设想的。于是,命题（4）把"一个可能的现实上帝"与"一个纯然可能的上帝"加以比较,结合命题（2）得出了前者大于后者的结论。于是,就进一步推出了命题（5）——即便在命题（1）为真的情况下,这种比较虽然不是现实的,但却毕竟是可设想的。命题（6）与命题（5）并没有区别,只是用"上帝"的具体定义替换了命题（5）中"上帝"这个名词,以便更为清楚地看出矛盾。命题（7）用一个无可争辩的判断反驳了命题（6）,并且最终得出结论,也就是命题（8）,它完全否定了命题（1）的正确性。因此,整个论证的关键仅仅在于命题（2）:"实存于现实中比仅仅实存于理解中更大。"唯有这个命题成立,安瑟伦的论证（或者说普

---

① 〔德〕康德:《康德著作全集:第2卷》,李秋零主编,中国人民大学出版社2003年版,第78页（2:72）。

② Alvin Pulantinga, "Kant's Objection to the Ontological Argument", *The Journal of Philosophy*, Vol. 63, No. 19, October 1966, p. 537.

兰丁格的重构）才成立。事实上，我们之所以并不十分关心普兰丁格为这个论证做出的各种繁琐的修订，以及他在演算中引入"可能世界"概念的所谓创新，正是因为其论证的有效性最终都依赖于这个命题（2），即一个现实地存在着的事物（至少在某种特殊的意义上）比这个事物的纯然概念更大。

正如前文（第六章第四节）中指出过的，康德的第四个论据（论据4），即著名的"是（存在）不是一个实在的谓词"论题，针对的正是本体论证明的反面论证。通过这个论题，康德想要指出的是："存在"或"实存"不是一个能够在质料上增加主词概念的知识的谓词；在实存性判断中，通过把"存在"或"实存"添加给主词概念，并不能增加主词概念的内容。无论一个概念是否拥有存在，无论它存在于现实中，还是仅仅存在于我们的思想之中，这个概念都既不会增加一种实在性，也不会减少一种实在性。"存在"或"实存"作为一个谓词为主词概念增添的只是一种认识，即通过"存在"或"实存"这个认识顺序上的源始事实，使我们肯定一个事物及其所有实在性的现实性。而且，当我们把某个事物的"存在"或"实存"看作其"现实性"的根据时，这也仅仅是说，这个事物现实地存在着这个事实使我们获得了关于其现实性的认识。说到底，"存在"与"现实性"是一回事。因此，一个现实的事物并不比它的纯然概念更大，一个现实的上帝也并不比一个纯然可能的上帝更大。这就等于是说，普兰丁格的命题（2）是错误的，进而他的命题（4）也是错误的。如果"那无法设想有比之更大的存在者"确乎存在，它也并不比一个仅仅存在于思维中的"那无法设想有比之更大的存在者"更大，因为它们根本就是同一个东西。我们唯一需要讨论问题仅仅是这样一个存在者存在与否，而不是谁大谁小。

因此，普兰丁格论证中真正重要的部分不过就是他对其命题（2）辩护。他想要证明，康德对"是（存在）不是一个实在的谓

第十章 本体论证明的当代辩护

词"的论证并不成功。在普兰丁格看来，存在论题的证明就是要表明"存在"或"实存"与其他任何谓词的区别。但是，他并没有严格遵循康德的思路，而是按照自己的想法重构了一个证明。普兰丁格的重构如下：设某物的完整概念为"C"，设"存在"或"实存"为"E"，设其他任何谓词为"P"。那么，"C^{-E}"表示缺少"存在"或"实存"的"C"，而"C^{-P}"表示缺少另一种性质"P"（例如，"粉红色"）的"C"。接下来，用"$(\exists x)C^{-P}x$"表示："x"存在且拥有"C^{-P}"的所有性质；用"$(\exists x)C^{-E}x$"表示："x"存在且拥有"$C^{-E}x$"的所有性质。普兰丁格指出："显然，在某些可能的情境中，$(\exists x)C^{-P}x$ 将会为真，但 $(\exists x)Cx$ 将会为假。"① 为此，他给出的例子是"泰姬陵"，并且把"P"明确为"粉红色"。如果有一座绿色的泰姬陵，那么，"$(\exists x)C^{-P}x$"就为真，而"$(\exists x)Cx$"则为假。但是，相同的情形并不适用于"$(\exists x)C^{-E}x$"。因为，对于"$(\exists x)C^{-E}x$"来说，"除非 $(\exists x)Cx$ 也为真，否则它不能为真"②。在这种情况下，由于"Cx"是"泰姬陵的概念"，"$C^{-E}x$"是"缺少存在的泰姬陵的概念"，那么，"$(\exists x)C^{-E}x$"与"$(\exists x)Cx$"其实是等值的。如果泰姬陵根本就不存在，那么，说有一个"x"存在且拥有"缺少存在的泰姬陵概念"的所有性质，就是荒谬的。在普兰丁格看来，这个论证反映的正是康德通过存在论题所要表达的意思。然而，他并不认为这个论证是有效的，反而认为它"浅薄琐碎"（triviality），"没有以任何有意义的方式把'实存'与其他性质区分出来"③。为此，他提出了一个反驳。

---

① Alvin Pulantinga, "Kant's Objection to the Ontological Argument", *The Journal of Philosophy*, Vol. 63, No. 19, October 1966, p. 540.

② Alvin Pulantinga, "Kant's Objection to the Ontological Argument", *The Journal of Philosophy*, Vol. 63, No. 19, October 1966, p. 540.

③ Alvin Pulantinga, "Kant's Objection to the Ontological Argument", *The Journal of Philosophy*, Vol. 63, No. 19, October 1966, p. 541.

康德与本体论证明的批判

在这个反驳中，普兰丁格用"$(\exists^P x) Cx$"表示："带 P 的 x"存在且拥有"C"的所有性质；用"$(\exists^P x) C^{-P} x$"表示："带 P 的 x"存在且拥有"C^{-P}"的所有性质。可以看出，如果"$(\exists^P x) Cx$"为假，那么"$(\exists^P x) C^{-P} x$"也为假，因为它们是等值的。在普兰丁格看来，这个论据动摇了前面的论证。因为，如果"$(\exists x) C^{-E} x$"与"$(\exists x) Cx$"的等值性标志着"存在"或"实存"与其他性质（例如"粉红色"）的区别，那么，"$(\exists^P x) C^{-P} x$"与"$(\exists^P x) Cx$"的等值性则反驳了这一区别。同时，用"$(\exists^P x) C^{-E} x$"表示："带 P 的 x"存在且拥有"C^{-E}"的所有性质。普兰丁格还想指出，在某些情况下，"$(\exists^P x) C^{-E} x$"为真，但"$(\exists^P x) Cx$"不为真。为此，他给出的例子还是泰姬陵，但这次被设想为"某些传说中的印度王子的纯然神话中的住所"[①]。在这种情况下，"粉红色的泰姬陵存在且拥有'C^{-E}'的所有概念"就为真，因为它仅仅存在于神话中；但是，"粉红色的泰姬陵存在且拥有'C'的所有概念"则为假，因为它毕竟根本不存在。这个论据旨在表明，如果"$(\exists x) C^{-E} x$"与"$(\exists x) Cx$"的等值性表明"存在"或"实存"与其他性质（例如"粉红色的"）是有别的，那么，"$(\exists^P x) C^{-E} x$"与"$(\exists^P x) Cx$"的不等值性则表明并非如此。

遗憾的是，这个论证（无论何其精巧）不仅完全违背康德本人的思想，甚至也是违背常识的。在普兰丁格为康德重构的论证中，"C"原本就是"粉色的泰姬陵"的完整概念，尽管"C^{-E}"可以被理解为"粉色的泰姬陵"的纯然概念（独立于其现实客体），但"C^{-P}"却是另外一个东西即"非粉色的泰姬陵"的概念了。换句话说，"C"和"C^{-P}"根本就不是同一个概念，它们是否意指同一个可能的现实客体尚不明确。因此，"在某些情况下，

[①] Alvin Pulantinga, "Kant's Objection to the Ontological Argument", *The Journal of Philosophy*, Vol. 63, No. 19, October 1966, p. 541.

'(∃x) C⁻ᴾx' 为真，但 '(∃x) Cx' 为假"，这首先是因为两个命题中的"x"严格说来并非意指同一个可能的现实客体。当然，普兰丁格的重构也确实能说明一些问题，尽管是按照与康德相反的方式。"C⁻ᴾ"与"C"相比缺少一种实在性，如果我们把"C⁻ᴾ"看作从"C"中减去一种实在性，由于这种减少绝不是分析的，而是必须是综合的（综合地把一个谓词的对立面添加到主词概念之上），那么，"C⁻ᴾ"就是缩小了"C"的概念。但是，如果我们同样把"C⁻ᴱ"看作是从"C⁻ᴱ"中减去了"存在"或"实存"，那么，结果当然是"C"的概念没有缩小，"C⁻ᴱ"依旧是"C"，并没有因为它不存在就变成了另外一个事物的概念。当然，我们把"C"和"C⁻ᴾ"看作两个不同的可能事物的概念，这一点或许会引发争议。因为，在现实的认识中，我们确实难以穷尽对一个事物的认识，从而无法在概念中尽述其所有性质或谓词。事实上，普兰丁格在批评康德时也注意到了这一点。康德的论证依赖于一个主张，即一个事物与其概念必须拥有同样多的谓词。对此，普兰丁格提出了质疑：

> 毫无疑问，"一个对象的概念与对象本身包含同样多的内容"并不为真。举个例子，考虑一下"马"的概念。任何实在的马都拥有许多并不包含在概念之中的性质；任何实在的马都要么高于16掌、要么不到16掌。但是，这些性质都没有包含在马的概念之中（尽管"要么多于16掌、要么不到16掌"这一性质将包含于其中）。同样，对于"波士顿最高的人"来说：他将拥有"已婚"或"未婚"的性质；但是，这两种性质都不是"波士顿最高的人"这个概念的内容。①

---

① Alvin Pulantinga, "Kant's Objection to the Ontological Argument", *The Journal of Philosophy*, Vol. 63, No. 19, October 1966, pp. 539–540.

康德与本体论证明的批判

毫无疑问,这段引文中的内容本身是正确的,但却被错误地用来反对另一个同样正确的观点。实际上,引文中提到的"马"的概念、"波士顿最高的人"的概念都是普遍的概念,是纯然的共相。在现实的认识中,我们对任何现实事物的认识其实都是把它置于一个共相之下,把它看作共相之下的一个实例。但是,有两个问题需要注意:首先,共相本身并不是现实的对象。换句话说,共相本身并没有一个与之严格对应的对象。"马"的概念仅仅包含所有现实的马的共同特征,仅仅包含一般地属于每匹马的所有谓词;"波士顿最高的人"也仅仅包含所有现实的"波士顿最高的人"的共同特征——波士顿在不同的历史时期、不同的时间点上都有一个最高的人。正因为如此,我们在认识一匹具体的马,一个具体的波士顿最高的人时,才需要综合地添加上更多的谓词。其次,当康德说"一个事物与其概念拥有同样多的谓词"时,这显然仅仅关乎一个特定事物的殊相,仅仅关乎那唯一的属于这个特定事物的概念,而不是一个普遍的概念或一个共相。因此,康德在讨论"事物与概念"的关系时,涉及的是一个按照普遍规定原理被普遍规定了的概念,这种普遍规定并不针对同类事物的一个共相,而是仅仅针对作为一个个体的事物的所有可能谓词。尽管在现实的认识中,我们无法穷尽对一个事物的所有谓词的认识,但我们必须先行把一个事物预设为被普遍规定了的,因为若非如此,我们为认识一个事物而综合地添加上各种谓词就是不必要的,甚至是不可能的。因此,普兰丁格的这个批评是错位的,他本人甚至也意识到了这一点,所以才会说:"我们可以强调,对于每个对象来说,都有一个相应的完整概念:这个概念的内容包含了讨论中的对象所拥有的所有(与唯一的)性质。"[1] 事实上,我们前面提到的批评,正是在这个基础上提出的。但是,普兰

---

[1] Alvin Pulantinga, "Kant's Objection to the Ontological Argument", *The Journal of Philosophy*, Vol. 63, No. 19, October 1966, p. 540.

第十章 本体论证明的当代辩护

丁格显然没有把这一认识贯彻到底。

在普兰丁格的反驳中,"C"原本已经是一个完整的概念,"C^P"则是对"C"的进一步规定,已经是一个在内容上(在质料上)被扩大了的概念。因此,要么"C"与"C^P"是同一类事物中的两个不同个体的概念,要么"C"就必须是一个尚未被普遍规定的共相,从而"C"与"C^P"的关系就是共相与殊相的关系。同样,如果我们像普兰丁格一样,把"$(\exists x)Cx$"与"$(\exists x)C^{-P}x$"看作等值的,那么,它们两者之间就也只能是共相与殊相的关系。换句话说,它们与其说是等值的,不如说是任何拥有"C"的全部性质的"x"也都拥有"C^{-P}"的全部性质。这个问题在"$(\exists x)C^{-P}x$"与"$(\exists x)Cx$"的比较中更为明显:引入普兰丁格的例子,由于"C"本身就是"粉红色的泰姬陵",而"C^{-P}"不仅意味着"非粉红色的泰姬陵",还被普兰丁格进一步规定为"绿色的泰姬陵"。如此一来,两个命题虽然表现为不等值的,但由于"C"和"C^{-P}"的关系甚至都不是共相与殊相的关系,而是同一共相下的两个殊相的关系,所以"$(\exists x)C^{-P}x$"与"$(\exists x)Cx$"就成了两个完全不相干的事态。换句话说,第一个"x"不仅拥有某种"C^{-P}"以外的某种特殊性质(即"绿色的"),而且,这个事实与第二个"x"毫不相干。即便我们退一步,不引入"绿色的"这个额外的规定,那么,"$(\exists x)C^{-P}x$"与"$(\exists x)Cx$"就只能是共相与殊相的关系。只不过,这一次共相是"C^{-P}",殊相是"C"。诚若如此,根据普兰丁格的批判,我们完全可以在共相与殊相的关系上主张"$(\exists x)C^{-P}x$"与"$(\exists x)Cx$"是等值的。但是,"$(\exists x)C^{-E}x$"与"$(\exists x)Cx$"的等值性却意味着完全相同的概念的等值性。"C"和"C^{-E}"拥有同样多的性质,任何"x"如果拥有"C"的所有性质,也就拥有"C^{-E}"的所有性质。

普兰丁格的其他一些论证也同样看似精巧,实则荒谬。例如,设"O"为任何实存着的对象,"P"为任何性质(属性),可以得

康德与本体论证明的批判

出:"O"要么拥有"P",要么拥有它的补集"P̄"。这个其实就是一个根据排中律的选言判断,也可以表述为:"O"要么是"P",要么是"非P"。然后,普兰丁格指出,如果"O"不是一个实存着的对象,而是一个纯然虚构的对象,那就意味着:"至少有一种性质P,使得O既不拥有P,也不拥有P̄;至少有一种性质P,使得'O拥有P'既不为真,也不为假。"① 为此,普兰丁格给出的例子是"圣诞老人"(作为"O")与"穿10码的鞋"(作为"P")。由于我们根本不知道也不可能知道圣诞老人的鞋码,所以,"'圣诞老人穿10码的鞋'既不为真,也不为假;他既不拥有'穿10码的鞋'的性质,也不拥有这一性质的补集"②。然后,普兰丁格得出结论:实存着的东西大于纯然虚构的东西。因为,上述比较表明:一个实存着的"O"毕竟要么拥有"P",要么拥有"P̄",而一个纯然虚构的"O"却什么也不拥有。

事实上,普兰丁格的这个比较只能证明:任何可能的性质的"P"的现实性(存在)都依赖于"O"的现实性(存在),而且,它们两者的现实性是一回事,并且实际上只是"O"的存在或实存。康德当然不反对这一点,而且,我们在前文中已多次指出:"存在"或"实存"不是一种实在性,亦即不是一种质的规定,因为它本身就是使得一切事物及其种种性质成为"现实的"的力量。但是,从概念的内容上来讲,"存在"或"实存"本身并不会使一个现实的事物比它的概念更大,或者更准确地说,比它的概念多出些什么东西。无论如何,普兰丁格的上述论证犯有严重的逻辑谬误。一个纯然虚构的"O"当然或是"P"或是"P̄",因为既然主词"O"是虚构的,那么,判断中的"P"与"P̄"也都是虚构的。根据普兰丁格

---

① Alvin Pulantinga, "Kant's Objection to the Ontological Argument", *The Journal of Philosophy*, Vol. 63, No. 19, October 1966, p. 542.

② Alvin Pulantinga, "Kant's Objection to the Ontological Argument", *The Journal of Philosophy*, Vol. 63, No. 19, October 1966, p. 542.

第十章 本体论证明的当代辩护

本人的设定，我们本来就是在思维一个虚构的对象将拥有何种虚构的性质（属性）。普兰丁格说，一个纯然虚构的"O"既不拥有"P"，也不拥有"P̄"，这话也没错。但是，在这种情况下，尽管主词只是一个纯然虚构的事物，但谓词"P"与"P̄"却不是纯然的概念，而是指它们的客体（两种现实的属性）。因此，普兰丁格的论证只能表明，一个虚构的事物"O"并不现实地拥有一种性质"P"，但这几乎是句废话。正如前文（第三章第一节，第五章第三节）中指出过的，所谓的"思维中的存在"只能是在思维中假定某个事物存在，并把它当作一个现实存在的事物来思维，无论它确实就是一个现实存在的事物还是一个纯然虚构的事物，无论这个事物何其荒诞。因此，哪怕是一个虚构的事物"O"，也必须要么是"P"，要么是"P̄"，因为我们这是在讨论这个事物"O"如果存在会是怎样。若非如此，我们就是在胡思乱想。普兰丁格的这个论证利用了综合命题的特点，但这无济于事。

无论如何，所有这些论证与反驳都是琐碎的。从普兰丁格那里，我们还可以找到更多的论证，我们可以逐一对这些论证提出反驳，但这只能在量上增加讨论的篇幅，并不能解决根本问题。根本问题在于，普兰丁格（以及其他许多模态论证的支持者）一方面承认"存在"或"实存"不是一种性质（属性），即否定它是一种质的规定；另一方面，他又继承了弗雷格的基本立场，把"存在"或"实存"理解为一种量的规定，亦即对"非零"或"非空"的否定。因此，尽管他试图引入"可能性""偶然性"与"必然性"等模态范畴来讨论存在问题，却没有把"存在"或"实存"本身看作一种模态的规定。于是，普兰丁格既想从量上对现实的事物与纯然的概念做出比较，又不愿意把量的比较落实到质上，即落实到实在性的数量或完善性的程度上。在这种情况下，就不可避免地产生了这些荒谬的论证。

现在，回到安瑟伦的归谬法。由于普兰丁格并没有为命题（2）提供很好的辩护，即无法证明"实存于现实中比仅仅实存于理解中更大"，因此，他也就不能成功地将命题（1）归谬。相反，根据前文（第六章第四节）中的澄清，康德通过存在论题指出，由于"存在"或"实存"根本就不是关于一种实在性的概念，因此，当我们在实存性判断中把它用于规定一个主词概念时，它并不能增加主词概念的内容，使之扩大。这意味着，无论是就实在性的数量而言还是就各种实在性的完善程度而言，一个现实的事物都并不大于它的纯然概念。因此，安瑟伦的证明是不成立的。

三　凯特利、谢弗与伍德的辩护

以普兰丁格的辩护为坐标，我们很容易就可以看到，本体论证明的当代辩护大多都想从命题（2）入手。也就是说，它们试图表明康德对于"是（存在）不是一个实在的谓词"的论证是不充分的。接下来，我们将选取几个比较具有代表性的辩护来加以讨论，并且尝试揭示出它们的问题。当然，"比较具有代表性的"这个说法意味着，我们不会也不可能穷尽对所有既有的与可能的辩护的讨论。而且，我们也没有必要这样做。因为，"比较具有代表性的"这个说法同时也意味着，我们最好不要把它们当作单个的辩护方案，而是把它们当作某一类辩护方案的代表。如果我们能够发现这些辩护中的问题，那么，我们也就很容易看出同类辩护中的相同的问题。

人们通常认为，康德对于存在论题的一个论证出现在"论上帝存在的本体论证明的不可能性"的第 11 段，我们在前文（第六章）中其实已经讨论过。康德在那里说：

> 因此，当我思维一个事物时，无论我通过什么谓词以及多少谓词来思维它（甚至在普遍的规定中），通过我附加上"**该物存在**"，也对该物没有丝毫的增益。因为若不然，就会不正好是该物，而是比我在概念中所思维的更多的对象在实存着，而

第十章 本体论证明的当代辩护

且我不能说，恰恰是我的概念的对象实存着。即使我甚至在一个事物中设想一种实在性之外的所有实在性，也并不由于我说这样一个有缺陷的事物实存着，阙如的实在性就补加上去了。相反，它恰恰是带着我思维它时的那种缺陷实存着，否则就是与我所思维的不同的某物在实存了。①

为了解释康德的这个论证，马尔科姆讲了一个通俗易懂的故事。他说：一位国王想要一位完美的首相，并且让两位大臣"A"和"B"分别写一个清单，列出这个理想的首相必须具备的种种特点。结果，大臣 A 和大臣 B 开出的清单基本一样，只有一个区别：A 的清单中多出一个"实存"（existence），B 的清单则没有。马尔科姆指出，显然，同一个人可以同时满足两份清单的要求。"说得更明白些，任何满足 A 的描述的人也必然将满足 B 的描述，反之亦然！这也就是说，A 与 B 无论如何也没有写出两份不同的描述，而是对一位首相所必需的与可欲的种种性质的同一份描述。"② 当然，这个故事的重点并不在于大臣 A 和大臣 B 能不能真正找到一个完全符合他们清单的首相，也不在于哪些特点是一个理想首相必须具有的，哪些则不是，而是在于：无论有没有"实存"，无论是否真的有这样一位首相，两位大臣所设想的理想首相都是完全一样的，他们拥有同样的多的、完全相同的特点，无论"他们"是否现实存在着，"他们"就是同一个（可能的）人。

然而，默里·凯特利（Murry Kiteley）对马尔科姆的证明提出了质疑，他的质疑很具有代表性。凯特利认为，除非马尔科姆的这个论证仅仅适用于"存在"或"实存"，不适用于其他任何谓

---

① 〔德〕康德：《纯粹理性批判：注释本》，李秋零译注，中国人民大学出版社 2011 年版，第 418 页（B628）。

② Norman Malcolm, "Anselm's Ontological Arguments", *The Philosophical Review*, Vol. 69, No. 1, January 1960, p. 44.

康德与本体论证明的批判

词,否则的话,他的论证就是无效的。为此,他给出了两个例子。第 1 个例子可以看作"首相"的翻版。他说:某人向木匠订购了一只木箱,并且在规格、尺寸、材料等方面提出了很多要求。最后,这个人对木匠说:"我不想收到一只'非空的'(non-empty)箱子。"①这个木匠(以及我们这些旁观者)无疑会觉得这是个荒谬的要求,因为"非空的"等于"不存在"。第 2 个例子则是作为反例出现的,他说:一家糖果制造商在生产巧克力时会考虑它的尺寸、馅料与其他配料,但不会考虑"有包装"。毫无疑问,作为商品,它当然要有包装。但是,"包装是覆盖物而不是特征"②。通过比较这两个例子,凯特利想要指出的是,同样都排除了一个谓词,我们不能单凭这一点就认为:"非空的"不是一个实在的谓词,而"有包装"是一个实在的谓词。既然如此,马尔科姆的证明就是不合理的,康德的那个"一百个塔勒"的证明也是不合理的。而且,凯特利还认为,尽管一百个现实的塔勒与一百个想象的塔勒"在计数上没有区别。但是,那并不意味着,它们毫无区别。例如,你不能把想象的塔勒存入你的银行账户"③。然而,这种质疑并不难回应。

正如前面指出过的,马尔科姆的那个证明的重点并不在于我们可以从讨论对象的概念中排除什么,而是在于排除它的理由。理想首相的清单之所以可以排除"存在"或"实存",是因为这个理想的首相无论是否存在,他所需具备的种种特点都是一样多的。因此,大臣 A 的这个表面上多出一项要求的清单与大臣 B 的那个表面上少了一项要求的清单,说的都是同一个人。与马尔科姆的例子一样,

---

① Murray Kiteley, "Is Existence a Predicate?", *Mind*, New Series, Vol. 73, No. 291, July 1964, p. 364.

② Murray Kiteley, "Is Existence a Predicate?", *Mind*, New Series, Vol. 73, No. 291, July 1964, p. 365.

③ Murray Kiteley, "Is Existence a Predicate?", *Mind*, New Series, Vol. 73, No. 291, July 1964, p. 365.

第十章　本体论证明的当代辩护

在凯特利的第 1 个例子中，排除"非空"的理由是：在这里，无论要不要加上一个"非空"的描述，说的都是同一个箱子。但是，在第 2 个例子中，"有包装的"并不分析地包含在"巧克力"的概念中，思维一块巧克力并不需要同时思维它的包装，而这正是我们可以把"有包装的"这一属性排除掉的原因。也就是说，"有包装的"只是一个外在的规定，从而只能综合地添加到"巧克力"的概念之中。因此，仅仅从这个角度来看，从"巧克力"中排除掉"有包装的"这一属性的理由，即与在"箱子"中排除"非空"的理由不一样，也与在马尔科姆的"首相"中排除"存在"或"实存"的理由不一样。可以肯定的是，"有包装的巧克力"与"巧克力"已经是两个概念了：前者（无论存在与否）必须是巧克力，后者（无论存在与否）则并不必须是"有包装的"。但是，大臣 A 的清单中的"存在着的理想首相"与大臣 B 的清单中的"理想首相"是一回事。当然，凯特利或许还想表达这样一个意思，即在现实生活中，一个糖果制造商肯定会包装好自己的巧克力，但"有包装的"并不因此就属于"巧克力"的概念，但这完全是强词夺理。因为，如果我们要较真的话，一个糖果制造商，倘若不顾商业信誉受损，或者有什么特殊的原因，就是不给他的巧克力做包装，这也绝不是什么不可能的事情。更何况，在凯特利的这个例子中，"巧克力"从一开始就已经被暗中规定为"一块作为商品的、包装好的巧克力"。然而，真正说来，这些争论并不十分要紧。

真正要紧的是，凯特利对"实在的谓词"采取了一种海德格尔式的理解。正如前文（第五章第二节，第九章第四节）中指出过的，"实在的谓词"并不直接等同于关于一种实在性的概念，而是指那些在判断中真正发挥了"谓述"或"规定"功能的概念，亦即在质料上而不是仅仅在形式上增加了主词概念的知识的谓词。在马尔科姆的例子中，如果那个理想的首相确乎存在，那么，由于"存在"或"实存"显然并不分析地包含在"理想的首相"的概念中，所以，

康德与本体论证明的批判

这样一个实存性判断（实际上是所有实存性判断）无疑只能是综合的——也就是说，通过后天的经验，通过最终确实发现了一个理想首相的事实。但是，在"理想的首相存在"这个判断中，通过用"存在"或"实存"来谓述或规定"理想的首相"这个主词概念，我们对主词概念的认识并没有增加。理想的首相还是那个理想的首相，他并没有因为"存在着"而多出来一些别的什么属性。即便在这个现实的理想首相身上还有其他很多我们原本没有设想过的属性，那也并不是因其"存在"或"实存"而多出来的——尽管它们确实也是因其"存在"或"实存"而是现实的，但这与"多出来"是两码事。然而，在凯特利的第 2 个例子中，情况则完全不一样。"有包装的"并不分析地包含在"巧克力"的概念中，所以"这个巧克力是有包装的"是一个综合判断。在这一点上，这个判断与任何实存性判断是一致的。但是，"有包装的"在质料上增加了"巧克力"的知识，或者说使"巧克力"获得了一种原本没有的属性。然而，在任何实存性判断中，"存在"或"实存"都不能做到这一点。因此，凯特利的第 2 个反例没有与马尔科姆的例子形成恰当的对比。

杰罗姆·谢弗从另一个角度批评了康德的论证，在他看来，这个论证的要点在于判断前后主词概念的变化。"他（指康德）论证说，如果'实存着'（exists）是一个实在的谓词，那么，断言某个事物实存着时，我们就会改变我们对于某个事物的概念，由此最终得到一个与我们最初使用的不一样的概念。现在，由于我们有了一个新的与不一样的概念，我们就未能断言最初的那个主词实存。"① 这确实就是康德的意思，尽管它更多的是个消极论证，是一个归谬法或反面论证。康德的正面论证应该是："实在的谓词"不只是关于一种实在性的概念，而且是那种能够在判断中真正发挥谓述功能或

---

① Jerome Shaffer, "Existence, Predication, and the Ontological Argument", *Mind*, New Series, Vol. 71, No. 283, July 1962, p. 309.

第十章 本体论证明的当代辩护

规定功能的谓词,即能够在质料上增加主词概念的知识的谓词;"存在"或"实存"尽管必须(在实存性判断中)被综合地添加给一个主词概念,但却不能在质料上增加主词概念的知识,所以它不是一个实在的谓词。因此,我们看到,康德说:"我思维一个事物时,无论我通过什么谓词以及多少谓词来思维它(甚至在普遍的规定中),通过我附加上'该物存在',也对该物没有丝毫的增益。"① 然后,在这个正面论证的基础上,康德马上又补充了一个反面论证:"因为若不然,就会不正好是该物,而是比我在概念中所思维的更多的对象在实存着,而且我不能说,恰恰是我的概念的对象实存着。"② 也就是说,康德在这里通过"若不然"设定了一个待归谬命题:"存在"或"实存"是一个实在的谓词,从而能够增加主词概念的知识。假如这个结果为真,结果就是:我们原本想要断言某个概念"C"为真,所以,我们说:"C 存在。"根据前面那个待归谬命题,"存在"将增加概念"C"的内容,使之获得一种原本没有的属性。设定"存在"为某种属性"E",那么,通过把"E"添加给概念"C",概念"C"就成了"C^{+E}"。这也就意味着,现实存在着的东西并不是"C",而是"C^{+E}"。这个结论是荒谬的,并由此将最初的命题归谬,从反面支持了康德的存在论题。

然而,谢弗为这个论证感到"震惊"(astonishing):"因为这个论证(如果合理的话)表明,根本没有任何东西可以是一个实在的谓词。"③ 为此,他给出了一个反例。如果我们断言"某个事物是红色的",那么,我们就给"某个事物"的概念增加了一个"红色

---

① 〔德〕康德:《纯粹理性批判:注释本》,李秋零译注,中国人民大学出版社 2011 年版,第 418 页(B628)。
② 〔德〕康德:《纯粹理性批判:注释本》,李秋零译注,中国人民大学出版社 2011 年版,第 418 页(B628)。
③ Jerome Shaffer, "Existence, Predication, and the Ontological Argument", *Mind*, New Series, Vol. 71, Bo. 283, July 1962, p. 310.

的"概念。于是,"某个事物"的概念就变成了"某个红色的事物"的概念。按照康德的思路,"红色的"似乎就不是一个实在的谓词,而这显然是荒谬的。① 艾伦·伍德非常认同谢弗的质疑,他也为这个论证感到"震惊"(astonishing)。② 正如前文(第六章第四节)中已经提到过的,伍德也给出一个类似的反例。这个反例进一步涉及康德的后面几句话,即"即使我甚至在一个事物中设想一种实在性之外的所有实在性,也并不由于我说这样一个有缺陷的事物实存着,阙如的实在性就补加上去了"③。伍德的反例是:同样,我们的主词概念依旧是"某个只缺乏一种实在性的事物",他称之为"几乎完善的存在者"(the almost perfect being),这个存在者所缺乏的那种实在性正是"全能的"。现在,我们把"全能的"添加给这个"几乎完善的存在者",断言说"这个几乎完善的存在者是全能的"。于是,"几乎完善的存在者"的概念变成了"完善的存在者"的概念,因为"全能的"补足了它所缺失的那种实在性。那么,由于主词概念发生了变化,"全能的"似乎就不是一个实在的谓词。④

实际上,这种"震惊"一方面是由于孤立地考虑康德的这个归谬法所导致的,另一方面则是由于(与凯特利一样)对康德的存在论题采取了一种海德格尔式的解读所导致的。我们知道,归谬法的论证效力原本就十分有限,它只能用于支持一个正面论证的结论。因此,不考虑康德的其他论证,孤立地讨论这个归谬法的效力,这对于康德来说是十分不公平的。同时,如果我们像海

---

① Jerome Shaffer, "Existence, Predication, and the Ontological Argument", *Mind*, New Series, Vol. 71, Bo. 283, July 1962, p. 310.
② Allen W. Wood, *Kant's Rational Theology*, Ithaca: Cornell University Press, 1978, p. 109.
③ 〔德〕康德:《纯粹理性批判:注释本》,李秋零译注,中国人民大学出版社2011年版,第418页(B628)。
④ Allen W. Wood, *Kant's Rational Theology*, Ithaca: Cornell University Press, 1978, p. 109.

第十章 本体论证明的当代辩护

德格尔与凯特利一样，仅仅把"实在的谓词"理解为关于一种实在性的概念，那么，谢弗与伍德的质疑就多少是有些道理的。然而，事实并非如此。正如我们反复提到的，"实在的谓词"是指那种仅仅在形式上而不能在质料上增加主词概念的知识的谓词：分析命题的谓词不是实在的谓词，是因为它原本就包含在主词概念之中，从而不能增加主词概念的知识；实存性判断虽然是综合判断，但却仅仅是主观综合的判断，这是因为"存在"或"实存"根本就不是一个谓词，从而也就无法增加关于主词概念的知识。康德的正面论证所强调的也正是这一点："我思维一个事物时，无论我通过什么谓词以及多少谓词来思维它（甚至在普遍的规定中），通过我附加上'该物存在'，也对该物没有丝毫的增益。"①因此，康德的归谬法的重点不在于主词概念发生了改变，而在于实存性判断中的"存在"或"实存"不能使主词概念发生改变，否则就违背了基本的常识。但是，这并不代表实存性判断是毫无意义的，因为此处所谓的"概念没有发生变化"，仅仅是就概念内容而言的，或者说，仅仅是就包含在概念中的谓词或实在性的数量而言。康德自己也说："在我的财产状况中，一百个现实的塔勒比它们的纯然概念（也就是说，它们的可能性概念）有更多的内容。"② 但是，这个"内容"并非概念的内容③，而是财产状况的内容。因此，实存性判

---

① 〔德〕康德：《纯粹理性批判：注释本》，李秋零译注，中国人民大学出版社2011年版，第418页（B628）。
② 〔德〕康德：《纯粹理性批判：注释本》，李秋零译注，中国人民大学出版社2011年版，第417—418页（B627）。
③ 其实，引文中的"内容"系吾师秋零先生在中译本中添加的，科学院版德文为："Aber in meinem Vermögenszustande ist mehr bei hundert wirklichen Thalern, als bei dem bloßen Begriffe derselben (d. i. ihrer Möglichkeit)."可以译作："但是，在我的财产状况中，一百个现实的塔勒比它们的纯然概念（也就是说，它们可能性）更多。"所以，引文中的"内容"是为汉语通顺起见添加的，它并不是指概念本身的内容，而是单纯指"有一百个塔勒"比"没一百个塔勒"更富有。

康德与本体论证明的批判

断在认识中为概念增添了一个客体（对象），或者说使概念客体（对象）的现实性被认识到。

但是，在谢弗与伍德的反例中，主词概念理当被改变，因为他们使用的是两个客观综合的命题，涉及的是两个概念与两个可能客体（对象）的关系。在谢弗的例子中，"某个事物是红色的"涉及两个概念：主词概念"某个事物"，谓词概念"红色的"；它们各自对应于两个可能的客体（对象）。在伍德的例子中，"几近完善的存在者是全能的"也涉及两个概念：主词概念"几近完善的存在者"，谓词概念"全能的"；它们各自对应于两个可能的客体（对象）。因此，无论谢弗的还是伍德的例子，作为判断都涉及两个概念的结合，并且如果这两个判断为真，则表示两个客体的现实结合。但是，在康德所讨论的实存性判断中，虽然涉及两个概念，但却仅仅涉及一个可能的客体（对象）。也就是说，"某个事物存在"或"某个事物实存着"的判断涉及两个概念：主词概念"某个事物"，谓词概念"存在"或"实存"；但只有主词概念有一个可能的客体（对象），谓词"存在"或"实存"的功能只是把主词概念所指的"可能的"客体（对象）规定为现实的。因此，在谢弗的例子中，"某个事物"通过添加上"红色的"，理当变成"某个红色的事物"；同样，在伍德的例子中，"几近完善的存在者"通过添加上"全能的"，理当变成"完善的存在者"。因为，"红色的"与"全能的"作为实在的谓词，其功能就是在质料上增加主词概念的知识，或者说为主词概念增加一种实在性。然而，这恰恰就是"红色的""全能的"这样的谓词与"存在"或"实存"的区别。康德的归谬法与其说是证明"存在"或"实存"不是一个实在的谓词，不如说是把"存在"或"实存"与其他实在谓词的区别展现了出来。

我们很容易看出，以上讨论涉及的是两种综合判断的区分，即作为一种主观上综合的判断的实存性判断与那些客观上综合的判断

第十章 本体论证明的当代辩护

的实存性判断的区分。实际上，伍德本人就注意到了这一区分，但由于他对存在论题持一种海德格尔式的解读，没有理解到康德的这个归谬法的要点。正如前面的讨论中所指出的，虽然同为综合判断，但实存性判断不能增加主词概念的知识，这是它与其他客观综合判断的根本区别。由此，我们或许还可以进一步考虑实存性判断与分析判断的区别。由于海德格尔式的解读，凯特利、谢弗与伍德会把任何判断中的"空的""红色的"与"全能的"看作实在的谓词，因为它们毕竟是关于一种实在性的概念。从这个角度出发，康德的这个归谬法也很容易遭到误解。由于康德把"实在的谓词"定义为"添加到主词的概念之上并扩大了这个概念的谓词"①，并且在对存在论题的论证中强调"通过我附加上'该物存在'，也对该物没有丝毫的增益"②，因此，凯特利、谢弗与伍德还可以说：分析命题中的谓词也不能扩大主词概念，如此则诸如"箱子是空的""某个红色的事物是红色的"与"上帝是全能的"这些判断中的谓词也不是实在的谓词。事实上，确实如此。正如前文中多次指出的，与"实在的谓词"相对，"逻辑的谓词"是指那种只能在形式上增加主词概念的知识的概念；同时，正如前文（第六章第四节）中指出，"逻辑的谓词"与"实在的谓词"之间的区别并不（像许多人所认为的那样）落实到"上帝存在"与"上帝是全能的"的区别之上：在后面这两个命题中，"存在"与"全能的"都是逻辑的谓词。"空的""红色的"与"全能的"固然是关于一种实在性的概念，但它们并不在任何时候都是"实在的谓词"，而是仅仅在综合判断中被用于规定一个主词概念时才是。再次重申：实存性判断中的"存在"或"实存"与分析命题中的谓词一样都是逻辑的谓词，但它们之所以是逻辑的谓词的理由不一样。

---

① 〔德〕康德：《纯粹理性批判：注释本》，李秋零译注，中国人民大学出版社2011年版，第417页（B626）。

② 〔德〕康德：《纯粹理性批判：注释本》，李秋零译注，中国人民大学出版社2011年版，第418页（B628）。

四 J. 威廉·福吉的辩护

同样是为普兰丁格的命题（2）辩护，相比凯特利、谢弗与伍德的论证，J. 威廉·福吉的论证更为细致，也更具有迷惑性。正如前文（第八章第三节）中提到过的，福吉对存在论题持一种弗雷格式的解读，即把"实在的谓词"看作弗雷格所说的"一阶概念"，把"存在"或"实存"看作一个"二阶概念"，他本人甚至干脆使用了"一阶谓词"和"二阶谓词"这两个术语。因此，对于福吉来说，康德的存在论题就是说："存在"或"实存"仅仅是一个二阶谓词，不是一个一阶谓词。此外，在福吉看来，康德在《证据》和《纯粹理性批判》中的存在论题是一回事。因此，我们可以把福吉的观点看作一种"弗雷格式的解读"与"海德格尔式的解读"的混合体。但是，福吉对普兰丁格的命题（2）的辩护其实不涉及这两种立场，尽管它们可能是更为根本的问题。

福吉对他的攻击目标做了一番细致的论证，他从《证据》与《纯粹理性批判》中抽取除了三个版本的论证。前两个论证来自《证据》，康德在那里说：

> 存在根本不是某一个事物的谓词或者规定性……任取一个主体（主词），例如尤里·凯撒，把他的所有可以想象的谓词，就连时间和地点的谓词也不除外，都集中在他身上，这样马上就可以理解，虽然有所有这些规定性，他仍然可能实存，也可能不实存。给予这个世界和这个世界中的这位英雄以存在的那个存在者，能够无一例外地认识所有这些谓词，但却是把这位英雄看做仅仅可能的、离开了它的决定就不实存的事物。谁能够否认，千百万并不现实存在的事物按照它们如果实存就会包含的谓词是仅仅可能的，在最高本质关于它们拥有的表象中，

第十章 本体论证明的当代辩护

尽管实存并不包含在内,因为最高存在者是把它们仅仅当做可能的事物来认识的,但却不短缺任何谓词。即使它们实存,也不可能再多包含一个谓词,因为就一个事物按照其通常的规定性所具有的可能性来说,根本不会缺少任何谓词。即使上帝乐意创造另一系列事物,即创造另一个世界,这个世界也要以所有这些规定性实存,而不会多出一些虽然它是仅仅可能的,上帝却从它身上认识到的规定性。①

福吉从中抽取出了两个论证。

论证 A:

(1) 拥有一个纯然可能的存在者 N 的完备概念是可能的;

(2) 实存不能被包含在一个纯然可能的存在者的概念之中;

(3) 因此,如果 N 要实存,实存就不是其种种谓词中的一个。②

论证 B:

(1) 拥有一个纯然可能的事物 N 的完备概念是可能的;

(2) 诚若如此,这个概念 N 的对象就会拥有当它是一个现实存在者时所拥有的每种谓词,但(由于它是一个纯然可能的存在者)它不会拥有实存;

(3) 因此,如果 N 要实存,实存就不会是其种种谓词中的

---

① 〔德〕康德:《康德著作全集:第 2 卷》,李秋零主编,中国人民大学出版社 2003 年版,第 78—88 页(2:72)。

② J. William Forgie, "Kant and the Question 'Is Existence a Predicate'?", *Canadian Journal of Philosophy*, Vol. 5, No. 4, December 1975, p. 566.

康德与本体论证明的批判

一个。①

然后,福吉又从《纯粹理性批判》的段落中抽取出了第三个论证。

论证 C：

（1）拥有一个事物 N 的完备概念是可能的；
（2）实存不能在任何一个事物的概念之中；
（3）因此,如果 N 实存着,实存就不是其种种谓词中的一个。②

其中,论证 A 要求：现实的事物并不比它的纯然概念多出一个谓词。论证 B 要求：一个已知为纯然可能的事物的概念,即便当它成为一个现实的事物,也不会比它的纯然概念多出一个谓词。论证 C 要求：无论某个事物是否现实,即无论它是一个现实的事物,还是一个纯然可能的事物,当它成为一个现实的事物时,也不会比它的纯然概念多出一个谓词。福吉以"白色的"（作为一个典型的一阶谓词）为例,把这些条件表述为：

（P1）"是白色的"能够在一个纯然可能的存在者的概念之中,但实存不能。

（P2）"是白色的"能够属于一个概念的对象,当该对象是一个纯然可能的存在者时,但实存不能。

（P3）"是白色的"能够被包含在一个事物的概念之中（无

---

① J. William Forgie, "Kant and the Question 'Is Existence a Predicate'?", *Canadian Journal of Philosophy*, Vol. 5, No. 4, December 1975, pp. 566–567.
② J. William Forgie, "Kant and the Question 'Is Existence a Predicate'?", *Canadian Journal of Philosophy*, Vol. 5, No. 4, December 1975, p. 571.

第十章 本体论证明的当代辩护

论该事物是现实的还是纯然可能的),但实存不能。①

当然,这些繁琐细致的论证无非是要表明,康德对本体论证明的批判依赖于存在论题,但存在论题无非就是这样一个论断:诸如"白色的"这样的谓词能够包含在一个纯然可能的事物的概念之中,或者包含着在这样一个概念的对象之中,但"存在"或"实存"不能。因此,福吉对康德的批评也就集中在这个论断之上。为了质疑这个论断,他区分了强弱两种意义上的"包含在一个概念之中"(be included in a concept)或者"在一个概念中"(in a concept),又区分了"意向性主张"(intentional claim)与"外延性主张"(extentional claim)。

首先,强弱两种意义上的"包含"(include):

1. **弱义**(weak sense)。根据福吉的解释:"说'是白人'(是白色的)在上帝创世以前的'凯撒'的概念之中,这就是说,上帝把'凯撒'设想为白人(是白色的)……现在,假定'是白人'(是白色的)能够在这种意义上在一个纯然可能的存在者的概念之中是没有任何问题的。因为,假定'是白人'(是白色的)是任何东西之为上帝的'凯撒'概念的一个实例的必要条件,这并不等于假定那个概念有一个实例。"② 其实,这也正是一般而言的分析的谓述判断的特点。简单来说,正如前文(第四章第三节,第五章第一节,第六章第一节)中多次指出过的,在任何"S 是 P"的分析判断中,由于谓词概念"P"包含在主词概念"S"中,它可以确保假如有一个"S"存在(或者说,假如"S"是一个现实的事物),那么,这个现实的"S"将拥有"P"这一属性。但是,这个分析判断中的谓词概念"P"不能确保主词概念"S"存在,即不能确保"S"是一

---

① J. William Forgie, "Kant and the Question 'Is Existence a Predicate'?", *Canadian Journal of Philosophy*, Vol. 5, No. 4, December 1975, p. 572.

② J. William Forgie, "Kant and the Question 'Is Existence a Predicate'?", *Canadian Journal of Philosophy*, Vol. 5, No. 4, December 1975, p. 573.

个现实的事物。

2. 强义（strong sense）。福吉对"强义"的解释其实并不十分清楚，但我们可以（在与"弱义"的对比中）推定，强义地包含在一个事物的概念中的某物可以确保这个事物实存。根据福吉的解释："我将假定，康德主张'实存'（existence）绝不能包含在一个事物的概念之中，而且，他是在强义上这么说的。他的意思是说，没有任何弱义地包含在一个事物的概念之中的东西能够确保其对象实存着，即确保它是一个现实的存在者。实存不能在一个纯然可能的事物的概念之中，这是千真万确的。举个例子，如果某个弱义地包含在上帝的'凯撒'概念中的东西可以确保凯撒是一个现实的存在者，那么，上帝的概念就不是一个纯然可能的存在者的概念。"① 也就是说，如果"凯撒"的概念中包含"实存"，那么，"凯撒"就不只是一个概念，而是一个现实的存在者。

在做出这个区分的同时，福吉也谈到了他与康德的一个分歧。在福吉看来，"存在"或"实存"也可以在弱义上包含在一个纯然可能的事物的概念之中。他的理由是，设想"存在"或"实存"包含在一个概念中，并不等于设想这个概念有一个现实的客体。"假如在上帝的'凯撒'概念中有 P_1、P_2……P_n 与实存。这就使我们只能假定，任何存在者为了成为那个概念的一个实例都必须要满足的必要条件有多个——它必须实存着，而且，它必须拥有性质 P_1、P_2……P_n。现在，尽管实存在上帝的概念之中，但很有可能，没有任何满足这一条件的东西能够满足成为那个概念的一个实例所需的所有其他必要条件。换句话说，很有可能，没有任何实存着的东西拥有 P_1、P_2……P_n，亦即上帝的概念没有一个实例。"② 当然，这个论证多少

---

① J. William Forgie, "Kant and the Question 'Is Existence a Predicate'?", *Canadian Journal of Philosophy*, Vol. 5, No. 4, December 1975, p. 575.
② J. William Forgie, "Kant and the Question 'Is Existence a Predicate'?", *Canadian Journal of Philosophy*, Vol. 5, No. 4, December 1975, pp. 573–574.

有些强词夺理，因为它几乎完全没有考虑概念与客体的对等性。但是，尽管这个论证并不难反驳，但却既不是福吉的批评中的要点，也不是本节关心的要点。所以，我们在此并不过多讨论这个论证。更重要的是，福吉清楚地知道，康德并没有在这种"弱义"上宣称"存在或实存不能包含在一个事物的概念之中"的。相反，他清楚地知道，康德的主张要强得多："无论我们关于一个事物的概念何其丰富，无论何种谓词在弱义上包含于那个概念之中，没有任何如此包含于其中的东西能够确保或保证其对象实存，或者是一个现实的存在者。"① 因此，这个区分仅仅服务于在对比中突出康德的思想。

其次，"意向性主张"与"外延性主张"，福吉也把它们称作"意向性陈述"（intentional statement）与"外延性陈述"（extentional statement）：

1. 意向性主张：福吉说："如果我说'N 是 φ'，并且我的这个说法乃是基于一个事实，即我设想 N 要拥有 φ，让我们说，我正在做出一个关于我的概念之对象的意向性主张。即便我的概念没有一个实例，我也能够做出这些意向性的主张。"②

然而，这个解释本身多少有些含糊，仿佛意向性主张就是我们在思维中任意做出的判断。但是，结合前面福吉对强弱两种意义上的"包含"的区分，以及一个弱义地包含在主词概念的谓词可以确保一个意向性主张为真的观念，我们可以合理地得出：所谓意向性主张或意向性陈述，其实就是分析的谓述判断。

2. 外延性主张：根据福吉的解释："如果我说'N 是 φ'，而且，我这么说不是因为我设想 N 拥有 φ，而是因为凭借规范的经验

---

① J. William Forgie, "Kant and the Question 'Is Existence a Predicate'?", *Canadian Journal of Philosophy*, Vol. 5, No. 4, December 1975, p. 574.

② J. William Forgie, "Kant and the Question 'Is Existence a Predicate'?", *Canadian Journal of Philosophy*, Vol. 5, No. 4, December 1975, p. 576.

康德与本体论证明的批判

调查（或者，凭借无论何种适用于做出一些关于那个概念之实例的主张的方法），我注意到，N 确乎现实拥有 φ，让我们说，我正在做出一个关于我的概念之对象的外延性主张。"[1] 根据这个解释，不仅实存性判断，综合的谓述判断也属于外延性主张。因此，不仅"存在"与"实存"可以强义地（根据后天的综合）包含在一个主词的概念中，就连"白色的"（白人）这种概念也可以强义地（同样也是根据后天的综合）包含在一个主词的概念之中。更重要的是，根据福吉前面对强弱两种意义上的"包含"的区分，一个弱义地包含在主词概念中的谓词不能确保一个外延性主张为真。

现在，仍以"凯撒"这个概念为例，把上面这两组区分结合起来，似乎就可以得出：(1) 弱义地包含在"凯撒"的概念中的"是白人"（是白色的）可以确保一个"凯撒是白人"的意向性主张为真，不能确保相同内容的外延性主张为真；(2) 弱义地包含在"凯撒"的概念中的"存在"或"实存"可以确保一个"凯撒存在"或"凯撒实存着"的意向性主张为真，不能确保相同内容的外延性主张为真；(3) 强义地包含在"凯撒"的概念中的"是白人"（是白色）可以确保一个"凯撒是白人"的外延性主张为真；(4) 强义地包含在"凯撒"的概念中的"存在"或"实存"也可以确保一个"凯撒存在"或"凯撒实存着"的外延性主张为真。如此一来，前面提到的康德的三个条件（P1）（P2）与（P3）就似乎是出自对意向性主张与外延性主张的混淆。

首先，根据福吉的解释，康德的（P1）与（P3）说的都是："是白色的"能够包含在一个事物的纯然概念之中，而"存在"或"实存"不能。对此，福吉指出：

---

[1] J. William Forgie, "Kant and the Question 'Is Existence a Predicate'?", *Canadian Journal of Philosophy*, Vol. 5, No. 4, December 1975, p. 576.

第十章 本体论证明的当代辩护

我没法为"在一个概念中"找到一个单一意义的表述,使"是白色的"能够在一个纯然可能的存在者的概念中为真,但实存不能。在我们所说的"弱义"的表述中,无论"是白色的"还是实存都能够在这样一个概念之中。而且,唯有当我们混淆了关于一个概念之对象的意向性主张与外延性主张时,"是白色的"似乎才能够、而实存则似乎不能在我们所说的"强义"上在这样一个概念之中。因此,对我来说,(P1)是错误的,并且因此(P3)也是错误的。所以,论证 A 和论证 C 都是不成功的。[①]

其次,根据福吉的解释,康德的(P2)说的是:"是白色的"能够、而实存不能属于一个概念的对象,当该对象是一个纯然可能的存在者时。对此,福吉指出:

> 如果上帝在创世之前有一个"凯撒"的概念,那么,上帝的这个概念的对象(即凯撒)就是一个纯然可能的存在者。(P2)说得是,这个纯然可能的存在者能够拥有"是白人"(是白色的)这个谓词,却不能拥有实存。现在,千真万确的是,如果上帝的这个概念的对象是一个纯然可能的存在者,那么,"凯撒实存着"的外延性主张就是错误的。但如此一来,自不待言,"凯撒是白人"的外延性主张也是错误的。因此,如果我们外延性地说,上帝的这个概念的纯然可能的对象既不实存着也不是白人(不是白色的)。另一方面,如果我们意向地这样说,那么,允许上帝的这个概念的对象能够既实存着又是白人(是白色的),那就似乎没有什么问题。因为,由于"是白人"(是白色的)与实存都能够弱义地包含在上帝的"凯撒"概念之

[①] J. William Forgie, "Kant and the Question 'Is Existence a Predicate'?", *Canadian Journal of Philosophy*, Vol. 5, No. 4, December 1975, p. 577.

康德与本体论证明的批判

中,"凯撒是白人"与"凯撒实存着"的意向性主张都可以为真。由于我没有以任何单义的方式来看待这句话,即"是白色的"能够、而实存不能属于一个概念的纯然可能的对象,那么,对我来说,(P2)似乎就是错误的,而论证 B 也因此是不成功的。①

总而言之,在福吉看来,康德的主张——诸如"白色的"这样的谓词能够、"存在"或"实存"则不能包含在一个纯然可能的事物的概念之中,或者包含在这样一个概念的对象之中——是不成立的。因此,康德对本体论证明的批判也是不成功的。然而,这个看似精巧的辩护其实是完全站不住脚的。福吉不仅曲解了康德的思想,还犯了与普兰丁格相同的错误。

首先,无论福吉在何种意义上(强义的或弱义的)理解一个谓词"包含在一个主词概念之中"或者"在一个主词概念之中",他都已经把"存在"或"实存"当作一个狭义的谓词来使用了,即把它当作关于一种实在性的概念来使用的。而且,福吉的辩护完全是以"逻辑的方式"而不是以"先验的方式"来考虑主词概念与谓词概念的关系,这一点非常重要。"逻辑的方式"与"先验的方式"或者"逻辑的考虑"与"先验的考虑"的区分并不(像许多人所认为的那样)涉及两种根本上对立的与不可调和的哲学立场,而是仅仅涉及我们要不要始终在与对象的关系中来考虑概念。如果我们完全不考虑"存在"与"实存"到底是什么意思,到底指什么东西,而是仅仅把它当作一个逻辑符号来使用,我们当然可以说,在任何实存性判断(不管它是一个意向性的主张还是一个外延性的主张)中,"存在"与"实存"(就像其他所有谓词一样)

---

① J. William Forgie, "Kant and the Question 'Is Existence a Predicate'?", *Canadian Journal of Philosophy*, Vol. 5, No. 4, December 1975, p. 578.

第十章 本体论证明的当代辩护

与主词概念结合起来了,并且在这个意义上包含在主词概念之中。事实上,福吉的论证表明,他就是这么想的。但是,如果我们的意图不是要玩什么文字游戏或逻辑游戏,如果我们也要同时考虑"存在"或"实存"到底是什么意思,到底指什么东西,情况就大不一样了。正如康德所指出的,"Sein"(是/存在)在认识中不过就是"肯定"或"设定":要么是在谓述判断中肯定主词概念与谓词概念的关系,要么就是在实存性判断中肯定主词概念本身,即肯定主词概念有一个与之相应的现实对象;而且,前者也是在假定主词概念存在(有一个与之相应的现实对象)的情况下,考虑它将以何种具体的、特定的方式存在着,或者说它将拥有何种实在性。因此,"是"与"存在"或"实存"在根本上是一回事,后者也不是任何某种必须依附于一个实体(主词概念的客体)才能现实地存在着或实存着的偶性(谓词概念的客体),而是这个实体(作为一个自在的事物本身)的现实性本身,即那种使之成为一个现实的事物的力量。

因此,"存在"或"实存"与诸如"白色的"这种谓词之间的区别并不是一个需要复杂的逻辑论证才能证明的区别,而是一个只需要以先验的方式对这些概念的内容加以考虑就能够很容易地分辨出来的区别。诸如"某个事物的存在"或"某个事物拥有存在"这样的表述很容易误导我们,使我们(有意或无意地)按照谓述关系来思维"某个事物"与"存在"之间的关系。但是,说"存在"或"实存"依附于一个实体而存在着或实存着,这本身就是一个自相矛盾的表述。在谓述判断中,主词概念与谓词概念各自指称一个可能的客体,它们在判断中是以肯定的方式相结合的关系,指称其各自所指的客体之间的关系。因此,我们可以说,谓词概念包含在主词概念之中:在分析的谓述判断中,谓词概念原本就包含在主词概念之中;在综合的谓述判断中,谓词概念并不从一开始就包含在主词概念之中,而是通过后天的综合被添加到主词概念之中。然而,在实存性判断中,尽管同样使用两个概念,也同样是把两个概念综合起来,但并没有两个客体被思维,而是只有一个概念的客体被思维,即只有主词概念的客体被思维,并且其现实性在判断中被肯定。更重要的是,由实存性判断所肯定的主词概念与其客体是等同的,即便我们并不彻底认识主词概念中的所有可能的谓词,但却毕竟把它当作一个普遍规定了的概念来思维。因此,在实存性判断的那里,我们不能说谓词概念包含在主词概念之中,因为两个概念之间并没有一种包含与被包含的关系:无论在强义上还是在弱义上,"存在"或"实存"都不能包含在一个纯然可能的概念之中,也不能包含在这样一个概念的对象之中。

其次,福吉认为,康德混淆了意向性主张与外延性主张,但事实并非如此。根据前面的分析,福吉的意向性主张如果不是我们思维中任意的判断,那就只能是分析的谓述判断。因为,唯其如此,福吉才可以主张,弱义地包含在一个主词概念中的谓词能够确保一个意向性主张为真。同时,福吉的外延性主张只能是综合判断,包括实存性判断与综合的谓述判断。就福吉所使用的"include"(包含)这个词而言,如果它相当于康德所使用的"enthalten"(包含)的话,那么,康德主要是在弱义上而非强义上使用这个词。这意味着,唯有在分析的谓述判断(福吉所说的意向性主张)那里,康德才说谓词概念包含在主词的概念之中。相反,在综合判断的情形中,康德一般不说"enthalten"(包含),而是说"hinzukommen"(添加)。因此,福吉所说的"强义的包含"就貌似康德所说的"hinzukommen"(添加)。而且,特别是在综合的谓述判断中,尽管谓词概念原本并不包含在主词概念之中,而是被添加进去的,但主词概念毕竟因此被扩大了,并且这个扩大了的主词概念确乎包含着那个被添加进去的谓词。因此,根据这些澄清,对于康德来说,诸如"是白色"这样的谓词就既能弱义地包含在一个事物的概念之中,也能强义地包含在一个事物的概念之中——前者意味着分析地包含,

第十章 本体论证明的当代辩护

后者意味着综合地添加。但是，到目前为止，福吉的"强义的包含"与康德的"添加"之间的等同性依旧只是表面上的，因为我们还只考虑了综合的谓述命题的情形。如果我们进一步把这种等同性转移到实存性命题那里，就很容易误导我们。

在实存性判断中，"存在"或"实存"确实被添加给了一个事物的概念，但却并没有因此在强义上被包含在这个概念中。作为主观综合的判断，尽管是综合的，但"存在"或"实存"并没有扩大主词的概念，使之多出一种实在性。正如我们多次指出过的，在实存性判断中，尽管使用了两个概念，但却只涉及一个可能的客体。"一百个现实的塔勒所包含的丝毫不多于一百个可能的塔勒"①，一个事物无论是否存在，其概念都是完全一样的。在日常语言中，我们可以说，"某个事物拥有存在或实存"，"存在或实存属于某个事物的概念"。根据这种表述，"存在"或"实存"仿佛就是某种东西，被另一个东西即"某个事物"所拥有。但是，这只是一种修辞，或许具有某种文学上的美感，但却并没有在字面上准确地传达"某个事物"与"存在"或"实存"的关系。相反，我们在严格的意义上只能说，"某个事物存在着或实存着"，并且唯有当它现实地存在着时，这个事物才能现实地拥有诸如"白色的"这样的属性。因此，对于康德来说，"存在"或"实存"与诸如"白色的"这种谓词的区别在于："白色的"既能在弱义上也能在强义上包含在一个事物的概念之中，或者包含在这个概念的对象之中；然而，"存在"或"实存"既不能在弱义上也不能在强义上包含在一个事物的概念之中，或者包含在这个概念的对象之中。

总而言之，福吉与普兰丁格一样，甚至与前批判时期的许多形而上学一样，迷失在了纯然逻辑的讨论中，忽视了概念的实在内容，

---

① 〔德〕康德：《纯粹理性批判：注释本》，李秋零译注，中国人民大学出版社2011年版，第417页（B627）。

康德与本体论证明的批判

以至于在已然意识到了"存在"或"实存"不是一个（狭义的）谓词之后，依旧按照思维一个谓词的方式来思维实存性判断中的主词概念与"存在"或"实存"的关系。在此基础上，福吉又把实存性判断中的"添加"与他所谓的"强义的包含"混为一谈，才会提出这种看似精巧、实则徒劳的辩护。但是，现在看来，他的辩护显然是无效的。

余　论

简单来说，我们在本书中做了两件事，或者说是完成了两项主要的任务。首先，我们为康德对本体论证明的批判提供了一个阐释。在这个阐释中，我们试图把康德特定路径的批判置于（1）批判的理论哲学的整体背景之中，以及（2）与哲学史上已经出现过的批判及其相关论据的联系之中。这是因为（从本书第三部分的讨论中可以看出）在近几十年来的相关学术争论中，无论是康德的批评者还是其支持者都在不同程度上表现出一个倾向，即孤立地考虑康德的这个特定路径的批判及其主要论据，将其与作为一个整体的批判哲学的联系割裂开来，并且忽视了康德与其思想前辈的联系。事实上，一些看似重要的争论，几乎完全是由这种孤立的与割裂的考虑造成的。当然，我们还对康德的存在论题以及与之相关的两个主要论据提出了一种新的解读。我们区分了康德在《证据》与《纯粹理性批判》中提出的两个存在论题：前者想要告诉我们的是，"是""存在"或"实存"根本就不是一个（狭义上的）谓词，亦即不是关于一种实在性的概念；后者想要告诉我们的是，在实存性判断中，把"存在"或"实存"添加到一个主词概念之中，并不能扩大主词概念，亦即不能在质料上增加主词概念的知识。因此，康德的批判中的第三个论据（论据3）想要告诉我们的是：即便我们姑且承认"存在"或"实存"是一个谓词，本体论证明也混淆了"逻辑的谓词"与"实在的谓词"，把一个从分析命题中获得的或然结论当成了一个唯有从综合命题中才能获得的实然结论。同时，康德的第四个论据（论据4）想要告诉我们的是：由于

康德与本体论证明的批判

"存在"或"实存"根本就不是一个（狭义上的）谓词，并且（更重要的是）不能在质料上增加主词概念的知识，一个事物的纯然概念并不比它的现实客体（对象）缺少任何一种实在性，因而本体论证明的反面论证即"归谬法"是不成立的。

其次，我们对当前国内外学者围绕康德的批判所展开的一系列争论做了一番讨论。从我们的讨论中可以看出，几乎所有的争论都与存在论题有关。我们批判了当代学界颇为流行的一种"以弗雷格解康德"的倾向，即一种把弗雷格与康德的存在论题看作一回事的主张。对于康德来说，"存在"或"实存"并不是什么"二阶概念"或"二阶谓词"，而是关于一个一阶层面的（认识顺序上的）源始事实的概念。尽管"存在"或"实存"并不是一种实在性，但却是一种使任何某个事物本身及其所有实在性得以现实化的力量或活动；或者说，对"存在"或"实存"的意识就是关于自在的事物本身（die Sache an sich selbst）的现实性的意识。同时，康德也不是"弗雷格–罗素多义性论题"的支持者。对于康德来说，谓述判断中作为系词的"是"与实存性判断中的"存在"或"实存"在本质上是一回事。当然，我们并不反对康德在某种程度上影响了弗雷格、罗素以及当代分析哲学对于"是"与"存在"的看法。但是，把康德与弗雷格的观点区分开来，不仅有助于我们更好地评估这种影响，还有助于我们更好地理解康德在存在问题上对黑格尔与海德格尔等人的影响。随后，我们又重点讨论了当代学者对于康德存在论题的两种主要的解读，即"依据命题类型的解读"与"海德格尔式的解读"。前者强调"分析命题/综合命题"与"逻辑的谓词/实在的谓词"这两组区分之间的关系，但却存在"倒因为果"的问题，把现象混淆为本质，并且时常诉诸"弗雷格–罗素多义性论题"来解读康德的思想；后者则完全忽视了两种命题与两种谓词的关系，把康德在《证据》与《纯粹理性批判》中的两个存在论题看作一回事，仅仅将"实在的谓词"理解为关于一种实在性的概念，进而也就曲解了康德在《纯粹理

余 论

性批判》中的论证意图。从我们在本书最后一章中对本体论证明的当代辩护的讨论中可以看出，该种证明的辩护者大多都试图在康德的存在论题上做文章，但他们对康德的质疑与批评要么是基于弗雷格式的存在论题，要么就是基于存在论题的海德格尔式的解读。因此，根据我们对存在论题提出的新的解读，所有这些辩护都不难回应。

当然，所有这些工作说到底就是为康德的批判辩护。我们认为，尽管有如此多的质疑与批评，康德对本体论证明的批判依旧是成功的。而且，我们没有理由认为，康德的批判针对的只是某个特定版本的证明，例如笛卡尔的或莱布尼茨的证明。相反，我们有理由认为，康德的批判一般地对于任何形式的本体论证明都是有效的。因此，如果再考虑到康德的"依赖性论题"（DT），就可以合理地得出：在对本体论证明的批判中，康德一劳永逸地否定了从思辨理性出发证明上帝存在的可能性，进而彻底地摧毁了思辨的自然神学或理性神学的根基。当然，正如前文（第二章第二节）中指出过的，康德所讨论的"上帝"是一个基督教式的上帝，一个独立于世界之外的人格上帝，他拥有知性与意志，并且凭借其知性与意志创造了世界与人类。从这个意义上讲，康德的批判适用于基督教（以及其他一神论宗教）中的自然神学部分[1]，也适用于（其实是更适用于）传统的形而上学一神论学说，但并不适用于任何形式的泛神论。正如前文（第二章第二节）中指出过，康德从逻辑上否定了一种斯宾诺莎式的泛神论上帝的可能性，但就像艾伦·伍德所指出的，康德的批判似乎并不适用于一种费希特式的泛神论上帝[2]，也不适用于一种黑格尔式的泛神论上帝。甚至，康德对斯宾诺莎本人的理解或许也是值得商榷的。在今天，甚至许多基督教的神学家们也试图建立

---

[1] 需要注意的是，康德的批判并不适用于启示神学，因为启示神学无需证明上帝存在，而是只需要相信上帝存在，相信《圣经》或其他宗教典籍中的道理。

[2] Cf., Allen Wood, *Kant's Rational Theology*, Ithaca: Cornell University Press, 1978, pp. 25 – 27.

康德与本体论证明的批判

一种泛神论的或类泛神论的上帝信仰。但是，这种泛神论的或类泛神论的上帝在多大程度上能够赢得人们的信仰与事奉是值得怀疑的，如果这个上帝既不以毁天灭地的威胁也不以赏善罚恶的审判要求人们的崇拜与服从。事实上，就连康德本人的道德宗教学说也面临着相同的问题。

提到康德的道德宗教学说，人们首先会想到的往往还不是《纯然理性界限内的宗教》，而是《实践理性批判》的"辩证论"部分的"道德论证"（das moralische Argument）①，即康德从实践理性出发为"灵魂不死"与"上帝存在"提供的一个辩护或证义（Rechtfertigung）。在很多人看来，这个辩护或证义的出现表明，康德在《纯粹理性批判》中对理性神学的批判要么是虚伪的，要么就是缺乏一贯性的表现。诗人海涅（Heinrich Heine）曾言辞犀利地嘲讽说，康德在"袭击了天国"、杀死了上帝之后，又出于对其善良的老仆人的怜悯，把"自然神论的尸体复活了"。② 弗兰茨·梅林（Franz Mehring）也批评康德说："如果说他在《纯粹理性批判》一书中把上帝、自由和灵魂不灭从前门运出去的话，那末，在他的《实践理性批判》一书中，他又把它们从后门运了进来。"③ 但是，这些评论都既没有正确地理解康德的思想，也没有公正地评价他的思想。实际上，康德的"道德论证"最早并不是在《实践理性批判》中提出

---

① "道德论证"一词实际出自《判断力批判》，康德在那里也是用"道德证明"（der moralische Beweis）这个说法，但两者都仅仅是在"Argument"（论证）与"Beweis"（证明）一个较为宽泛的意义上使用的。对此，康德本人解释得非常清楚："这种道德的论证不是要提供上帝存在的一种客观有效的证明，不是要向信念不坚定的人证明有一个上帝存在，而是要向他证明，如果他想在道德上始终如一地思维，他就必须把这一命题的假定接受进他的实践理性的准则中去。"〔德〕康德：《判断力批判：注释本》，李秋零译注，中国人民大学出版社2010年版，第266页脚注（5：450n）。

② 〔德〕亨利希·海涅：《论德国宗教和哲学的历史》，海安译，商务印书馆2017年版，第116页。

③ 〔德〕弗兰茨·梅林：《中世纪末期以来的德国史》，张才尧译，何江校，生活·读书·新知三联书店1980年版，第78页。

的，而是在《纯粹理性批判》的"先验方法论"中提出的。① 而且，严格来说，康德自始至终都没否定过上帝存在的可能性，他甚至承认这是有可能的。著名的"第四个二论背反"并没有否定一个绝对必然的存在者的可能性，它只是表明，没有这样一个存在者也是可能的。康德在"先验辩证论"中的批判也没有否定上帝存在的可能性，他的意思只是说，想要证明上帝存在是不可能的。同时，严格说来，康德的"道德论证"并不是一个"证明"（Beweis），亦即没有把"上帝存在"确立为一个严格意义上的"知识"（Wissen），亦即"既在主观上又在客观上充分的视之为真"（das sowohl subjectiv als objectiv zureichende Fürwahrhalten）②，而是仅仅将其视作一个"信念"（Glauben），亦即主观上充分但在客观上不充分的视之为真。③

在《实践理性批判》中，"灵魂不死"与"上帝存在"是作为"公设"（Postulat）被视之为真的。"公设"是一个几何学术语，康德本人曾以欧几里得第三公设为例来解释他对这个术语的理解与使用。"现在，数学中一个公设就叫做实践的命题，它所包含的无非是我们最初给予我们自己一个对象并产生出它的概念所凭借的那种综合，例如用一条被给予的线从一个被给予的点出发在一个平面上画一个圆；诸如此类的命题之所以不可证明，乃是因为它所要求的程序恰恰就是我们最初产生这样一个图形的概念所凭借的东西。"④ 当然，"灵魂不死"与"上帝存在"都是理论命题，不是实践命题。

---

① 〔德〕康德：《纯粹理性批判：注释本》，李秋零译注，中国人民大学出版社2011年版，第527—533页（B837-847）。

② 〔德〕康德：《纯粹理性批判：注释本》，李秋零译注，中国人民大学出版社2011年版，第534页（B50）。

③ 康德说："如果视之为真在主观上充分，同时被视为客观上不充分的，那它就叫做信念。"〔德〕康德：《纯粹理性批判：注释本》，李秋零译注，中国人民大学出版社2011年版，第534页（B50）。

④ 〔德〕康德：《纯粹理性批判：注释本》，李秋零译注，中国人民大学出版社2011年版，第206—207页（A234/B287）。

康德与本体论证明的批判

但是，与几何公设一样：1. 它们自身是不可证明的；2. 它们是其他某个东西赖以产生的条件。在《实践理性批判》中，这个"其他某个东西"就是"至善"（das höchste Gut）。如果说得再具体一点："灵魂不死"构成了人类存在者达到德性上完善的条件，"上帝存在"构成了有德之人获享幸福的条件。这就涉及康德所说的"实践理性的二论背反"（die Antinomie der praktischen Vernunft）或"纯粹实践理性的辩证法"（Dialektik der reinen praktischen Vernunft），并且表现为道德法则在意愿与行动方面对每个人都普遍有效的要求与现实的自然事实之间的冲突。一方面，道德法则要求我们在任何时候都要出自法则而行动，做到"意志与道德法则的完全适合"（die völlige Angemessenheit des Willens zum moralischen Gesetze）①，以便对内（于己）成为一个德性完善的人（始终拥有最高的善，即善的意志），对外（于物）创造一个至善的世界（让有德之人因其德性而享有幸福）；另一方面，人类存在者的感性本性决定了我们在今生都无法达到德性上的完善，自然世界中也没有任何迹象表明，完善的德性将按照因果关系与最大的幸福必然地结合在一起。如此一来，我们似乎就陷入一种非常尴尬的处境之中。如果"善有善报"（正如自然的事实告诉我们的那般）仅仅是一个偶然的（甚至是小概率的）事件，我们就很容易陷入绝望，把一切道德奋斗都看作徒劳的。在这种道德绝望中，如果我们还坚持做道德法则诫令我们要做的事情，就显得很不理性；但是，如果我们放弃道德奋斗、自甘堕落，就会让自己在理性的法庭面前成为道德上恶的与面目可憎的。

在《波利茨版宗教学说》中，康德把这种尴尬的处境称作"aburdum practicum"（实践的背谬）。"这种道德信念是一个实践的

---

① 参见〔德〕康德《实践理性批判：注释本》，李秋零译注，中国人民大学出版社2010年版，第114页（5：122）。康德也把这种"适合"（Angemessenheit）称作意志的"神圣性"（Heiligkeit）或"完善性"（Vollkommenheit）。

余 论

公设,因而那些否认它的人们将陷入 absurdum practicum(实践的背谬)。Absurdum logicum(逻辑的背谬)指的是判断中的不一致;但是,当 practicum(实践的)出现时,它是指,想要否认这个或那个的人必定是一个恶棍。道德信念就属于这种情形。"[1] 因此,康德的意思是说:既然我们(作为理性存在者)能够意识到道德法则的要求及其普遍必然性,我们就必须相信道德奋斗的目标是可以实现的:我们可以成为德性完善的存在者,我们可以创造一个至善的世界。但是,唯有相信"灵魂不死",我们才有可能在未来持续的道德奋斗中达到德性上的完善;唯有相信"上帝存在",德性与幸福才有可能按照因果关系必然地结合起来,因为上帝既是自然秩序的原因,也是道德秩序的原因。反过来说,如果我们否定"灵魂不死"和"上帝存在",也就否定了"德性完善"与"德福结合"即至善的可能性。如此,按照康德的想法,我们就会在自己眼中成为一个恶棍。

必须承认的是,一直以来,康德的这个道德论证都备受争议。但是,关于其有效性的讨论并不是本书的重点。重要的是,我们从刚才的解释中可以看出,康德的这个道德论证与他在《纯粹理性批判》中对上帝存在证明的批判并不矛盾。严格说来,康德没有也不是在证明上帝存在,而是基于道德法则的普遍有效性证明我们有理由相信上帝存在,以免在实践上陷入他所说的"背谬"。这一点符合康德在《纯粹理性批判》第二版前言中提出的口号:"我不得不扬弃知识,以便为信念腾出地盘。"[2] 同时,也符合世俗化的现代社会"知识的归知识、信仰的归信仰"的精神原则。

古今中外,道德与宗教总是紧密地纠缠在一起。因为,几乎任何宗教都把道德德性看作获享幸福的条件,无论它们对道德德性的

---

[1] Immanuel Kant, *Kants Gesammelte Schriften. Band 28/2/2*, Preußische Akademie der Wissenschaften, Hrsg., Berlin: Walter de Gruyter, 1972, S. 1083.

[2] 〔德〕康德:《纯粹理性批判:注释本》,李秋零译注,中国人民大学出版社 2011 年版,第 21 页(B XXX)。

康德与本体论证明的批判

具体要求持有何种特殊的看法，无论它们如何理解幸福以及把幸福置于今生还是来世。实际上，康德《纯然理性界限内的宗教》第二版序言中的"同心圆"比喻就反映了这一点：在康德看来，启示的宗教与纯粹的理性宗教组成了一个同心圆，启示的宗教是外圆，纯粹的理性宗教是内圆，而这个"纯粹的理性宗教"就是他的道德宗教。① 然而，以基督教为代表的启示宗教与康德的道德宗教之间还有一个根本性的区别。对于启示的宗教来说，道德法则不仅必须是上帝的诫命，还必须因为它们是上帝的诫命，所以才被看作道德的。但是，在康德的道德宗教中，道德法则是实践理性的先天综合命题。因此，道德法则固然可以被看作上帝的诫命，但那只是因为上帝（如果确乎存在的话）也是一个理性存在者，从而必然地愿意道德法则所要求的行动。② 甚至，在康德看来，上帝也不是道德法则的创作者，因为它们是实践理性依据其固有原则的必然判断。③

---

① 〔德〕康德：《纯然理性界限内的宗教：注释本》，李秋零译注，中国人民大学出版社2011年版，第9页（6：12）。

② 〔德〕康德：《纯然理性界限内的宗教：注释本》，李秋零译注，中国人民大学出版社2011年版，第140—141页（6：153 – 154）。康德在那里说："如果在一种宗教中，为了把某种东西承认为我的义务，我必须事先知道它是上帝的诫命，那么，这种宗教就是启示的（或者是需要一种启示的）宗教。与此相反，如果在一种宗教中，我必须在能够承认某种东西是上帝的诫命之前，就知道它是义务，那么，这种宗教就是自然宗教。"

③ 〔德〕康德：《道德形而上学：注释本》，李秋零译注，中国人民大学出版社2013年版，第25页（6：227）。康德在那里说："先天地和无条件地通过我们自己的理性约束我们的法则，也可以被表述为产生自最高立法者的意志，亦即产生一个只有法权而没有义务的立法者的意志（因而是属神的意志）。但是，这仅仅指的是一个道德存在者的理念，其意志对所有人而言都是法则，不过无须把它设想为法则的创作者。"相同的说法以及更详细的阐释也出现在《波尔瓦斯基版实践哲学》（*Praktische Philosophie Powalski*）、《柯林斯版道德哲学》（*Moralphilosophie Collins*）、《维吉兰提版道德形而上学》（*Metaphysik der Sitten Vigilantius*）与《蒙哥维斯版道德学Ⅱ》（*Mrongovius II*）中。Immanuel Kant, *Kants Gesammelte Schriften. Band 27/1*, Preußische Akademie der Wissenschaften, Hrsg., Berlin: Walter de Gruyter, 1974., S. 146, S. 283; Immanuel Kant, *Kants Gesammelte Schriften. Band 27/2/1*, Preußische Akademie der Wissenschaften, Hrsg., Berlin: Walter de Gruyter, 1975, S. 544; Immanuel Kant, *Kants Gesammelte Schriften. Band 29/1/1*, Preußische Akademie der Wissenschaften, Hrsg., Berlin: Walter de Gruyter, 1980, S. 633.

余 论

尽管每个理性存在者（包括上帝）在道德方面都可以被视作"立法者"（Gesetzgeber），但也仅仅是被"视为"（ansehen）或"看作"（betrachten）立法者，并且仅仅是在这样一种意义上：道德法则是意志或实践理性自己的法则，对道德法则的服从是一种自我服从或自律。① 因此，在康德的道德宗教学说中，"上帝存在"（作为一个信念）是从道德法则的普遍有效性出发来辩护的，但道德法则及其普遍有效性本身却无须由一个全能的上帝来保障。所以，康德在《纯然理性界限内的宗教》第一版序言开头就说：

> 既然道德是建立在人这种自由的存在者的概念之上的，人这种存在者又正因为自由而通过自己的理性使自己受无条件的法则制约，那么，道德也就既不为了认识人的义务而需要在人之上的另一种存在者的理念，也不为了遵循人的义务而需要不同于法则自身的另一种动机……因此，道德为了自身起见，（无论是在客观上就意愿而言，还是在主观上就能够而言）都绝对不需要宗教，相反，借助于纯粹的实践理性，道德是自给自足的。②

在康德看来，人类存在者（作为有理性的存在者）凭借自己的理性就能意识到道德法则的具体要求及其普遍有效性，并且单凭自己的力量就能出自道德法则的要求而行动。但是，如果在此基础上，人们进一步把道德义务看作上帝的诫命，那就叫作"宗教"（Reli-

---

① 更详细的讨论，参见李科政《立法的类比性与自然的必然性——康德伦理学中的一个问题》，《中国人民大学学报》2022 年第 3 期。
② 〔德〕康德：《纯然理性界限内的宗教：注释本》，李秋零译注，中国人民大学出版社 2011 年版，第 1 页（6：3）。

gion）。① 在宗教信仰中，上帝根据人的道德表现进行公正的审判，让有德之人获享幸福。因此，道德行为可以说成是人对上帝的"事奉"（Dienst）。但是，对于康德来说，任何行动唯有出自道德（而不是仅仅符合道德）才是道德的。因此，"获享幸福"虽然构成道德行动的一个善的与值得期待的后果，却不能反过来充当这个行动的规定根据（目的），否则就会使这个行动丧失道德性，沦为一个非道德的目的的纯然手段。如此，则一开始的那个目的（获享幸福）也就落空了。当然，对于我们此处的讨论来说，真正重要的是：在康德看来，唯有出自道德的行动才构成了对上帝的真正事奉，但在这种行动中，人们无论是为了认识到道德法则的要求，还是为了能够现实地出自道德法则而行动，都不需要上帝的参与。因此，在康德的道德宗教学说中，上帝的作为是非常有限的。我们甚至可以说，根据康德的学说，人们是否要信仰与崇拜这样一个上帝已经不那么要紧了。因为，人们只要在道德奋斗中尽其所能，并且坚信能够通过自己的行为创造一个至善的世界，剩下的事情就既管不着也无须再管了。因此，正如前面提到过的，康德的道德宗教面临着与泛神论的理性神学相同的问题。

至此，我们已经知道，在康德的道德宗教学说中，有几个要点（对于本书的主题来说）是十分要紧的：首先，"上帝存在"不能作为知识（Wissen）被证明，即作为一种主观上充分、客观上也充分的视之为真而被证明；其次，道德法则作为实践理性的先天综合命题，其客观实在性与普遍有效性无须上帝来予以保障，每个理性的人类存在者的道德奋斗本身也无须上帝插手干预，他们单凭自己就能获得一个善的意志，并且拥有在自然世界中现实地实施道德行动

---

① 〔德〕康德：《纯然理性界限内的宗教：注释本》，李秋零译注，中国人民大学出版社2011年版，第140页（6：153）。康德在那里说："宗教（从主观上来看）就是把我们的一切义务都认作是上帝的诫命。"

的能力；再次，道德意志的目标是"在尘世中造就至善"（die Bewirkung des höchsten Guts in der Welt）①，而不是寻求彼岸的飞升，乃至于对"灵魂不朽"与"上帝存在"的信念也只是为了确保这一尘世理想的可能性。因此，即便我们完全无法赞同康德的道德宗教学说，也必须承认，这一学说与康德的理论哲学与道德哲学一样，属于"世俗智慧"（Weltweisheit），而不是一种"神性智慧"（göttliche Weisheit）或者"神学"（Theologie）。因此，在康德的道德宗教学说及其道德哲学中，贯彻着一种真正属于现代性的精神，也可以说是启蒙精神的一部分，即始终着眼于现实的世界，致力于通过人类存在者的理性力量创造一个善的世界。这一点在康德的法权哲学与政治哲学著作中表现得更加明显，尽管当代学者通常都更关注其形而上学的基础部分。

同样，康德的理论哲学中也始终贯彻着这种现代性的精神。康德对本体论证明的批判属于其理性神学批判工程的核心部分，因为根据依赖性论题（DT），本体论证明的破产意味着整个思辨的理性神学的破产。这个理性神学批判工程又服务于康德"为理性划界"的哲学事业，思辨的理性神学的破产则意味着，人类知识的版图被迫退回到现实的经验世界，理论的或思辨的形而上学的内容也被限制在那些在任何时候都只作为经验对象的可能性条件的概念与原理之内，即康德所谓的"先验的知识"的范围之内。正如康德在《纯粹理性批判》中所指出的，包括"上帝"在内的先验理念"只不过是些理念罢了"②。即便这些先验理念真的有一个与之相应的现实客体，那也只不过是些纯然超验的对象，受制于人类认识能力的局限性，我们既无法判断这些超验对象是否现实存在，也无从得知它们

---

① 〔德〕康德：《实践理性批判：注释本》，李秋零译注，中国人民大学出版社2010年版，第114页（5：122）。

② 〔德〕康德：《纯粹理性批判：注释本》，李秋零译注，中国人民大学出版社2011年版，第262页（A329/B385）。

康德与本体论证明的批判

现实地具有何种特殊的属性。当然,先验理念对于我们的认识来说也并不是毫无用处的。康德指出:"因为尽管由此不能规定任何客体,但它们毕竟在根本上并且不为人觉察地能够对于知性来说充当其扩展的和一致的应用的法规,由此知性虽然没有比它按照概念可能认识的更多地认识一个对象,但毕竟在这种认识中得到了更好的和更进一步的指导。"① 这句话中所暗示的那种用处,大概就是先验理念在理性推理中的"范导性的应用"(der regulative Gebrauch)。

在《纯粹理性批判》中,"范导性的应用"是一个与"建构性的应用"(der konstitutive Gebrauch)相对立的术语,后者也常常被译作"构成性的应用"。知性的纯粹概念(诸范畴)就具有一种建构性的应用,因为知性直接与一个对象相关,它要参与到对一个对象的概念的创造(Schaffung)之中。康德在《纯粹理性批判》一开头就提醒我们,尽管我们的一切知识都以经验开始,但"经验"本身其实已经是"对象的知识"(die Erkenntnis der Gegenstände)了。② 我们必须把通过感性直观接收到的东西(印象)置于图型化的范畴之下才能加以思维,我们还必须对显象的杂多加以整理,把其中一些联结起来,把另外一些区分开来,我们才能获得关于对象的知识,亦即经验。因此,知性要参与经验客体(对象)的建构(或构成),但狭义的理性即推理能力却并非如此。正如康德所指出的:

> 理性从不直接与一个对象相关,而是仅仅与知性相关,并且凭借知性与它自己的经验性应用相关,因而不创造任何(关于客体的)概念,而是仅仅整理概念,并把概念在其最大可能地扩展时、也就是说与序列的总体性相关时所能够具有的那种

---

① 〔德〕康德:《纯粹理性批判:注释本》,李秋零译注,中国人民大学出版社2011年版,第262页(A329/B385)。
② 〔德〕康德:《纯粹理性批判:注释本》,李秋零译注,中国人民大学出版社2011年版,第28页(A1/B1)。

余 论

统一性给予它们；知性根本不关注序列的总体性，而是只关注条件的序列到处按照概念得以实现所凭借的那种联结。因此，理性真正说来仅仅以知性及其合目的的运用为对象；而且就像知性通过概念把客体中的杂多统一起来一样，理性在自己这方面也通过理念把概念的杂多统一起来，因为它把某种集合的统一性设定为知性行动的目标，若不然，知性行动就只处理分离的统一性。①

正如前文（第一章第三节）中指出过的，先验理念既不是经验客体的可能性条件，也不能按照我们思维经验客体的方式来加以思维。因此，康德断言："先验理念绝不具有建构性的应用，以至于某些对象的概念会由此被给予，而且如果人们这样来理解它们，它们就纯然是玄想的（辩证的）概念。"② 但是，康德马上又指出："与此相反，它们具有一种杰出的、对于我们来说不可或缺地必然的范导性应用，也就是说，使知性指向某一个目标，知性的一切规则的方向线都参照这一目标而汇聚于一点，尽管这个点只是一个理念（focus imaginarius［想象的焦点］）……但尽管如此，它仍然被用来给知性概念带来一种与最大的扩展相伴的最大统一。"③ 想要理解先验理念的这种作用，就要回到理性推理本身。正如前文（第一章第三节）中指出过的，"理性推理本身无非是一个凭借将其条件归摄在普遍的规则（大前提）之下而做出的判断"④。通过理性推理，一

---

① 〔德〕康德：《纯粹理性批判：注释本》，李秋零译注，中国人民大学出版社2011年版，第441页（B671-672）。
② 〔德〕康德：《纯粹理性批判：注释本》，李秋零译注，中国人民大学出版社2011年版，第441页（B672）。
③ 〔德〕康德：《纯粹理性批判：注释本》，李秋零译注，中国人民大学出版社2011年版，第441—442页（B671-672）。
④ 〔德〕康德：《纯粹理性批判：注释本》，李秋零译注，中国人民大学出版社2011年版，第251页（A307/B364）。

康德与本体论证明的批判

个知识与另一个知识按照"有条件者与条件"的关系必然地联系起来：一方面，那个作为"条件"的知识也被表象为一个有条件者，它自身也有一个使之得以可能的条件；另一方面，那个作为"有条件者"的知识能够（甚至必须）构成其他知识的条件，亦即作为条件使其他知识得以可能。因此，在关于一个给定知识的理性推理中，我们不仅可以无限追溯到其种种条件，还可以无限前进到以之为条件的种种后果。然而，这同时也就意味着，在对理性推理的使用中，我们预设了所有可能的知性知识按照一个必然的规律相互联系的系统统一性，无论我们是否清楚地意识到了这一点。

正如前文（第一章第三节）中指出过的，先验理念不是经验客体的可能性条件，但却是知性知识的这种系统统一性的可能性条件。"因此，先验的理性概念不是别的，是关于一个被给予的有条件者的种种条件之总体性的概念。现在，既然惟有无条件者才使得种种条件的总体性成为可能，而反过来种种条件的总体性在任何时候本身都是无条件的，所以一个纯粹的理性概念一般而言可以通过无条件者的概念来说明，只要后者包含着有条件者的综合的一个根据。"① 然后，同样正如前文（第一章第三节）中指出过的，三个先验理念分别代表了三种理性推理中的无条件者："第一，一个主体中定言综合的无条件者；第二，一个序列的各个环节的假言综合的无条件者；第三，一个体系中的各个部分的选言综合的无条件者。"② 其中，选言推理的无条件者，当我们把它当作一个可能的现实对象来思维时，就是"最实在的存在者"，康德心目中最适合于用来称呼"上帝"的概念。现在，我们已经清楚地知道，对于我们人类存在者来说，想要获得任何关于先验理念的知识都是不可能的。因此，传统形而

---

① 〔德〕康德：《纯粹理性批判：注释本》，李秋零译注，中国人民大学出版社2011年版，第258—259页（A322/B378-379）。

② 〔德〕康德：《纯粹理性批判：注释本》，李秋零译注，中国人民大学出版社2011年版，第259页（A323/B379）。

余 论

上学中三个主要的领域,即康德所说的"先验的灵魂说"或"理性心理学"、"先验的宇宙论"或"理性宇宙论"以及"先验的上帝知识"或"先验神学"就全都破产了。

至此,先验理念的第一个用处其实就非常清楚了。这些先验理念标志着人类认识能力的界限,我们扩张知识版图的脚步到此为止,不能再多迈出哪怕一步,否则就会坠入先验幻相的深渊。当然,严格来说,这只是一个消极的用处。但是,从这个消极的用处中马上就会产生一个积极的用处。当我们止步于先验理念,并且转过头来回顾经验的世界,我们马上就会发现一片无限辽阔的知识原野。正如前面指出的,先验理念毕竟使知性知识的系统统一性得以可能,而在这种系统统一性之内,亦即在无限多个有条件者组成的序列之内,我们可以把知识扩展到无限遥远的角落,只要我们依旧把认识的对象当作一个可能经验的对象,就毕竟有权将知性的原理应用于其上。在无限绵延的时间与无限延伸的空间的限制之下,能够现实地为我们所经验的对象毕竟是十分有限的。因此,唯有凭借知性知识的系统统一性,我们才能通过理性推理把知识的版图扩展到一切可能经验的对象之上。正如康德所言:"杂多的知性知识的系统的或者理性的统一性是一个**逻辑的**原则,为的是在知性独自不足以成为规则的地方通过理念来继续帮助它,同时尽可能地给其规则的差异性带来在一个原则下的一致性(系统的一致性),并由此造就联系。"① 康德把这个逻辑的原则称作一个"先验的预设"(die transzendentale Voraussetzung),因为我们似乎没有理由认为,这样一个纯然思维的原则(由于并不构成经验客体的可能性条件)如何也能同时是自然本身的原则。但是,我们必须预设知性知识的系统统一性同时也是自然的系统统一性。"原因在于,理性寻找这种统一性的

---

① 〔德〕康德:《纯粹理性批判:注释本》,李秋零译注,中国人民大学出版社2011年版,第443页(B676)。

康德与本体论证明的批判

规律是必然的，因为我们没有这一规律就根本不会有理性，没有理性就不会有相互联系的知性应用，而缺少这种应用就不会有经验性真理的充足标志。"①

　　诚然，所有上述这些问题都值得我们做出更多的、更为细致的研究。但是，对于本书的意图而言，真正重要的只是这种现代性的精神：放弃超验的妄想，面对现实的世界。尽管康德常常被曲解为一个认识论上的主观主义者，甚至被曲解为一个贝克莱主义者，而且，他确实也主张，自然世界（作为显象的对象的总和）严格说来只是显现在我们的意识与心灵中的表象的世界，并且因此时常被批评为（十分狭义的）唯心主义者。但是，与所有那些自诩的与真正的唯物主义者一样，康德并不追求一个虚无缥缈的彼岸世界，反而把这个表象的世界看作唯一实在的世界，并且对这个实在的世界充满热爱：不仅热爱作为认识对象的自然世界，也同样热爱作为实践场域的社会世界。康德的批判哲学始于"为知识奠基"的动机，即通过对人类认识能力与欲求能力的批判为理论哲学与实践哲学找到一个坚实的基础。但是，我们也绝不能忘记，所有这些工作最终服务于科学地认识自然与社会，并且通过普通人现实的道德奋斗在尘世间创造一个善的世界。

---

① 〔德〕康德：《纯粹理性批判：注释本》，李秋零译注，中国人民大学出版社 2011 年版，第 445 页（B679）。

参考文献

1. 汉语著作

韩林合：《分析的形而上学》，商务印书馆 2003 年版。

邓晓芒：《论海德格尔对"康德存在论题"之解析》，《现代哲学》2021 年第 3 期。

韩东晖：《"Is"的家族相似性与"Existence"的乡愁》，《科学技术哲学研究》2012 年第 6 期。

洪楼：《古典本体论证明及康德的反驳》，《武汉大学学报》（人文科学版）2012 年第 6 期。

胡好：《康德对本体论证明的系统批判》，《哲学研究》2020 年第 11 期。

胡好：《康德哲学中实在谓词难题的解决》，《现代哲学》2019 年第 4 期。

李科政：《康德的实存问题与本体论批判——反驳当代几种典型的质疑》，《北京社会科学》2018 年第 4 期。

李科政：《康德与自然神论：当代争论背景下的反思与辨析》，载《哲学评论》第 24 辑，岳麓书社 2019 年版。

李科政：《上帝实存的宇宙论证明中的依赖性论题》，《宗教学研究》2020 年第 3 期。

李科政：《立法的类比性与自然的必然性——康德伦理学中的一个问题》，《中国人民大学学报》2022 年第 3 期。

彭志君：《被遮蔽的逻辑谓词——论胡好对逻辑谓词的误读》，《现代哲学》2020年第5期。

溥林：《安瑟伦与中世纪经院哲学》，《四川大学学报》（哲学社会科学版）2007年第3期。

舒远招：《实在谓词一定是综合命题的谓词吗？——就Sein论题中实在谓词的理解与胡好商榷》，《现代哲学》2020年第4期。

舒远招、韩广平：《论康德Sein论题中的逻辑谓词与实在谓词——从二项解读模式到三项解读模式》，《哲学动态》2020年第9期。

杨云飞：《康德对上帝存有本体论证明的批判及其意义》，《云南大学学报》（社会科学版）2013年第4期。

张力锋：《从可能到必然——贯穿普兰丁格本体论证明的逻辑之旅》，《学术月刊》2011年第9期。

赵敦华：《序言》，载［美］阿尔文·普兰丁格《基督教信念的知识地位》，邢滔滔、徐向东等译，赵敦华审校，北京大学出版社2004年版。

赵林：《从上帝存在的本体论看思维与存在的同一性问题》，《哲学研究》2006年第4期。

2. 汉语译著

［意］安瑟伦：《信仰寻求理解：安瑟伦著作选集》，溥林译，中国人民大学出版社2005年版。

［德］奥特弗里德·赫费：《康德的〈纯粹理性批判〉：现代哲学的基石》，郭大为译，人民出版社2008年版。

［古希腊］柏拉图：《理想国》，顾寿观译，吴天岳校注，岳麓书社2010年版。

［法］笛卡尔：《第一哲学沉思集：反驳和答辩》，庞景仁译，商务印书馆1986年版。

［德］弗兰茨·梅林：《中世纪末期以来的德国史》，张才尧译，何江校，生活·读书·新知三联书店1980年版。

［德］弗雷格：《弗雷格哲学论著选辑》，王路译，王炳文校，商务

印书馆 1994 年版。

［德］弗雷格：《算术基础》，王路译，王炳文校，商务印书馆 1998 年版。

［德］海德格尔：《海德格尔文集．现象学之基本问题》，丁耘译，商务印书馆 2018 年版。

［德］海德格尔：《海德格尔文集：路标》，孙周兴译，商务印书馆 2016 年版。

［德］黑格尔：《逻辑学Ⅰ》，先刚译，人民出版社 2019 年版。

［德］黑格尔：《哲学全书．第一部分．逻辑学》，梁志学译，人民出版社 2017 年版。

［德］黑格尔：《自然哲学》，梁志学译，商务印书馆 1980 年版。

［德］黑格尔：《精神现象学》，先刚译，人民出版社 2015 年版。

［德］黑格尔：《哲学科学百科全书Ⅲ．精神哲学》，杨祖陶译，商务印书馆 2015 年版。

［德］亨利希·海涅：《论德国宗教和哲学的历史》，海安译，商务印书馆 2017 年版。

［德］康德：《纯粹理性批判：注释本》，李秋零译注，中国人民大学出版社 2011 年版。

［德］康德：《实践理性批判：注释本》，李秋零译注，中国人民大学出版社 2010 年版。

［德］康德：《未来形而上学导论：注释本》，李秋零译注，中国人民大学出版社 2013 年版。

［德］康德：《纯然理性界限内的宗教：注释本》，李秋零译注，中国人民大学出版社 2011 年版。

［德］康德：《道德形而上学的奠基：注释本》，李秋零译注，中国人民大学出版社 2013 年版。

［德］康德：《道德形而上学：注释本》，李秋零译注，中国人民大学出版社 2013 年版。

[德]康德:《判断力批判:注释本》,李秋零译注,中国人民大学出版社 2010 年版。

[德]康德:《实用人类学(外两种):注释本》,李秋零译注,中国人民大学出版社 2013 年版。

[德]康德:《康德著作全集:第 1 卷》,李秋零主编,中国人民大学出版社 2003 年版。

[德]康德:《康德著作全集:第 2 卷》,李秋零主编,中国人民大学出版社 2003 年版。

[德]康德:《康德著作全集:第 8 卷》,李秋零主编,中国人民大学出版社 2010 年版。

[德]康德:《康德著作全集:第 9 卷》,李秋零主编,中国人民大学出版社 2010 年版。

[德]康德:《康德书信百封》,李秋零译,上海人民出版社 2019 年版。

[德]莱布尼茨:《莱布尼茨后期形而上学文集》,段德智、陈修斋译,商务印书馆 2019 年版。

[德]莱布尼茨:《神正论》,段德智译,商务印书馆 2016 年版。

[英]洛克:《人类理解论》,关文运译,商务印书馆 1959 年版。

[英]牛顿:《自然哲学的数学原理》,赵振江译,商务印书馆 2006 年版。

[荷兰]斯宾诺莎:《伦理学》,贺麟译,商务印书馆 1983 年版。

[英]休谟:《自然宗教对话录》,陈修斋、曹棉之译,商务印书馆 2002 年版。

[英]休谟:《人性论》,关文运译,郑之骧校,商务印书馆 1980 年版。

[古希腊]亚里士多德:《亚里士多德全集:第 1 卷》,苗力田主编,中国人民大学出版社 1990 年版。

[古希腊]亚里士多德:《亚里士多德全集:第 7 卷》,苗力田主编,

中国人民大学出版社 1993 年版。

《天主教教理》，中国香港：香港公教真理学会，2009 年。

3. 外文著作

Alexander Baumgarten, *Metaphysics: A Critical Translation with Kant's Elucidations, Selected Notes and Related Materials*, translated and edited with an Introduction by Courtney D. Fugate and John Hymers, London: Bloomsbury, 2014.

Allen W. Wood, *Kant's Rational Theology*, Ithaca: Cornell University Press, 1978.

Allen W. Wood, "Kant's Deism", in Philip J. Ross and Michael Wreen, eds., *Kant's Philosophy of Religious Reconsidered*, Bloomington: Indiana University Press, 1991.

Alvin Pulantinga, *God, Freedom and Evil*, Grand Rapids: Wm. B. Eerdmans Publishing Co., 1977.

Alvin Plantinga, *The Nature of Necessity*, Oxford: Clarendon Press, 1974.

Augustus de Morgan, *Formal Logic: or, The Calculus of Inference, Necessary and Probable*, London: Taylor and Walton, 1847.

Bertrand Russell, *The Principles of Mathematics*, New York: W. W. Norton & Company, Inc., 1938.

Charles Hartshorne, *Anselm's Discovery: A Re-Examination of the Ontological Proof for God's Existence*, La Salle: Open Court, 1965.

C. J. F. Williams, *What is Existence?*, Oxford: Oxford University Press, 1981.

Daniel A. Dombrowski, *Rethinking the Ontological Argument: A Neoclassical Theistic Response*, Cambridge: Cambridge University Press, 2006.

Edward Stillingfleet, "A Letter to a Deist (1677)", in Edward Stillingfleet, *Origines Sacrae*: *or a Rational Account of the Grounds of Natural and Revealed Religion*, Oxford: Oxford University Press, 1836.

F. E. England, *Kant's Conception of God*, New York: Humanities Press, 1968.

George Berkley, *The Works of George Berkeley. Vol. 1*: *Philosophical Works 1705 – 21*, Oxford: Clarendon Press, 1801.

Gottfried Wilhelm Leibniz, *Sämtliche Schriften und Briefe*: *Sechste Reihe Philosophische Schriften*: *Dritter Band 1672 – 1676*, die Akademie der Wissenschaften der DDR, Hrsg., Berlin: Akademie-Verlag, 1980.

Gottfried Wilhelm Leibniz, *Die Leibniz-Handschriften der Königlichen öffentlichen Bibliothek zu Hannover*, beschrieben von Dr. Eduard Bodemann, Hannover und Leipzig: Hahnsche Buchhandlung, 1895.

Gottlob Frege, *Nachgelassene Schriften und Wissenschaftlicher Briefwechsel*, Hans Hermes, Friedrich Kambartel, *Friedrich Kaulbach*, Hrsg., Hamburg: Felix Meiner Verlag, 1983.

Henry E. Allison, *Kant's Transcendental Idealism*, New Haven: Yale University Press, 2004.

H. J. Paton, *The Categorical Imperative*: *A Study on Kant's Moral Philosophy*, London: Hutchinson's University Library, 1947.

Immanuel Kant, *The Moral Law*, *or Kant's Groundwork of the Metaphysics of Morals*, translated and analysed by H. J. Paton, London: Hutchinson's University Library, 1948.

Immanuel Kant, *Immanuel Kant's Critique of Pure Reason*, translated by Norman Kemp Smith, London: Macmillan & Co, 1929.

Immanuel Kant, *Kants Gesammelte Schriften. Band 17*, Preußische Akademie der Wissenschaften, Hrsg., Berlin: Walter de Gruyter, 1926.

Immanuel Kant, *Kants Gesammelte Schriften. Band 27/1*, Preußische Akademie der Wissenschaften, Hrsg., Berlin: Walter de Gruyter,

1974.

Immanuel Kant, *Kants Gesammelte Schriften. Band 27/2/1*, Preußische Akademie der Wissenschaften, Hrsg., Berlin: Walter de Gruyter, 1975.

Immanuel Kant, *Kants Gesammelte Schriften. Band 28/1*, Preußische Akademie der Wissenschaften, Hrsg., Berlin: Walter de Gruyter, 1968.

Immanuel Kant, *Kants Gesammelte Schriften. Band 28/2/1*, Preußische Akademie der Wissenschaften, Hrsg., Berlin: Walter de Gruyter, 1970.

Immanuel Kant, *Kants Gesammelte Schriften. Band 28/2/2*, Preußische Akademie der Wissenschaften, Hrsg., Berlin: Walter de Gruyter, 1972.

Immanuel Kant, *Kants Gesammelte Schriften. Band 29/1/1*, Preußische Akademie der Wissenschaften, Hrsg., Berlin: Walter de Gruyter, 1980.

Irving M. Copi, Carl Cohen and Kenneth McMahon, eds., *Introduction to Logic: Pearson New International Edition.* 14th Edition, Harlow: Pearson Education Limited, 2014.

James R. O'Shea, *Kant's Critique of Pure Reason: An Introduction and interpretation*, Cambridge: Acumen Publishing Limited, 2012.

Jonathan Bennett, *Kant's Dialectic*, Cambridge: Cambridge University Press, 1974.

Jill Vance Buroker, *Kant's Critique of Pure Reason*, Cambridge: Cambridge University Press, 2006.

Paul E. Capetz, "Kant and Hartshorne on the Ontological Argument", *The Pluralist*, Vol. 12, No. 3, fall 2017, pp. 80 – 113.

Peter F. Strawson, *The Bounds of Sense: An Essay on Kant's Critique of*

Pure Reason, London: Routledge, 1990.

Martin Heidegger, *Die Grundprobleme der Phänomenologie*, Friedrich-Wilhelm von Herrmann, Hrsg., Frankfurt am Main: Vittorio Klostermann, 1975.

Norman Kemp Smith, *A Commentary to Kant's 'Critique of Pure Reason'*, Basingstoke: Palgrave Macmillan Ltd, 2003.

Ralph Cudworth, *The True Intellectual System of the Universe*, Vol. 1, London: Printed for Thomas Tegg, 1845.

Risto Vilkko, "Existence, Identity, and the Algebra of Logic", in Benedikt Löwe, Volker Peckhaus, Thoralf Räsch, eds., *Foundations of the Formal Sciences IV: The History of the Concept of the Formal Sciences*, London: College Publications 2006.

Roger D. Lund, "Introduction", in Roger D. Lund ed., *The Margins of Orthodoxy: Heterodox Writing and Cultural Response*, 1660 – 1750, Cambridge: Cambridge University Press, 1995.

Saint Thomas Aquinas, *Summa Theologiae. Prima Pars* 1 – 49 (*Latin-English Opera Omnia*), Lander: The Aquinas Institute for the Study of Sacred Doctrine, 2012.

St. Irenaeus, *Irenaeus Against Heresies*, London: Aeterna Press, 2016.

Alvin Pulantinga, "Kant's Objection to the Ontological Argument", *The Journal of Philosophy*, Vol. 63, No. 19, October 1966, pp. 537 – 546.

Cecilia Wee, "Descartes's Ontological Proof of God's Existence", *British Journal for History of Philosophy*, Vol. 20, No. 1, January 2012, pp. 23 – 40.

Jaakko Hintikka, "'Is', Semantical Games, and Semantical Relativity", *Journal of Philosophical Logic*, Vol. 8, No. 1, January 1979, pp. 433 – 468.

Jaakko Hintikka, "Kant on Existence, Predication, and the Ontological

Argument", *Dialectica*, Vol. 35, No. 1/2, 1981, pp. 127 – 146.

Jerome Shaffer, "Existence, Predication, and the Ontological Argument", *Mind*, New Series, Vol. 71, No. 283, July 1962, pp. 307 – 325.

Richard Campbell, "Real Predicates and 'Exists'", *Mind*, New Series, Vol. 83, No. 329, January 1974, pp. 95 – 99.

J. William Forgie, "Kant and the Question 'Is Existence a Predicate'?", *Canadian Journal of Philosophy*, Vol. 5, No. 4, December 1975, pp. 563 – 582.

J. William Forgie, "Kant and Frege: Existence as a Second-Level Property", *Kant-Studien*, Vol. 91, No. 2, 2000, pp. 165 – 177.

Lawrence Pasternack, "The Ens Realissimum and Necessary Being in 'The Critique of Pure Reason'", *Religious Studies*, Vol. 37, No. 4, December 2001, pp. 467 – 474.

Leila Haaparanta, "On Frege's Concept of Being", in Simo Knuuttila & Jaakko Hintikka, eds., *The Logic of Being. Historical Studies*, Dordrecht: D. Reidel Publishing Company, 1986, pp. 269 – 290.

Murray Kiteley, "Is Existence a Predicate?", *Mind*, New Series, Vol. 73, No. 291, July 1964, pp. 364 – 373.

Michael E. Cuffaro, "Kant and Frege on Existence and Ontological Argument", *History of Philosophy Quarterly*, Vol. 29, No. 4, October 2012, pp. 337 – 354.

Norman Malcolm, "Anselm's Ontological Arguments", *The Philosophical Review*, Vol. 69, No. 1, January 1960, pp. 41 – 62.

Ohad Nachtomy, "Leibniz and Kant on Possibility and Existence", *British Journal for the History of Philosophy*, Vol. 20, No. 5, September 2012, pp. 953 – 972.

Patterson Brown, "St. Thomas' Doctrine of Necessary Being", *The Philosophical Review*, Vol. 72, No. 1, January, 1964, pp. 76 – 90.

Risto Vilkko, Jaakko Hintikka, "Existence and Predication from Aristotle to Frege", *Philosophy and Phenomenological Research*, Vol. 73, No. 2, September 2006, pp. 359 – 377.

S. Morris Engel, "Kant's 'Refutation' of the Ontological Argument", *Philosophy and Phenomenological Research*, Vol. 24, No. 1, September, 1963, pp. 20 – 35.

Uygar Abaci, "Kant's Theses on Existence", *British Journal for the History of Philosophy*, Vol. 16, No. 3, 2008, pp. 559 – 593.

后　记

本书是我的首部学术专著，代表了我过去五六年间在康德理论哲学研究方面的一些思考成果。之所以强调"理论哲学"，是因为我其实对康德的伦理学兴趣更大，并为之付出了更多的精力与努力。这些年，我写过很多以康德伦理学为主题的论文，其中一些还算不错，另外一些则比较幼稚。按照我原来的想法，我的首部学术专著也会以康德伦理学为主题。然而，古往今来，"自在自为的事情本身"从都不由人的意愿所左右，只能尽量顺势而为。因此，在各种机缘之下，就有了眼前这本小书。

我硕士就读于西南民族大学政治学院（如今已经是哲学学院了）伦理学专业，从那时起就对康德哲学产生了浓厚的兴趣，这得益于我的导师李蜀人先生的引导。硕士毕业以后，为了更好地学习康德哲学，我报考了中国人民大学哲学院李秋零先生的博士生。但是，由于吾师秋零先生是宗教学专业的导师，我也就必须调整自己的研究方向，将自己的学术兴趣与专业要求结合一下。于是，我的博士论文主题就顺理成章地被确定为《纯粹理性批判》中的宗教批判思想研究，并最终写成了《现当代争论的中的康德的理性神学批判》一文。十分荣幸，这篇论文被评选为"中国人民大学哲学院2018年度优秀学位论文"——为此，我再次向学院与各位老师的肯定表示感激。不过，在攻读博士期间，我并没有放弃康德伦理学的研究，那时发表的学术论文，主要也都以康德伦理学为主题。因此，博士毕业前，当我到天津社会科学院伦理学研究所应聘时，我的专业能力没有遭到质疑，我的研究成果也获得了肯定，非常顺利地拿到了"offer"，并在毕业之后成为该单位的一名专职科研人员。自此，我的学术研究工作就理当全面回归伦理学了，也应该首先尝试撰写并出版一本伦理学专著。事实上，我确实有这个方面的计划，并一直为此努力。

然而，后来发生的事情，完全不是我能预料的。2018年4月，我在《北京社会科学》发表了一篇名为《康德的实存问题与本体论批判——反驳当代几种典型的质疑》的学术论文，它是我博士论文的阶段性研究成果。这篇论文最初是引起了西北师范大学马克思主义学院胡好老师的兴趣，我与胡好私交甚好，于是私下就康德的存在论题作了数次交流。那时，胡好不太赞同我的解读，因为他还试图把"分析命题/综合命题"看作"逻辑的谓词/实在的谓词"的区分标准，还一度主张系词"是"与谓词"存在"或"实存"的区分。现在来看，这就是受到了"弗雷格-罗素论题"的影响，尽管那时我们对此都了解不多。当然，现如今，胡好的观点已经有了相当大的转变，我们在很多问题上都达成了共识，其中一些（在我看来）具有相当重要的学术价值。同样，我自己的观点也发生了转变。在《北京社会科学》的那篇论文与我的博士毕业论文中，我都主张"实在的谓词"即"实在性"，而这其实就是一种海德格尔式的解读。如今，从本书中可以看出，我已经不再是海德格尔的支持者。当然，这些转变的发生绝不仅仅是由我与胡好私下的交流所导致的。

2019年年初，胡好在两个以学术讨论为宗旨的微信群中抛出了这个话题。其中一个是湖南大学岳麓书院舒远招老师组建的"康德哲学爱好者共同体"，另一个是中国社会科学院哲学研究所马寅卯老师组建的"康德道德哲学研读群"，两个微信群都有数百群友。我原本以为，对这个话题感兴趣的人应该不多，毕竟康德关于存在论题的讨论在《纯粹理性批判》中只涉及几个段落而已。然而，实际情况是，群内许多学界同仁与哲学爱好者都表现出极大的兴趣，并且

后 记

毫不吝啬地提供了热情的讨论。这场讨论持续时间很长,从2019年年初不间断地讨论到年底,由于2020年初新冠疫情暴发搁置了一段时间,但在下半年又再度讨论起来,直到2021年才逐渐平静下来,但至今仍偶有余波。这场讨论参与人数很多,有舒远招、马寅卯、谢文郁、张荣、韩东晖等前辈专家,有胡万年、杨云飞、丁三东、彭志君、刘作、袁辉、刘凤娟、李伟、陈艳波、贺念、王咏诗、韦正希、王维等同行好友,还有很多在校的硕士生、博士生。甚至,吾师秋零先生与国内著名的康德专家邓晓芒先生也间接地参与过讨论。讨论的成果也很丰硕,从2019年至今,国内学术期刊上已陆续发表了十余篇以康德存在论题为主题的学术论文,其中包括《哲学研究》《哲学动态》与《现代哲学》等专业类学术期刊。2020年9月,《哲学动态》还策划了一个专题栏目,同时发表了三篇讨论康德存在论题的学术论文,其中就包括本人所写的《拨开"存在"谓词的迷雾——康德存在论题的第三种诠释》一文。在这篇论文中,我已经意识到了海德格尔式的解读存在的问题,不再坚持"实在的谓词"即"实在性"的观点,但也没有退回到依据判断类型的解读,而是试图提出一种新的方案。非常幸运的是,这篇论文经天津社会科学院推荐,获得了"第十七届天津市社会科学优秀成果奖"三等奖。

康德的存在论题受到如此的关注,虽在意料之外,但也在情理之中。首先,自古以来,"是/存在"就是西方哲学中的核心论题。亚里士多德把研究"作为存在的存在"(τὰ ὄντα ἦ ὄντα;das Seiende als Seiendes)的科学称作"第一哲学"(πρώτη φιλοσοφία;Erste Philosophie);在相当长的一段时间内,作为"哲学"与"形而上学"的同义词的"本体论"(ontologia;Ontologie),从字面上讲就是指"关于'是/存在'(ὄντος;ontos)的学说"。在"是/存在"的研究史中,康德的论题无疑贡献了一个重要的观点。其次,康德存在论题对于现当代哲学产生了重要的影响,这一点或许是以往国内研究相对比

康德与本体论证明的批判

较忽视的。一方面，尽管我在本书中论证说，康德的与弗雷格的存在论题不是一回事，但康德的论题及其相关论述毕竟影响了弗雷格及其后继者对"是/存在"的考虑，尤其是对"弗雷格-罗素多义性论题"的产生起到了促进作用。另一方面，康德的存在论题启发了黑格尔与海德格尔对于"是/存在"的思考。如今，哲学系的学生对于"Sein"（是/存在）与"Dasein"（存在/定在/此在）的区分已经十分熟悉了，这当然归功于黑格尔与海德格尔的工作，但也必须追溯到康德的启发。正如本书中指出的，康德（与弗雷格、罗素相反）致力于"是/存在"的一个同一的意义，在判断的层面将其归结为"设定"或"肯定"，在事情（Sache）的层面将其进一步归结为"知觉的关联"以及"对象的显现"。与很多人所认为的不同，康德并没有混淆"是/存在"（Sein）与"存在者"（Seiendes），至少在他本人看来，存在论题讨论的无疑是任何存在着的东西的"是/存在"本身。只不过，康德始终在"概念与客体的关系"中思维"是/存在"，并且在这种关系中将其思维成一个与"无"（Nichts）绝对对立的概念。因此，黑格尔批评康德混淆了"一般意义上的存在和已规定的存在的区别，或者说一般意义上的无和已规定的非存在的区别"[①]，并且指出，"只有从定在（Dasein）开始，才包含着存在和无的实在区别，即某东西和一个他者的区别"[②]。而在海德格尔看来，康德所讨论那种统一在"肯定"（Position）或"设定"（Setzung）的意义之下的"是/存在"（Sein），不过是仅仅适用于"自然物"（die Naturdinge）的"现成存在"（Vorhandensein）或"现成性"（Vorhandenheit），尚不同于作为"人类此在"（das menschliche Dasein）之特有存在方式（Seinsweise）的"生存"（Existenz），更谈不上一般而言的存在本身。但是，海德格尔也承认，正是对康德

[①] 〔德〕黑格尔：《逻辑学Ⅰ》，先刚译，人民出版社2019年版，第66页。
[②] 〔德〕黑格尔：《逻辑学Ⅰ》，先刚译，人民出版社2019年版，第67页。

后 记

存在论题的讨论"引出了一个存在论基本问题,引出了对存在与存在者之区别的追问,引出了存在论差异的问题"[①]。因此,鉴于存在问题在哲学研究中的重要性,以及康德在这个问题上贡献与影响力,其论题受到如此关注,也就不足为奇了。

当然,改革开放以来国内哲学研究的发展,为我们讨论康德存在论题提供了知识积累上的条件。在过去的四十年间,除了德国古典哲学研究领域之外,关于"是/存在"的思考在古希腊哲学研究、现象学研究与分析哲学研究等各个领域都备受关注,积累了丰富的讨论成果。尽管"是/存在"在西方哲学各领域的研究中都十分重要,但这个问题不仅本身就十分不易弄懂,在哲学史上留下了诸多疑难与争论,而且,由于"是"与"存在"在汉语中没有明显而直接的关联,进一步增加了研究上的困难。仅仅是术语的翻译,就颇为令人头疼。其中,"Existenz"有"存在""实存"与"生存"等译法,但这已经是分歧与争论最小的了。相比之下,"Dasein"的翻译情况更为复杂。按照其最一般的意义,"Dasein"有"存在""实有""实存""生存"与"生活"等译法;在黑格尔著作的汉译本中,按照与一般而言的"Sein"(是/存在)的区分,"Dasein"有"定在""限有""实有"与"特定存在"等译法;在海德格尔著作的汉译本中,"Dasein"有"此在""亲在"与"缘在"等译法——但正如前文提到过的,海德格尔的"Dasein"并不是指任何存在者的存在本身,或者他所谓的"现成存在"或"现成性",而是指一种特殊的存在者(Seiendes),即那种"在它的存在中总以某种方式、某种明确性对自身有所领会"的存在者[②]。至于"Sein",其实没有那么多不同的译法,因为它要么译作"存在",要么译作"是"。但

---

① 〔德〕海德格尔:《海德格尔文集.现象学之基本问题》,丁耘译,商务印书馆2018年版,第101页。

② 〔德〕海德格尔:《存在与时间》,陈嘉映、王庆节译,生活·读书·新知三联书店1999年版,第14页。

问题在于，这两个译法在汉语中不能很好地统一起来。在汉语中，我们很难直接地从"某物是什么"的"是"中看出"存在"的意思，也很难从直接地"某物存在"的"存在"中看出"是"的意思。因此，在当代学术翻译实践中，主流的意见是根据语境区别翻译，在谓述判断中就译作"是"，在实存性判断中就译作"存在"。这样做的好处是符合汉语习惯，阅读起来比较顺畅，坏处是没有解决问题，因为读者终究无法从译文中直接读出"是"与"存在"的联系。于是，就出现了以王路老师、溥林老师为代表的"一是到底论"，即坚持在"Sein"（或者"being"）及其各种变体出现的任何场合中都要将其译作"是"，把"存在"留给"Dasein"或"Existenz"。进而，"Seiendes"（存在者）可以译作"是者"，"Ontologie"（本体论/存在论）可以译作"是论""是学"或"是态学"。按照王路老师的解释，一是到底论强调的并不是"Sein"到底应当译作"存在"还是"是"，而是强调哲学家们用"Sein"表达了什么，以及何种译法更好地表达了他们想要强调的东西①。这种主张拥有很多优点，本人在技术上也绝不反对这样做。但值得注意的是，如果其意图并不是把"是"与"存在"的意义统一起来，而是基于一种"弗雷格-罗素多义性论题"把它们彻底区分开来，那就是有待商榷的。例如，我们可以看到，王路老师的一个基本主张是："'是'有两种含义，一种是系词含义，另一种表示存在。"② 所以，尽管王路老师主张"Gott ist"要译作"上帝是"，但他承认这里的"ist"（是）表达的是"存在"。他只是认为，"是"也能表达出"存在"的意思。他还说，"对于希腊文的einai一词，今天人们认为它有两种含义，一种是copula（系词），另一种是existence（存

---

① 参见王路《一"是"到底论》，清华大学出版社2017年版，第2页。
② 王路：《一"是"到底论》，清华大学出版社2017年版，第278页。

后 记

在）"①；"就中文而言，加入把 being 翻译为'是'，则我们同样可以认为它有两种含义，一种是 copula（系词），另一种是 existence（存在）。"② 然而，问题恰恰在于："εἶναι"（einai）也好、"Sein"也好、"being"也要，系词"是"为什么能够有"存在"或"实存"的意思？

"Kopula"（系词）源自拉丁语的"copula"，字面意思是"结合起来"。按照《杜登词典》的解释，系词就是"把主词与谓词联结（verbinden）成一个陈述的成分"，"在主词与表语（名词性表语）建立联系（Verbindung）的动词形式"③。然而，除了"结合起来"或"联结"，系词本身是否意味着什么？正如我在本书（第九章第一节）中，除非"是"是有意义的，除非我们已经知道"是"有什么意义，否则它就只是把两个概念结合起来，当我们说"S 是 P"时，我们就只是按照一定顺序读出了两个拉丁字母与一个汉字，并没有传达出任何有意义的内容。然而，如果我们承认，我们毕竟已然知晓（尽管并不那么清楚地知晓）"是"是什么意思，亦即知道"结合起来"或"联结"是什么意思，从而知道"S 是 P"表达了什么确定的意思，那么，我们就不能简单地回答说："是"就是"是"；或者回答说："是"就是系词。因为，这个答案没有说出我们已然知晓的事情。按照《现代汉语词典》对"系词"的解释："逻辑上指一个命题的三个组成部分之一，联系主词和宾词（谓词）来表示肯定或否定。"④ 然而，如果系词意味着"肯定"（我们在此

---

① 王路：《一"是"到底论》，清华大学出版社 2017 年版，第 314 页。
② 王路：《一"是"到底论》，清华大学出版社 2017 年版，第 317 页。
③ DUDEN: *Das große Wörterbuch der deutschen Sprache*, Band 4: *Kam-N*, Wissenschaftlichen Rat und den Mitarbeitern der Dudenredaktion unter der Leitung von Günther Drosdowski, Hrsg u. bearb, Bibliographisches Institut Mannheim/Wien/Zürich Mannheim/Wien/Zürich: Dudenverlag, 1978, S. 1556.
④ 《现代汉语词典》（第七版），中国社会科学语言研究所词典编辑室编，商务印书馆 2016 年版，第 1407 页。

康德与本体论证明的批判

只考虑肯定的判断,因为正如康德所言,将其"运用到否定判断上是轻而易举的"①),那么,康德对"是"(Sein)的解释就比弗雷格的更好:"是"就是"肯定"(Position)或"设定"(Setzung)。"肯定或设定的概念是非常简单的,与是(Sein)的概念完全是一回事。"②"'是'(Sein)……纯然是对一个事物或者某些规定自身的肯定。"③ 也就是说,无论是谓述判断中的系词"是"(Sein),还是实存性判断中的"存在"(Dasein)或"实存"(Existenz),说到底都是判断中的肯定:在谓述判断中,"是"肯定了主词与谓词的关系(respectus; Beziehung);在实存性判断中,"是"绝对地(而不是在与他者的关系中)肯定了主词概念本身,即肯定主词概念有一个现实的对象,或者说"自在自为的事物本身"被肯定了。因此,"是"与"存在"的意义首先可以统一在"肯定"或"设定"中。

但是,仅仅说"是"就是肯定或设定,并没有完全回答问题。因为,肯定或设定是判断的行动。正如康德所指出的,判断是"表象(Vorstellungen;种种表象)在一个意识中的结合"④,而这种结合就是"思维"(Denken)。我们通常把判断表述为"Satz"(命题),而"Satz"(从字面上讲)不过是"句子"的意思,拉丁文的"propositio"(从字面上讲)也不过是"提出来的东西"。说到底,"命题"只是以语言文字表达思维的活动,而这种活动就是两个或多个表象结合在一起。一般来说,在典型的谓述判断中,即在"S 是 P"的判断中,"S"与"P"各自代表一个客体的表象,"是"肯定

---

① 〔德〕康德:《纯粹理性批判:注释本》,李秋零译注,中国人民大学出版社 2011 年版,第 35 页(A6/B10)。
② 〔德〕康德:《康德著作全集:第 2 卷》,李秋零主编,中国人民大学出版社 2003 年版,第 80 页(2:73)。
③ 〔德〕康德:《纯粹理性批判:注释本》,李秋零译注,中国人民大学出版社 2011 年版,第 417 页(B626)。
④ 〔德〕康德:《未来形而上学导论:注释本》,李秋零译注,中国人民大学出版社 2013 年版,第 47 页(4:304)。

了它们的关系。这种关系（在严格的意义上）就是"实体与偶性"（Substanz und Akzidens；substantia et accidens）的关系，或者说是"自存性与依存性"（Subsistenz und Inhärenz）的关系。康德指出，判断的关系有三种，除了"实体与偶性"外，另外两种是："原因性与隶属性"（Causalität und Dependenz）以及"共联性"（Gemeinschaft）；前者也叫作"原因与结果"（Ursache und Wirkung），后者也叫作"行动者与承受者之间的交互作用"（Wechselwirkung zwischen dem Handelnden und Leidenden）①。但是，"实体与偶性"是最基本的关系。因为，"某物 A 是另一个某物 B 的原因"的判断虽然表达了两个事物之间的关系，但"是另一个某物 B 的原因"（ist Ursache）依旧是"某物 A"的属性（Eigenschaft），只是这种属性与"某物 B 是另一个某物 A 的结果"的判断中的"某物 B"的"是另一个某物 A 的结果"（ist Wirkung）的属性必然地联系在一起，并且不能脱离彼此被思维，而是总是同时被思维。同样，共联性也是如此。"某物 A 是与另一个某物 B 并列共存的"的判断虽然表达了两个事物之间的关系，但"是与另一个某物 B 并列共存的"依旧是"某物 A"的属性，只是这种属性与"某物是 B 与另一个某物 A 并列共存的"的判断中的"某物 B"的"是与另一个某物 A 并列共存的"的属性必然地联系在一起的，并且不能脱离彼此被思维，而是总是同时被思维。因此，"实体与偶性"的关系是最基本的关系。

因此，"是"之"肯定"或"设定"如果是有意义的，那就是在判断中对"实体与偶性"的关系的确认。因此，"是"如果不仅仅是一个语词，而是也意指了什么事情（Sache），或者用弗雷格的术语，意指了某个一阶层面的事实，那么，它显然既不是主词的客体，也不是谓词的客体，而是它们的关系本身——这种关系在"事

---

① 参见〔德〕康德《纯粹理性批判：注释本》，李秋零译注，中国人民大学出版社 2011 年版，第 93 页（A80/B106）。

情"的层面、在一阶的层面无非就是事物的"存在"（Dasein）或"实存"（Existenz）。德文的"Substanz"（实体）直接来自拉丁文的"substantia"（实体），源自动词"substo"（站于下面），其本意是"站于下面者"，与"Subsistenz"（基底）相近。德文的"Akzidens"（偶性）也直接来自于拉丁文的"accidens"（偶性），源自动词"accido"（跌落、落下），字面意思是"落下者"或"跌落者"，并由此派生出"偶然发生者"的意思——这就类似于德文中的"Zufall"（偶然事件），源自于动词"fallen"（跌落、落下），并派生出"Zufälligkeit"（偶然性）一词。无论如何，实体是一个独立自存的事物，传统上被理解为"种种偶性的载体或基底"；偶性则是依存于实体的特征，它们偶然地落在一个实体之上，并且唯有在一个实体之上才现实地存在着。因此，严格来说，实体的存在就是偶性的存在，偶性没有单独的、不同于一个实体的存在。所以，康德说："一切实在东西的基底，即属于事物的实存的东西，就是实体；在实体那里，一切属于存在的东西都惟有作为规定才能被思维。"① 康德还说："因此，在一切显象中，持久的东西都是对象本身，也就是说，是实体（phaenomenon［现象］），而一切变易或者能够变易的东西，都仅仅属于这一实体或者各实体实存的方式，从而属于它们的规定。"② 关于偶性，康德则明确指出："一个实体的种种规定无非是实体的种种特别实存方式（besondere Arten derselben zu existieren），它们叫做偶性。"③ 这句话很重要："偶性"无非是"实体"的存在方式。因此，当我们说"S 是 P"时，我们通过"P"这个概念所思

---

① 〔德〕康德：《纯粹理性批判：注释本》，李秋零译注，中国人民大学出版社 2013 年版，第 174 页（A182/B225）。

② 〔德〕康德：《纯粹理性批判：注释本》，李秋零译注，中国人民大学出版社 2013 年版，第 175 页（A184/B227）。

③ 〔德〕康德：《纯粹理性批判：注释本》，李秋零译注，中国人民大学出版社 2013 年版，第 176—177 页（A186/B229）。

维的其实就是"S"的存在方式,即它以何种方式存在着。我们知道,"某物作为一个红色的东西存在着""某物作为一个球形的东西存在着""某物A作为另一个某物B的原因存在着"——若不是通过这些谓词,即通过"某物"的存在方式,我们就根本不知道这个"某物"到底是什么。因此,"S是P"的判断意味着:"S"存在着,并且以"P"的方式存在着;同时,"P"存在着,并且依附于"S"存在着。如果这是一个综合判断,那么这个判断就是实然的;如果它是一个分析判断,那就是假定的,亦即在主词存在着的假定中思维它会是什么。也就是说,在后一种情形中,"S是P"意味着:假如有一个"S"存在着,那么,它将以"P"的方式存在着。

因此,"是"如果是有意义的,那它无非就是"存在"或"实存"。从根本上说,"是"这个词是从事物的存在中取得其意义的。我们或许可以在语言的使用中把"是"与"存在"区分开来,我们也可以在翻译上坚持"一是到底",但我们不能认为"是"与"存在"是两回事。因为,我们无法在思维"某物是什么"而不同时思维"某物存在",哪怕只是在思想中假定"某物存在"。即便我们明知道"某物不存在",当我们在思维它"是什么"时,我们也总是在思维中把它当作一个存在着的事物来思维,即便我们并不总是能清楚地意识到这一点。因此,正如我在本书中(第六章第一节,第八章第二节)指出过的,尽管"是"与"存在"或"实存"在汉语中看起来没有什么联系,但这并不代表它们真的没有联系,也不代表我们说汉语的中国人就不能理解这种联系。实际上,无论我们使用何种语言,当我们开始思维"某物是什么"时,我们就在思维中假定了该事物的存在,并以此方式思维它将以何种方式存在着。

甚至,在日常汉语中,我们也能体会到"是"与"存在"或"实存"联系。例如,一位知名歌手曾在歌声中发问:"我该如何存在?"。这个问题首先是一个特定的"自我"(ich)立足于当前之"所是"对自我之"应是"与"将是"的反思。其中,"所是"即这

康德与本体论证明的批判

个特定的自我当前之"是什么",对自我之"所是"的认识就是种种性状结合在同一个自我的意识之中,将其表象为"属于我的",也就是对自我当下的种种存在方式的意识。若无对自我之"所是"的认识,就没有在与"应是"的比较中对"将是"的追求,"我该如何存在"的问题也就不会被提出。因此,"应是"表达的是自我对"所是"的不满,对"将是"的要求。简单来说,"应是"就是一个特定的自我对自身之"理想所是"的表象。自我之"所是"与"应是"的对立使自我之"是"或"存在"成为现实的,因为现实的存在正是"去是"(zu sein)的活动本身。若不在"去是什么"中"是着","是"就是纯然抽象的概念,"存在"也只是在抽象中与"所不是"相对立的"所是"。因此,"将是"就是在"应是"的指引下,经过"去是"的中介而扬弃了自我之"所是",是"所是"与"所不是"的统一,但仍然是一个"所是"。但是,从"所是"成为"将是"的"转变"(Werden),就是现实的"是"或"存在"本身。其次,"我该如何存在"也是对存在之境遇的哀叹,表达了人类存在者(同时是感性的与理性的)对当前之"所是"的愤懑、对理想之"应是"的疑惑、对未来之"将是"的迷惘。还有从"所是"到"将是"之转变中所要面对的重重阻碍,它们有的是内心不断涌起的怯懦与怀疑,有的则是在外界不断遭遇的桎梏与压迫。因此,"我该如何存在"既是历经艰险后的绝望,也是作为生存的存在的勇气。

当然,本书并没有如此宏伟的一个目标,以至于企图揭穿"是"与"存在"的全部谜底。相反,我仅仅满足于澄清康德本人对于"是/存在"的看法,但这毕竟有助于我们重新评估康德对德国理念论、现象学与分析哲学的影响,更重要的是有助于我们反思自身与世界万物的存在,而这在任何时代都是一件重要的事情。众所周知,西方哲学的祖师爷苏格拉底曾经说过:"未经审视的人生是不值得过的。"对于人类存在者来说,所谓"人生",无非就是其"是"与

后 记

"存在"的全过程。再上升一些，从人类整体的角度来看，"人生"就是人的"类存在"本身。因此，苏格拉底的话换个说法就是：个人与人类整体的"是"与"存在"总是有待审视的，否则就不值得过。当然，很多人都会认为，未经审视的人生再不值得过也过了，即所谓"得过且过"。但"不加审视地度过一生"从来都不是事实，而是一个虚构的假设。相反，人类存在者天生就是形而上学的动物，每个人无论有意还是无意都在审视自己的与他人的人生。最伟大的历史人物的奋斗与牺牲，最卑微的市井小民的苟活与计较，父母亲人的教导、亲朋好友的建议，甚至对头、仇家与恶人的刁难迫害，无不是人生态度的表达，无不是对"应是"的认识与对"将是"的要求。只不过，在这个启蒙了的时代，每个对自己人生的审视即使毕竟还要接受他人的指引，却终究不能由他人来代替。在这个时代，几乎每个人都要么想要教导他人、要么至少想要教导自己"该如何存在"。在这个意义上，几乎每个人都想要成为哲学家，尽管他们或许并没有意识到这一点。至此，我似乎说得已经太多了，因为所有那些超出本书内容之外的关于"是"与"存在"思考都应当放到未来的另一本著作中，而本书的《后记》还必须把仅剩的篇幅献给那些值得我再三感激的人们。

在此，我要感谢舒远招老师和他的"康德哲学爱好者共同体"微信群、马寅卯老师和他的"康德道德哲学研读群"（现已更名为"康德哲学研读群"）微信群，感谢与群友们的漫长讨论，这些讨论使我不得不深入思考问题，并直接推动了本书的写作与出版。我要感谢我的母校西南民族大学政治学院（如今的哲学学院），我在那里接受了良好的教育，完成了从艺术生到文化生的转变。感谢我敬爱的导师李蜀人先生，他那过分严厉的教导与过分严格的要求为我后来的学习与研究打下了良好的基础；感谢我亲爱的老师余仕麟先生，他曾不厌其烦地手把手教我如何写作学术论文。我还必须感谢我的母校与如今的工作单位中国人民大学哲学院，我在这里接受了更加

康德与本体论证明的批判

前沿的教育，看到了更加广阔的世界，收获了无比珍贵的友谊，取得了哲学博士学位。感谢我敬爱的导师李秋零先生，他的慈祥与包容总是令我感到温暖，他的肯定与支持总是令我感到振奋，他的勤奋与执着总是令我感到羞愧。但愿有一天，我能达到他老人家一半的水准。感谢亲爱的张志伟老师与聂敏里老师，他们一直关注本书的写作进度，时常提醒我不要偷懒。感谢外国哲学教研室全体同仁的包容与支持，他们给我了充足的时间完成本书，希望自己今后努力工作、多做贡献，为大家服务。我还要感谢我的兄长、朋友胡好老师，正如前文所言，他最早关注到我的研究，并且邀请我加入他主持的国家社会科学基金项目"康德的本体论证明批判及其思想效应研究"课题组，本书也是该项目的阶段性研究成果。

我必须郑重感谢天津社会科学院伦理学研究所暨《道德与文明》杂志社，我在那里正式踏上了学术研究的道路，成为一名专业科研人员与学术期刊编辑。感谢我的两任所长、主编杨义芹女士、冯书生先生，他们为我提供了一切他们所能提供的机会，让我在学术、编辑、管理与社会活动等各方面都得到了最好的锻炼，感谢他们长期以来对我的肯定、教导与支持。杨义芹女士与我父母年纪相近，待我如自家孩子一般，不仅关心我的工作，也时常关心我的生活。我知道，我的离开颇令她难过，但即使如此，她也始终尊重并支持我的选择。对此，我不仅感谢，而且惭愧。我常见杨老师为种种繁琐工作所累，心中十分不忍，恨不能为其分忧。唯愿今后，杨老师每天都能按时吃饭、适当锻炼，身体若有什么不舒服的地方，不要讳疾忌医，该去医院看看就去看看，不要总是硬抗过去。冯书生先生比我年长几岁，待我亦如小弟。在《康德的道德宗教》的译后记中，我曾祝愿他在公务员岗位上取得更好的成绩。没想到，我的这位老大并未如我所愿，他编辑之心不死、学术之梦未绝，旋即又从公务员岗位转战《哲学动态》编辑部。看他最近的状态，除了上班时必须北京、天津来回奔波比较辛苦之外，各方面都十分愉快。因

后 记

此，恭喜冯老大能够继续自己热爱的事业，希望他能够发掘出一大批优秀的学术论文，成为一代名编。我要感谢研究所、杂志社所有的哥哥姐姐们，感谢我的编辑师父张新颜女士，感谢一丝不苟的陈菊女士，感谢热情真挚的段素革女士，感谢聪慧厚道的李卓先生，感谢不那么一本正经的耿志刚先生。我还要感谢贾谋先生，他的到来令我对研究所、杂志社的未来充满期待。感谢远在长沙的李建磊先生，我非常怀念我们在同一间办公室共处的日子。

我还必须郑重感谢本书的编辑韩国茹女士，感谢她对我的信任以及她为本书的出版所付出的辛苦劳动。感谢中国人民大学出版社凌金良先生，感谢我的师弟张杰先生，没有他们的推荐与指点，本书的出版不会如此顺利。张杰如今在中国人民大学哲学院攻读博士学位，希望他学业精进，取得好成绩。我还必须感谢南开大学哲学院博士生苏洁女士，她通读了本书的原稿，帮我排除了许多错误。感谢我的学生夏依热·司坎旦尔、阿珂丽·赛力克江、迪丽则巴·地力木拉提、柯文慧、马晓彤、于英豪、盛谨恺、谢知辰、郭荣耀、马博靖与任炤璇，他们协助我以最短的时间完成了最后一次校对。

最后，感谢四川大学道教与宗教文化研究所林庆华教授，感谢他十余年来对我的信任与期待。

2022 年 6 月写于人大静园